湖北省建设科技计划项目(JK2024027)资助

城市地下工程建设对近接既有市政交通与管廊结构影响及管控措施研究

CHENGSHI DIXIA GONGCHENG JIANSHE DUI JINJIE JIYOU
SHIZHENG JIAOTONG YU GUANLANG JIEGOU YINGXIANG
JI GUANKONG CUOSHI YANJIU

周 俊　吕锦刚　裴启涛　陈建斌　郑卫国　张利华
熊永华　胡云华　彭定新　王 超　来 颖　张 鹏　著

中国地质大学出版社
ZHONGGUO DIZHI DAXUE CHUBANSHE

图书在版编目(CIP)数据

城市地下工程建设对近接既有市政交通与管廊结构影响及管控措施研究/周俊等著.—武汉:中国地质大学出版社,2024.11.—ISBN 978-7-5625-6014-2

Ⅰ.U491;TU990.3

中国国家版本馆 CIP 数据核字第 20243MW274 号

城市地下工程建设对近接既有市政交通与	周　俊　吕锦刚　裴启涛　等著
管廊结构影响及管控措施研究	

责任编辑:谢媛华	选题策划:谢媛华	责任校对:张咏梅
出版发行:中国地质大学出版社(武汉市洪山区鲁磨路388号)		邮政编码:430074
电　　话:(027)67883511	传　真:(027)67883580	E-mail:cbb@cug.edu.cn
经　　销:全国新华书店		http:∥cugp.cug.edu.cn
开本:787毫米×1092毫米 1/16	字数:512千字　印张:19.75　插页:2	
版次:2024年11月第1版	印次:2024年11月第1次印刷	
印刷:武汉精一佳印刷有限公司		
ISBN 978-7-5625-6014-2		定价:128.00元

如有印装质量问题请与印刷厂联系调换

前　言

2024年,是一个特殊的年份:一是新中国75周年诞辰;二是实现国家"十四五"规划的关键之年;三是武汉市政工程设计研究院有限责任公司成立70周年。笔者及团队经过多年的探索和实践,见证了武汉城市的完美蜕变,同时也为武汉的城市建设做出了贡献。70个春秋,风华正茂;70载耕耘,硕果累累。值此之际,特撰此专著向祖国及武汉市政工程设计研究院有限责任公司献礼!

随着国民经济的快速发展,地下空间开发利用进入了新阶段。地铁、隧道、管廊等地下工程逐渐增多,随之涌现出大量复杂的岩土工程技术问题亟待解决。比较有代表性的如地铁隧道施工穿越既有地面建(构)筑物、地下工程施工与市政管线近接交叉、地下交通纵横穿越等。大量工程实践表明,城市地下工程具有现场环境条件复杂多变、风险源众多、工程结构埋深浅、施工难度大、岩土体稳定性评价复杂、对环境影响控制要求高等特点,是一项相当复杂的高风险性系统工程。然而,由于我国城市地下空间开发历史较短,经验不足,对潜在的技术风险缺乏必要的分析和论证,加之人们对客观规律的认识不足、管控措施不科学,城市地下工程建设中存在一些不容忽视的问题和安全隐患。诸如北京、上海、南京、广州等地在地下工程建设过程中相继出现过不同程度的安全事故,造成了重大经济损失,社会风险极大,严重威胁城市居民的生产和生活。可见,在城市地下工程建设期间,如何可靠地预测和抑制施工引起的过大地表沉降,确保近接的基础设施、周边建(构)筑物安全,已成为城市地下工程建设领域研究的热点和难点问题。

本书即是在此背景下,针对城市地下空间开发面临的既有市政交通、管廊结构安全问题,以城市地下工程建设密集地区——武汉市为典型研究区进行了系统深入的探讨。截至2023年12月,武汉地铁运营线路共12条,运营总里程数达到487.77km,车站总数300座。与此同时,在过去的20年时间里,据不完全统计,武汉市政工程设计研究院有限责任公司岩土工程专业团队设计并施工完成的地铁单体基坑约242个,累计支护长度约23 000m,基坑最深达到33.0m,在城市地下工程建设方面积累了丰富的经验。基于此,本书结合武汉市复杂的地质条件、建设条件等因素,围绕武汉市政工程设计研究院有限责任公司在武汉市地下空间建设期间遭遇的典型高风险问题进行深入研究,并总结了一套科学的管控措施,以期更好地为工程建设服务。

本书共12章,第一章为绪论,概要性地介绍了城市地下工程建设特点、研究现状、存在问题、主要研究内容和特色;第二章总结归纳了目前城市地下工程建设采用的主要施工工法及其适用性特点,并展示了大量配套的现场施工照片;第三章聚焦建(构)筑物本身属性,并分析其风险,结合现行规范给出了城市地下工程建设中风险控制指标,为施工工法选择的合理性和安全性提供重要依据;第四章分析了城市地下工程建设过程中岩土体的变形作用机理、施工对近接既有建(构)筑物影响的评估方法及常用的数值模拟方法,梳理了城市地下工程建设安全评估方法和实施步骤;第五章至第十一章通过武汉市大量的城市地下工程案例资料,筛选了城市地下工程建设中具有代表性的市政交通建(构)筑物(包括地铁、有轨电车道床、轻轨、桥梁、隧道、铁路及综合管廊)作为研究对象,根据不同研究对象的属性、结构形式和控制指标,选择相匹配的施工工法,系统研究了复杂环境下不同施工工法对近接建(构)筑物变形和受力的影响,为城市地下工程安全建设提供保障;第12章针对不利的建设条件、施工条件和环境风险等因素,总结形成了一套应用性极强的地下工程安全建设的风险管控措施,为动态设计和信息化施工提供技术指导。研究成果对武汉市密集的既有市政交通、管廊工程安全运营具有重要的科学研究意义和工程应用价值,也可供其他类似地区城市地下工程安全建设参考借鉴。

本书的出版得到了湖北省建设科技计划项目"基于BIM＋的地下工程设计施工数字化平台研发及示范应用研究(JK2024027)"的资助和支持。本书相关研究工作得到了中国科学院武汉岩土力学研究所陈健研究员、付晓东研究员、黄珏皓副研究员等的帮助和指导,在此谨向他们表示衷心的感谢。全书由裴启涛高级工程师统稿,由胡云华教授级高级工程师审定,周俊、吕锦刚、裴启涛、陈建斌、郑卫国、张利华、熊永华、胡云华、彭定新、王超、来颖、张鹏等编写主要章节。

限于著者水平,加之时间仓促,书中难免存在不足之处,恳请读者批评指正。

著　者

2024年7月于武汉

目 录

第一章　绪论 ··· (1)
　　第一节　城市地下工程建设特点 ··· (1)
　　第二节　国内外研究现状 ··· (2)
　　第三节　存在的问题 ··· (6)
　　第四节　主要研究内容 ··· (6)

第二章　城市地下工程建设主要施工工法及适用性分析 ································· (8)
　　第一节　明挖法 ··· (8)
　　第二节　暗挖法 ·· (17)
　　第三节　非开挖方法 ··· (20)
　　第四节　辅助施工措施 ··· (23)

第三章　近接既有建(构)筑物安全风险控制标准 ·· (35)
　　第一节　城市轨道交通 ··· (35)
　　第二节　市政交通 ··· (40)
　　第三节　综合管廊 ··· (42)

第四章　城市地下工程施工对近接建(构)筑物影响评估及数值分析 ···················· (43)
　　第一节　地下工程施工诱发的岩土体变形作用机理 ································· (43)
　　第二节　地下工程施工对近接建(构)筑物影响评估方法 ···························· (43)
　　第三节　地下工程开挖数值模拟方法 ··· (49)

第五章　城市地下工程施工对近接地铁结构影响案例研究 ······························ (56)
　　第一节　高层办公楼及两层地下室邻近地铁11号线区间 ···························· (56)

第二节　学校地下室邻近地铁 2 号线站点 ……………………………………（76）

第六章　房建地块施工对近接有轨电车道床结构影响案例研究 ……………（99）
　　第一节　工程概况 …………………………………………………………（99）
　　第二节　关键控制技术 ……………………………………………………（104）
　　第三节　房建地块施工对有轨电车道床结构影响总体分析 ……………（108）
　　第四节　房建地块施工对有轨电车道床结构影响的有限元分析 ………（109）
　　第五节　安全性评估结论 …………………………………………………（119）

第七章　过江通道施工对轻轨站点及区间结构影响案例研究 ………………（120）
　　第一节　工程概况 …………………………………………………………（120）
　　第二节　关键控制技术 ……………………………………………………（127）
　　第三节　过江通道施工对轻轨结构影响总体分析 ………………………（135）
　　第四节　过江通道施工对轻轨结构影响的有限元分析 …………………（137）
　　第五节　安全性评估结论 …………………………………………………（148）

第八章　富水电力通道施工对近接桥梁结构影响案例研究 …………………（149）
　　第一节　工程概况 …………………………………………………………（149）
　　第二节　关键控制技术 ……………………………………………………（154）
　　第三节　电力通道施工对桥梁结构影响总体分析 ………………………（159）
　　第四节　电力通道施工对桥梁结构影响的有限元分析 …………………（160）
　　第五节　安全性评估结论 …………………………………………………（181）

第九章　综合管廊下穿排水隧道施工对隧道结构影响案例研究 ……………（183）
　　第一节　工程概况 …………………………………………………………（183）
　　第二节　关键控制技术 ……………………………………………………（189）
　　第三节　综合管廊施工对排水隧道结构影响总体分析 …………………（191）
　　第四节　综合管廊施工对排水隧道结构影响的有限元分析 ……………（192）
　　第五节　安全性评估结论 …………………………………………………（211）

第十章　电力通道下穿京广铁路施工对铁路影响案例研究 …………………（212）
　　第一节　工程概况 …………………………………………………………（212）
　　第二节　关键控制技术 ……………………………………………………（218）
　　第三节　风险源汇总及等级评定 …………………………………………（226）

第四节　电力通道施工对铁路结构影响的有限元分析 ………………………… (229)
　　第五节　安全性评估结论与建议 ……………………………………………… (238)

第十一章　城市地下工程施工对综合管廊结构影响案例研究 ……………… (240)
　　第一节　房建地块邻近综合管廊 ……………………………………………… (240)
　　第二节　地下空间环路匝道下穿综合管廊 …………………………………… (259)

第十二章　施工风险管控措施分析与对策 ……………………………………… (295)

主要参考文献 ………………………………………………………………………… (304)

第一章 绪论

第一节 城市地下工程建设特点

城市地下工程是城市基础设施项目的重要组成部分,具有投资大、地质环境复杂、基础信息缺乏、不可预见风险因素众多、社会环境影响大等特点,其施工存在很大的不确定性和高风险性(胡群芳等,2012;Lin et al.,2015)。

随着国民经济的快速发展,城市地下工程进入了蓬勃发展阶段,地铁、隧道、管廊等地下工程逐渐增多,涌现出众多复杂的岩土工程技术问题。在这些问题中,具代表性的有地铁隧道施工穿越既有地面建(构)筑物、地下工程施工与市政管线近接交叉、地下交通纵横穿越等。为了对这类问题进行针对性分析,我们将其定义为近接工程,即近接工程指的是在既有结构物旁施工并可能会影响既有结构物的工程。在城市环境中,受到近接施工影响的结构工程大致分为两类:一类是地面基础设施,如道路、铁路、桥梁、建(构)筑物等;另一类是地下基础设施,如地下综合管廊、既有地铁线路及车站、地下停车场等。近接施工的形式分为上跨、邻近、下穿3种,不同的近接形式、影响对象及施工方法,均应对其风险与控制措施进行针对性分析。因此,如何在施工期间确保近接建(构)筑物和地下管线的安全,已成为城市地下工程建设亟待解决的关键性课题。

根据建设条件、赋存环境和工程属性,城市地下工程建设具有以下特点:

(1)工程地质条件复杂多变,地下水影响较大。目前,我国城市地下工程埋深多在20m范围内,该深度范围一般为第四纪冲积、沉积层或全、强风化岩层,地层多松散无胶结,存在上层滞水或潜水。此外,我国部分城市,如武汉、南京、杭州、上海等,部分区域承压水位高,承压水含水层顶板埋藏浅,在工程建设期间常常发生流土、管涌等不良地质现象,对工程安全建设构成极大威胁。此外,地下水组成成分较为复杂,伴随着地下水污染事件的增多,地下水常常含有一定的腐蚀性物质,对地下工程钢筋混凝土结构产生侵蚀破坏作用,损坏工程结构,直接降低了工程的稳定性和安全性(黄海明,2023)。然而,由于研究对象的复杂性和技术设备的局限性,岩土力学参数和设计荷载参数等难以获得准确的数据,给地下工程结构设计与安全建设带来了极大的挑战。

(2)风险源众多,赋存环境复杂。一般而言,城市地下空间开发往往滞后于城市建设,尤其是城市地铁工程常需布置在建(构)筑物已高度集中或人口密集地区。工程施工往往造成地层变形、地表沉降等不利现象,威胁邻近既有建(构)筑物和设施的安全运营。例如,地下工程开挖扰动会产生一定范围的地表沉降现象,当沉降过大时将会引起建(构)筑物的倾斜、开裂及既有结构的损害,严重的可导致建(构)筑物功能丧失。可见,开展关于地下工程施工对周围环境的影响及其控制技术研究具有重要意义。

(3)工程结构埋深浅,邻近结构施工影响较大。城市地下管网设施、商业街、停车场等建(构)筑物埋深多为3~20m,它们相互影响、相互制约,给工程安全建设带来极大挑战。例如,城市地下工程建设期间,常遇到拟建结构工程基础与既有建(构)筑物紧邻、地下管线结构穿越下卧地铁工程、多条隧道工程在平面上临接等现象,施工风险极大,而当前的设计理论(强度控制)和施工技术难以满足安全建设的需要。开展地下工程建设对近接建(构)筑物的影响及安全控制技术研究是城市地下工程设计、施工亟待解决的关键问题。

(4)岩土体稳定性评价复杂,难以甄别。城市地下工程岩土体稳定性问题一直是工程设计与施工研究的重点和难点。不同城市的建设条件、地质条件及工程管控标准等存在差异,使得岩土体的稳定性甄别方法相差较大,施工存在着很大的不确定性和高风险性,难以采用统一的实施标准或方法。随着地下工程设计理论的发展、施工经验的积累以及计算机辅助设计技术等的发展,地下工程设计与施工跨入了信息化时代。

第二节　国内外研究现状

一、城市地下工程施工诱发地表沉降估算理论与方法研究

在城市地下工程建设期间,施工开挖势必会导致周围地表产生沉降,地表沉降过大会直接造成附近道路、地下管线破坏,后果极其严重。国内外学者针对明挖施工引起的地表沉降问题进行了深入研究,主要包括以下3种方法。

1. 经验估算法

该方法通常先估算出坑外地表最大沉降值v_{pmax},该值与基坑开挖深度、抗隆起稳定安全系数和围护结构最大侧移存在如下经验关系。

(1)基坑开挖深度。当前研究表明,基坑外地表最大沉降与基坑开挖深度之间的经验关系如表1-1所示。

(2)抗隆起稳定安全系数。Terzaghi(1981)于1948年提出了基坑抗隆起稳定安全系数的定义。Clough 和 Schmidt(1979)、Mana 和 Clough(1981)通过实测和有限元分析,建立了抗隆起稳定安全系数与v_{pmax}之间的关系,并提出了基于抗隆起稳定安全系数的v_{pmax}预测方法,该方法一般用于黏土地区的粗略判断。

表 1-1　坑外地表最大沉降与基坑开挖深度间的经验关系表

文献来源	土层条件	v_{pmax}/H
徐中华等(2009)	上海地区软土	约 4‰
Clough 和 Rourke(1990)	硬黏土、残积土、砂土	约 1.5‰
Long(2001)	上层 $h_s<0.6H$，下层为硬土	约 2‰
Wong 等(1997)	上层 $h_s<0.6\sim0.9H$，下层为风化岩	<1‰
Moormann(2004)	砂土、砾土	约 3.3‰
	硬黏土	约 1.8‰

注：h_s 为软土层厚度；H 为基坑开挖深度。

(3)围护结构最大侧移 δ_{max}。基坑外地表最大沉降与围护结构最大侧移值的经验关系见表 1-2。表 1-2 统计的基坑支护体系均为内支撑，可见基坑外地表最大沉降和围护结构最大侧移受区域和地质条件影响波动较大，不同地区或地层条件下经验关系差别较大。

表 1-2　基坑外地表最大沉降与围护结构最大侧移的经验关系表

文献来源	地区或地层条件	v_{pmax}/δ_{max}
Mana 和 Clough(1981)	旧金山、奥斯陆、芝加哥等	0.5~1.0
Ou 等(1993)	台北盆地	大部分 0.5~0.7，很少超过 1.0
Moormann(2004)	软黏土、硬黏土、砂土	大部分 0.5~1.0，最高 2.0
刘国彬和王卫东(2009)	上海软土	大部分 0.4~2.0，平均 0.81
Rourke(1981)	硬黏土	有支撑，≤1.67
Goldberg 等(1976)	软土、硬黏土、砂土	大部分 0.5~1.5
Woo 和 Moh(1990)	台北盆地	大部分 0.25~1.0

2. 理论分析法

Peck(1969)首先提出基坑外地表沉降按正态分布，并对柔性支护基坑开挖引起的地表沉降进行统计，认为基坑外地表沉降形态呈正态分布。刘宝深和张家生(1995)通过随机介质理论对隧道所引起的纵横向地表沉降进行分析，得到了具体的地表沉降及变形计算公式。施成华和彭丽敏(2006)提出了一种考虑基坑降水的基坑开挖引起地表沉降的预测方法。李元勋等(2018)建立了考虑基坑周边不同超载型式作用下的地表沉降偏态分布曲线预测方法，并进行了验证。易顺等(2024)利用偏态分布函数描述基坑外地表沉降规律，并对沉降曲线的变形表征指标进行细致研究，形成了一套适用于地表偏态沉降形式的变形表征指标体系。王雪妮和韩国锋(2018)建立了基坑变形预测的串联、并联和混联耦合预测模型，并验证了该预测结果的准确性。王娟和王兴科(2021)构建了基坑侧位移的预警模型和预测模型，并依托工程实例佐证了分析结果的准确性。张震等(2017)基于上海地区23个小宽深比基坑实测资料,研究了不同形状和不同支护形式条件下的小宽深比基坑变形规律。朱才辉和李宁(2016)通过对20多个城市地铁工程地表沉降资料进行分析,研究了隧道施工诱发地表沉降的估算方法和规律。

3. 数值计算法

Clough 和 Duncan(1971)在计算机技术不发达的情况下,采用简单的有限元程序分析基坑开挖过程。刘建航和侯学渊(1997)通过数值计算分析了上海地区地铁基坑开挖后的地表纵向沉降,并与实测结果进行对比分析,总结得到地表纵向沉降的规律。张亚奎(2003)通过数值计算分析了围护结构变形对基坑周边不同距离建筑物的影响。吴瑞拓等(2021)采用PLAXIS 3D 软件对基坑的开挖过程进行了三维有限元数值模拟,并结合现场监测数据对基坑围护结构的侧移和坑外地表沉降进行了对比分析。王龙等(2021)针对深圳某填土区线型深基坑开展有限元模拟,分析了不同围护桩插入比以及加固条件下坑底回弹变形和地表沉降的分布规律。潘静杰等(2021)借助PLAXIS 有限元软件模拟分析了基坑开挖过程中围护结构变形和周围土体位移的变化规律,发现地表沉降最大值点位于距离围护结构约 0.2 倍的开挖深度。王雄等(2020)运用PLAXIS 3D 对一地铁车站基坑进行开挖模拟,分析了冻结法施工对基坑周边土体的变形控制效果。张明飞(2018)运用有限差分软件FLAC 3D 对实际工程进行模拟分析,提出坑外两倍开挖深度外的地表沉降主要由降水引起。李明和李化明(2023)基于流固耦合与三维固结理论,应用有限元软件 midas GTS NX 模拟分析不同工况下的深基坑坑外地表沉降变形,并将基坑周边地表沉降分为基坑开挖主导沉降区、基坑降水主导沉降区。

二、城市地下工程施工对近接既有建(构)筑物影响研究

Burd 等(2000)以及 Son 和 Cording(2005)采用模型试验和数值模拟手段,探讨了基坑开挖对周边既有砌体结构的影响。张治国等(2015)通过对基坑不同施工阶段的邻近古建筑物沉降进行监测分析,获得了基坑开挖对建筑物结构沉降的影响。李志伟和郑刚(2013)基于土体小应变刚度理论,研究了建筑物变形随其刚度变化的规律。方淑君等(2021)采用静力加载,研究了新桥运营荷载作用下既有桥桩横向的附加水平变形。丁智和张霄(2019)建立了桩-隧相互作用有限元模型,通过改变桩隧相对位置、隧道埋深、水平净距等因素,研究静压桩基施工对既有隧道的影响。汪晓亮等(2016)通过数值模拟和实测数据,研究了地铁换乘站基坑开挖顺序对基坑阳角建筑物沉降的影响,获得了不同开挖顺序下建筑物沉降规律。翁效林等(2016)通过改进离心场桩基加载装置和试验监测设备进行离心试验,分析桩基础承载过程对邻近既有隧道的变形和受力影响。丁勇春(2009)将基坑周边邻近桩基分为长桩、中长桩、短桩和无影响桩4类,并研究分析了不同桩基类型的变形规律及保护对策。毛新颖等(2018)采用有限差分方法对地铁盾构下穿公路隧道全过程(即盾构到达公路隧道前、穿越过程中、盾尾离开公路隧道)进行了三维数值模拟,获得了盾构下穿近接公路隧道的影响规律。姜兆华(2013)将隧道结构等效为弹性地基梁,采用两阶段分析方法计算分析基

坑开挖引起的隧道结构位移和内力。刘维正等(2023)建立了列车振动荷载下高架桥-地层-既有结构的动力耦合数值模型,研究不同轴重、不同车速、不同近接距离、不同阻尼比和不同加固措施对邻近建(构)筑物受力变形的影响。

此外,还有一些学者在基坑施工对近接既有建(构)筑物影响分区方面进行了探讨。李俊松(2012)首先提出了近接初始风险的概念,采用数值模拟、统计分析方法获得了不同近接分区的近接初始风险概率。关宝树(2003)考虑了隧道与桩基之间的空间位置关系、地层条件等因素,将隧道近接既有桩基施工范围分成需采取措施范围、注意范围以及无影响范围。童建军(2014)通过离散元计算方法,获得了成都卵石地层基坑近接既有建筑物、桥梁桩基以及市政管线施工的影响分区。周斌(2009)通过对两条盾构隧道上下重叠、重叠过渡段(−45°和45°)、水平并行段4种工况进行分析,获得了在净距不一、工序各异情况下的地层位移、地表沉降及其结构内力的变化规律,提出了各种近接情况下的隧道近接区域划分方法及施工措施。袁竹(2009)采用数值模拟、理论分析以及现场监测等手段,分析了既有铁路隧道受下穿区间隧道近接施工的影响,确保了整个施工阶段既有铁路隧道和轨道交通区间隧道的安全。

三、城市地下工程近接既有建(构)筑物影响安全控制措施研究

许多学者针对基坑近接既有建(构)筑物施工安全问题提出了有益的控制措施,取得了丰硕的成果。华正阳(2014)根据基坑周边建(构)筑物结构和基础特征,采用旋喷桩满堂加固措施对地下室进行加固,取得了良好的效果。王卫东等(2022)系统总结了软土地层中邻近隧道深基坑的变形控制设计方法,其中坑内土体加固设计能够明显增大土体刚度,提高土体抗变形能力。胡琦等(2015)、太俊等(2023)通过对杭州软黏土地基中深基坑工程案例进行分析,研究了软弱土地基中深基坑坑底加固方式对邻近地铁结构变形的控制效果。芦友明(2013)通过数值计算方法,讨论了提高基坑支撑刚度、设置隔离墙以及采取桩基托换3种安全控制措施对基坑周边建筑变形的控制效果。陈仁朋等(2016)通过数值计算比较了基坑分块开挖、被动区土体加固以及隔断墙等措施对保护邻近隧道的作用效果。冯龙飞(2014)研究分析了不同开挖方案中地基加固法、分区卸荷法、地层隔断法以及信息化施工方法对基坑周边既有隧道变形的控制效果。向天兵等(2022)针对城区浅埋隧洞近接施工问题,提出了综合考虑施工条件分析、施工方法比选、设计方案确定、施工过程反馈和动态设计优化等环节的全过程动态闭环反馈控制方法,在一定程度上保证了近接施工影响整体受控。王伯龙(2018)针对南水北调中线浅埋输水隧洞下穿铁路枢纽工程问题进行研究,提出了综合采用超前夯管帷幕预支护、双层复合式衬砌、CRD工法(交叉中隔墙工法)、动态监控量测及线路加固等针对性措施,保证了隧道施工安全及既有铁路运营安全。游正军等(2023)通过对城市百余处地铁近接工程进行分析,研究了不同施工方法中各类风险的存在及成因,认为解决近接工程的难题需要对方案预先设计、设备合理选型、强化控制措施、落实施工监测等进行完善,并总结了不同施工方法对应的常用施工控制措施。

第三节　存在的问题

国内外学者对地下工程建设进行了不断的研究和探索,取得了诸多有益的成果,但仍存在以下不足:

(1)关于城市地下工程施工诱发的地表沉降估算理论与方法研究已经相当成熟,但目前的研究多基于特定的工法,为单一地质条件下的成果,而对于不同工法、不同地层中考虑施工-降水耦合的地表沉降变形特征等方面的研究尚不够深入,需进一步探讨。

(2)在城市地下工程施工对近接既有建(构)筑物影响方面,国内外学者通过理论分析、模型试验、现场监测以及数值模拟等多种方法进行探讨,但目前的研究成果多基于特定工程案例,评价对象和工法较为单一,不够系统,且不同建(构)筑物的结构特征和控制标准相差较大,已有的成果不具有普适性,涉及复杂环境下不同工法对不同建(构)筑物变形和受力影响的系统性研究成果较少。

(3)关于城市地下工程施工对近接既有建(构)筑物影响安全控制措施方面,以往采用的安全控制措施常针对某一地层及特定对象,部分工程控制措施及控制标准已无法适应当今复杂条件下的城市地下工程安全建设要求,针对不同建(构)筑物的结构特征、功能特性和最新的安全控制要求,与之相匹配的、先进的安全控制措施研究尚不够充分,仍需进一步探讨。

第四节　主要研究内容

城市地下工程施工对近接建(构)筑物的影响是复杂的岩土工程问题。考虑到不同地区、不同工法及不同建(构)筑物标准下,地下工程施工对周边建(构)筑物的影响相差较大,某一建(构)筑物的施工工法、工程经验很难应用到其他建(构)筑物中,目前我国还没有统一的规范可参考实施。因此,应在结合以往大量工程案例的基础上,针对城市地下工程施工对近接建(构)筑物的影响及管控技术进行详细研究,依据城市地下空间的特点和建(构)筑物的自身属性,采用可靠、先进的工法进行施工,进而形成较为系统、可操作的评价与预测控制方法,最大限度地降低地下工程施工给周边环境造成的影响,提升城市地下工程施工的安全保障能力。综上所述,本书的主要研究内容包括如下4个方面:

(1)城市地下工程建设主要施工工法及适用性研究。在既定的水文地质、工程地质、施工条件、建(构)筑物类型等基础上,合理确定施工方法至关重要。本书结合武汉地区的地下工程区域特点,给出了常用的施工工法和最新的控制技术,并对不同工法的适用性进行了探讨,为不同建(构)筑物结构属性和控制标准下确定相匹配的施工工法提供技术支撑。

(2)近接既有建(构)筑物安全风险控制标准研究。城市地下工程施工关注的重点在于确保施工期间周边建(构)筑物自身的安全,目前从地下工程施工影响方面出发,探讨施工本身安全控制技术的研究屡见不鲜。然而,对于不同建(构)筑物而言,其属性不同,对标准要求各异,尽管地下工程施工自身满足安全要求或规范要求,但引起的扰动对建(构)筑物的影响难以评价。本书聚焦建(构)筑物本身,转换思路,从建(构)筑物自身属性出发,针对建(构)筑物重点保护对象及其风险进行分析,结合现行规范,给出了城市地下工程建设对不同市政交通建(构)筑物风险控制指标,以此作为施工工法合理性和安全性的重要依据。

(3)城市地下工程施工对近接建(构)筑物影响案例研究。城市地下工程施工导致近接建(构)筑物发生沉降、倾斜或变形等的影响因素众多,如止水帷幕施工对原状土体进行切割或搅拌使周边土体强度降低;围护结构施工使土压力和孔隙水压力释放,造成塌孔,导致建(构)筑物周边土体的应力状态改变;施工卸荷作用诱发周边岩土体应力场重新调整;土体二次固结压缩使近接建(构)筑物下卧地层产生压缩或变形,引起建(构)筑物沉降;地下水位的升降变动引起地层有效应力变化,进而导致近接建(构)筑物沉降等。目前的研究成果多基于特定工程案例,建(构)筑物发生沉降、倾斜或变形的原因可能是其中一个,也可能是多个,已有的成果不具有普适性。本书在积累了大量工程案例和施工经验的基础上,筛选了城市地下工程中具有代表性的市政交通建(构)筑物作为研究对象,根据不同对象的属性、结构形式和控制指标,选择相匹配的工法,并利用数值仿真手段,系统研究复杂环境下不同工法对建(构)筑物变形和受力的影响,为近接建(构)筑物附近的地下工程安全建设提供保障。

(4)施工风险管控措施分析与对策。城市地下工程施工对近接建(构)筑物的影响评价与分析归根结底是为制定科学的风险管控措施提供依据。针对不利的建设条件、施工条件和环境风险等因素,提出相应的治理对策才是规避或降低风险发生的关键。本书根据地下工程市政交通建(构)筑物的结构特征、功能属性,结合较为成熟的施工工法,探讨适用于不同建(构)筑物安全建设的风险管控措施,为动态设计和信息化施工提供技术指导。

综上所述,城市地下工程建设对近接市政交通建(构)筑物影响的研究是一个涉及多专业、多学科的系统工程课题,本书密切结合典型工程实例,围绕上述4个方面的关键问题进行探讨,并提供了风险管控措施和对策,研究成果已应用于多个地下工程建设对近接市政交通建(构)筑物影响的评估项目中,取得了良好的效果。

第二章　城市地下工程建设主要施工工法及适用性分析

第一节　明挖法

一、坡率法

坡率法是指控制边坡高度和坡度，无须对边坡整体进行加固而保持自身稳定的一种人工边坡设计方法。坡率法最大的特点是在进行施工时所要考虑的综合因素较少，流程较为简单，是一种比较经济、施工方便的方法，当工程条件许可时，应优先采用此法。因此，在大多数工程中，坡率法常被施工单位作为基坑施工的首选，其护面可考虑采用彩条布覆盖或挂网喷混凝土的方式防护。但是，放坡开挖也存在一定的局限性，即坑边变形大，因此只在工程条件许可时采用，如果施工场地有限，不能满足规范所要求的坡率或地下水丰富、土质稳定性差，一般不能采用坡率法，否则存在坑壁坍塌的安全隐患。坡率法施工现场如图2-1所示。

一般而言，坡率法适用条件如下：①基坑的周边地形较为开阔，地势较为平坦；②基坑四周的土体移动不会对基坑以及土体环境造成较大的影响；③开挖时土体地下环境无水或者已经进行了相应的处理。坡率法不适用条件如下：①淤泥层及流塑土层；②土体的地下环境水位较高。

二、土钉墙

土钉也称砂浆锚杆，在土坡加固中属于主要的受力构件，一般包括直接打入、后注浆和钻孔注浆3种类型。土钉墙是一种原位土体加筋技术，通过在天然土体中钻孔、锚固土钉，在土体面层铺设钢筋网和喷射混凝土，并使土钉与天然土体形成类似加筋土重力式的挡土墙。土钉墙具有工艺简单、施工便捷、土钉布置灵活、造价较低和节约工期等特点，可边开挖土方边施工土钉，从而形成流水施工。值得注意的是，土钉墙对环境有较为严格的要求，施工时必须考虑周围建（构）筑物基础和地下管线的影响，不能在土体比较松散、地下水位较高的地方单独使用土钉，在不利条件下采用会导致基坑变形严重等。土钉墙施工现场如图2-2所示。

图 2-1 坡率法施工现场图

图 2-2 土钉墙施工现场图

一般而言,土钉墙适用条件如下:①土体环境较为稳定,土质条件较好;②基坑的四周土体移动不会对基坑以及土体环境造成较大的影响;③地下水位较低或已经进行了降水处理;④土质层为较为稳定的粉土或黏土;⑤基坑开挖深度不超过 12m。土钉墙不适用条件如下:①土体地下环境水位较高,且没有进行相应的降水处理;②土层为岩土层或膨胀土层;③场地周边有较多邻近的建(构)筑物或地下管涵等。

三、水泥土重力式挡墙

水泥土重力式挡墙是指采用特殊搅拌桩机(如三轴搅拌桩)将高压水泥注入土体,注入的同时充分搅拌,使水泥和土发生物理化学反应,形成柱状混合物,依靠连续施工工艺将柱状体依次结合组成水泥土墙体,靠墙身自重和墙侧壁的摩阻力来保证水泥土挡墙的整体稳定性、抗滑移稳定性、抗倾覆稳定性达到抵抗边坡变形等要求。水泥土重力式挡墙在淤泥、淤泥质土、粉质黏土、砂质黏土以及泥炭土中广泛应用,能最大限度地利用原有地基土,具有挡土与阻水的双重功能,适用于侧壁安全级别要求为二级、三级的工程。水泥土重力式挡墙施工过程中,施工机具的噪声基本为零,无明显振动,不会产生泥浆等废弃物,而且可以根据设计要求,灵活改变水泥土混合物的排布方式、深度、截面直径以及强度。水泥土重力式挡墙的平面布置形式较为常见的有壁状、锯齿形和格栅状等,在这几种平面布置中,格栅状因成本较低且适用性较高等优点被广泛应用。水泥土重力式挡墙施工现场如图 2-3 所示。

一般而言,水泥土重力式挡墙的适用条件如下:①基坑周边开挖土体的深度不宜大于 7m,基坑周边土体在一定的条件下允许有较大的位移范围,

图 2-3 水泥土重力式挡墙施工现场图

且基坑周边有足够的施工场地;②填土,可塑、流塑黏性土,粉土,粉细砂、松散的中粗砂;③基坑坡顶超载一般不大于20kPa。水泥土重力式挡墙的不适用条件如下:①基坑周边没有足够供建筑施工准备和工作的场地;②水泥土挡墙因本身材料强度较低,只可抵抗较弱的基坑侧壁土压力,这将导致基坑位移变形较大,周边有高大建(构)筑物或对变形要求较高的基坑工程要谨慎使用;③墙体深度范围内可能存在大量富含有机质的淤泥。

四、围护桩支护结构

1. 钢板桩、钢管桩

钢板桩和钢管桩是基坑支护中常用的两种钢桩形式。钢板桩根据横断面形状可以分为普通钢板桩和拉森钢板桩两种。普通钢板桩即为槽钢,拉森钢板桩与普通钢板桩有两点不同:其一是断面形状不同;其二是钢板桩的边缘有一个燕尾槽,相邻两块拉森钢板桩的燕尾槽相嵌,密不透水。拉森钢板桩适用于较深和含水量较高的土质条件下的基坑,而普通钢板桩则适用于较浅和配有井点降水等辅助措施的基坑。如果用普通钢板桩基坑作为工作井,则其顶进距离不宜太长。普通钢板桩和拉森钢板桩施工现场如图2-4所示。

(a)普通钢板桩　　　　　　　　　　(b)拉森钢板桩

图2-4　普通钢板桩和拉森钢板桩施工现场图

钢管是一种具有空心截面、长度远大于直径或周长的钢材,按截面形状分为圆形、方形、矩形和异形钢管,按生产工艺分为无缝钢管和焊接钢管。其中,无缝钢管又分热轧和冷轧(拔)两种,焊接钢管又分直缝焊接钢管和螺旋缝焊接钢管。钢管桩与其他钢桩相比具有灌入能力强、抗弯曲刚度大以及接长焊接较容易等优点,在基坑支护、边坡加固、地基加固等方面都有广泛的应用。钢管桩施工现场如图2-5所示。

2. SMW工法桩

SMW工法是以多轴型钻掘搅拌机在现场向一定深度进行钻掘,同时在钻头处喷出水泥强化剂与地基土反复混合搅拌,在各施工单元之间则采取重叠搭接施工,然后在水泥土混合体未结硬前插入H型钢或钢板作为其应力补强材,至水泥结硬,便形成一道具有一定强度

图 2-5　钢管桩施工现场图

和刚度的连续完整、无接缝的地下墙体。该工法在整个项目施工过程中能够起到止水、承担开挖卸载后产生的水土压力及其他施工方法所产生的荷载（如拉锚结构和逆作法施工过程中的荷载）的作用。SMW 工法桩施工现场如图 2-6 所示。

图 2-6　SMW 工法桩施工现场图

SMW 工法根据施工机械的钻机轴数可以细分为双轴、三轴、五轴等，根据成桩挡墙的排数可以分为单排、双排等，根据型钢在桩之间的布置方法可以分为密插、插二跳一和插一跳一 3 种。此外，SMW 工法具有以下几个方面的特点：①结构整体性好，刚度高；②成墙后整体防渗性能好，渗透系数能够降低到 1×10^{-7} cm/s，可有效保证基坑开挖的防渗安全性；

③施工成本低,相较于钻孔灌注桩和地下连续墙,成本一般可降低40%;④适用性广,施工占地面积小,单个桩成桩周期短、进度快,可就地施工,在开挖15~20m深度的情况下,工法桩成墙的日进尺长度为10~12m,有的甚至可达15m;⑤施工噪声小,无振动,整个施工过程环保、节约能源、无泥浆污染。

3. 排桩支护结构

排桩支护结构是最常见的基坑支护方式之一,适用于开挖深度7~15m的深基坑工程,侧壁安全等级为一级、二级、三级的基坑均适用。排桩支护利用钻孔灌注桩、人工挖孔桩、预制桩或钢板桩等沿基坑边线按一定间距或者连续布置的排桩形成地下围护结构。排桩支护具有施工简便、造价低、刚度高、抗弯性能好、施工过程中噪声小、无振动、挤土效应低的特点,可多台机械设备同时施工、平行作业,有利于下一步工序的开展,缓解施工工期的压力。

排桩支护结构可进一步分为单排桩支护结构和双排桩支护结构。

1)单排桩支护结构

(1)柱列式排桩。当深基坑地基土土质良好、地下水位较低时,利用土拱效应,沿基坑边线施工一排有一定间距的钻孔灌注桩或人工挖孔桩。

(2)咬合式排桩。当软土地基中因土质条件差不能够形成土拱效应时,支护桩应连续布置,相互搭接。密排的钻孔灌注桩可以在桩身混凝土初凝前,于相邻两根桩之间浇筑一根素混凝土树根桩将其连接。

(3)组合式排桩。若软土地基的深基坑地下水位较高时,排桩与三轴搅拌桩或者高压旋喷桩组合布置可以起到围护和止水的双重作用。

单排桩施工现场如图2-7所示。

(a)悬臂支护　　　　　　　　　　　　(b)桩撑支护

图2-7　单排桩施工现场图

2)双排桩支护结构

当拟建场地的基坑开挖深度大且地基土土质较差时,单排桩支护结构的强度和刚度不能满足位移变形的要求,可以考虑采用双排桩支护结构。双排桩支护结构是沿基坑边线设置两排平行的支护桩,双排桩桩顶靠混凝土冠梁和连梁连接,前后双排桩呈梅花状或矩形排布,这种设计有良好的空间效应和整体刚度,最大程度地利用了土拱效应,能有效保证基坑的整体稳定性。双排桩施工现场如图2-8所示。

图2-8　双排桩施工现场图

双排桩一般为悬臂式,但随着基坑深度的不断增加,对基坑变形的要求也逐步增加,单独的双排桩不能满足需求,这就出现了双排桩和锚杆的组合支护形式。这种组合能提高抗侧移刚度,更好地控制基坑位移变形,减少施工对周围环境的影响。值得注意的是,双排桩排距是有要求的,一般为2~5倍桩径的范围。因此,双排支护结构占地面积相对较大,对于红线范围小的建筑地不适用。

4. 地下连续墙支护结构

地下连续墙的施工步骤是在地面用抓斗式或回转式等成槽机械,沿着开挖工程的周边,在泥浆护壁的条件下开挖形成一条狭长的深槽,清槽后,在槽内吊放预先在地面上制作好的钢筋笼,然后用导管法浇灌混凝土,完成一个单元的墙段,各单元墙段之间以特定的接头方式相互连接,形成一条地下连续墙壁。它具有防水挡土和护墙隔水双重功能,对大部分土质较差、较复杂的基坑均适用,能严格控制基坑周围变形。地下连续墙的基层厚度通常为600mm、800mm、1000mm,也可达到1200mm、1500mm,一般与锚杆或钢筋混凝土支撑连接组成锚拉式框架结构或支挡支护式框架结构。地下连续墙在实际工程中应用的结构形式主要有板式、"T"形、"TT"形、格形、"U"形折板式。地下连续墙施工现场如图2-9所示。

地下连续墙适用于开挖深度不小于10m的深基坑工程,但对于深度大于15m的深基坑才有明显的经济效益。地下连续墙作为整体浇筑的混凝土结构,在一些挡土工程技术应用中,已被公认为是目前深基坑开挖工程中最佳的支护挡土施工结构之一。它本身具有如下技术优点:①施工结构具有抗震、低噪声、低强度震动三大主要优点,工程施工对周围环境的影响较小;②结构刚度大、整体性好,基坑在开挖建设过程中施工安全性高,支护挡土结构整体变形较小;③墙体本身具有优越的抗渗防水能力,在基坑内进行降水工作时对基坑外部的环境影响较小;④可作为地下室结构的外墙,也可以配合逆作法施工,不仅可以缩短工作周期,还可以明显地降低工程造价,在节省成本的基础上创造更大的效益。

(a)铣槽机施工设备

(b)钢筋笼吊装

(c)圆形地下连续墙

(d)矩形地下连续墙

图2-9 地下连续墙施工现场图

一般情况下,地下连续墙多用于以下基坑工程:①深度大于15m的基坑;②基坑工程附近存在保护要求高的建(构)筑物,且基坑本身具有防水性能;③基地空间小,红线与地下室外墙达不到足够的距离,其他围护方法也无法满足工程要求的基坑;④主体结构中包含了围护结构,且对防水、防渗有较高要求的基坑。

5. 锚拉式支护结构

锚拉式支护结构由锚拉结构和挡土结构两者构成,一般采用预应力锚索。预应力锚索是一种高强度构件,能够将荷载传递到深层稳定岩石层。考虑到滞留在岩土体内的锚索会破坏环境,工程上大多采用可拆芯的钢绞线锚索。

锚拉式支护结构中的挡土结构有很多,一般采用混凝土排桩、地下连续墙、土钉墙、预应力锚索等,其中使用最为普遍的是排桩和预应力锚索。冠梁和腰梁多用于锚拉式结构的设置。腰梁主要分为两种:一种是钢腰梁;另一种是钢筋混凝土腰梁。锚拉结构通过腰梁将锚固力传递给支护结构,达到整体围护的作用,使基坑侧壁保持稳定。冠梁能提高挡土结构的整体稳定性。锚拉式支护结构具有成本低、施工灵活、方便等优点,缺点是对土质要求较高,土质较松散、水位高、软土层砂土的土层及碎石层因无法提供需要的锚固力而无法施工。灌注桩及锚索组合法施工现场如图2-10所示。

一般而言,锚拉式支护结构适用范围如下:①需要深挖的狭小区域;②附近有特殊要求、位移控制严格的建(构)筑物等;③有锚索设置在地下空间的基坑边壁。

图 2-10　灌注桩及锚索组合法施工现场图

6. 复合型支护结构

工程实践表明,随着基坑深度的增加,单一的基坑支护结构并不能满足需要,此时复合型支护结构就被广泛应用(刘招伟等,2003;孔恒等,2004)。复合型支护结构由多种常规的基坑支护体系相互衔接、共同作用而成。采用多种支护形式的目的是确保基坑支护方案最优,在不影响基坑安全稳定的前提下,充分考虑工程预算、施工难易程度、工期长短和对周围环境的影响,突出体现绿色环保、节能经济的价值。如型钢钢板桩组合法,即将拉森钢板桩与钢管结合使用形成组合桩,通过焊接在钢管桩上的锁扣与拉森钢板桩进行连接,由钢管桩进行挡土,钢板桩进行挡水。型钢钢板桩组合法施工现场如图 2-11 所示。

(a)型钢钢板桩组合桩布置方式

(b)拉森钢板桩与钢管连接方式

图 2-11　型钢钢板桩组合法施工现场图

五、沉井法

沉井法是通过不稳定含水地层的一种特殊施工方法,在地下建(构)筑物设计位置上,预先制作好沉井的刃脚和一段井壁,在其掩护下边掘进边下沉,随下沉在地面相应接长井壁,直至沉到设计深度。沉井法在深基础施工中具有如下独特优点:①占地面积小,技术相对稳妥可靠;②与大开挖相比挖土量小,可节约成本,不需要特殊专业设备,操作简便;③沉井井壁既可作为各类地下建(构)筑物的结构,也可作为建(构)筑物围护结构,沉井内部空间还可得到充分利用。随着施工机械与施工技术的不断革新,沉井法在国内外得到了发展和广泛的应用。沉井法历史悠久且应用广泛,具体施工方法繁多,通常分为不排水下沉与排水下沉两大类。

1. 不排水下沉

普通沉井、壁后河卵石沉井、壁后泥浆沉井、震动沉井等均采用不排水下沉施工工艺。不排水下沉多采用人工掘进,使用吊桶提升,利用自重下沉,工作面开挖超前小井,以排除井内涌水。除普通沉井法外,其他沉井壁后均放置减阻介质。涌水量较小、无承压水、流砂层厚度较薄且无粉细砂层的情况下可采用不淹水沉井法施工。由于下沉深度不大、安全性较差,不排水下沉适用范围受到限制。不排水下沉可通过气幕注浆,进一步降低井壁单位平均摩阻力,使井体顺利下沉封底。不排水下沉及气幕注浆施工现场如图2-12所示。

(a)不排水下沉　　　　　　　　　　(b)气幕注浆

图2-12　不排水下沉及气幕注浆施工现场图

2. 排水下沉

排水下沉是在井内灌满水,采用高压水枪水下破土,利用压气排渣平衡井内外的水压差,只要保证井内水位始终高于地下水位,一般不会发生涌砂、冒泥连锁反应。排水下沉在地面操作,施工条件好,作业安全,井壁质量较高,成本较低。对于沉井较深、涌水量大、流砂层厚及不含有较大砾卵石层的冲积层,通常可采用淹水沉井法施工。淹水沉井法是在沉井井壁四周与土体之间的环形空间内灌注触变泥浆或者施放压缩空气,使土层与井壁隔离,达到减阻目的,并可利用套井导向防偏、纠偏,沉井下端由钢刃脚插入土层,靠井内出土、井壁自重克服正面阻力而下沉,工人无须下井。排水沉井形状一般分为圆形沉井和矩形沉井,施工现场如图 2-13 所示。

(a)圆形沉井下沉

(b)矩形沉井下沉

图 2-13　排水下沉施工现场图

第二节　暗挖法

一、浅埋暗挖法

浅埋暗挖法是一种在距离地表较近的地下进行各种类型地下洞室暗挖施工的方法,主要应用于软弱围岩地层的地下工程。该工法因埋深浅,地层损失较大,容易引起邻域地面或建筑地基沉降,对施工场地周围环境影响较大。浅埋暗挖法包括初期支护和二次衬砌。该工法设计和施工遵循"管超前、严注浆、短开挖、强支护、快封闭、勤量测"的十八字原则。在施工过程中应用监控量测与信息反馈优化设计,以实现不塌方、少沉降、安全施工等目标。常见的浅埋暗挖施工技术的主要工法如下(姚爱军等,2018)。

(1)上下两步台阶法(图 2-14)。该方法适用于土质较好的地铁单线隧道。一般上半断面采用人工开挖方法,下半断面采用机械开挖方法,用车辆把渣土运出。上下两步台阶法施工步序为:拱部超前支护、上台阶导坑开挖支护、下台阶导坑开挖支护、开挖底板初期支护封闭。

(2)上下台阶分部开挖预留核心土法(图 2-15)。该方法适用于土质条件较差的地铁单线隧道。上台阶开挖后要及时进行支护。当地质条件和隧道开挖长度不同时台阶长度不同,地质条件越好,开挖的台阶长度越长。当断面太大时,可以分多个台阶开挖,但需注意控制台阶长度。该方法施工步序:拱部超前支护上部弧形导坑开挖支护、左右侧中台阶错位开挖支护、核心土开挖、下台阶导坑开挖支护、初期支护封闭。

(3)单侧壁导坑法(图2-16)。该方法通过预先开挖隧道一侧的导坑,然后进行初期支护,最后分部开挖剩余部分。此方法适用于土质较差的地铁单双线隧道,是以台阶法为基础先开挖侧壁导洞完成初期支护,然后开挖拱部土体并做初期支护,最后开挖下台阶施作初步支护并及时封闭成环。

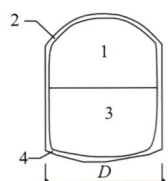 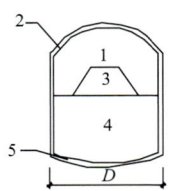 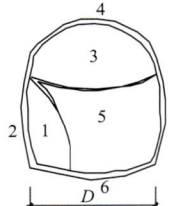

图2-14 上下两步台阶法图　　图2-15 上下台阶分部开挖预留核心土法图　　图2-16 单侧壁导坑法图

注图2-14~图2-16中数字表示地下洞室的开挖先后顺序;D表示地下洞室跨度。

(4)双侧壁导坑法(图2-17)。该方法预先开挖左右两侧导坑,再分别开挖上部和下部土体。施工步序:左右导坑超前支护、左右导坑开挖初步支护、拱顶超前支护、中部上台阶开挖支护、中部下台阶开挖、断面初步支护封闭成环。

(5)中隔墙法(图2-18)。该方法通过预先分部开挖隧道一侧并施作临时中隔墙,先开挖侧超前一定距离后,再分部开挖另一侧隧道。施工步序:左侧上导坑超前支护、左侧上导坑开挖并初期支护、左侧下导坑开挖并初期支护、右侧上导坑超前支护、右侧上导坑开挖并初期支护、右侧下导坑开挖并初期支护、断面初期支护并封闭成环。

(6)交叉中隔墙法(图2-19)。该方法适用于断面面积较大、工程地质条件较差的地铁隧道。此方法以台阶法为基础,分别按次序在上下两个台阶开挖两个导坑,上台阶的导坑先开挖,之后分别进行初步支护,当拱部初步支护结构稳定之后再进行下台阶两个导坑的开挖,并及时完成仰拱的施工。上下导坑、左右导坑均要错开一定距离。施工步序:左右上导坑超前支护、左右上导坑开挖并初期支护、左右下导坑开挖并初期支护、断面初步支护封闭成环。

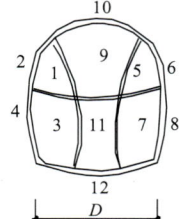 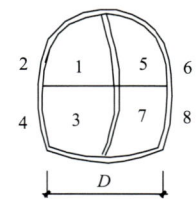 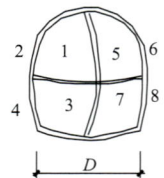

图2-17 双侧壁导坑法图　　图2-18 中隔墙法图　　图2-19 交叉中隔墙法图

注:图2-17~图2-19中数字表示地下洞室的开挖的先后顺序;D表示地下洞室跨度。

二、矿山法

矿山法也称钻爆法,是用开挖地下坑道的作业方式修建隧道及地下工程的施工方法,主要靠钻孔爆破进行断面的开挖,适用于山岭隧道或岩质隧道的修筑。常见的开挖方法有全断面法、台阶法、中隔墙法(跨度大)、交叉中隔墙法、双侧壁导坑法、联拱隧道中洞法等。该方法的施工步序为钻孔、装药、爆破、出渣、支护、衬砌,其中钻孔、装药、爆破是关键步序。爆破开挖时,为保证开挖面轮廓准确而平整,并控制对围岩的震动,近年来,在爆破技术上发展和应用了光面爆破、预裂爆破和毫秒爆破等新技术,达到了预期的爆破效果。需要注意的是,若在城市地铁隧道施工中使用矿山法,应对爆破产生的振动对地面建(构)筑物的影响进行评估。

三、新奥法

新奥法即新奥地利隧道施工方法,是奥地利学者拉布西维兹教授于20世纪50年代提出的以隧道工程经验和岩体力学理论为基础的设计、施工方法。该方法的主要特点是在开挖面附近及时施作密贴于围岩的薄层柔性喷射混凝土和锚杆支护,以便控制围岩的变形和应力释放,从而在支护和围岩的共同变形过程中调整围岩应力使围岩应力重分布而达到新的平衡,以求最大限度地保持围岩的固有强度和利用其自承能力获得最安全及最经济的效果。该方法遵循"少扰动、早喷锚、快封闭、勤测量"的原则,主要技术要点如下:

(1)应充分发挥围岩的自承能力。围岩是洞室的主要承载结构,具有一定的自承能力,支护作用是保持围岩完整,并与围岩联合作用形成稳定的承载环。

(2)应充分保护围岩,减少对围岩的扰动。施工时宜采用控制爆破或全断面掘进等方法。

(3)应尽快使支护结构闭合。通过工程类比、室内试验和施工期间对洞室围岩收敛变形、锚杆应力及喷射混凝土支护应力的监测,了解围岩的物理力学特性与空间和时间的关系,适时调整支护方案。支护施工应及时、快速,使围岩尽快封闭,处于三向受力状态。锚杆与喷射混凝土及钢丝网与喷射混凝相结合的支护措施具有上述特点,应尽量采用。

(4)洞室应尽可能为圆形断面或由光滑曲线连接而形成的断面。此类断面可避免应力集中。围岩稳定性较差的情况下应尽快封闭底拱,使支护与围岩共同形成闭合的环状结构,以确保稳定。

(5)应有良好的施工组织和具备良好素质的施工人员。这对洞室安全、经济结构施工非常重要,应合理地安排防渗、排水、开挖、出渣、支护、封闭底拱等多项工序,形成稳定合理的工作循环。

新奥法施工步序主要包括开挖、监控量测、初期支护与优化、防水施工、二次衬砌封闭成环。工程实施时,应根据开挖面的稳定性情况,采用如下不同的施工顺序:①当开挖面稳定时,施工顺序是开挖→柔性衬砌→施工量(位移、应力等量)→防水层→第二次衬砌;②当开挖面不稳定时,施工顺序是开挖弧形导坑→第一次柔性衬砌(拱)→开挖核心及侧壁→第一次柔性衬砌(边墙)→开挖仰拱部分并修筑仰拱→施工量(位移、应力等量)→防水层→第二次衬砌。新奥法施工现场如图2-20所示。

(a)隧道洞口钢架

(b)隧道断面开挖

(c)仰拱开挖

(d)隧道支护钢丝网铺设

图2-20 新奥法施工现场图

第三节 非开挖方法

一、顶管法

顶管法是指隧道或地下管道穿越铁路、道路、河流或建(构)筑物等各种障碍物时采用的一种暗挖式施工方法。该方法最早由美国提出,于1896年在北太平洋铁路铺设工程中应用,现已有100多年历史。20世纪60年代顶管法已在世界各国推广应用。1970年德国汉堡下水道混凝土顶管直径为2.6m,首次一次最大顶进距离为1200m,创造了国外顶进距离最长的纪录。在国内,1997年上海黄浦江上游引水工程的长桥支线顶管,钢管直径3.5m一次最大顶进距离为1743m,创造了钢管顶管世界纪录;2001年浙江嘉兴污水顶管,钢筋混凝土管直径 2m 一次最大顶进距离为 2050m。顶管直径大至 6m、小至 80mm，普通顶管一般距离≤100m（现在可提高至 300m），无中继环长距离顶管＞100m，长大距离＞1000m。

顶管法施工无须开挖地面。施工时，先制作顶管工作井和接收井，作为一段顶管的出发点和终点。工作井中有一面或两面井壁设有预留孔作为顶管出口，其对面井壁是承压壁，承压壁前侧安装有顶管的千斤顶和承压垫板。将管卸入工作井后，通过传力顶铁和导向轨道，用支撑于工作井后座（钢后靠）上的液压千斤顶将工具管顶出工作井预留孔即压入土层中，直至工具管后的第一节管节被压入，同时挖除并运走管正面的泥土。当第一节管全部顶入土层后，将第二节管接在后面继续顶进。只要千斤顶的顶力足以克服顶管时产生的阻力，整个顶进过程就可循环重复。顶管施工现场如图 2-21 所示。

(a) 顶管进洞　　　　　　　　　　　　(b) 顶管出洞

图 2-21　顶管施工现场图

为进行较长距离的顶管施工，可在管道中间设置一个或几个中继间作为接力顶进，并在管道外周压注润滑泥浆。顶管施工可用于直线管道，也可用于曲线管道。整个顶管施工系统主要由工作基坑、顶管机（或工具管）、顶进装置、顶铁、后座墙管节、中继站、出土系统、注浆系统以及通风、供电、测量等辅助系统组成，其中最主要的是顶管机和顶进系统。采用顶管机施工时，机头的掘进方式与盾构相同，但推进的动力由放在始发井内的后顶装置提供，故其推力要大于同直径的盾构隧道。顶管管道由整体浇筑预制的管节拼装而成，一节管节长 2～4m，同直径管道工程采用顶管法施工的成本比盾构法要低得多。

顶管法极大地减小了对周围环境和居民生活的影响，有利于文明施工。因此，顶管法广泛应用于市政管道工程和地下通道工程中，适用范围很大，遇到下列情况时均可采用：①管道穿越铁路、公路、河流或建（构）筑物时；②街道狭窄两侧建（构）筑物多时；③在市区交通量大的街道施工，又不能断绝交通或严重影响交通时；④现场条件复杂的情况下交叉作业，相互干扰，易发生危险时；⑤管道覆土较深、开槽土方量大，并需要支撑时；⑥在河道以下施工，采用隧道方式施工不经济或技术上有困难时。

二、盾构法

盾构法是暗挖法施工中的一种全机械化施工方法。它是将盾构机械在地中推进,通过盾构外壳和管片支承四周围岩防止发生往隧道内的坍塌,同时在开挖面前方用切削装置开挖土体,通过出土机械运出洞外,靠千斤顶在后部加压顶进,并拼装预制混凝土管片,形成隧道结构的一种机械化施工方法。盾构法由稳定开挖面、盾构机掘进、支护系统等组成,盾构机由外壳、刀盘、挡土机构、管片拼装机构、推进机构、附属机构等构成。有盾壳的保护,工作人员的工作环境相对安全,施工质量相对较高,连续作业能力强。盾构法适用于软土、软岩等地质条件,特别适合在闹市区软弱地层中修建地下工程,且不受气候条件影响,在土质差、水位高的地方建设埋深较大的隧道时,具有较好的技术经济优势。该方法的缺点是施工工艺复杂,小曲线半径施工难度大,必须保证有一定的覆土厚度,机械组装复杂,隧道过短,经济效益差,施工过程中不易改变断面形状等。盾构法施工现场如图 2-22 所示。

(a)盾构机设备

(b)盾构开挖

图 2-22 盾构法施工现场图

盾构分为无刀盘开敞式盾构和有刀盘盾构。开敞式盾构的特点是工作人员可以站在平台上采用小型机具或人工进行开挖,适用于地层自稳性较好、无水或少水地层隧道;有刀盘盾构则安装有掘进功能的刀盘。根据稳定工作面的方式,盾构又分为泥水平衡式盾构和土压平衡式盾构。泥水平衡式盾构适用于不稳定的软土地层或高地下水位饱水粉土、砂层等流动性较高的土质地层。土压平衡式盾构适用于软弱、黏稠的黏质粉土和粉砂地层,若配制出相适应的塑流化改性剂(如泡沫),也可用于砂卵石地层中。

第四节　辅助施工措施

一、止水帷幕

根据空间形态，止水帷幕可以分为竖向止水帷幕和水平向止水帷幕，竖向止水帷幕又可以根据其插入透水层的深度分为悬挂式止水帷幕和落底式止水帷幕。帷幕制作方法有地下连续墙、搅拌桩、旋喷桩、注浆法、冻结法、咬合桩法及复合工艺等。止水帷幕设计前期应考虑拟建场地的工程地质、水文地质条件、周边环境、项目基坑开挖深度、工程造价等因素。目前常用的止水帷幕结构类型及对比见表2-1。

表2-1　常用的止水帷幕结构类型及对比表

关键技术	最大深度/m	适用土层	一般布置形式	造价比较	设备及特点
槽钢	8.0	淤泥、淤泥质土、弱黏性土	排列、咬合	—	反铲，较高大
拉森桩	18.0	黏性土、粉土、砂土	排列、咬合	—	反铲振动锤、较高大，静压设备，较低小
水泥土搅拌桩	15.0	黏性土、粉土、砂土	直径0.5m、0.6m，咬合0.15～0.25m，两排	1.0	搅拌桩机械，较高大
单管旋喷桩	20.0	黏性土、粉土、砂土、砾石土	直径0.5m、0.6m，咬合0.15～0.25m，两排	2.0	旋喷桩机械，较低小
双管旋喷桩	30.0	黏性土、粉土、砂土、砾石土	直径0.6m、08m，咬合0.15～0.25m，两排	2.2	旋喷桩机械，较低小
水泥土双向搅拌桩	20.0	黏性土、粉土、砂土	直径0.6～1.0m，咬合0.15～0.25m，两排	1.0	搅拌桩机械，较高大
双轴水泥土搅拌桩	18.0	黏性土、粉土、砂土	直径0.65m、0.7m，咬合0.20m，一排	0.8	搅拌桩机械，较高大
三轴水泥土搅拌桩	30.0	黏性土、粉土、砂土、3.0m以内的砾石土	直径0.85m，每幅咬合0.25～0.85m，一排	1.0	三轴搅拌桩机械，高大
TRD工法（等厚度水泥土地下连续墙工法）	50.0	黏性土、粉土、砂土	宽度0.6～1.0m，咬合0.2～0.3m，一排	1.6	一般
CSM工法（等厚度水泥土地下连续墙工法）	50.0	黏性土、粉土、砂土、砾石土、3.0m以内的卵石土	宽度0.6～1.0m，咬合0.2～0.3m，一排	1.6	很高大

续表 2-1

关键技术	最大深度/m	适用土层	一般布置形式	造价比较	设备及特点
钻孔后注浆地下连续墙工法（等厚度水泥土地下连续墙工法）	60.0	黏性土、粉土、砂土、砾石土、卵石土	宽度0.8～1.0m，咬合0.2～0.3m，一排	1.6	一般
咬合灌注桩	60.0	黏性土、粉土、砂土、砾石土、卵石土	直径1.0～1.5m，咬合0.2～0.3m，一排	2.5	高大
素混凝土地下连续墙	60.0	黏性土、粉土、砂土、砾石土、卵石土	宽度0.6～1.2m，咬合0.2～0.3m，一排	2.2	一般
钢筋混凝土地下连续墙	60.0	黏性土、粉土、砂土、砾石土、卵石土	宽度0.8～1.2m，一排	3.0	高大（吊车高大）
注浆法	15.0	松散土、砾石土、卵石土	—	1.2	低小

注：造价比较均以三轴搅拌桩（1.0）为参考进行对比。

1. 高压旋喷桩法

高压旋喷桩法又称旋喷桩法，是用钻机钻孔至要求深度后，用高压脉冲泵，通过安装在钻机顶端的喷嘴旋转向四周喷射化学浆液，同时旋转上提，用高压射流破坏土体结构并使破坏的土体与化学浆液混合胶结硬化形成上下直径大致相同的具有一定强度的固结体。固结体的形态与喷射流的方向有关，一般分为旋转喷射（简称喷）和定向射（简称定喷）两种注浆形式。旋喷时喷嘴一面喷射一面旋转和提升圆柱状固结体，用于加固地基，提高地基的抗剪强度，改善变形性质，使其在上部结构荷载直接作用下不产生破坏或过大的变形，也可以组成闭合的帷幕，用于截阻地表流沙和治理流沙。定喷时喷嘴一面喷射一面提升，喷射的方向固定不变，固结体形如壁状，通常用于基础防渗、改善地基土的水流性质等工程。高压旋喷桩施工现场如图2-23所示。

(a) 现场施工设备　　　　(b) 实施效果

图 2-23　高压旋喷桩施工现场图

高压旋喷桩法所用高压泵为往复式活塞泵,工作压力为 20～25MPa,喷嘴用合金制成,喷出口径为 2～3mm 的化学液,目前通过在水泥液中掺加一些速凝剂使得柱体的直径可以达到 50cm,柱体的极限强度达到 3～5MPa。单管法、二重管法和三重管法是目前使用较多的方法,3 种方法原理基本一致,区别主要在于所喷射的材料不同。采用三重管时,喷射管直径通常是 7～9cm,结构复杂,因此有时需要预先钻一个直径为 15cm 的孔,然后置入三重喷射管进行加固。成孔可以采用一般钻探机械,也可以采用振动机械等。3 种方法可根据具体条件采用不同类型的施工机具和仪表。3 种方法的常用施工参数见表 2-2。

表 2-2　旋喷桩成桩方法分类表

分类方法	单管法	二重管法	三重管法
喷射方法	浆液喷射	浆液、空气喷射	水、空气喷射、浆液注入
硬化剂	水泥浆	水泥浆	水泥浆
常用压力/MPa	15.0～20.0	15.0～20.0	高压 20.0～40.0;低压 0.5～3.0
喷射量/(L·min^{-1})	60～70	60～70	高压 60～70;低压 80～150
压缩空气/kPa	不使用	500～700	500～700
旋转速度/rpm	16～20	5～16	5～16
桩径/cm	30～60	60～150	80～200
提升速度/(cm·min^{-1})	15～25	7～20	5～20

2. 水泥土搅拌桩法

水泥土搅拌桩法目前已趋于成熟,该方法以水泥作为固化剂的主要材料,通过施工机械进行深层搅拌,喷射粉状或液态固化剂与地基土掺和,形成渗透系数较低且有一定强度的增强体。水泥土搅拌桩法最适宜加固各种成因的饱和软黏土。国外使用深层搅拌法加固的土质有新吹填的超软土、沼泽地带的泥炭土、沉积的粉土和淤泥质土等。目前国内常用于加固淤泥、淤泥质土、粉土和含水量较高且地基承载能力标准值不大的黏性土等。《建筑地基处理技术规范》(JGJ 79—2012)规定水泥土搅拌桩法适用于处理正常固结的淤泥与淤泥质土、粉土、素填土、黏性土、饱和黄土以及无流动地下水的饱和松散砂土等地基。随着施工机械的改进,搅拌能力提高,水泥土搅拌桩法适用土质范围在扩大。水泥土搅拌桩施工现场如图 2-24 所示。

目前,喷浆型湿法深层搅拌机械在国内已能批量生产单、双搅拌轴两个品种,并且开始了三轴及多搅拌轴机型的研制和生产工作。喷粉搅拌机(干法)目前仅有单搅拌轴一种机型。喷浆形式的深层搅拌机以水泥浆作为固化剂的主剂,通过搅拌头强制将软土和水泥浆拌和在一起。目前国外的深层搅拌主机大多具有偶数根搅拌轴(2 根、4 根、6 根或 8 根搅拌轴),即一次可制作出 2 根、4 根、6 根或 8 根相互相割的搅拌桩,每根搅拌桩最大的直径可达 1.25m,每组搅拌桩的截面积可达 4～5m²,一次最大的加固面积可达 9.6m²。水泥土搅拌桩施工现场如图 2-24 所示。

(a)现场施工设备　　　　　　　　(b)实施效果

图 2-24　水泥土搅拌桩施工现场图

3. TRD 工法

TRD 工法(trench cutting remixing deep wall method)最早称"混合搅拌壁式地下连续墙施工法",具有自行掘削和混合搅拌固化液的功能。该工法采用纵向切割土体的方式成墙。首先 TRD 钻机将链锯型切削刀具插入目标地层,掘削至止水帷幕墙体设计深度,然后注入水泥浆,搅拌使其与原位土体混合,沿着水平推进,形成水泥土搅拌连续墙。TRD 工法可采用一步施工法和三步施工法,施工方法的选用应综合考虑土质条件、墙体性能、墙体深度和环境保护要求等因素。TRD 工法施工现场如图 2-25 所示,TRD 水泥土搅拌墙三循环施工流程如图 2-26 所示。

4. CSM 工法

CSM(cutter soil mixing,双轮铣深搅)工法是一种新型、高效、环保的等厚度水泥土搅拌墙施工技术,

图 2-25　TRD 工法施工现场图

又称双轮铣深层搅拌技术。该技术从地下连续墙液压铣槽机的施工原理发展而来,主要原理是通过钻杆下端的一对液压铣轮,对原地层进行铣、销、搅拌,同时掺入水泥浆固化液,与被打碎的原地基土充分搅拌混合后,形成具有一定强度和良好止水性能的水泥土连续墙。CSM 工法施工现场及施工流程如图 2-27、图 2-28 所示。

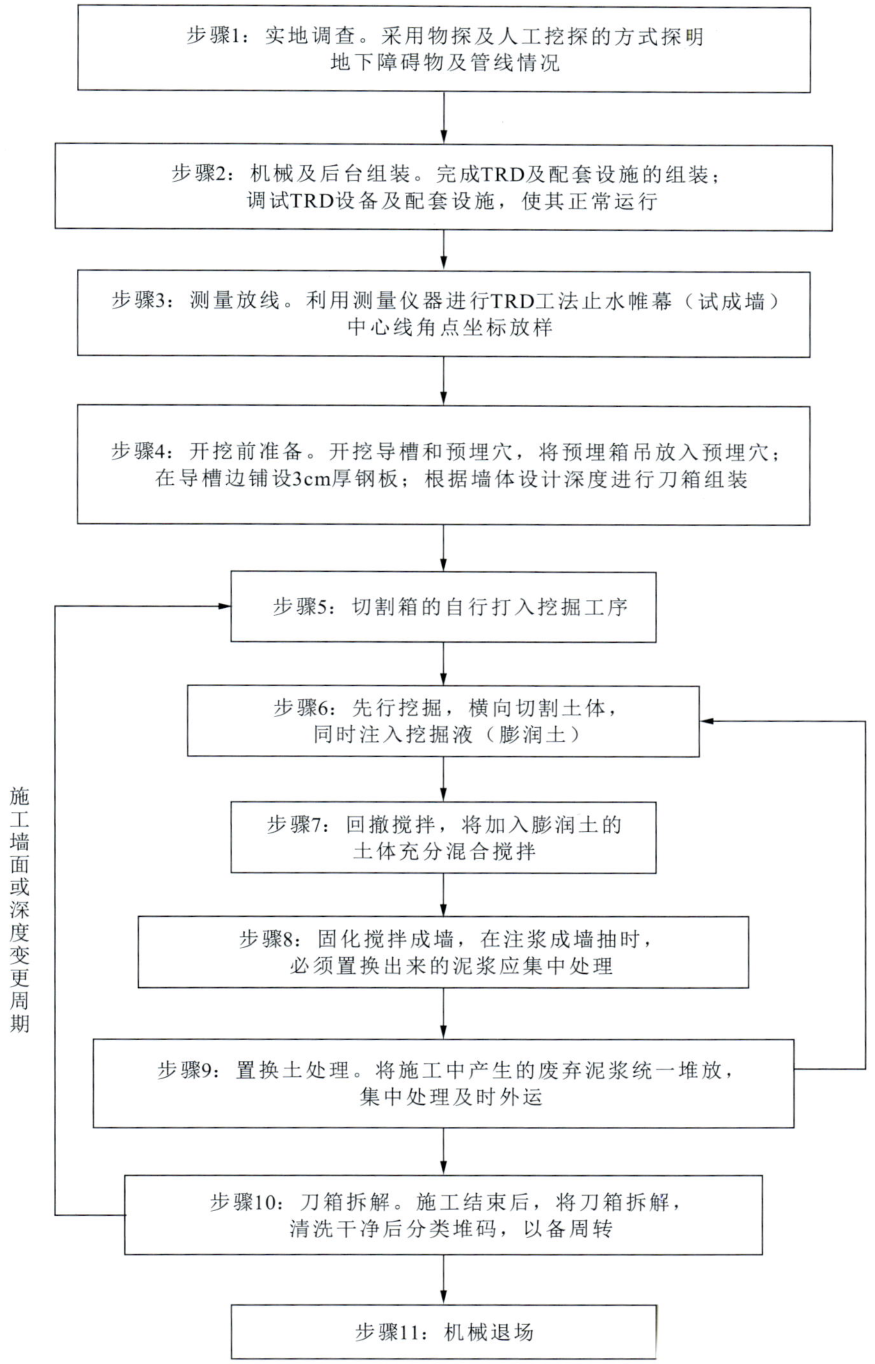

第二章 城市地下工程建设主要施工工法及适用性分析

```
┌─────────────────────────────────────────────┐
│ 步骤1：实地调查。采用物探及人工挖探的方式探明 │
│        地下障碍物及管线情况                  │
└─────────────────────────────────────────────┘
                      ↓
┌─────────────────────────────────────────────┐
│ 步骤2：机械及后台组装。完成TRD及配套设施的组装；│
│        调试TRD设备及配套设施，使其正常运行    │
└─────────────────────────────────────────────┘
                      ↓
┌─────────────────────────────────────────────┐
│ 步骤3：测量放线。利用测量仪器进行TRD工法止水帷幕（试成墙）│
│        中心线角点坐标放样                    │
└─────────────────────────────────────────────┘
                      ↓
┌─────────────────────────────────────────────┐
│ 步骤4：开挖前准备。开挖导槽和预埋穴，将预埋箱吊放入预埋穴；│
│        在导槽边铺设3cm厚钢板；根据墙体设计深度进行刀箱组装│
└─────────────────────────────────────────────┘
                      ↓
┌─────────────────────────────────────────────┐
│ 步骤5：切割箱的自行打入挖掘工序              │
└─────────────────────────────────────────────┘
                      ↓
┌─────────────────────────────────────────────┐
│ 步骤6：先行挖掘，横向切割土体，              │
│        同时注入挖掘液（膨润土）              │
└─────────────────────────────────────────────┘
                      ↓
┌─────────────────────────────────────────────┐
│ 步骤7：回撤搅拌，将加入膨润土的              │
│        土体充分混合搅拌                      │
└─────────────────────────────────────────────┘
                      ↓
┌─────────────────────────────────────────────┐
│ 步骤8：固化搅拌成墙，在注浆成墙抽时，         │
│        必须置换出来的泥浆应集中处理          │
└─────────────────────────────────────────────┘
                      ↓
┌─────────────────────────────────────────────┐
│ 步骤9：置换土处理。将施工中产生的废弃泥浆统一堆放，│
│        集中处理及时外运                      │
└─────────────────────────────────────────────┘
                      ↓
┌─────────────────────────────────────────────┐
│ 步骤10：刀箱拆解。施工结束后，将刀箱拆解，    │
│         清洗干净后分类堆码，以备周转         │
└─────────────────────────────────────────────┘
                      ↓
┌─────────────────────────────────────────────┐
│ 步骤11：机械退场                             │
└─────────────────────────────────────────────┘
```

左侧：施工墙面或深度变更周期
右侧：正常施工周期

图 2-26 TRD水泥土搅拌墙三循环施工流程图

(a)现场施工设备　　　　　　　　(b)实施效果

图 2-27　CSM 工法施工现场图

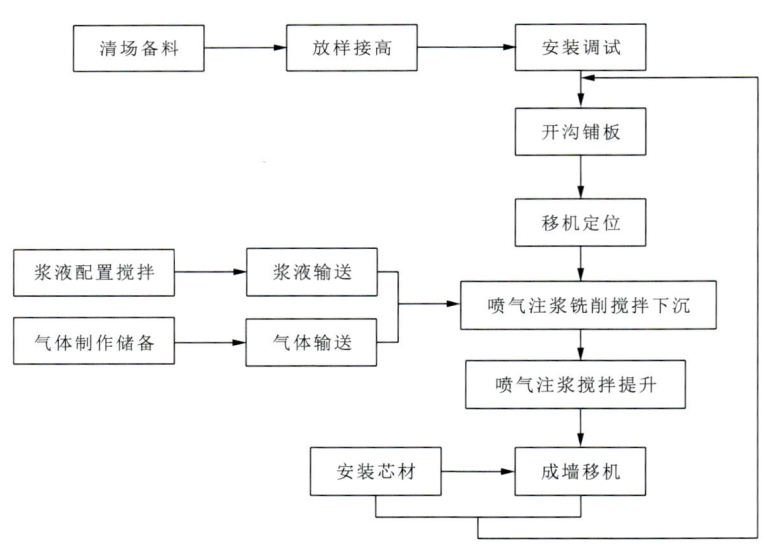

图 2-28　CSM 工法施工流程图

CSM 工法的主要特点如下：

(1)施工深度深，成墙品质高，止水效果显著。CSM 施工深度最深可达 80m(采用钢丝绳悬挂系统)，采用导杆式设备施工深度最深可达 55m，与三轴桩相比接头少，由于可对原墙体进行完全的铣削，能够完全避免因施工冷缝带来的漏水风险。

（2）对原有土体强制铣、削、破碎、搅拌，使其更能适应坚硬复杂地层。适用于不同地层的铣削钻头如图 2-29 所示。

(a)淤泥质土用铣削钻头

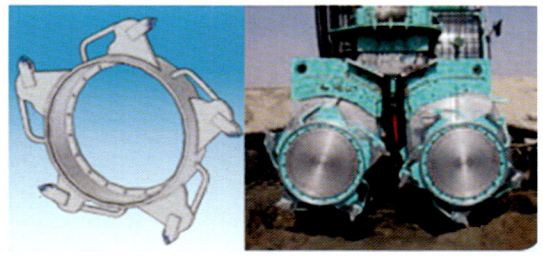
(b)砂质土用铣削钻头

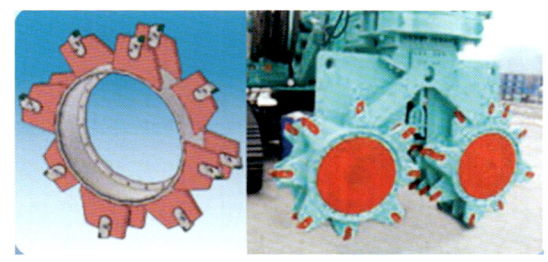
(c)硬地层用铣削钻头

图 2-29　适用于不同地层的铣削钻头图

（3）施工效率高、无震动、安全性良好。CSM 设备运转灵活，施工无死角，操作方便。由于铣头及驱动均在钻具底端（施工时进入削掘沟内对周边的噪声及振动非常小），设备整体重心低，安全性高。

不同工法施工效率对比见表 2-3。

表 2-3　不同工法施工效率对比分析表

内容	CSM 工法	三轴搅拌桩法	TRD 工法
每天施工延长米（以深度 30～40m 为例）	30～40m/d	15～20m/d	8～10m/d
转角施工	无影响	无影响	5～7d
砂卵砾石层	可施工	无法施工	可施工
软岩	效率最高	无法施工	效率低，入岩浅

（4）低置换，绿色环保，更少的投入可获得更高的回报，经济效益高。

不同工法下的经济指标对比见表 2-4。

表 2-4 不同工法下的经济指标对比分析表

内容	CSM 工法	三轴搅拌桩	TRD 工法	CSM 优势
水泥掺量	15%～18%	20%～25%	20%～25%	更节约水泥
水灰比	1.2～1.5	1.5～2.0	1.5～2.0	更节约水
置换土	10%～15%	30%～50%	100%～130%	节约运输处置费
综合价格	比 TRD 价格节约 30%	400～500 元/m³	800～1000 元/m³	更高性价比

5. MJS 工法

MJS(metro jet system)工法是全方位高压喷射技术工法的简称,该法可以进行超深度加固、水平地层或倾斜地层加固,整个系统最大的特点是配备有调控和量测地内压力的自动装置。

该工法在传统高压喷射注浆工艺的基础上,采用了独特的多孔管和前端造成装置,实现了孔内强制排浆和地内压力监测,并通过调整强制排浆量来控制地内压力,合理控制深处排泥和地内压力,使地内压力稳定,也就降低了在施工中出现地表变形的可能性,大幅度减少了对环境的影响,而地内压力的降低也进一步保证了成桩直径。MJS 现场施工如图 2-30 所示。

图 2-30 MJS 现场施工图

MJS 工法工艺特点如下：

(1)可以全方位进行高压喷射注浆施工。MJS 工法可以进行水平、倾斜、垂直各方向、任意角度的施工,特别是其特有的排浆方式,使得在富水土层需进行孔口密封的情况下进行水平施工变得安全可行。

(2)桩径大,桩身质量好。喷射流初始压力达 40MPa,流量 90～130L/min,使用单喷嘴喷射,每米喷射时间 30～40min(平均提升速度 2.5～3.3cm/min),喷射流能量大,作用时间长,再加上稳定的同轴高压空气的保护和对地内压力的调整,使得 MJS 工法成桩直径较大,可达 2～2.8m(砂土标准贯入试验锤击数 $N<70$,黏土黏聚力 $c<50$)。由于直接采用水泥浆液进行喷射,其桩身质量较好,强度指标大于 1.5MPa。

(3)对周边环境影响小,超深施工效果有保证。传统高压喷射注浆工艺产生的多余泥浆是通过土体与钻杆的间隙,在地面孔口处自然排出,这样的排浆方式往往造成地层内压力偏大,导致周围地层产生较大的变形和地表隆起。同时,在加固深处的排泥比较困难,造成钻杆和高压喷射枪四周压力增大,往往导致喷射效率降低,影响加固效果及可靠性。MJS 工法通过地内压力监测和强制排浆的手段,对地内压力进行调控,可以大幅度减少施工对周边环境的扰动,并保证超深施工的效果。

(4) 泥浆污染少。MJS 工法采用专用排泥管进行排浆,有利于泥浆集中管理,施工场地干净,同时,对地内压力的调控也减少了泥浆"窜"入土壤、水体或地下管道的现象。

(5) 自动化程度高。转速、提升、角度等关系到质量的关键问题均提前设置,并可实时记录施工数据,尽可能地减少了人为因素造成的质量问题。MJS 工法现场施工效果如图 2-31 所示。

(a) 水平成桩效果图

(b) 垂直成桩效果

图 2-31　MJS 工法现场施工效果图

6. 冻结法

冻结法主要是通过人工制冷将软岩地层、松散含水地层、松散土地层固结稳定,同时将地下水有效隔断。此法将适量的冻结孔钻凿在拟定开凿的地下工程周边,利用冻结管中的供液管将低温盐水不断循环,使地层构成不透水、具有强大的抵抗压力的冻结墙壁,从而在冻结墙壁的保护中开展施工作业,完成工程建设后,冻结墙壁融化,岩土恢复如初。冻结法加固主要用于地下水流速≤2～5m/d 的含水土层,且无其他影响冻结土层或外部环境因素影响的条件下。冻结法施工流程及现场实施效果如图 2-32、图 2-33 所示。

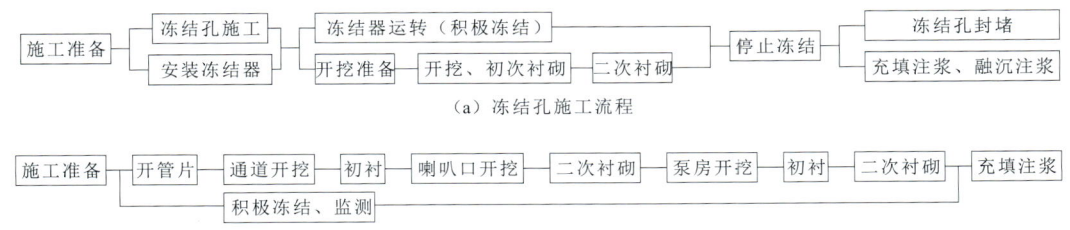

图 2-32　冻结法施工流程图

(a)冻结机组安装　　　　　　(b)积极冻结期　　　　　　(c)隧道开挖

图 2-33　冻结法现场实施效果图

二、降水方式

1. 明排

在地下水位较高地区开挖基坑会遇到地下水问题,如涌入基坑内的地下水不能及时排出,不但会使土方开挖困难、边坡易塌方,而且会使地基被水浸泡,造成竣工后的建(构)筑物产生不均匀沉降。为此,在基坑开挖时要及时排出涌入的地下水。当基坑开挖深度不大,且基坑涌水量不大时,集水明排法应用最广泛,也最为简单、经济。明排法适用范围如下:①地下水类型一般为上层滞水,含水土层渗透能力较弱;②一般为浅基坑,降水深度不大,基坑或涵洞地下水位超出基础底板或洞底标高不大于 2.0m;③排水场区附近没有地表水体直接补给;④含水层土质密实,坑壁稳定(细粒土边坡不易被冲刷而塌方),不会产生流砂、管涌等不良影响的地基土,否则应采取支护和防潜蚀措施。

2. 井点降水

在含水丰富的土层中开挖大面积基坑时,明排法难以排干大量的地下水,当遇粉细砂层时,还会出现严重的翻浆、冒泥、涌砂现象,不仅会导致基坑无法挖深,还可能造成水土流失、边坡失稳、地面塌陷,甚至危及邻近建(构)筑物的安全。此时,应采用井点降水的人工降水方法施工。井点降水就是开挖前在基坑周围埋设一定数量的降水井,在井中不断抽出地下水,使基坑范围内的地下水位下降到基坑底以下,从而消除翻浆、涌砂等现象,同时还能使地基土层因土颗粒自重而更加密实,增加地基土的承载能力。井点降水一般要到基础工程完成以后才能结束。

采用井点降水的常用方法有管井法、真空井点法、喷射井点降水、辐射井等。

(1)管井法。管井降水系统主要由井管和水泵组成。管井是靠地下水自流进井内然后通过水泵抽走来排出基坑中的水,靠近降水井处的水流入井后就和远离降水井处产生了水头差,在水头差的作用下,远处的水也流入降水井内。管井法适用于在降深较深、场地土层渗透性较好的工程中进行降水。管井法现场施工如图 2-34 所示。

(a)基坑降水

(b)汇集后接入排水管网

图 2-34　管井法现场施工图

（2）真空井点法。真空井点主要有真空管井和轻型井点两种,真空管井降水系统与管井降水系统一样由井管和水泵组成,不同的是真空管井是密闭的,并用真空泵在管井中形成真空环境,通过大气压的作用迫使土体中的水流入井中。相比真空管井降水系统,轻型井点降水系统的组成结构要复杂很多,轻型井点降水系统的管路很多,除了井点管外还有连接管和集水总管。轻型井点与真空管井都是利用大气压强的作用进行降水,但是前者井管较细(38～55mm),一般为钢管。真空管井适用于降深较大的基坑,而轻型井点适用于降深较小的基坑。真空井点法现场施工如图 2-35 所示。

(a)轻型井点降水

(b)真空管井降水

图 2-35　真空井点法现场施工图

(3)喷射井点降水。喷射井点降水系统的组成设备较多,其中主要有喷射井点、高压水泵或高压气泵以及管路设备。喷射井点的工作方式主要有两种:一种是以压力水水压为工作源的喷水井点;一种是以压缩空气为工作源的喷气井点。喷射井适用条件广泛,渗透系数3.00~50.00m/d的土层均适合采用喷射井点进行降水。特别是一些深度较深且降水深度也较深的基坑,当施工场地狭窄、降水深度也较深(超过6m),无法布置多级井点时,可采用喷射井点。喷射井点降水现场施工如图2-36所示。

图2-36　喷射井点降水现场施工图

(4)辐射井。辐射井的主体部分为一口直径较大(2~3m)的竖井,沿着竖井的侧面在不同方向和高度打入水平集水管,降水井的平面呈现辐射状,故称为辐射井。辐射井通过水平集水管将含水层中的水导入竖向大口径井中再抽走的方法排出基坑中的水。辐射井降水适用于各种地质条件,而且施工简单,占地面积小,管理方便,成本低。辐射井降水现场施工如图2-37所示。

图2-37　辐射井降水现场施工图

第三章　近接既有建(构)筑物安全风险控制标准

第一节　城市轨道交通

一、外部作业影响等级

在城市轨道交通既有结构周边进行外部作业时,应制订安全可靠的外部作业设计方案和城市轨道交通保护方案,外部作业不得影响城市轨道交通的正常运营以及既有结构的正常使用、承载能力、耐久性和其他特殊功能。

根据《武汉市轨道交通管理条例》(2020年7月24日湖北省第十三届人民代表大会常务委员会第十七次会议通过)第五十条的规定,在建和运营的轨道交通按照下列标准划定安全保护区。

(1)地下车站及隧道外边线外侧50m内。
(2)地面和高架车站以及线路轨道外边线外侧30m内。
(3)出入口、通风亭、变电站等建(构)筑物外边线和车辆基地用地范围外侧10m内。
(4)水底隧道结构外边线外侧150m内。

根据《城市轨道交通结构安全保护技术规范》(CJJ/T 202—2013),城市轨道交通外部作业影响等级划分见表3-1;外部作业的工程影响分区宜根据外部作业的施作方案确定,明挖法或盖挖法外部作业的工程影响分区宜按表3-2、图3-1确定;外部作业影响等级宜按表3-3确定。

表3-1　城市轨道交通外部作业影响等级划分表

城市轨道交通结构施工方法	相对净距	接近程度
明挖法、盖挖法	0.5H	非常接近(Ⅰ)
	0.5~1.0H	接近(Ⅱ)
	1.0~2.0H	较接近(Ⅲ)
	>2.0H	不接近(Ⅳ)
盾构法或顶管法	<1.0D	非常接近(Ⅰ)
	1.0D~2.0D	接近(Ⅱ)
	2.0D~3.0D	较接近(Ⅲ)
	>3.0D	不接近(Ⅳ)

注:①H为明挖法、盖挖法城市轨道交通结构的基坑开挖深度;D为盾构法或顶管法城市轨道交通结构的隧道外径、圆形顶管结构的外径或矩形顶管结构的长边宽度。
②相对净距指外部作业的结构外边线与城市轨道交通结构外边线的最小净距离。

表 3-2　明挖法或盖挖法外部作业的工程影响分区表

工程影响分区	区域范围
强烈影响分区（A）	结构正上方及外侧 $0.7h_1$ 范围内
显著影响分区（B）	外侧 $0.7h_1 \sim 1.0h_1$ 范围内
一般影响分区（C）	外侧 $1.0h_1 \sim 2.0h_1$ 范围内

注：h_1 为明挖法或盖挖法外部作业结构底板的埋深。

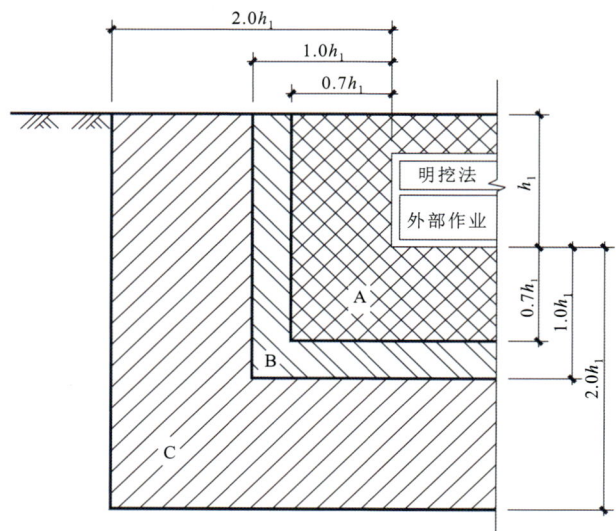

图 3-1　明挖法外部作业的工程影响分区图

表 3-3　外部作业影响等级划分表

工程影响分区	接近程度			
	非常接近	接近	较接近	不接近
强烈影响分区（A）	特级	特级	一级	二级
显著影响分区（B）	特级	一级	二级	三级
一般影响分区（C）	一级	二级	三级	四级

注：①本表适用于围岩级别为Ⅳ～Ⅵ的情况；围岩级别为Ⅰ～Ⅲ时，表中的影响等级可降低一级；围岩级别为Ⅵ的软土地区，表中的影响等级应提高一级，特级时不再提高。
②围岩级别应按现行行业标准《铁路隧道设计规范》（TB 10003）中的有关规定确定。

二、地铁

既有地铁线变形控制标准可分为两类:一是车站(隧道)结构变形控制标准;二是轨道结构变形控制标准。结构的变形控制标准在满足结构受力要求的前提下,主要考虑对轨道变形的影响,依据轨道的变形控制标准确定。目前对既有地铁结构的变形控制标准大多依据具体工程的实际情况确定。

一般情况下,车站(隧道)结构变形大于等于轨道结构变形,车站(隧道)结构变形允许极限值的确定必须充分考虑轨道结构变形的控制。从安全运营的角度出发,车站(隧道)结构变形必须服从于轨道结构变形,以保证车站(隧道)结构变形在极限值范围内发生变形时,轨道结构发生的变形不超过轨道结构变形允许极限值,从而防止道床与车站(隧道)结构脱离。当轨道结构变形不影响限界时,可将根据轨道结构和维修标准确定的既有轨道结构变形累计控制值作为轨道变形允许极限值。通常,轨道变形允许极限值应考虑一定的安全储备以确定轨道结构变形控制标准。轨道结构变形允许极限值主要取决于轨道结构的养护维修规则和扣件类型,同时需考虑在轨道可调范围内限界(包括行车、设备和建筑限界)的要求。

根据《城市轨道交通结构安全保护技术规范》(CJJ/T 202—2013)的规定,城市轨道交通结构安全控制指标值应符合表3-4的要求。

表3-4 城市轨道交通结构安全控制指标值表

安全控制指标	预警值	控制值	安全控制指标	预警值	控制值
隧道水平位移	<10mm	<20mm	轨道横向高差	<2mm	<4mm
隧道竖向位移	<10mm	<20mm	轨向高差(矢度值)	<2mm	<4mm
隧道径向收敛	<10mm	<20mm	轨间距	>−2mm,<+3mm	>−4mm,<+6mm
隧道变形曲率半径	—	>15 000m	道床脱空量	≤3mm	≤5mm
隧道变形相对曲率	—	<1/2500	振动速度	—	≤2.5cm/s
盾构管片接缝张开量	<1mm	<2mm	结构裂缝宽度	迎水面<0.1mm;背水面<0.15mm	迎水面<0.2mm;背水面<0.3mm
隧道结构外壁附加荷载	—	≤20kPa			

注:指标值不包括测量、施工等造成的误差。

表3-4中数值为未考虑城市轨道交通既有结构已发生变形或病害情况下的安全控制指标值,如既有结构已发生变形或病害,则应根据现状评估取值。参照国内类似相关工程对轨道交通轨道变形的控制标准如下:

(1)北京地铁控制值为≤3mm(不限速),该值由北京地铁风险评估专家组确定。

(2)广州地铁4号线新造站—市莲路站自动化监测控制标准为6mm,隧道底板监测点沉降差≤4mm,运营轨道变形控制标准≤4mm。

(3)广州地铁6号线海珠广场站标准为轨道沉降差<6mm,相邻两轨高差小于6mm,相

邻两股钢轨三角坑<5mm。

(4)上海地铁明珠线二期工程上海体育馆站穿越段隧道施工监测标准：轨道高差（纵向）4mm/10m，轨道高差（横向）2mm，轨距变化-2～+6mm。

三、有轨电车

有轨电车采用无砟轨道技术，无砟轨道处理除需路基提供足够的支撑力或刚度外，在沉降变形方面也提出了严格的控制要求。国内目前尚无关于有轨电车轨道及地面站台允许变形的规范要求，参考城市有轨电车、地下铁道相关要求以及国内已修建现代有轨电车城市的相关经验，给出变形控制标准。

轨道结构变形允许极限值主要取决于轨道结构的养护维修规则和扣件类型，同时需考虑在轨道可调范围内限界（包括行车、设备和建筑限界）的要求。轨道结构的变形控制指标有道床沉降控制值（包括下沉和上浮）、道床沉降速率控制值和轨道静态几何尺寸管理值。

当轨道结构变形不影响限界时，可将根据轨道结构和维修标准确定的既有轨道结构变形累计控制值作为轨道变形允许极限值；当轨道结构变形影响限界时，需根据限界要求修改轨道结构变形累计控制值，然后将修改后的轨道结构变形累计控制值作为轨道变形允许极限值。由于轨道结构在沉降允许极限值内是需要按照养护维修标准及时维修调整的，因此，可将根据轨道维修规则确定的日变形速率控制值作为轨道变形允许极限值。通常，轨道变形允许极限值应考虑一定的安全储备以确定轨道结构变形控制标准。

根据《城市轨道交通结构安全保护技术规范》（CJJ/T 202—2013）的规定，轨道横向高差小于4mm，轨向高差小于4mm，轨间距大于-4mm、小于+6mm。

四、轻轨

根据《城市轨道交通结构安全保护技术规范》（CJJ/T 202—2013）的规定，城市轨道交通结构安全控制指标值应符合表3-4的要求。参照国内类似相关工程及相关规范对轨道交通轨道变形的控制标准如下：

(1)《地铁设计规范》（GB 50157—2013）中第10.1.11条，跨度小于等于40m的简支梁和跨度小于40m的连续梁相邻桥墩，其工后沉降量之差应符合有砟桥面不应超过20mm、无砟桥面不应超过10mm的规定。

(2)《公路与市政工程下穿高速铁路技术规程》（TB 10182—2017）附录A，高速铁路无砟轨道线路静态几何尺寸容许偏差管理值应符合表3-5的规定。

(3)《铁路桥涵地基和基础设计规范》（TB 10093—2017）中第3.2.1条，基础沉降应按恒载计算，其工后沉降量不应超过表3-6、表3-7规定的限值。

表 3-5　高速铁路无砟轨道线路静态几何尺寸容许偏差管理值表

偏差项目	作业验收	经常保养	临时补修	限速/(160km·h^{-1})
轨距/mm	+1 -1	+4 -2	+6 -4	+8 -6
水平/mm	2	5	8	10
高低/mm	2	5	8	11
轨向(直线)/mm	2	4	7	9
扭曲/(mm·3m^{-1})	2	4	6	8
轨距变化率	1/1500	1/1000	—	—

注：①高低和轨向偏差为 10m 及以下弦测量的最大矢度值。
②扭曲偏差不含曲线超高顺坡造成的扭曲量。

表 3-6　有砟轨道静定结构墩台基础工后沉降限值表

设计速度	沉降类型	限值/mm
250km/h 及以上	墩台均匀沉降	30
	相邻墩台沉降差	15
200km/h	墩台均匀沉降	50
	相邻墩台沉降差	20
160km/h 及以下	墩台均匀沉降	80
	相邻墩台沉降差	40

表 3-7　无砟轨道静定结构墩台基础工后沉降限值表

设计速度	沉降类型	限值/mm
250km/h 及以上	墩台均匀沉降	20
	相邻墩台沉降差	5
200km/h 及以下	墩台均匀沉降	20
	相邻墩台沉降差	10

(4)《公路桥涵地基与基础设计规范》(JTG 3363—2019)中第 5.3.3 条,相邻墩台间不均匀沉降差值(不包括施工中的沉降)不应使桥面形成大于 2‰的附加纵坡(折角)。

(5)《城市轨道交通工程监测技术规范》(GB 50911—2013)条文说明 9.3.2 条,桥梁允许变形应根据其自身特点和已有变形决定。统计结果表明,桥梁沉降实测变形较小,实测值多在 15mm 以内。

第二节 市政交通

一、城市桥梁

《武汉市城市桥梁隧道安全管理条例》(2017年5月24日湖北省第十二届人民代表大会常务委员会第二十八次会议通过)第十九条规定:中型以上及特殊结构城市桥梁安全保护区为桥下空间、桥梁垂直投影面外侧50m范围内的陆域和200m范围内的水域。安全保护区范围内拟从事的工程勘察、设计及施工对主体结构的影响应满足桥梁结构安全控制指标的要求。在安全保护区内从事深基坑开挖、降水、爆破、桩基施工、地下挖掘、顶进及灌浆作业等可能影响桥梁结构安全运行的限制行为,应进行事前安全评估,对涉及的桥梁结构本体及可能影响的管线进行监测,并采取安全保护控制措施。

由于目前城市桥梁工程没有相关安全保护技术规定,参照国内类似相关工程及相关规范《地铁设计规范》(GB 50157—2013)中第10.1.11条、《铁路桥涵地基和基础设计规范》(TB 10093—2017)中第3.2.1条、《铁路桥涵设计规范》(TB 10002—2017)中第5.4.6条、《公路桥涵地基与基础设计规范》(JTG 3363—2019)中第5.3.3条、《城市轨道交通工程监测技术规范》(GB 50911—2013)条文说明9.3.2条,确定类似高架桥梁变形的控制标准。

二、排水隧道

由于目前类似深隧工程没有相关安全保护技术规定,根据《城市轨道交通结构安全保护技术规范》(CJJ/T 202—2013)、《城市轨道交通工程监测技术规范》(GB 50911—2013),并结合深隧工程的实际情况,邻近隧道的地下工程建设应符合以下标准:

(1)施工引起隧道结构水平、竖向位移值不超过10mm,变化速率应小于1mm/d。

(2)施工引起隧道结构上浮或沉降不超过10mm,变化速率应小于1mm/d。

三、城市铁路

依据《铁路路基设计规范》(TB 10001—2016)规定,路基工后沉降控制限值如表3-8所示。以上为相关建议标准,具体以相关产权单位或主管部门沟通的控制标准为准。

按照《邻近铁路营业线施工安全监测技术规程》(TB 10314—2021)要求,轨道位移、铁路路基和铁路桥梁变形监测预警值、报警值和控制值如表3-9~表3-11所示。

表 3-8　铁路路基工后沉降控制限值表

铁路类别			一般地段工后沉降/mm	桥台台尾过渡段工后沉降（差异沉降）/mm	沉降速率/(mm·a^{-1})
有砟轨道	客货共线铁路	200km/h	≤150	≤80	≤40
		200km/h以下 Ⅰ级	≤200	≤100	≤50
		200km/h以下 Ⅱ级	≤300	≤150	≤60
	高速铁路	300km/h、350km/h	≤50	≤30	≤20
		250km/h	≤100	≤50	≤30
	城际铁路	200km/h	≤150	≤80	≤40
		160km/h、120km/h	≤200	≤100	≤50
	重载铁路		≤200	≤100	≤50
无砟轨道			≤15	5	—

表 3-9　铁路轨道位移变形监测预警值、报警值和控制值表

监测项目		控制标准/mm		
		累计量预警值	累计量报警值	控制值
高速铁路	轨道竖向位移	±1.2	±1.6	±2
	轨道水平位移	±1.2	±1.6	±2
普速铁路	轨道竖向位移	+1.8 / −4.8	+2.4 / −6.4	+3 / −8
	轨道水平位移	±4.2	±5.6	±7

表 3-10　铁路路基变形监测预警值、报警值和控制值表

监测项目		控制标准		
		累计量预警值	累计量报警值	控制值
普速铁路	路基竖向位移/mm	±6	±8	±10
	路基水平位移/mm	±4.2	±5.6	±7
	接触网立柱竖向位移/mm	±3	±4	±5
	接触网立柱倾斜/‰	0.3	0.4	0.5

注：①接触网立柱向线路侧和受力方向倾斜；②在限速条件下进行邻近施工时，预警值、报警值和控制值可根据线路情况结合安全审查、评估意见确定。

表 3-11　铁路桥梁变形监测预警值、报警值和控制值表

监测项目		控制标准/mm		
		累计量预警值	累计量报警值	控制值
普速铁路	墩台竖向位移	+1.8 −4.8	+2.4 −6.4	+3 −8
	墩台顶部、底部横线路水平位移	±4.2	±5.6	±7
	墩台顶部、底部顺线路水平位移	±4.2	±5.6	±7

第三节　综合管廊

《城市地下综合管廊运行维护及安全技术标准》(GB 51354—2019)中第 4.2.3 条的规定,综合管廊应设置安全控制区,设置范围应符合下列规定:

(1)安全控制区外边线距主体结构外边线不宜小于 15m。

(2)采用盾构法施工的综合管廊安全控制区外边线距主体结构外边线不宜小于 50m。

安全控制区范围内拟从事的工程勘察、设计及施工对主体结构的影响应满足综合管廊结构安全控制指标的要求。

为避免外部作业对管廊本体产生直接损伤与破坏,根据《城市地下综合管廊运行维护及安全技术标准》(GB 51354—2019)中第 4.2.1,管廊本体主体结构安全保护范围外边线距主体结构外边线不宜小于 3m。综合管廊结构本体外侧粘贴或涂刷柔性防水材料并设置保护层,外侧支护结构全部或部分留存,对管廊本体起到一定的保护作用。

根据《城市地下综合管廊运行维护及安全技术标准》(GB 51354—2019)中第 4.4.8 条,综合管廊结构变形检测与监测报警值如表 3-12 所示。

表 3-12　综合管廊结构变形检测与监测报警值表　　　　单位:mm

安全控制指标	预警值	控制值
水平位移	10	20
垂直位移	10	20
结构轮廓变形	10	20

注:表中数值为管廊运营期沉降控制指标。

第四章　城市地下工程施工对近接建(构)筑物影响评估及数值分析

第一节　地下工程施工诱发的岩土体变形作用机理

地下工程施工导致围护结构、周围土体和既有建(构)筑物变形，主要表现在支护结构变形、底部土体隆起、支护结构外侧地表沉降和近接既有建(构)筑物沉降。

地下工程支护结构变形主要包括侧向水平位移和竖向位移。未开挖前，土体可看作是固结稳定状态，随着土体开挖卸荷，支护桩和内撑提供的水平力不能完全弥补缺失地层的侧向力，在水平差应力作用下，土体产生向地下空间内的水平位移，导致支护结构的侧向变形；土体开挖，地下空间底部土体自重应力释放，土体隆起，产生向上的位移，带动支护结构向上移动，在工程中由于位移量较小，影响不大，支护结构的向上位移常被忽略(何国清,1991)。因此，支护结构的侧向位移是监测数据中的重要观测内容。

地下工程底部土体隆起是底部土体向上回弹和内外土压力差作用下支护结构外的土体向临空面发生位移造成的。地下工程为长条形时，较窄底部的土体隆起表现为中间大、两侧小的特征；地下工程较宽、开挖深度小时，底部土体隆起主要表现为弹性隆起，即中间大、两侧小；若开挖较深时，底部土体重力荷载卸荷大，加之两侧压力差逐渐增大，底部土体为塑性隆起，表现为中间小、两侧大的分布特征。

地下工程支护结构外部土体侧向移动和底部土体回弹效应使得周围地表出现沉降现象。受地下工程开挖扰动影响，既有建(构)筑物基础土体承载力下降，导致建(构)筑物产生不均匀沉降。此外，若邻近开挖地层中存在市政管线，土体开挖扰动会引起管线变形，直接威胁到管线的正常运营。

第二节　地下工程施工对近接建(构)筑物影响评估方法

目前，城市地下工程施工对近接建(构)筑物影响评估方法主要包括工程经验与理论分析法、水文地质与工程地质分析法、模型试验法和数值仿真分析法。这些方法与风险分析不同，是针对具体地下工程建设对周边建(构)筑物影响的评估分析，从而获得岩土体开挖期间可能发生工程灾害的基本形式、规模和范围。

一、工程经验与理论分析法

该类方法主要依据工程经验、理论推导、规范标准和已获得的工程数据来预测和分析地下工程岩土体开挖可能发生的破坏形式、作用范围和规模。例如,较为成熟、完善的经典土压力理论包括库土压力理论、Peck 经验公式理论。

1. 库仑土压力理论

库仑土压力理论主要是基于挡土墙后滑动土体的极限平衡进行分析,其基本假定包括:墙后土体为理想散体材料,颗粒间黏聚力 $c=0$,土体滑裂面为平面,墙背与滑裂面之间的土体为刚体。库仑土压力理论中,土压力与墙身位移关系如图 4-1 所示,计算公式如式(4-1)所示。

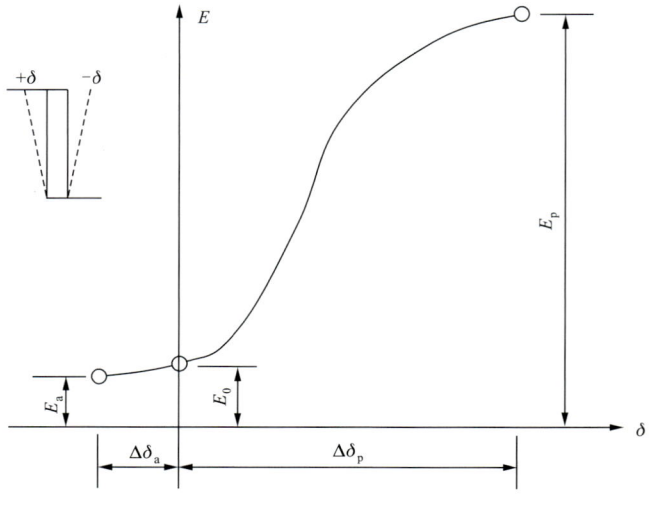

图 4-1 土压力与墙身位移关系图

E_0. 静止土压力;$\Delta\delta_a$. 库仑主动土压力作用下挡土墙发生的位移;$\Delta\delta_p$. 库仑被动土压力作用下挡土墙发生的位移。

$$\begin{cases} E_a = \dfrac{1}{2}\gamma H^2 K_a \\ E_p = \dfrac{1}{2}\gamma H^2 K_p \end{cases} \quad (4-1)$$

式中:E_a、E_p 为库仑主动土压力与库仑被动土压力(kPa);γ 为基坑开挖深度内土层平均重度(kN/m³);H 为基坑开挖深度(m);K_a、K_p 为库仑主动土压力与库仑被动土压力系数,其计算表达式为

$$\begin{cases} K_a = \dfrac{\cos^2(\varphi-\alpha)}{\cos^2\alpha\cos(\delta+\alpha)\left[1+\sqrt{\dfrac{\sin(\alpha+\varphi)\sin(\varphi-\beta)}{\cos(\delta+\alpha)\cos(\alpha-\beta)}}\right]^2} \\ K_p = \dfrac{\cos^2(\varphi+\alpha)}{\cos^2\alpha\cos(\alpha-\delta)\left[1-\sqrt{\dfrac{\sin(\alpha+\varphi)\sin(\varphi+\beta)}{\cos(\alpha-\delta)\cos(\alpha-\beta)}}\right]^2} \end{cases} \quad (4-2)$$

式中：α 为墙背倾斜角(°)，即墙背与垂线的夹角，逆时针为正，顺时针为负；β 为墙后填土表面的倾斜角(°)；δ 为墙背与填土间的摩擦角(°)，它与填土性质、墙背粗糙程度、排水条件、填土表面轮廓和上面有无超载等有关，由实验确定；φ 为内摩擦角(°)。

2. Peck 经验公式理论

1969 年，Peck 基于大量地面沉降实测资料，系统地提出了地层损失的概念和估算隧道开挖地表下沉的实用方法。该方法假设在不考虑地层固结排水和蠕变的条件下，开挖隧道所形成的地面沉降槽体积应等于土体地层损失的体积。地层损失在隧道长度上均匀分布，地面沉降的横向分布曲线近似服从正态分布（图 4-2）。Peck 公式为

$$S(x) = S_{\max} \exp\left(\frac{-x^2}{2i^2}\right) \tag{4-3}$$

$$S_{\max} = \frac{\eta \pi R^2}{i\sqrt{2\pi}} \tag{4-4}$$

式中：$S(x)$ 为距离隧道中线 x 处的地面沉降值(mm)；x 为到隧道中心的水平距离(m)；$S_{\max}$ 为最大地面沉降值(mm)；i 为从 $x=0$m 地面点到沉降曲线反弯点的水平距离(m)；R 为隧道开挖半径(m)；η 为计算地表最大沉降的单位地层损失率。

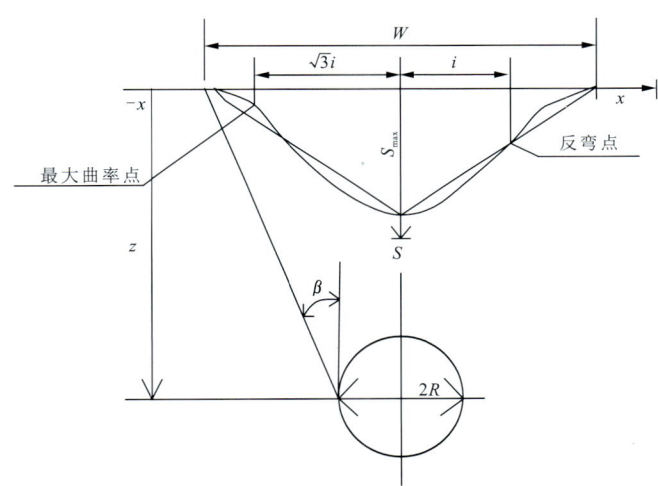

图 4-2 隧道施工引起的地表沉降槽曲线图

OREILLYMP 和 New(1998)研究表明沉降槽宽度 i 和隧道埋置深度 z 之间存在以下关系：

$$i = Kz \tag{4-5}$$

$$V_S = \sqrt{2\pi} i S_{\max} \tag{4-6}$$

$$V_L = \frac{V_S}{A} = \frac{\sqrt{2\pi} i S_{\max}}{A} \tag{4-7}$$

式中:K 为沉降槽宽度参数,OREILLYMP 和 New 建议考虑地表沉降时,伦敦黏土的值约为 0.5;A 为隧道开挖面积(m^2);V_S 为隧道单位长度的沉降槽体积(m^3);V_L 为地层损失率(%),采用不同的隧道施工方法,大多数隧道工程预计体积损失率在 0.5%~2.0% 之间。

由于原始的 Peck 经验公式为非线性形式,为了对隧道断面沉降数据采用最小二乘法进行线性拟合,使其符合线性拟合的要求,张金山等(2024)对 Peck 公式进行了修正,即同时对式(4-3)两边取对数,可得

$$\ln S(x) = \ln S_{\max} + \frac{1}{i^2}\left(\frac{-x^2}{2}\right) \qquad (4-8)$$

将 $\ln S(x)$ 和 $\frac{-x^2}{2}$ 分别作为回归因变量和自变量进行回归分析,把 $\ln S_{\max}$ 作为常数项,$\frac{1}{i^2}$ 作为系数,回归过程如下:

$$S_{xx} = \sum\left(\frac{-x_i^2}{2}\right)^2 - \frac{1}{n}\left(\sum\frac{x_i^2}{2}\right)^2 \qquad (4-9)$$

$$S_{xy} = \sum\left[\left(\frac{-x_i^2}{2}\right)\ln S(x_i)\right] - \frac{1}{n}\sum\left(\frac{-x_i^2}{2}\right)\sum\ln S(x_i) \qquad (4-10)$$

$$S_{yy} = \sum\ln^2 S(x_i) - \frac{1}{n}\left[\sum\ln S(x_i)\right]^2 \qquad (4-11)$$

$$b = \frac{S_{xy}}{S_{xx}} \qquad (4-12)$$

$$\hat{a} = \frac{1}{n}\sum\ln S(x_i) - \left[\frac{1}{n}\sum\left(-\frac{x_i^2}{2}\right)\right]b \qquad (4-13)$$

可得式(4-14):

$$\ln S(x) = \hat{a} + b \times \left(-\frac{x^2}{2}\right) \qquad (4-14)$$

式中:x_i 为第 i 个样本点距离隧道中轴线的代数值;n 为样本点个数;$\hat{a}$ 为回归后的常数项;b 为回归后的线性系数。以上公式通过回归计算可得

$$S_{\max} = \exp(\hat{a}) \qquad (4-15)$$

$$i = 1/(b)^{0.5} \qquad (4-16)$$

将公式(4-14)、公式(4-15)代入公式(4-8),得到回归后隧道开挖盾构施工所诱发的地面沉降 Peck 预测曲线。

3. 纵向地表沉降规律

地下隧洞施工时,不可避免地会引起沿隧洞前进方向上的地层扰动和土体损失,形成不同深度和不同范围的沉降,沉降槽不可避免地对地表环境造成不同程度的影响或破坏,不同地层、不同埋深隧洞开挖引起的沉降槽深度和大小也不同。隧洞开挖过程中地表纵向沉降受掌子面时空效应的影响。一般隧洞开挖引起的地表纵向沉降大致可分为 4 个阶段(乔世范等,2008;Chen,2019;Joe et al.,2016),如图 4-3 所示。

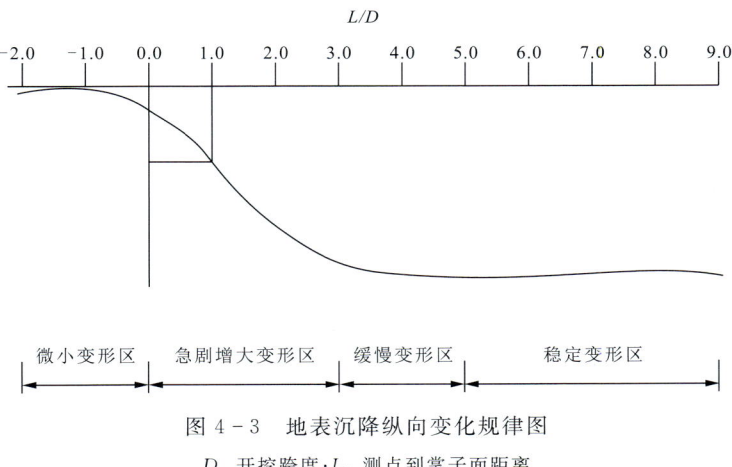

图 4-3 地表沉降纵向变化规律图

D. 开挖跨度；L. 测点到掌子面距离

(1) 微小变形阶段。当掌子面开挖到距测点 $(-1 \sim -2)D$ 时，即开始对地表产生一定的影响，造成一定范围的沉降，变形量为总变形量的 $10\% \sim 15\%$，这主要是因为工作面开挖导致前方地层应力场发生变化及地下水流失而引起的轻微变形。

(2) 急剧增大变形阶段。随着掌子面的向前推进，距测点 $(-1 \sim 3)D$ 时，地表沉降速率加速增强，变形量急剧增大，此阶段的变形量占总变形量的 $60\% \sim 70\%$。该阶段变形的原因是隧道开挖造成边界条件发生改变，对覆盖土体产生扰动，引起应力场的重分布，产生卸荷效应。此阶段为施工过程中的主要沉降阶段。

(3) 缓慢变形阶段。当掌子面向前开挖到超过测点 $3D$ 的距离时，变形速率开始减缓，变形量缓慢增加，沉降曲线开始收敛，一直延续到 $5D$。此阶段的变形量占总变形量的 $10\% \sim 15\%$。

(4) 稳定变形阶段。当掌子面向前开挖到超过测点 $5D$ 的距离后，沉降增长缓慢，直至延续到 $8D$，地层趋于稳定状态，此阶段的变形量占总变形量的 5%。

纵向沉降曲线的发展趋势可以用对称的两条分段指数函数给予近似的描述。随着围岩类别降低，沉降的纵向范围增大，沉降量增大，沉降曲线的变位点位置亦向后推移，沉降收敛的时间变长。

4. 其他一些学者的预测方法

何国清(1991)对矿山开采沉陷学开展研究得出，当单元开采，在上方岩层任意高度 z 水平上形成沉降盆地，称为单元盆地。当 $z=H$ (采深)时，地表单元下沉盆地、单元开采引起的水平移动如式(4-17)、式(4-18)所示：

$$W_e(x) = W(x,H) = \frac{1}{r} e^{-\pi \frac{x^2}{r^2}} \quad (4-17)$$

式中：$W_e(x)$ 为地表 (x,H) 点的下沉值(m)；r 为地表单元盆地的主要影响半径(m)。

$$U_e(x) = -\frac{2\pi B}{r^3} e^{-\pi \frac{x^2}{r^2}} \quad (4-18)$$

式中：$U_e(x)$ 为地表 (x,H) 点单元开采引起的水平移动(m)；B 为水平移动系数。

对于长条形基坑，Hsieh 和 Ou(1998)总结了大量工程实测数据，得到长度范围内坑外横向地表沉降情况预测曲线公式如下：

$$u_v(x,0,0)=\begin{cases}u_{v,\max}(x/H+0.5),(0\leqslant x\leqslant 0.5H)\\u_{v,\max}(-0.6x/H+1.3),(0.5H\leqslant x\leqslant 2H)\\u_{v,\max}(-0.05x/H+0.2),(2H\leqslant x\leqslant 4H)\end{cases} \quad (4-19)$$

式中：$u_{v,\max}$ 为大沉降量(mm)；H 为开挖深度(m)。

由式(4-19)可知，地表沉降形式沿 x 轴方向为下凹形，最大值在距离地下工程 $0.5H$ 处，距离 $4H$ 处地表沉降无须考虑。

张陈蓉等(2012)在收集上海地区大量监测数据的基础上，提出了适合该地区的沉降预测公式(4-20)和围护墙侧向变形预测公式(4-21)，如下所示：

$$u_v(x,y,0)=\begin{cases}u_{v,\max}(x/H+0.5)e^{-\pi(\frac{y}{A})^2},(0\leqslant x\leqslant 0.5H)\\u_{v,\max}(-0.6x/H+1.3)e^{-\pi(\frac{y}{A})^2},(0.5H\leqslant x\leqslant 2H)\\u_{v,\max}\left(-\dfrac{0.05x}{H}+0.2\right)e^{-\pi(\frac{y_1}{A})^2},(2H\leqslant x\leqslant 4H)\\\qquad(-L/2\leqslant y\leqslant L/2)\end{cases} \quad (4-20)$$

$$u_h(0,y,z)=u_{h,\max}e^{-1.5(\frac{z-H}{H})^2-\pi(\frac{y}{A})^2},(-L/2\leqslant y\leqslant L/2) \quad (4-21)$$

式中：A 为变形影响半径(m)，$A=(L/2)\times[0.069\ln(H/L)+1.03]$；$H$ 为开挖深度(m)；L 为基坑纵向长度(m)；$u_{h,\max}$ 为围护墙侧向变形大值(mm)。

乔世范等(2008)根据随机介质理论计算出了圆形断面隧道开挖(图4-4)引起的岩土体的下沉公式[式(4-22)]和水平移动公式[式(4-23)]：

$$W_0(x,z)=\sum_{j=1}^{k}W_j(x,z) \quad (4-22)$$

$$U_0(x,z)=\sum_{j=1}^{k}U_j(x,z) \quad (4-23)$$

式中：$W_0(x,z)$ 为圆形断面引起的岩土体下沉位移；$U_0(x,z)$ 为圆形断面引起的岩土体水平位移。将圆形断面竖向平均分成 k 条、$W_j(x,z)$ 为第 j 分层开挖引起的岩土体下沉位移；$U_j(x,z)$ 为第 j 分层开挖引起的岩土体水平位移。

值得说明的是，这些公式中的参数受不同地区、不同地层和周围环境影响较大，若想获得较为可靠的参数，还需构建分析模型，通过实测数据进行参数反演分析。

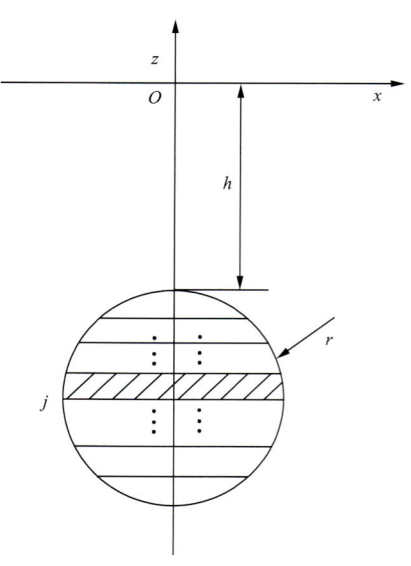

图4-4 圆形断面隧道开挖计算模型图

h. 隧道圆形断面顶部与地表距离；r. 开挖初始半径

二、水文地质与工程地质分析法

复杂的水文地质与工程地质条件将大大增加城市地下工程施工的难度和工程造价,同时也显著加大了发生事故的风险概率。因此,通过对水文地质、工程地质条件进行详细研究,找出潜在的工程地质问题,可以较为准确地预判地下工程施工可能发生的岩土体破坏形式与规模,为避免或降低事故的发生概率提供合理的预防措施。此外,水文地质与工程地质条件是客观存在的,是不可控因素,只有获得极为详细的工程地质勘察资料,掌握水文地质与工程地质条件,才能评价工程地质问题及可能的灾变。可见,水文地质与工程地质分析方法是预测、评价城市地下工程施工对周围环境影响的基本方法之一。

三、模型试验法

基于相似理论的相似材料物理模型试验是揭示地下工程施工诱发岩土体破坏过程与机理最直观的研究方法,模型试验的主要步序通常是:建立综合反映周边环境、地质条件和施工步序的工程地质模型→依据原型和模型的平衡方程、几何方程、物理方程建立模型试验的相似条件→确定模型相似系数→选取模型的配比材料→制作模型箱和测试装备→模型试验→与实测数据对比分析→优化设计参数和边界条件→结果分析与工程评价。

四、数值模拟分析法

城市地下工程施工期间存在复杂的加荷、卸载过程,工程结构与岩土体的力学响应特性表现出与应力路径、应力状态及加卸载的时间、空间状态变化密切相关的特点。针对这种动态加卸荷、边界条件复杂多变的工程岩土体,仅用解析方法获得解析解是极其困难的。数值仿真则可以实现对地下工程建设期间的全过程演化模拟,较为科学地确定岩土体破坏特征、影响范围、演化规律和致灾机理等,是保障地下工程安全建设、理论与评价分析的最有力研究手段。近年来,许多数值模拟方法应运而生并日趋完善,得到了广泛应用,解决了大量的工程问题。数值模拟方法为进一步发展地下工程岩土学科提供了更广阔的空间,也为学者和工程师们拓宽了施展才华的舞台。

常用的数值模拟方法包括有限元法、有限差分法、离散元法、边界元法、数值流形法等。数值模拟的常用的操作步序是:建立综合反映周边环境、地质条件和施工步序的数值分析模型→确定边界条件与计算参数→模拟仿真→与实测数据对比分析→优化模型与参数→深入分析、模拟→工程稳定性评价。

第三节　地下工程开挖数值模拟方法

随着计算机计算性能的发展,地下工程数值模拟方法得到了长足的进步。目前在地下工程技术领域内常用的数值模拟方法有有限元法(finite element method,FEM)、离散元法(discrete element method,DEM)、有限差分法(finite difference method,FDM)和边界元法(boundary element method,BEM)等,其中有限元法最具实用性,应用最广泛。

一、有限元法

有限元法是将微分方程(组)简化为线性代数方程组从而解决问题的一种数值分析方法,是20世纪60年代发展起来的一种强有力的数值计算工具。它对非均质、非线性、复杂边界问题具有很强的适用性。自1966年美国Clough和Woodward率先将有限元法用于土坝的应力和变形分析以来,该方法在地下工程领域得到了广泛应用。有限元法在求解弹塑性及流变、动力、非稳态渗流等与时间相关性问题,以及温度场、渗流、应力场耦合等复杂的非线性问题中具有优越的效能。国际上著名的有限元通用软件有ANSYS、MIDAS、PLAXIS、ABAQUS和ADINA等,它们大多采用FORTRAN语言编写,不仅包含多种条件下的有限元分析程序,而且带有强大的前处理和后处理功能。大多数有限元通用软件都拥有良好的用户界面,使用方便、功能强大,在当今强大硬件基础的支持下,在工程验算、仿真计算等方面有着广阔的应用前景。

有限元法的基本原理就是单元离散,即将求解域剖分为若干单元,把一个连续的介质换成一个离散的结构物,然后就各单元进行分析,最后集成求解整体位移(基于最小势能原理的位移法)。为了方便而有效地离散复杂的岩土体结构及建于其上的建(构)筑物(如隧道、房屋等),用各种实体单元、结构单元进行模拟。从数学概念来说,有限元法是通过变分原理或加权余量法或分区插值离散化处理把基本支配方程转化为线性代数方程,把求解域内的连续场函数转化为求解有限个离散点处的场函数值。这种离散化的处理是一种近似,因而只有当单元划分得适当时,才能保证满意的求解精度。用有限元法进行分析时,首先将被分析物体离散成为许多个小单元,其次给定边界条件、荷载和材料特性,再求解线性或非线性方程组,最后得到位移应力、应变和内力等结果。

有限元法分析的实现过程可概括为以下步骤:

(1)建立有限元模型。首先对要求解的问题进行数学建模,包括选择适当的坐标系、定义物理量和约束条件等,然后通过连续介质假设,将问题离散化为有限个小的有限元。

(2)离散化。将要求解的区域划分为有限个小的子区域,即有限元。有限元的选择通常根据问题的几何形状和物理条件来确定。常见的有限元形状包括三角形、四边形等。

(3)建立代数方程。有限元法的核心是建立代数方程,用于描述物理问题在离散点上的数值解。代数方程通常通过施加适当的数学形式和边界条件来建立,基本思想是使用一组试验函数来近似描述有限元内部的解。

(4)求解代数方程。一旦代数方程建立完成,就可以使用数值方法求解这组代数方程。常见的求解方法包括直接法和迭代法等。直接法适用于方程较小的情况,迭代法适用于方程较大的情况。常见的迭代法有Jacobi迭代法、Gauss – Seidel迭代法和共轭梯度法等。

(5)后处理。求解代数方程后,需对结果进行后处理和分析。后处理包括计算和显示物

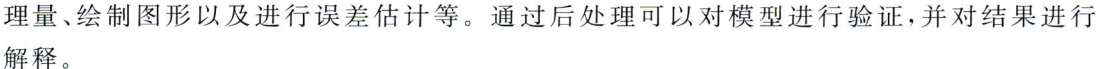

理量、绘制图形以及进行误差估计等。通过后处理可以对模型进行验证，并对结果进行解释。

有限元法在地下工程分析中应用广泛，其主要优点如下：

(1) 适用性广。地下工程涉及的边界条件、载荷条件和地质条件通常非常复杂，有限元法能够处理各种复杂的几何形状和边界条件，为地下工程问题提供灵活的解决方案。无论是隧道、地铁、地下洞室还是其他类型的地下结构，有限元法都能够根据实际需求进行建模和分析。

(2) 高精度。随着计算机技术的不断发展，有限元法的计算精度逐渐提高。通过高精度的数值计算，有限元法能够更准确地模拟地下工程的实际工作状态，包括应力分布、位移变形、材料屈服和破坏等行为。这有助于工程师更准确地评估结构的稳定性和安全性。

(3) 灵活性。有限元法的灵活性表现在多个方面。首先，它允许使用者根据实际需求对模型进行灵活调整，例如改变土层参数、调整边界条件等，以便更好地反映实际情况。其次，有限元法可以与其他数值方法结合使用，如离散元法、有限差分法等，根据问题的特点选择最合适的方法进行处理。此外，有限元软件通常具有友好的用户界面，使得建模和分析过程更加方便快捷。

(4) 可扩展性强。随着工程规模的扩大和复杂性的增加，有限元法能够通过增加单元数量和处理节点来实现模型的扩展，这使得有限元法能够处理更大规模、更复杂的地下工程问题。此外，有限元法的可扩展性还表现在与其他软件的兼容上，例如与地质勘察软件、施工过程模拟软件的结合使用，可实现更全面的工程分析和评估。

(5) 迭代计算。地下工程的稳定性问题常常涉及多种因素相互作用，需要通过迭代计算来不断优化设计方案。有限元法提供迭代计算的功能，通过反复进行计算和分析，逐渐逼近最优解，增加整个设计的准确性。

(6) 可视化结果。有限元分析可以生成各种图形和图像，如受力分布图、位移变形图等，使得结果更加直观和易于理解。这有助于工程师更好地理解地下结构的力学行为和稳定性问题，为优化设计和施工方案提供依据。

同时，有限元法在地下工程分析中也存在以下局限性或缺点：

(1) 计算资源需求大。由于地下工程的复杂性，建立模型需要大量的计算资源。有限元分析涉及大量的数值计算，需要占用大量的内存和计算时间。对于大规模的地下工程模型，可能需要高性能计算机才能完成。

(2) 参数敏感性。有限元分析的结果对模型参数非常敏感。土壤的物理性质、材料的弹性模量、泊松比等参数的准确性和可靠性对分析结果有显著影响。在实际应用中，由于地质勘察的限制和材料性质的不确定性，参数的取值可能存在一定的误差或不确定性。这可能导致结果的偏差甚至错误，对地下工程的稳定性和安全性评估造成影响。

(3) 模型简化与真实情况的差异。为了简化计算和提高效率，有限元分析通常需要对实际问题进行一定程度的简化。例如，模型中可能忽略了地下水的影响、温度变化等因素。这种简化可能导致结果与真实情况存在一定差异，特别是在一些复杂的非线性问题中。因此，在使用有限元分析结果时需谨慎评估其可靠性和精度。

（4）初始条件和边界条件的设定。初始条件和边界条件的设定对有限元分析的结果具有重要影响。在实际应用中，准确地设定这些条件可能是一项挑战。不合理的初始条件和边界条件可能导致错误的计算结果或收敛问题。因此，在应用有限元法时需对初始条件和边界条件的设定进行仔细的考虑和验证。

（5）非连续介质问题的局限性。对于一些非连续介质问题，如岩体的破裂和滑动等行为，有限元法可能存在一定的局限性。这是因为有限元法基于连续介质理论，对于非连续介质问题可能无法准确模拟其行为。在这种情况下需要采用其他数值方法，如离散元法或边界元法进行处理。

二、离散元法

离散元法主要研究的对象是不连续介质（例如岩土介质），它是一种基于计算机数值模拟分析的方法，可对工程的力学性质和运动性进行研究。该方法起源于分子动力学，在20世纪70年代由Cundall首先提出，最初用于岩石力学的研究，是专门用来解决不连续介质问题的数值模拟方法。它把节理岩体视为由离散的岩块和岩块间的节理面组成，允许岩块平移、转动和变形，而节理面可被压缩、分离或滑动。因此，岩体被看作是一种不连续的离散介质，其内部可存在大位移、旋转和滑动乃至块体的分离，这就可以较真实地模拟节理岩体中的非线性大变形特征。目前开发离散元商用程序最有名的公司要属离散元思想首创者Cundall加盟的 ITASCA 国际工程咨询公司，该公司开发的二维 UDEC（universal distinct element code）和三维 3DEC（3 - dimensional distinct element code）主要用于模拟节理岩石或离散块体岩石在准静态或动载条件下力学过程及采矿过程的工程问题。

离散元法把离散体看作有限个离散颗粒单元的集合体，每个颗粒为一个单元，将材料理想化为相互独立、相互接触和相互作用的颗粒群体。离散元理论在整个计算循环过程中，交替应用力-位移定律和牛顿运动定律（Chen，2019；Joe et al.，2016），通过力-位移定律更新接触部分的接触力，通过运动定律更新颗粒与颗粒和颗粒与边界的位置，达到新的平衡状态（韩传超等，2015）。离散元法计算流程见图4-5所示。

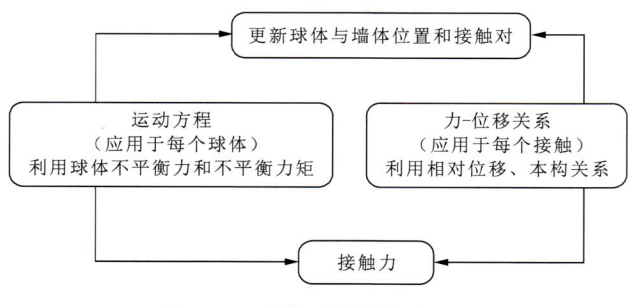

图 4 - 5　离散元法计算流程图

离散元法的计算原理是将地下结构离散化为多个单独的岩块,并在每个岩块上赋予相应的物理量,如质量、位置、速度等。这些岩块通过接触面相互连接,形成了一个离散的地下结构模型。在离散元法中,每个岩块的运动通过牛顿第二定律求解,接触面间的相互作用力通过接触模型来描述。离散元法分析的实现过程可以分为以下几个步骤:

(1)建立模型。根据实际工程情况,将地下结构离散化为多个单独的岩块,并确定每个岩块的位置、形状和大小。同时,还需定义接触面的位置和性质,以便模拟岩块间的相互作用。

(2)初始化和边界条件设置。根据实际情况,为每个岩块设置初始速度、初始位置和初始姿态等初始条件。同时,还需要设置相应的边界条件,如固定边界、滑动边界等。

(3)接触模型建立。在离散元法中,接触模型用于描述接触面间的相互作用力。根据实际情况选择合适的接触模型,如弹簧-阻尼模型、有限滑移模型等。

(4)求解运动方程。根据牛顿第二定律,计算每个岩块在每个时间步长的加速度、速度和位置。这一步需要用到数值积分算法,如欧拉法、龙格-库塔法等。

(5)更新接触状态。在每个时间步长,根据岩块间的相对运动和接触模型更新接触面的状态,如分离、压缩或滑动等。

(6)迭代计算。重复步骤(4)和步骤(5),直到达到预设的计算时间或收敛条件。

离散元法在地下工程领域的应用非常广泛,可模拟岩土体的复杂行为和力学性质,例如大变形、非线性、破裂和流动等。离散元法的主要优点如下:

(1)适用性强。离散元法适用于各种类型的地下工程问题,如隧道、地下洞室、桩基等。它可以模拟岩土体的复杂行为和力学性质,包括非线性、大变形、破裂和流动等。

(2)高精度。离散元法可以模拟岩土体的微观结构和相互作用力,因此可以得到高精度的模拟结果。

(3)可视化。离散元法可以将岩土体的运动和变形以图形的形式呈现出来,研究人员可以直观地观察岩土体的行为,更好地理解其力学性质。

(4)高效性。随着计算机技术的发展,离散元法的计算效率得到了显著提高。研究人员可以采用一些优化算法和并行计算技术来提高计算效率、缩短模拟时间。

然而,离散元法在地下工程分析中也存在以下局限性或缺点:

(1)计算量大。离散元法的计算量较大,需要迭代计算每个颗粒的运动状态和相互作用力。对于大规模的地下工程问题,计算量非常大,需要高性能计算机和大规模计算资源。

(2)参数标定困难。离散元法的模拟结果与参数设置密切相关,参数的标定需要大量的实验和经验。在地下工程中,岩土体的性质和行为非常复杂,参数标定更加困难。

(3)边界条件处理复杂。在离散元法中,边界条件的处理需要考虑颗粒与边界之间的相互作用力和运动轨迹。在地下工程中,边界条件非常复杂,需要考虑地应力、水压力、边界形状和边界约束等多个因素,增加了边界条件处理的难度。

(4)稳定性问题。在某些情况下,离散元法的稳定性可能受到影响。例如,在模拟岩土体大变形时,可能会出现不稳定的情况。为了解决这个问题,研究人员可以采用一些稳定性算法和技术来提高离散元法的稳定性。

(5) 不适用于连续介质。离散元法适用于离散介质,如颗粒、岩土等,但不适用于连续介质,如水、气体等。这限制了离散元法在某些领域的应用。

三、有限差分法

有限差分法是计算机数值模拟最早采用的方法,至今仍被广泛运用。该方法是一种直接将微分问题变为代数问题的近似数值解法,数学概念直观表达简单,是发展较早且比较成熟的数值方法。在地下工程中,有限差分法可以用于模拟岩土体的位移、应力、应变和渗流等行为,能够进行土质、岩石和其他材料的结构受力特性模拟和塑性流动分析。

有限差分法的基本原理是将解域划分为差分网格,用有限个网格节点代替连续的求解域。有限差分法采用泰勒级数展开等方法把控制方程中的导数用网格节点上函数值的差商代替进行离散,从而建立以网格节点上的值为未知数的代数方程组。对于有限差分格式,按格式的精度划分,有一阶格式、二阶格式和高阶格式,按差分的空间形式划分,有中心格式和逆风格式。考虑时间因子的影响,差分格式还可以分为显格式、隐格式、显隐交替格式等。目前常见的差分格式主要是上述几种形式的组合,不同的组合构成不同的差分格式。差分方法主要适用于有结构网格,网格步长一般根据实际地形的情况和柯朗稳定条件来决定。构造差分的方法有多种形式,目前主要采用的是泰勒级数展开方法。它的基本的差分表达式主要有一阶向前差分、一阶向后差分、一阶中心差分和二阶中心差分 4 种格式。前两种格式为一阶计算精度,后两种格式为二阶计算精度。时间和空间这几种不同差分格式可以组合成不同的差分计算格式。对于显式差分计算首先调用运动方程,由初始应力和边界力计算出新的速度和位移;然后,由速度计算出应变率,进而获得新的应力或力,每个循环为一个时步,对所有单元和结点变量进行计算更新。显式有限差分计算流程见图 4-6。

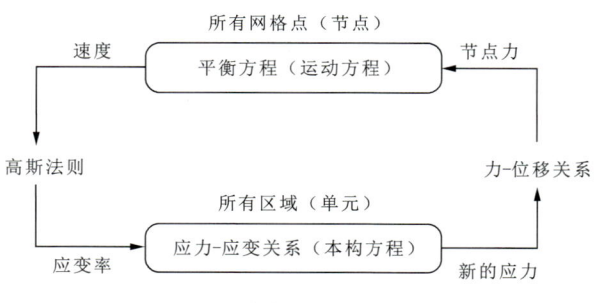

图 4-6　显式有限差分计算流程图

一般而言,有限差分法分析的实现过程可以分为以下几个步骤:

(1) 建立数学模型。根据地下工程的具体问题,建立相应的数学模型,包括岩土体的位移、应力、应变和渗流等行为。将这些行为用微分方程表示,例如弹性力学方程、渗流方程等。

(2) 划分网格。将地下工程区域划分为一系列小的网格或离散点,网格的大小可根据精度要求和计算资源进行调整。在划分网格时,需要考虑岩土体的性质和边界条件以及计算精度和效率的要求。

(3)建立差分方程。用差商代替微分方程中的导数,建立相应的差分方程。根据不同的差分格式和数值方法,可以选择不同的差分方程形式。

(4)求解差分方程。采用迭代法求解差分方程,得到离散点上的数值解。

四、其他数值模拟方法

地下工程开挖数值模拟除上述常用的分析方法外,还有以下分析方法:

(1)边界元法。亦称积分方程法,即把区域问题转化为边界问题求解的一种离散方法,其最大特点是降低了求解问题的维数。由于采用边界变量表达物体内部变量,一般情况下只需在物体的外表边界上进行离散即可,这样原有问题用边界元法求解降低了一维。另外,这种方法具有较高的精度。由于采用的基本解是无限域(或半无限域)内的满足微分方程和无限域(或半无限域)边界条件的解析解,因而在用边界量求解内部物理量的过程中引入的误差较小,其误差仅来自离散化的处理。

(2)无单元法。是一种新的数值计算方法,其特点是采用滑动最小二乘法所产生的光滑函数来近似逼近场函数、计算形函数,从而只需计算域的几何边界及计算点,摆脱了单元限制,大大简化了前处理工作。由于提供了场函数的连续可导近似解,在材料分析中,位移、应力、应变计算结果表现出连续性,不需进行后处理修匀。无单元法的节点生成非常容易,比较容易处理计算的网格重构问题,因此在开裂计算中有很好的应用前景。无单元法保留了有限元法的一些特点,克服了有限元法的不足,适用于岩土工程数值模拟,尤其便于跟踪裂纹扩展,提供了岩土工程数值模拟的新途径。

(3)流形元法。可用来求解多边形域的微分方程边值问题,它用定义域内待求点安排覆盖,就覆盖建立插值函数,建立的插值函数在全域定义,由覆盖组成的插值多项式将域内的求解点联在一起。在多边形上一组相交的子域称为基本覆盖,边值的近似解就是覆盖上离散形式的积分,这些近似解是由基本函数组成的。从离散近似解中求出优化的近似式,建立近似解插值多项式,使用覆盖域组合成全域的插值函数式,再进一步运用伽辽金法便可求出近似解。不要单元、只要节点的伽辽金法较有限元法有了新的改进。

(4)块体系统不连续变形分析,是基于岩体介质非连续性提出的分析块体系统运动和变形的一种新的数值分析方法,该方法充分考虑了岩体的复杂性,将结构面切割成的块体作为分析单元,将动力学和静力学统一起来,用最小势能原理把块体之间的接触问题和块体本身的变形问题统一到矩阵中求解,具有完备的运动学理论、严格的平衡假定、正确的能量消耗。此法自1986年由美籍华人石根华提出以来,受到了国内外岩土工程界学者的广泛关注,其有效性已被国内外学者证明。

第五章　城市地下工程施工对近接地铁结构影响案例研究

第一节　高层办公楼及两层地下室邻近地铁11号线区间

一、工程概况

中轻大厦基坑工程位于武汉市洪山区高新大道和佳园路交叉路口，包含1栋24层办公楼、1栋4层办公楼和满铺的2层地下室。基坑北侧为高新大道，东侧为佳园路，西南侧现状为空地，下敷设轨道交通11号线区间隧道。目前轨道交通11号线区间隧道已完成土建结构施工，尚未投入运营。工程场地总平面如图5-1所示。

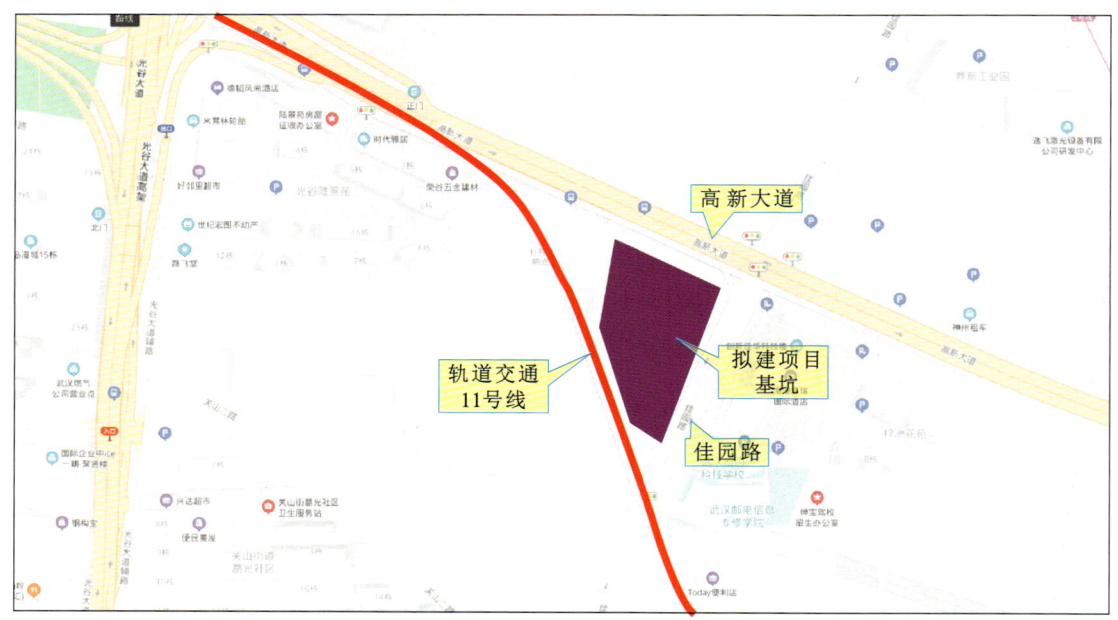

图5-1　中轻大厦基坑工程场地总平面示意图

(一)地下工程建设内容及地铁概况

1. 地下工程建设内容

拟建场地西南高、东北低。场地西侧存在一山头,山顶标高约 64.00m;场地南侧存在一弃土场,弃土场顶部标高约 58m;场地东侧和北侧地面标高 48.00~48.60m。

工程规划净用地面积 8 144.42m^2,总建筑面积 40 178.51m^2,拟建 1 栋 24 层办公楼、1 栋 4 层办公楼和满铺的 2 层地下室。地下室底板面标高为 −9.80m(绝对高程 37.80m)。24 层主楼采用筏板基础,筏板下采用 CFG 减沉桩进行地基处理,主楼筏板厚 1900mm,下设 100mm 垫层,主楼基底为 −11.80m(绝对高程 35.80m)。4 层办公楼及纯地下室部分采用柱下独立基础,外墙下设条形基础,地下室底板厚 500mm,条形基础高 1100mm,基底标高为 −11.00m(36.60m),局部底板面标高为 −10.70m。基底标高为 −11.90m(35.70m)。基坑普挖深度 9.00m~15.40m,主楼区域及局部电梯井、集水坑位置落深 0.80~3.90m。基坑开挖面积约 6 685.58m^2,周长约 329.79m。

2. 地铁概况

武汉轨道交通 11 号线分东、中、西 3 段建设。东段一期从左岭到光谷火车站;东段二期始于光谷火车站,向西经雄楚大街、光谷步行街、珞喻路、伏虎山、珞桂路、瑞景路、北安街,止于武昌火车站,设站 7 座,长 12.45km,已经于 2016 年底开工以地铁形式建设(图 5-2)。

图 5-2 武汉轨道交通 11 号线东段二期工程走向示意图

57

关山大道站—光谷火车站站区间线路右线起止里程为右 ZK46+741.000—右 ZK48+272.330,右线长约 1 531.33m;左线起止里程为左 ZK46+741.000—左 ZK48+291.885,左线左 ZK47+498.879 处设短链 1.121m(左 ZK47+498.879—左 ZK47+500.000),左线长约 1 549.764m。

本区间采用盾构法施工,使用两台盾构机分别掘进左、右线。盾构机于关山大道站大里程端盾构井始发,于终点盾构工作井接收,侧穿范围内隧顶绝对标高 15.7~17.2m。区间隧道衬砌结构为 C50(P12)钢筋混凝土管片,管片内径 5.5m,外径 6.2m,管片宽度 1.5m,厚度 350mm,分 6 块。区间隧道平剖面图和盾构隧道横断面及管片分块如图 5-3、图 5-4 所示。

图 5-3　轨道交通 11 号线东段二期关山大道站—光谷火车站站区间隧道平面示意图

轨道交通 11 号线关山大道站—光谷火车站站在本工程实施阶段正进行盾构隧道施工,本区间已洞通,尚未铺轨。

(二)安全控制标准

根据工期计划,基坑施工期间本评估段内地铁区间已完成土建施工,参考以往工程经验,并结合控制标准分析,为确保地铁结构的安全,为后期铺轨及运营提供保障,拟定地铁隧道结构绝对沉降量≤5mm,绝对水平位移量≤5mm。

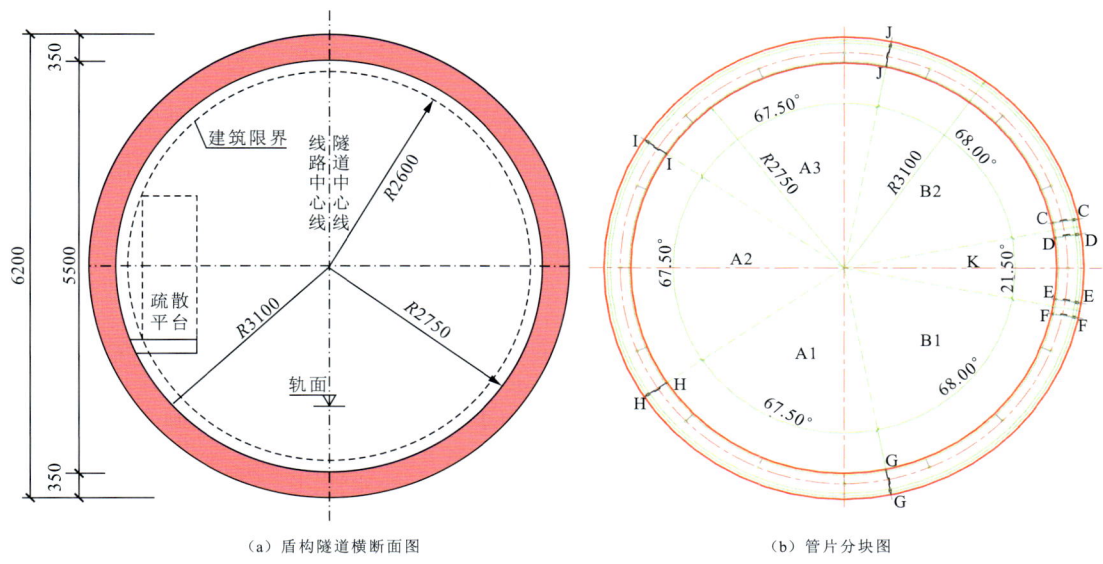

(a) 盾构隧道横断面图　　　　(b) 管片分块图

图 5-4　盾构隧道横断面及管片分块图

(三)岩土工程条件

1. 地形、地貌

拟建场区位于武汉东湖新技术开发区高新大道以南、佳园路以西,地理环境优越,交通十分便利。场地地貌单元属剥蚀堆积岗状平原(三级阶地),场地原为山体,地形较开阔。勘探期间实测主楼(办公楼)、裙楼(科研办公楼)勘探点地面标高在 48.05～48.65m 之间,相对最大高差 0.60m,较平坦;边坡勘探点地面标高在 48.28～59.60m 之间,相对最大高差 11.32m。

2. 地质岩性构成

在勘探深度范围内,场区岩土层从上往下分为以下 7 个大层 10 个亚层:①素填土(Q^{ml})、②粉质黏土(Qh)、③-1 强风化泥质砂岩(S)、③-2 中风化泥质砂岩(S)、④-1 强—中风化石英砂岩(D)、④-2 中风化石英砂岩(D)、⑤碎石土(Qh)、⑥黏土夹碎石(Qh)、⑦中风化灰岩(P)、⑦a 岩溶充填土。各岩土层特征描述见表 5-1。基坑西南侧邻近地铁区间隧道段工程地质剖面如图 5-5 所示。

表 5-1　中轻大厦基坑工程拟建场区工程地质分层表

岩土层名称	层厚/m	空间分布	岩性特征
①素填土(Q^{ml})	0.1～2.2	全场区分布	杂色,稍湿,松散,以黏性土为主,表层 10cm 为混凝土地坪,局部含有砖块、碎石,硬杂质含量为 5%～15%,堆积时间小于 10a,未完成自重固结,局部为表土,土质不均匀
②粉质黏土(Qh)	7.4	局部分布	黄褐色,可塑状,韧性、干强度一般,局部见少量角砾,土质均匀
③-1 强风化泥质砂岩(S)	0.8～9.8	局部分布	黄色、紫红色,结构已大部分破坏,矿物成分已显著变化,长石、云母已风化成次生矿物,裂隙很发育,岩体破碎,干钻不易钻进,岩芯以碎块状和砂土状为主。岩芯采取率为 85%～90%,为极软岩,基本质量等级为Ⅴ级
③-2 中风化泥质砂岩(S)	7.0～25.5	局部分布	黄色、紫红色,具变余泥质细粒砂状结构,块状构造,胶结类型为孔隙式-基底式,节理裂隙较发育,以发育竖向裂隙为主,裂隙面被铁锰质浸染,岩芯以柱状和短柱状为主。岩芯采取率为 85%～90%,RQD(岩石质量指标)=65%～70%,岩体属较破碎,为极软岩,基本质量等级为Ⅴ级
④-1 强—中风化石英砂岩(D)	0.5～22.3	局部分布	褐色、灰色、黄色,结构已大部分破坏,矿物成分已显著变化,长石、云母已风化成次生矿物,裂隙很发育,岩体破碎,干钻不易钻进,岩芯以碎块状和砂土状为主,局部呈中风化。岩芯采取率为 85%～90%,为极软岩,基本质量等级为Ⅴ级
④-2 中风化石英砂岩(D)	3.2～19.0	局部分布	灰色、黄色,细粒粒状变晶结构,块状构造,主要矿物成分为石英、变质硅质岩砂,以发育竖向裂隙为主,裂隙面被铁锰质浸染,岩芯以柱状和短柱状为主。岩芯采取率为 85%～95%,RQD=70%～80%,岩体属较破碎,为较软岩,基本质量等级为Ⅳ级
⑤碎石土(Qh)	7.7～24.2	局部分布	红褐色、褐黄色,稍密状,粒径以 3～40mm 为主,个别粒径可达 80mm,少量呈长柱状,节长约 100mm,呈棱角状,分选差,大小混杂,主要成分为石英砂岩,与母岩相同,含有少量黏性土,呈可塑状,碎石颗粒含量 20%～30%,土质不均匀
⑥黏土夹碎石(Qh)	最大层厚 75.8m	大都分布	红褐色,可塑状,含有少量 Fe、Mn 氧化物及高岭土团块,局部含有碎砾石及块石,粒径一般 3～50mm,少量呈块状及短柱状,块径 50～90mm,柱长可达 12cm,碎石占 25%～40%,呈棱角状,分选差,大小混杂,主要成分为石英砂岩,与母岩相同,土质不均匀

续表 5-1

岩土层名称	层厚/m	空间分布	岩性特征
⑦中风化灰岩(D)	最大层厚 11.3m	局部分布	显晶质结构,层状构造,裂隙发育,裂隙面见少许铁质渲染,方解石脉充填,岩芯表面溶蚀现象严重,岩芯多呈柱状,少量呈碎块状,岩芯采取率80%～90%,综合 RQD=40%～60%。该层在初见基岩时,1～3m 范围内岩芯多呈碎块状,为较软岩,岩体较破碎,岩体基本质量等级为Ⅳ级,可视为不可压缩,强度较高
⑦a 岩溶充填土	0.5～3.8	局部分布	红褐色,软塑状,充填于岩溶洞穴内,局部见少量灰岩碎块,含量约5%

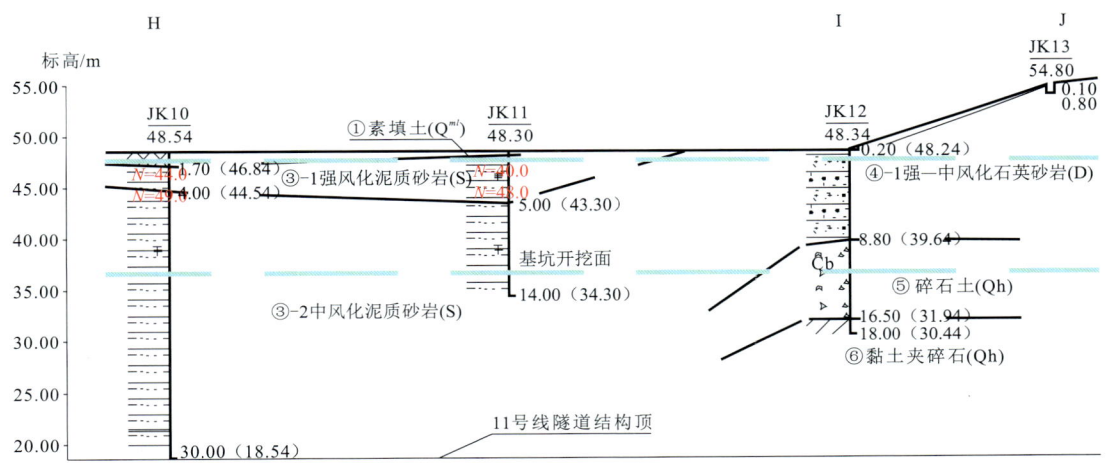

图 5-5 中轻大厦工程基坑西南侧邻近区间隧道段工程地质剖面图

3. 水文地质条件

场区无地表水系,根据埋藏条件及水的性质判定,本场地地下水分为上层滞水和基岩裂隙水。上层滞水主要赋存在①素填土中,接受大气降水补给,受大气降水及地表水的渗透影响,水量小,水位受季节控制。本次勘察期间测得上层滞水水位为 0.70～1.10m,相当于绝对标高 47.30～51.94m。基岩裂隙水主要赋存在基岩中,补给源主要沿裂隙径向补充,水量贫乏,随风化程度减弱,渐显隔水性,在钻孔深度范围内未发现该层地下水。工程区未见泉眼。

二、关键控制技术

拟建工程场地地貌上属于剥蚀残丘区,地形起伏较大,地面绝对高程在 44.39～65.04m 之间,总体具有西高东低的特点。由于工程建设,西侧山体经挖方削坡形成人工边坡,坡高最大约 17m。

基坑整体采用桩锚支护＋局部桩撑＋局部斜撑的支护形式。拟建基坑工程重要性等级整体按一级考虑,支护结构变形控制标准为 30mm,支护工程有效使用期为 12 个月。基坑开挖期间地面荷载限值 15kPa,施工道路限载 30kPa。支撑和围檩上不得堆载,基坑坡顶 2.0m 范围内严禁堆载。施工临建荷载按 18kPa/层选取,邻近房屋按 18kPa/层选取,荷载分布宽度按实际情况选取。

基坑北侧和西侧部分段落采用热熔式可回收锚索,GHJJ1K 段采用预应力普通锚索,基坑南侧 C~F 段布置 1 道钢筋混凝土角撑。钢筋混凝土角撑中心标高为 44.60m。

基坑 J~N 段邻近既有山体,设计采用两级边坡、两级支护,上级坡采用格构式锚杆挡墙支护,下级坡脚采用锚拉抗滑桩、悬臂抗滑桩支护。基坑及边坡支护平面如图 5-6 所示。

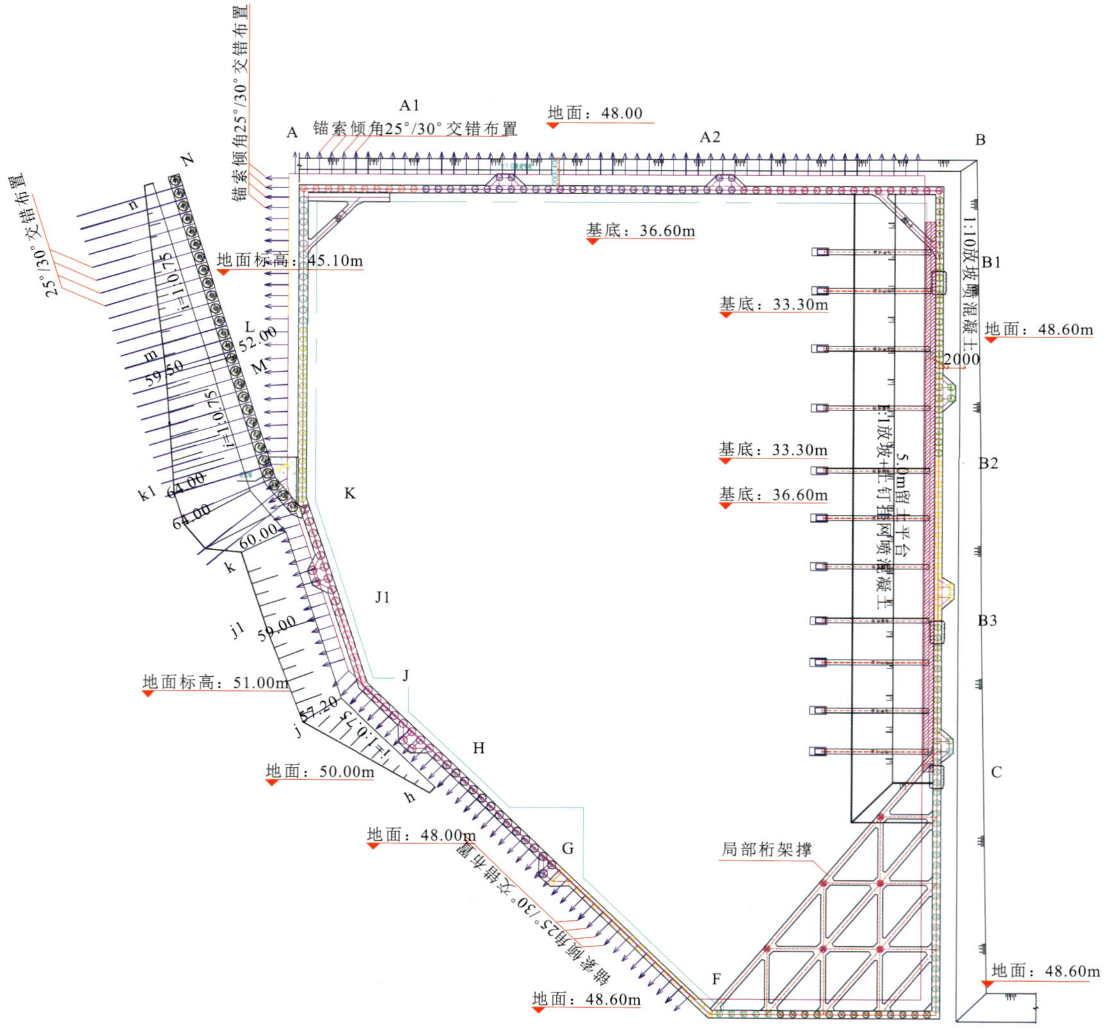

图 5-6 中轻大厦工程基坑及边坡支护平面图

基坑支护方式如下：

AA2 段基坑开挖深度 11.4m，采用支护桩＋单排锚索支护，桩顶采用放坡减载，支护桩采用 $\phi800@1500$ 钻孔灌注桩，桩长 $L=17.3m$。

A2B 段基坑开挖深度 11.4m，采用支护桩＋单排锚索支护，桩顶采用放坡减载，支护桩采用 $\phi800@1500$ 钻孔灌注桩，桩长 $L=15.3m$。

BB1 段基坑开挖深度 11.4m，采用支护桩＋斜抛撑支护（坑边预留压边土），桩顶采用放坡减载，支护桩采用 $\phi900@1400$ 钻孔灌注桩，桩长 $L=17.3m$。

B1B2 段基坑开挖深度 15.3m，采用支护桩＋斜抛撑支护（坑边预留压边土），桩顶采用放坡减载，支护桩采用 $\phi900@1400$ 钻孔灌注桩，桩长 $L=17.3m$。

B2B3 段基坑开挖深度 12.0m，采用支护桩＋斜抛撑支护（坑边预留压边土），桩顶采用放坡减载，支护桩采用 $\phi800@1300$ 钻孔灌注桩，桩长 $L=14.3m$。

B3C 段基坑开挖深度 12.0m，采用支护桩＋斜抛撑支护（坑边预留压边土），桩顶采用放坡减载，支护桩采用 $\phi800@1300$ 钻孔灌注桩，桩长 $L=14.3m$。

CD 段基坑开挖深度 12.9m，采用支护桩＋单道桁架撑支护，桩顶采用放坡减载，支护桩采用 $\phi800@1300$ 钻孔灌注桩，桩长 $L=15.3m$。

DE 段基坑开挖深度 9.9m，采用支护桩＋单道桁架撑支护，桩顶采用放坡减载，支护桩采用 $\phi800@1500$ 钻孔灌注桩，桩长 $L=16.3m$。

EF 段基坑开挖深度 9.0m，采用支护桩＋单道桁架撑支护，桩顶采用放坡减载，支护桩采用 $\phi800@1500$ 钻孔灌注桩，桩长 $L=14.3m$，此段基坑外 21.4m 范围存在一土堆，采用 1∶1.5 坡率放坡喷混凝土处理坡面。

FG 段基坑开挖深度 12.0m，采用支护桩＋双排锚索支护，桩顶采用放坡减载，支护桩采用 $\phi800@1500$ 钻孔灌注桩，桩长 $L=16.3m$，此段基坑外 21.4m 范围存在一土堆，采用 1∶1.5 坡率放坡喷混凝土处理坡面，土堆下方穿行轨道交通 11 号线区间隧道。

GH 段基坑开挖深度 11.4m，采用支护桩＋双排锚索支护，桩顶采用放坡减载，支护桩采用 $\phi1000@1500$ 钻孔灌注桩，桩长 $L=17.3m$，此段基坑 21.4m 外范围存在一土堆，采用 1∶1.5 坡率放坡喷混凝土处理坡面，土堆下方穿行轨道交通 11 号线区间隧道。

HJ 段基坑开挖深度 13.4m，采用支护桩＋双排锚索支护，桩顶采用放坡减载，支护桩采用 $\phi1000@1500$ 钻孔灌注桩，桩长 $L=17.3m$，此段基坑外存在小山体，山体自然坡率约为 1∶1.5，基坑施工期间喷混凝土处理坡面，坡脚距离基坑外 4m 设置 1∶0.75 边坡，山体下方穿行轨道交通 11 号线区间隧道。

JJ1 段基坑开挖深度 14.4m，采用支护桩＋双排锚索支护，桩顶采用放坡减载，支护桩采用 $\phi1000@1500$ 钻孔灌注桩，桩长 $L=20.3m$，此段基坑外存在小山体，山体自然坡率约为 1∶1.5，基坑施工期间喷混凝土处理坡面，坡脚距离基坑外 4m 设置坡率为 1∶0.75 的边坡，边坡采用框架格构锚索支护，山体下方穿行轨道交通 11 号线区间隧道。

J1K 段基坑开挖深度 15.4m，采用支护桩＋双排锚索支护，桩顶采用放坡减载，支护桩

采用 φ1000@1500 钻孔灌注桩,桩长 $L=20.3$m,此段基坑外存在小山体,坡脚距离基坑外 4m 设置坡率为 1∶0.75 的边坡,边坡采用框架格构锚索支护,山体下方穿行轨道交通 11 号线区间隧道。

KL 段基坑开挖深度 10.2m,采用支护桩+双排锚索支护,支护桩采用 φ1200@1700 钻孔灌注桩,桩长 $L=17.3$m,此段基坑外存在小山体,坡脚距离基坑外设置外挂钢筋混凝土挡墙+锚杆支护。

LA 段基坑开挖深度 9.0m,采用支护桩+双排锚索支护,支护桩采用 φ900@1400 钻孔灌注桩,桩长 $L=22.3$m,此段基坑外存在小山体,坡脚距离基坑外设置外挂钢筋混凝土挡墙+锚杆支护。各支护段支护方式见表 5-2。

表 5-2　中轻大厦基坑工程不同支护段基坑支护方式表

支护分段	围护桩				支撑设置	桩顶放坡	是否位于安全保护区	计算位移/mm
	桩设置	桩顶标高/m	坑底标高/m	桩长/m				
AB	φ800@1500	46.6	36.6	16	一道锚索	1∶1 坡率放坡,坡高 1.4m	否	20.2
BB1-斜撑	φ900@1400	46.6	36.6	18	一道斜抛撑	1∶1 坡率放坡,坡高 1.4m	否	3.2
BB1-留土	φ900@1400	46	36.6	18	一道斜抛撑	1∶1 坡率放坡,坡高 2.0m	否	2.1
B1B2	φ900@1400	46	33.3	18	一道斜抛撑	1∶1 坡率放坡,坡高 2.6m	否	11
B1B2-留土	φ900@1400	46	33.3	18	一道斜抛撑	1∶1 坡率放坡,坡高 2.6m	否	1.8
B2B3	φ800@1300	45.6	36.6	15	一道斜抛撑	1∶1 坡率放坡,坡高 3.0m	否	0.3
B2B3-留土	φ800@1300	45.6	36.6	16	一道斜抛撑	1∶1 坡率放坡,坡高 3.0m	否	0.2
B3C	800@1300	45.6	36.6	15	一道斜抛撑	1∶1 坡率放坡,坡高 3.0m	否	0.7
B3C-留土	φ800@1300	45.6	36.6	16	一道斜抛撑	1∶1 坡率放坡,坡高 3.0m	否	0.7
CD-支撑	φ800@1300	45	36.6	16	一道桁架撑	1∶1 坡率放坡,坡高 3.6m	是	0.6
DE-支撑	φ800@1500	45	36.6	16	一道桁架撑	1∶1.5 坡率放坡,山体	是	1.3
EF-支撑	φ800@1500	45	36.6	15	一道桁架撑	1∶1.5 坡率放坡,山体	是	0.9
FG-桩锚	φ800@1500	48	36.6	17	二道锚索	1∶1.5 坡率放坡,山体	是	0.7
GH-锚索	φ1000@1500	48	36.6	18	二道锚索	1∶1.5 坡率放坡,山体	是	0.4
HJ-锚索	φ1000@1500	50	36.6	18	二道锚索	1∶1.5 坡率放坡,山体	是	0.4

续表5-2

支护分段	围护桩				支撑设置	桩顶放坡	是否位于安全保护区	计算位移/mm
	桩设置	桩顶标高/m	坑底标高/m	桩长/m				
JJ1-锚索	φ1000@1500	51	36.6	21	二道锚索	1:0.75坡率框架格构锚索,山体	是	13
J1K-锚索	φ1000@1500	52	36.6	23	二道锚索	1:0.75坡率框架格构锚索,山体	是	24.6
KL-排桩支护-考虑山体1	φ1200@1700	46.8	36.6	18	二道锚索	1:0.75坡率框架格构锚索,山体	是	0.2
LA-考虑山体	φ900@1400	45.4	36.6	23	二道锚索	1:0.75坡率框架格构锚索,山体	是	8.1

由于本基坑支护分段较多,仅重点展示距离基坑较近的、具有代表性的支护剖面图,支护段典型剖面如图5-7、图5-8所示。

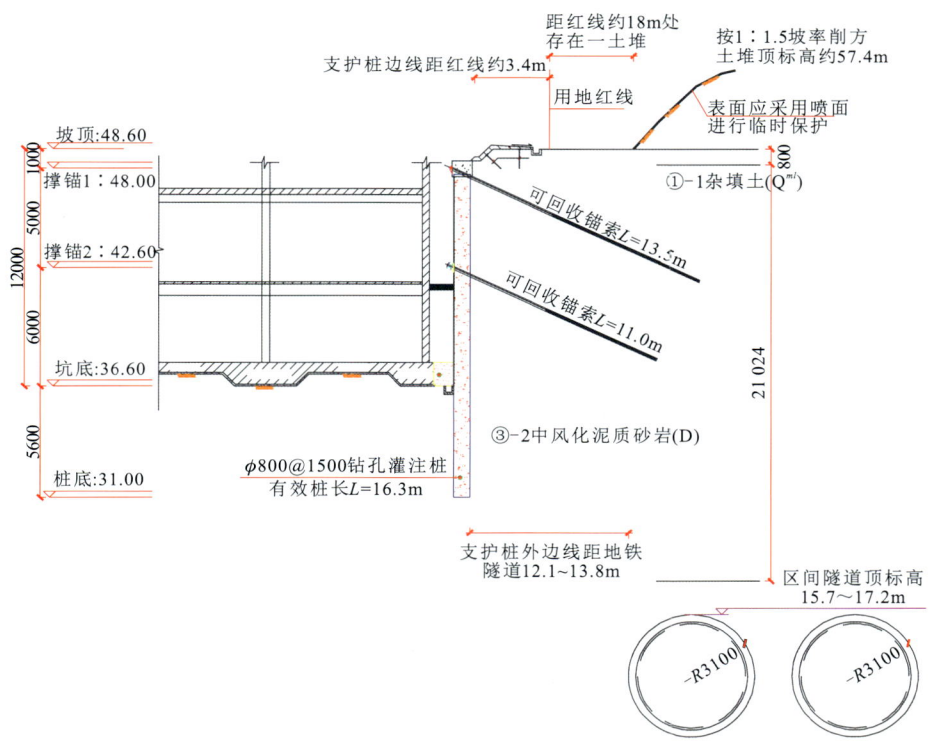

图5-7 中轻大厦工程基坑支护剖面图(FG段)

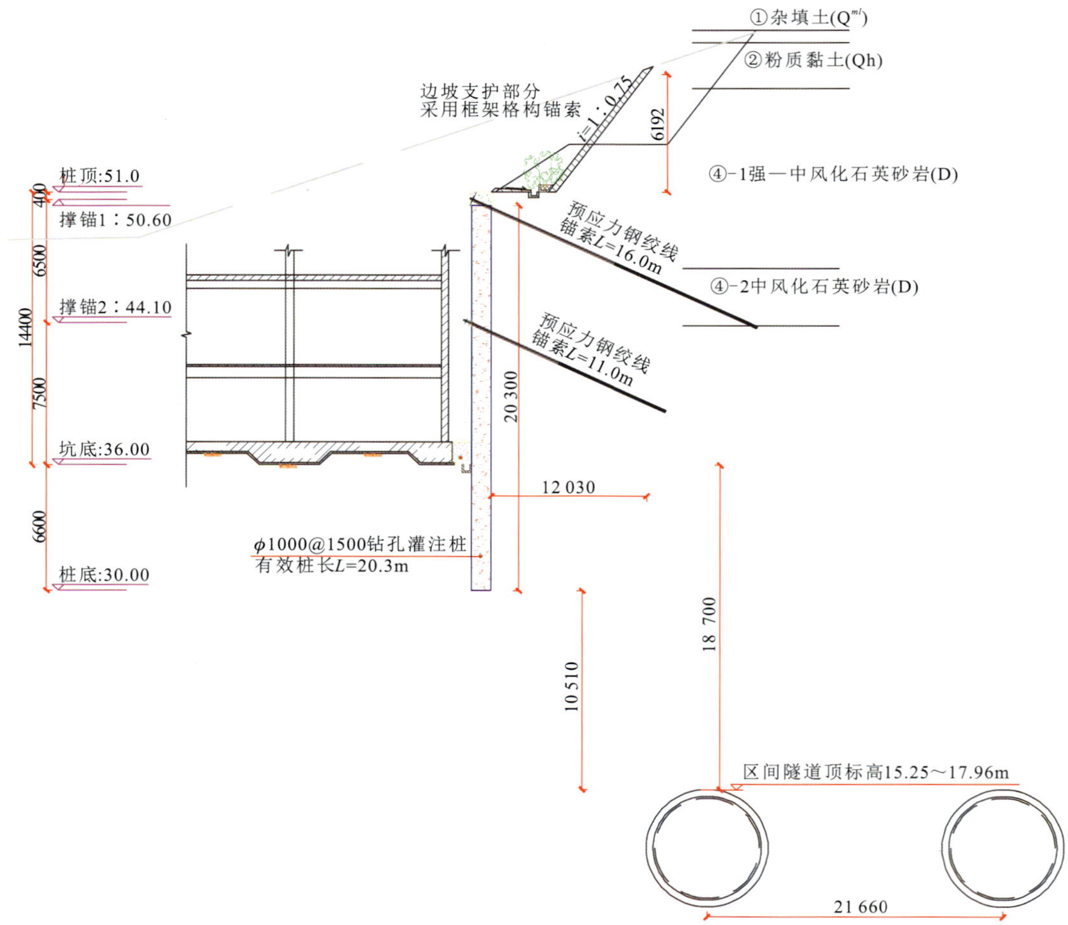

图 5-8 中轻大厦工程基坑支护剖面图(JJ1 段)

三、施工对地铁结构影响总体分析

1. 地层水文情况分析

本工程场地地貌单元属剥蚀堆积岗状平原,拟建场地原为山体,地形较开阔。场区西侧存在高 10~17m 的自然边坡,坡面有基岩出露,基岩岩性为石英砂岩,边坡坡向约 50°,坡面倾角 40°。基坑开挖前应先对该边坡进行治理,选择合理的边坡支护形式以保证边坡稳定。

开挖过程中基坑暴露的土层从上至下分别为①素填土、③-1 强风化泥质砂岩、③-2 中风化泥质砂岩、④-1 强—中风化石英砂岩、④-2 中风化石英砂岩、⑤碎石土、⑥黏土夹碎石,其中基坑邻近地铁侧 HI 段坑底地层为③-2 中风化泥质砂岩或⑤碎石土,隧道所在地层为③-2 中风化泥质砂岩,③-2 中风化泥质砂岩强度较高,工程性质较好,可视为不可压缩。

本场地地下水类型主要为赋存于填土中的上层滞水和赋存于基岩中的基岩裂隙水,对上层滞水选取明沟+集水坑排水方案,对地铁影响较小。

2. 几何、工期关系分析

本工程标高±0.0=47.6m,基坑深9.0~15.40m(邻近区间侧坑底标高36.6m),侧穿范围内隧顶绝对标高15.3~17.9m。左线隧道与基坑围护结构最小水平净距约12.02m,基坑底与隧道结构顶竖向距离约18.70m。

地铁11号线东段二期已于2016年底开工建设,地铁隧道的外径为6.20m,基坑影响范围内区间隧道已完成盾构施工,整条线路尚未完成盾构施工。由于其他区间拆迁问题,具体铺轨及运营时间未定,本次评估按照区间隧道施工完成,区间隧道内未铺轨考虑基坑开挖对区间隧道的影响。

本工程建模中的几何关系稳定,可进行分析。

3. 施工工法分析

本基坑施工对地铁结构的影响涉及削坡卸载、基坑开挖和拆除支撑等阶段。

场区西侧存在高10~17m的自然边坡,基坑开挖前对该边坡进行削坡卸载,卸载会造成地铁结构周围应力场变化,从而对地铁结构产生扰动。基坑开挖对开挖面以下土体具有显著的垂直方向卸荷作用,不可避免地会引起坑底土体的回弹,并且基坑围护结构在土体压力作用下迫使基坑开挖面以下结构向基坑内产生位移,挤压坑内土体,加大了坑底土体的水平向应力,也使得坑底土体向上隆起。此外,随着基坑开挖深度的增加,基坑内外的土面高差不断增加,该高差所形成的加载作用和地表的各种超载作用将使得围护结构外侧土体产生向基坑内的移动,导致基坑坑底向上隆起。由于土体是人在一定程度上是连续介质,基坑内土体开挖卸荷时,地层损失向地铁结构传递,从而引起地铁结构侧部土压力的变化,导致其位移发生改变。拆除支撑阶段应力突然释放会对基坑的稳定性产生不利影响,若支撑拆除后围护桩变位过大,会引起坑底周边地层位移。

综合以上分析可知,邻近基坑区间隧道埋深33.5~45.9m,属于深埋隧道;基坑底与隧道结构顶距离约18.70m,围护桩结构外边线与区间结构外边线最小净距为12.02m,桩端与区间隧道最小竖向净距为10.51m;基坑工程采用钻孔灌注桩+锚杆+局部桁架撑的支护形式;基坑开挖时,通过及时支护、严禁超挖、分区分步拆除等措施可以减少结构变形,降低扰动。因此,本基坑施工对区间隧道结构的影响较小。

四、施工对地铁结构影响的有限元分析

本工程紧邻地铁11号线区间隧道,工程的部分围护结构与区间隧道左线线路结构外边线最小净距为12.03m,基坑普遍深约12m,施工可能对在建的关山大道站—光谷火车站区间隧道结构造成一定的影响。根据工程地质特征,结合设计方案及区间隧道结构,采用Midas GTS/NX软件建立三维模型,模拟基坑施工对紧邻地铁结构的不利影响,重点分析基坑开挖施工期间地铁隧道结构的变形情况,进而评估紧邻地铁结构的安全状态。

(一)模型的构建

根据拟挖基坑周边环境及其与地铁结构的空间关系,结合基坑设计方案、施工开挖方案以及地铁施工图等资料,建立三维整体模型,详见图 5-9～图 5-11。

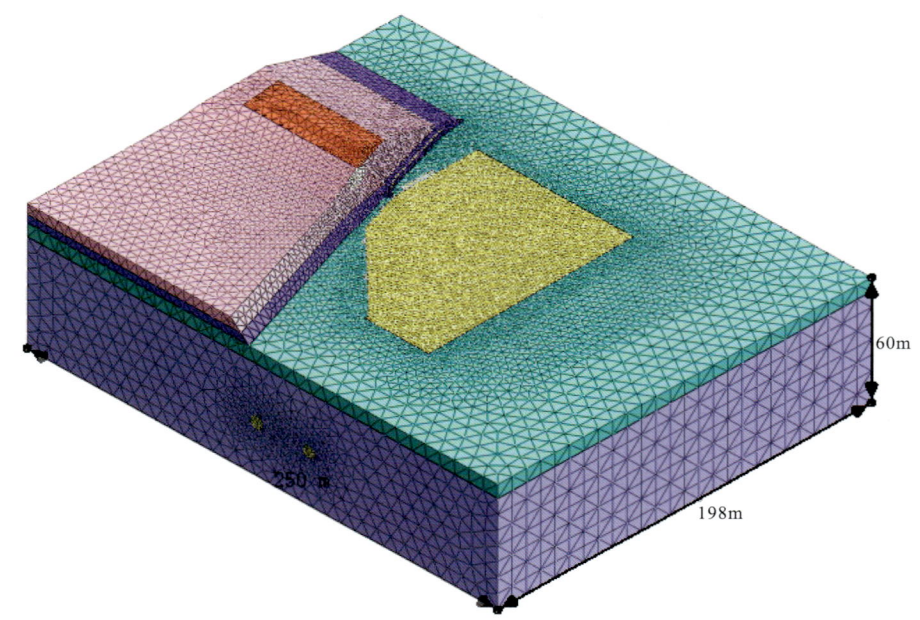

图 5-9　中轻大厦基坑工程计算模型轴视图

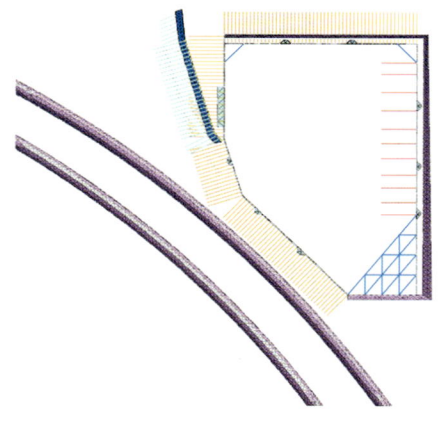

图 5-10　中轻大厦基坑工程围护结构与区间隧道相对位置平面图

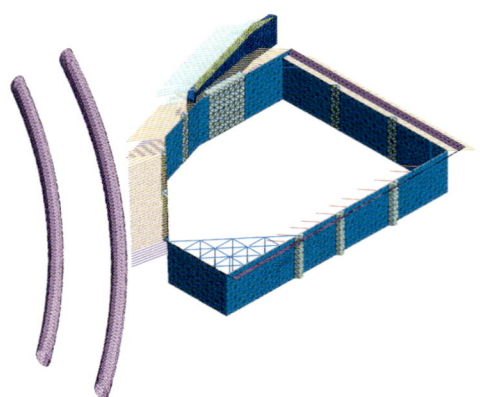

图 5-11　中轻大厦基坑工程围护结构与区间隧道相对位置立面图

模型计算范围的控制原则为边界条件不应对关键部位的计算结果产生影响。根据以往研究经验,基坑数值计算时,模型外扩范围宜不小于3倍基坑深度。本模型中包含了邻近基坑的区间隧道和拟开挖基坑及场地西侧边坡,模型计算范围长182m、宽174m、高60m。

(二)计算条件和模拟步序

1. 计算条件

模型中,钻孔灌注桩、冠梁及内支撑混凝土等级为C30,盾构管片混凝土等级为C50。灌注桩、冠梁和内支撑采用梁单元模拟,管片采用板单元进行模拟,本构模型均为弹性本构模型。各岩土层主要物理力学参数及结构物理力学参数见表5-3、表5-4。

表5-3 中轻大厦基坑工程岩土层主要物理力学参数表

岩土层名称	重度/(kN·m^{-3})	层厚/m	弹性模量/MPa	黏聚力/kPa	内摩擦角/(°)	泊松比	本构关系
①素填土	18	1	12	8	10	0.3	修正莫尔-库仑
②强—中风化石英砂岩	26	4	138	35	20	0.3	莫尔-库仑
③黏土夹碎石	19.5	25	39	31	16	0.3	莫尔-库仑
④中风化泥质砂岩	21.0	30	800	—	40	0.3	莫尔-库仑

表5-4 中轻大厦基坑工程结构物理力学参数表

结构名称	类型	截面尺寸/mm	容重/(kN·m^{-3})	弹性模量/kPa	泊松比
灌注桩	梁	1000(桩径1200)	25	30 000 000	0.2
冠梁	梁	1400×800	25	30 000 000	0.2
对撑	梁	1000×800	0.1	30 000 000	0.2
联系梁	梁	700×700	0.1	30 000 000	0.2
管片	板	350	25	34 500 000	0.2
锚杆	植入式桁架	φ25	78.5	208 000 000	0.2

2. 模拟步序

边界条件为:模型底部约束竖直方向位移,模型四周约束水平方向位移。考虑桩顶一级放坡,边坡主要采用抗滑桩+坡面支护+预应力锚索模拟。

本次模拟主要分为11个工序,即11个施工步,如表5-5所示,主要分析新建基坑开挖对地铁11号线隧道结构的影响及基坑支护结构力学特性,考虑基坑开挖引起的增量位移,故对既有建筑施工引起的位移和初始应力场引起的位移进行清零。由于场区地下水类型主要为上层滞水和基岩裂隙水,水量较小,本次模拟不考虑地下水的作用。鉴于上部结构荷载通过柱体直接传递至结构底板上,在计算过程中将上部结构施工等效成均布荷载直接作用于结构底板上。

表 5-5 中轻大厦基坑工程模拟施工工序表

序号	施工工序	描述	备注
1	初始应力状态	考虑未开挖状态的岩土层应力状态	位移清零
2	地铁隧道施工	管片施工,开挖隧道内土体	位移清零
3	位移清零	位移清零	
4	支护结构施工	施工灌注桩、冠梁、立柱	
5	放坡开挖	模拟边坡施工,开挖至-2m,放坡喷混凝土	
6	开挖 1	开挖至-6.7m,留边坡土	
7	开挖 2	开挖至基坑底,施作斜撑	
8	开挖 3	开挖坑边留土,施作底板	
9	楼板换撑 1	施作地下室二层楼板	
10	楼板换撑 2	施作地下室一层楼板	
11	出地面结构施工	施加上部结构荷载	

(三)计算结果分析

1. 基坑支护结构

基坑的重要性等级为一级,根据湖北省地方标准《基坑工程技术规程》(DB42/T 159—2012)的相关规定,基坑支护工程水平位移限值(控制值)为 30mm。典型工序下基坑支护结构位移计算结果如图 5-12~图 5-15 所示。

计算结果表明,基坑支护水平方向最大位移位于基坑西侧,为 11.9mm;基坑 KE 段支护结构水平方向最大位移为 11.30mm,而采用天汉计算软件算得基坑 KE 段最大水平位移为 13.0mm,两者计算结果较为接近,该值小于水平位移控制值(30mm),满足规范要求。

第五章　城市地下工程施工对近接地铁结构影响案例研究

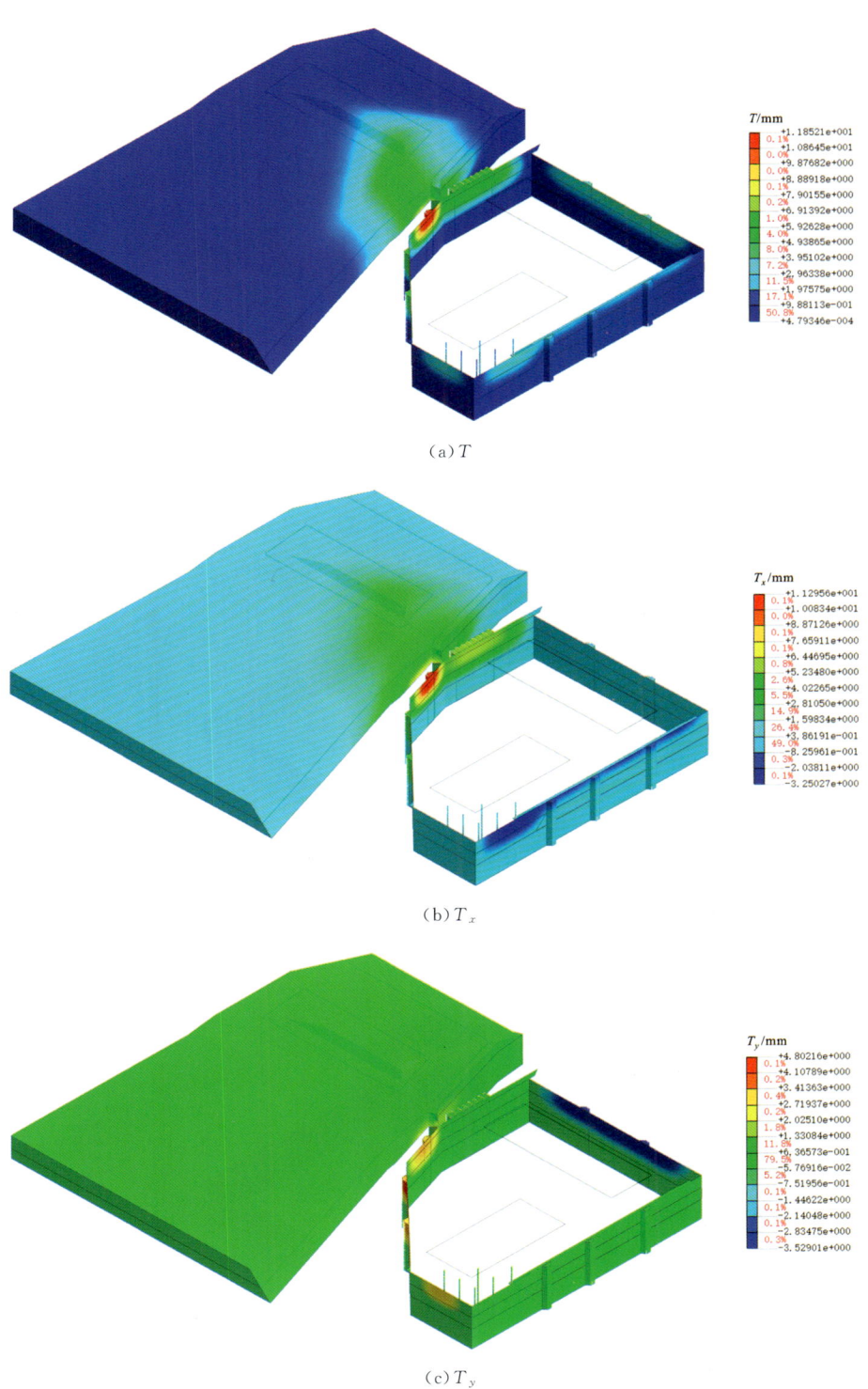

(a) T

(b) T_x

(c) T_y

图 5-12　中轻大厦基坑工程工序 8 支护结构位移计算结果图
T. 总位移；T_x. 水平 x 方向位移；T_y. 水平 y 方向位移；后同。

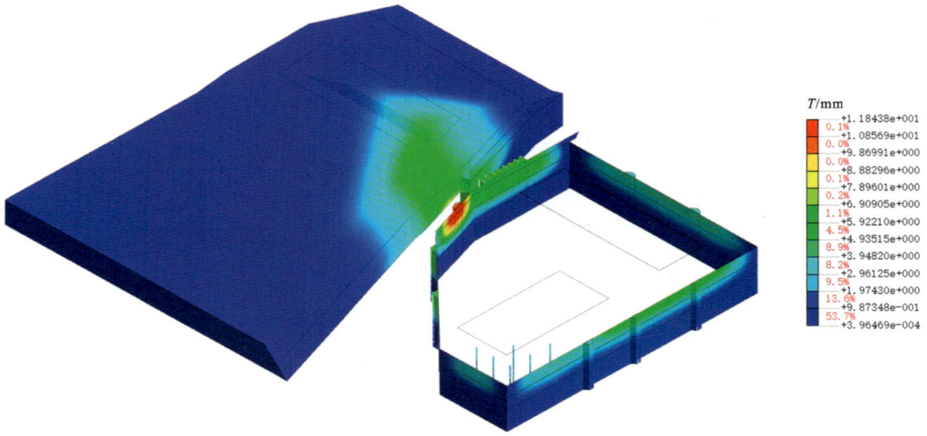

(a) T

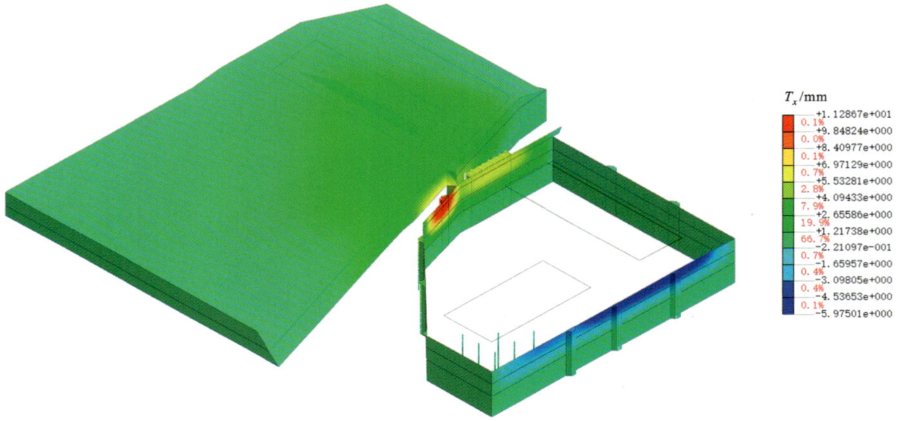

(b) T_x

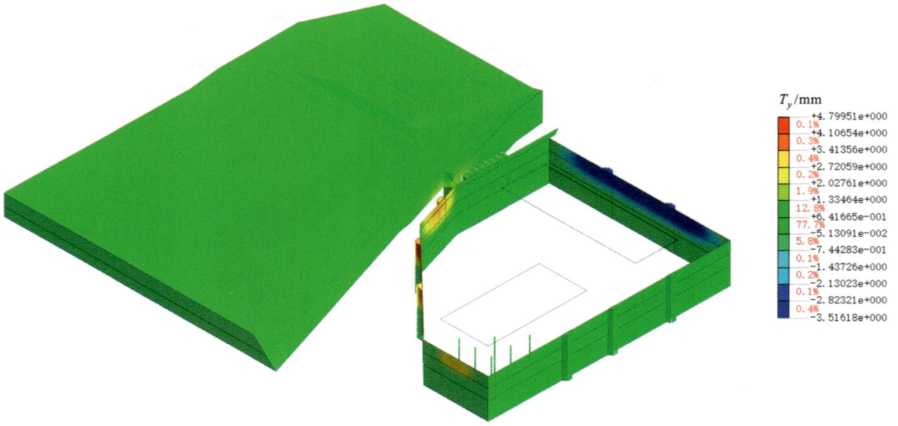

(c) T_y

图 5-13 中轻大厦基坑工程工序 11 支护结构位移计算结果图

第五章 城市地下工程施工对近接地铁结构影响案例研究

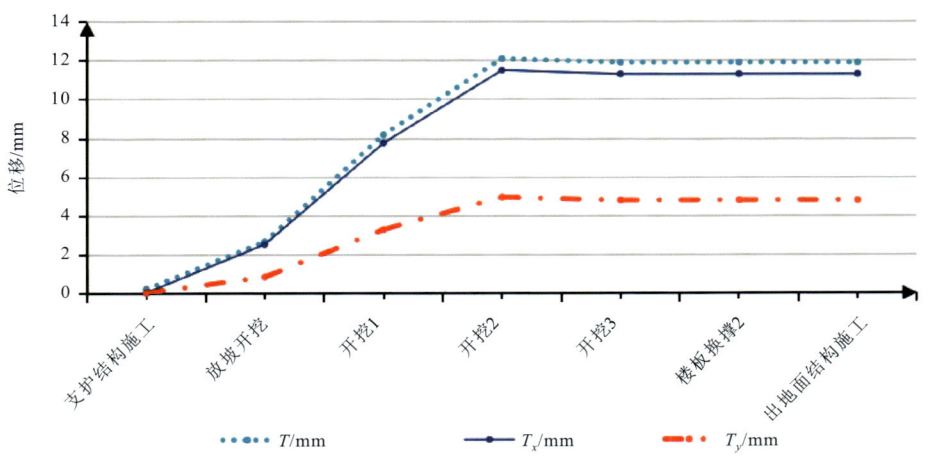

图 5-14 中轻大厦基坑工程各工序下支护结构位移最大值计算结果图

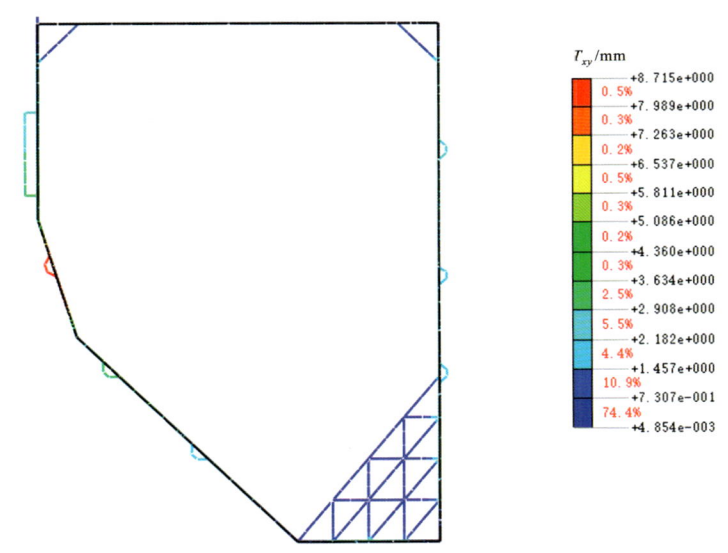

图 5-15 中轻大厦基坑工程内支撑位移计算结果图

T_{xy}:平面 xy 内的水平方向合成位移;后同。

2. 地铁结构位移

典型工序下地铁区间水平位移、竖向位移计算结果见图 5-16～图 5-20。

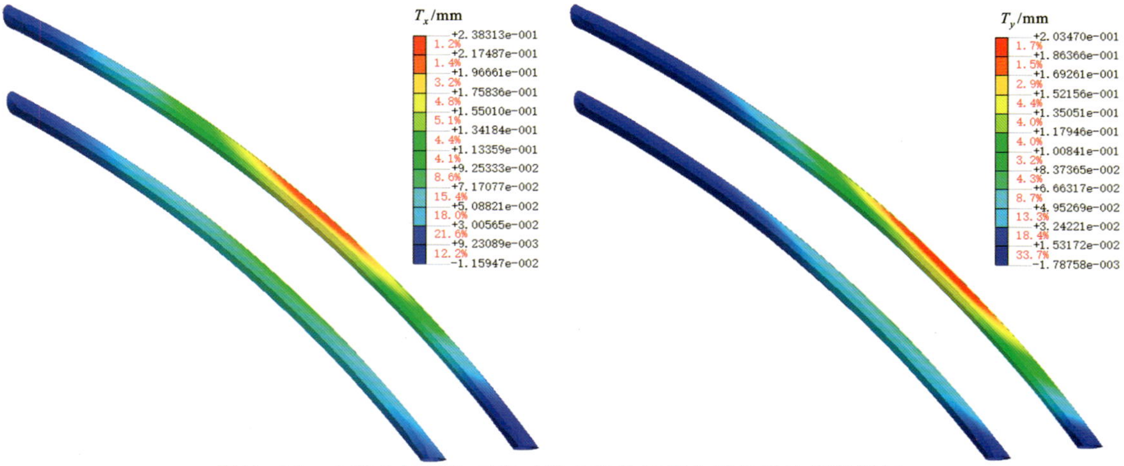

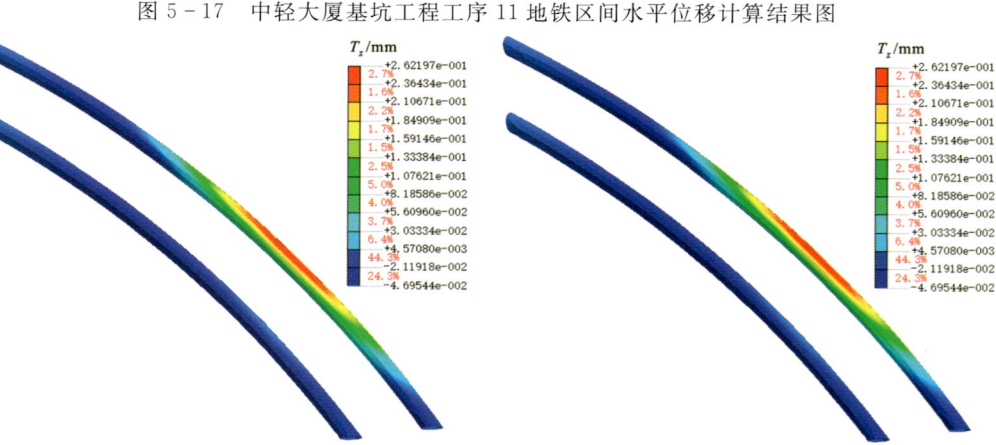

图 5-16　中轻大厦基坑工程工序 8 地铁区间水平位移计算结果图

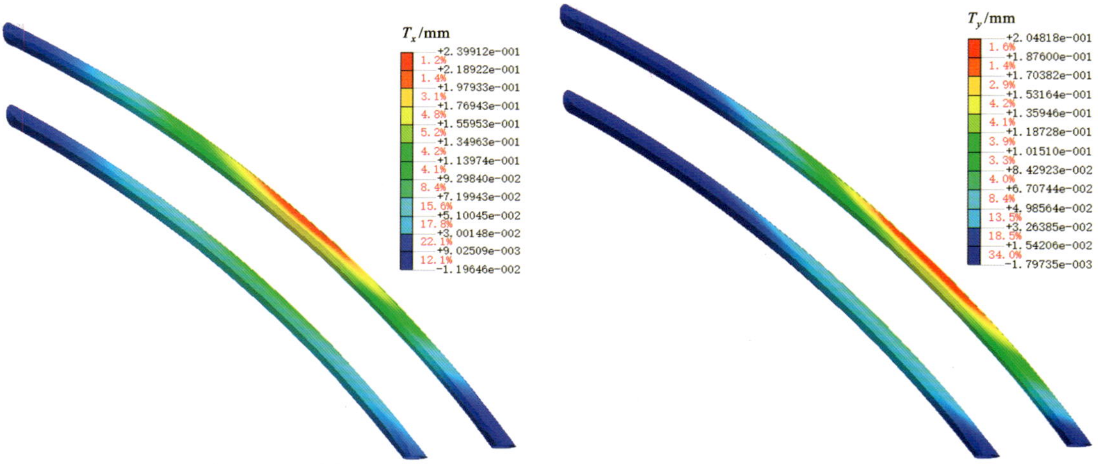

图 5-17　中轻大厦基坑工程工序 11 地铁区间水平位移计算结果图

图 5-18　中轻大厦基坑工程工序
8 地铁区间竖向位移计算结果图

图 5-19　中轻大厦基坑工程工序
11 地铁区间竖向位移计算结果图

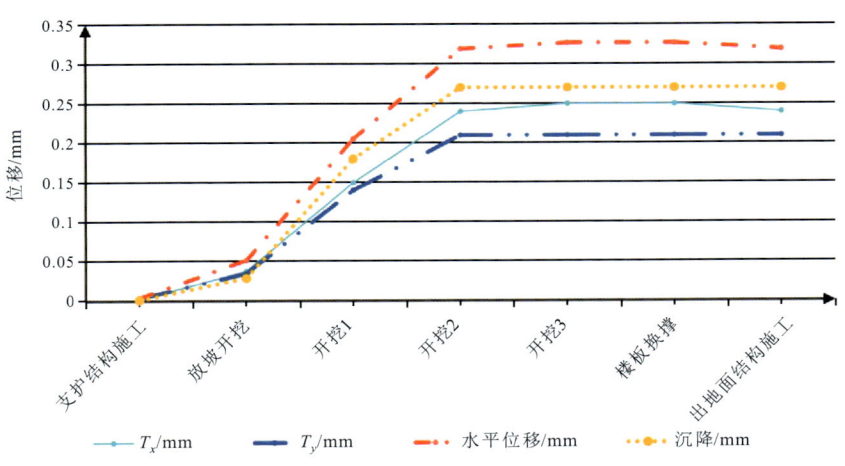

图 5-20 中轻大厦基坑工程工序 12 地铁区间竖向位移计算结果图

上述计算结果表明,随着基坑开挖,地基应力释放,土层应力场改变,带动紧邻既有地下结构产生位移。计算结果显示,当基坑开挖到设计标高时,地铁区间隧道最大水平位移和竖向位移均出现在与基坑 HI 段坑底距离最小处,管片最大水平位移为 0.33mm,最大竖向位移为 0.27mm。根据数值模拟计算结果,基坑开挖对地铁 11 号线东段二期关山大道—光谷火车站区间隧道各方向变形影响均在地铁结构安全控制标准的范围内。

基坑开挖会对土体造成扰动,使土体应力重新分布,土中的结构内力随之发生改变,基坑开挖完毕后,隧道的最大轴力为 483kN(图 5-21),最大弯矩为 -87.5kN·m(图 5-22)。经核算,沉井及顶管开挖引起区间内力发生变化,单环(环宽 1.5m)盾构隧道配筋截面积满足构造配筋需求即可,区间隧道现有配筋满足需求。

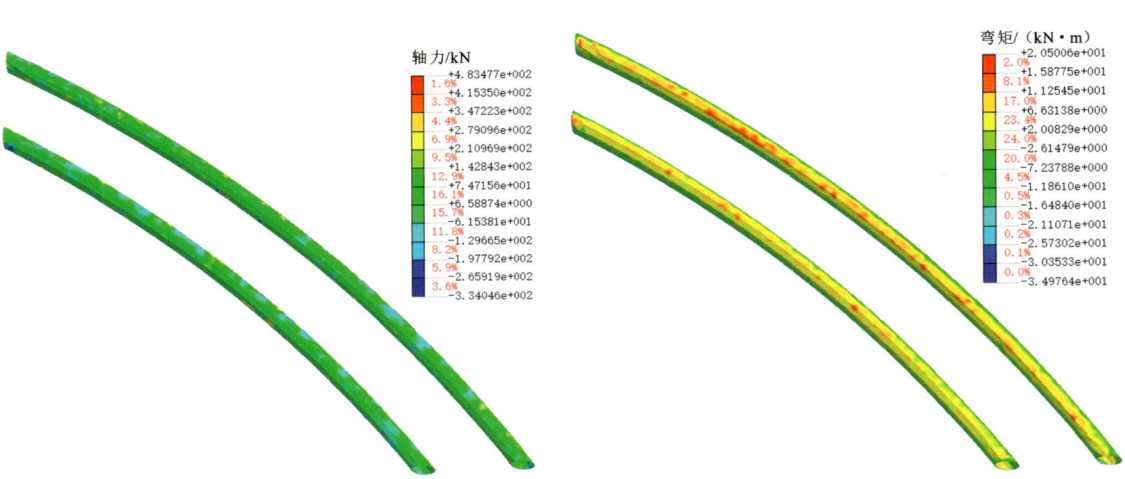

图 5-21 中轻大厦基坑工程区间隧道轴力计算结果图

图 5-22 中轻大厦基坑工程区间隧道弯矩计算结果图

五、安全性评估结论

根据《城市轨道交通结构安全保护技术规范》(CJJ/T 202—2013),基坑开挖对地铁11号线区间隧道影响等级为二级。通过有限元软件对基坑开挖工序进行模拟施工,得出由基坑开挖引起的地铁11号线隧道结构的位移小于地铁隧道结构变形控制标准(5mm),满足规范要求,地下室基坑开挖设计方案合理可行。具体如下:

(1)根据《城市轨道交通结构安全保护技术规范》(CJJ/T 202—2013)中对外部作业影响等级划分和外部作业工程影响分区的规定,本工程的接近程度为接近(Ⅱ),外部作业的工程影响分区为一般影响区(C),外部作业影响等级为二级。

(2)结合国家标准、国内类似相关工程对地铁结构变形的控制标准,为确保地铁结构的安全,拟定地铁隧道结构变形控制标准为5mm,结构绝对沉降量、绝对水平位移的预警值和警戒值分别为控制标准的70%和80%。

(3)有限元计算结果显示,基坑支护结构最大水平位移位于基坑西侧,为11.9mm;基坑KE段支护结构水平方向最大位移为11.3mm,而采用天汉计算软件计算的基坑KE段最大水平位移为13.0mm,两者计算结果较为接近,均小于湖北省地方标准《基坑工程技术规程》(DB42/T 159—2012)规定。本工程基坑支护设计方案是合理的,满足规范要求。

(4)有限元计算结果显示,基坑施工引起的地铁区间结构最大水平位移为0.33mm,最大竖向位移为0.27mm。区间隧道各方向变形影响均在地铁结构安全控制标准(5mm)的范围内。

(5)根据设计文件计算结果,边坡稳定性系数为2.37,满足规范要求。

(6)由于基坑范围内存在中风化岩层,考虑基坑距离区间隧道较近,根据《城市轨道交通结构安全保护技术规范》(CJJ/T 202—2013)相关规定,本工程不宜采用爆破施工。

第二节 学校地下室邻近地铁2号线站点

一、工程概况

武汉市东湖高新技术开发区三环线、光谷大道与金融港一路交会处拟建武汉市光谷金融港学校,学校西侧邻近武汉市轨道交通2号线南延线工程金融港北站(原大舒东路站)(图5-23)。目前轨道交通2号线南延线已投入运营。

武汉市光谷金融港学校位于武汉市光谷大道西侧,金融港一路北侧,光谷智慧园东侧,三环线南侧。由5栋单体房、1层地下车库及配套用房组成,其中地下室局部设有人防地下室,地下室不设缝,为一个整体。基坑与轨道交通位置关系如图5-24~图5-27所示。基坑邻近地铁2号线南延线工程金融港北站,金融港北站为地下两层车站,结构底板埋深约19.6m。地下室基坑开挖深度为6.75m,采用φ800@1100钻孔桩+1道内支撑支护结构型式,邻近地铁侧支护桩长14m。基坑内边线与轨道交通2号线南延线金融港北站车站主体结构外皮净距16.63m,与轨道交通2号线南延线金融北港站车站附属结构外皮净距16.16m;基坑围护结构外边线距离轨道交通车站主体结构14.3m,与车站两端区间最小水平净距81.9m。

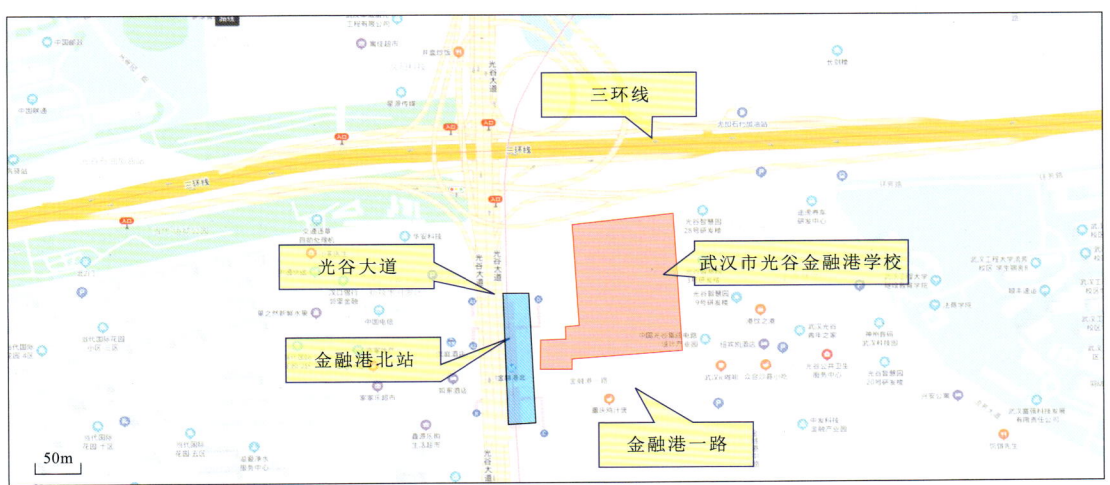

图5-23 武汉市光谷金融港学校基坑工程所在地示意图

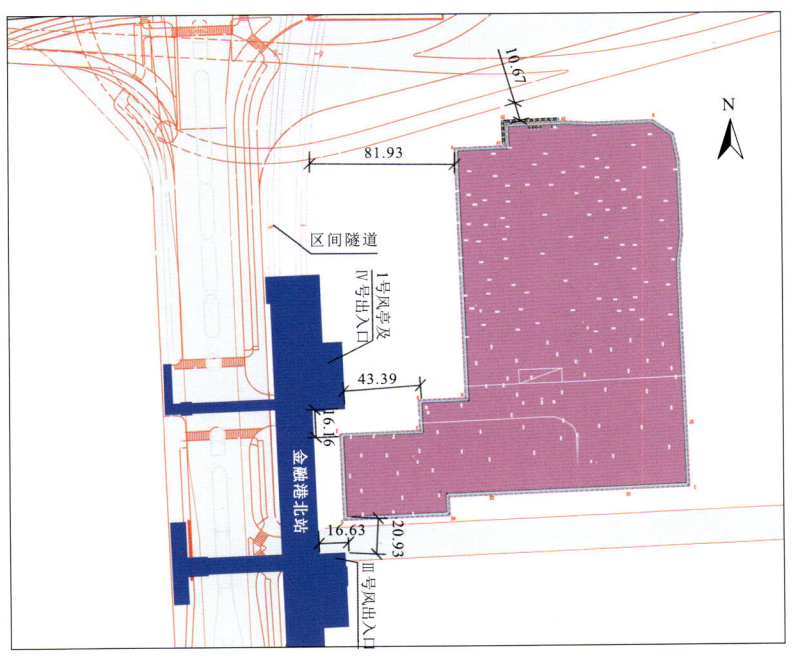

图5-24 武汉市光谷金融港学校基坑工程基坑与轨道交通平面位置关系示意图(单位:m)

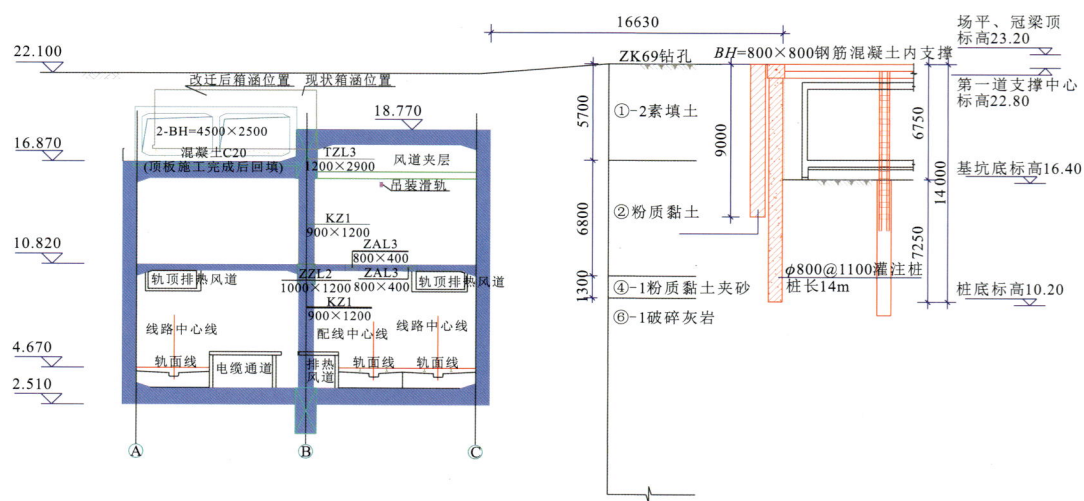

图5-25 武汉市光谷金融港学校基坑与车站主体剖面位置关系示意图

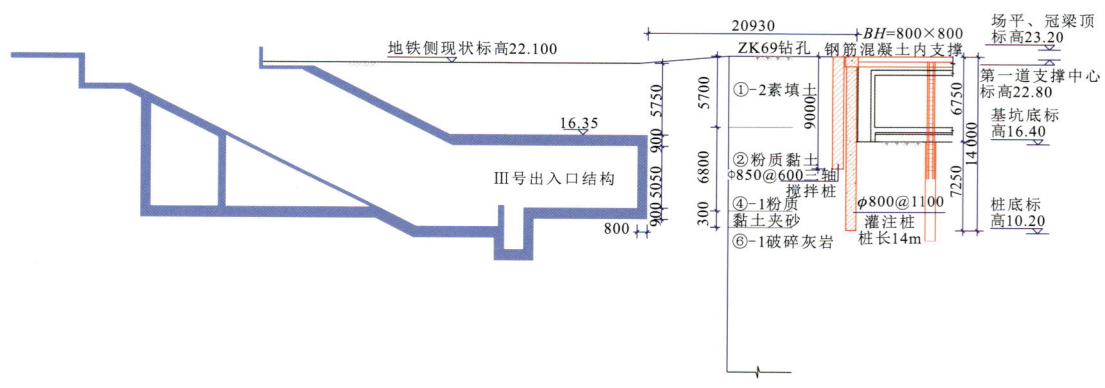

图5-26 武汉市光谷金融港学校基坑工程基坑与轨道交通Ⅲ号出入口剖面位置关系示意图

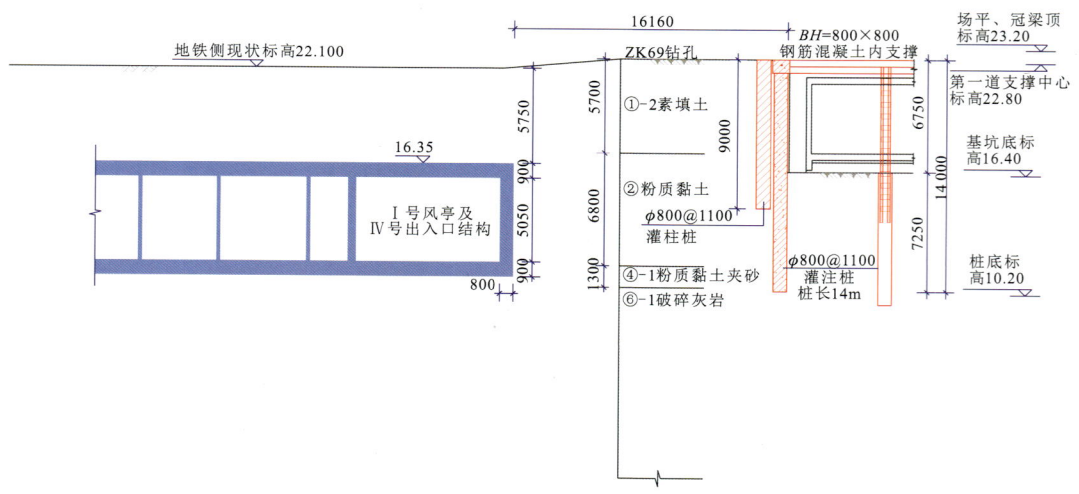

图5-27 武汉市光谷金融港学校基坑工程基坑与地铁1号风亭及Ⅳ号出入口剖面位置关系示意图

(一)地下工程建设内容及地铁概况

1. 地下工程建设内容

拟建场地现为空地,局部地段有一定的起伏,拟建一层地下室,采用桩基础。基坑面积约 29 228m², 深 6.75m, 周长约 828m, 南北长约 210m, 东西宽 130~190m。

2. 地铁概况

武汉轨道 2 号线南延线起于 2 号线一期工程的光谷广场站,沿线主要经过珞喻路、佳园路、流芳火车站、黄龙山路、光谷大道、高新六路等,覆盖了光谷步行街、华中科技大学、光谷创业街、光谷金融港、武汉传媒学院、武汉交通学校等商圈、学校、居住区和众多高新企业区,方便光谷地区广大城市居民、高校师生和就业人员的出行,连接了流芳火车站等大型客运交通枢纽,可实现城市内外交通的有效衔接,2 号线南延线的建设可有力支撑东湖开发区东扩的发展战略。2 号线南延线线路长 13.444km,均为地下线,沿线设站 10 座。金融港北站为 2 号线南延线工程的第 7 个车站,位于武汉市东湖高新开发区,沿光谷大道南北向布置,车站主体位于光谷大道偏东。

光谷金融港北站调整后的新站位于光谷大道与大舒东路交会处光谷大道路东侧金融港规划地块内,呈南北向布置。车站起点里程:右 DK36+028.900;终点里程:右 DK36+378.900;有效站台中点里程:右 DK36+149.000。车站采用明挖顺做法进行施工,主体结构采用双层双跨(局部三跨)钢筋混凝土结构,车站结构外包总长 350.00m,站台中心里程基坑深度约 19.6m,标准段基坑宽度约 20.9m。

车站结构底板(底板梁)采用防水混凝土,抗渗等级 P8(局部埋深超过 20m,采用 P10),强度等级 C35;顶板(顶板梁)、侧墙采用防水混凝土,抗渗等级 P8(局部埋深超过 20m,采用 P10),强度等级 C35;中板(中板梁)、内墙采用强度等级 C35 的混凝土。

光谷金融港北站车站围护结构采用 φ1200@1500mm 钻孔灌注桩+内支撑方案。其中,标准段第一道支撑采用 800×1000mm 混凝土支撑,第二、三道支撑采用 φ800mm、壁厚 16mm 的钢管支撑,盾构井段 3 道支撑均采用 800×1000mm 混凝土支撑。标准段第一道支撑间距为 7m,第二、三道支撑间距为 3.5m,围护桩插入基坑底以下 5m。邻近拟建基坑侧为标准段基坑,光谷金融港北站车站典型平面如图 5-28、图 5-29 所示。

车站风亭及出入口结构底板采用防水混凝土,抗渗等级 P8,强度等级 C35;顶板、侧墙采用防水混凝土,抗渗等级 P8,强度等级 C35。出入口顶板、侧墙厚 800mm,底板厚 900mm。

光谷金融港北站 1 号风亭及Ⅳ号出入口、Ⅲ号出入口、3 号风亭围护结构采用 φ1000@1200mm 钻孔桩+内支撑方案,第一道采用 800×800mm 混凝土支撑,支撑间距约为 6m;第二道采用 φ609、壁厚 16mm 钢支撑,支撑间距约 3m。消防水池围护结构采用 φ800@1000mm 钻孔桩+内支撑方案,设一道 800×800mm 混凝土支撑,支撑间距约为 6m。

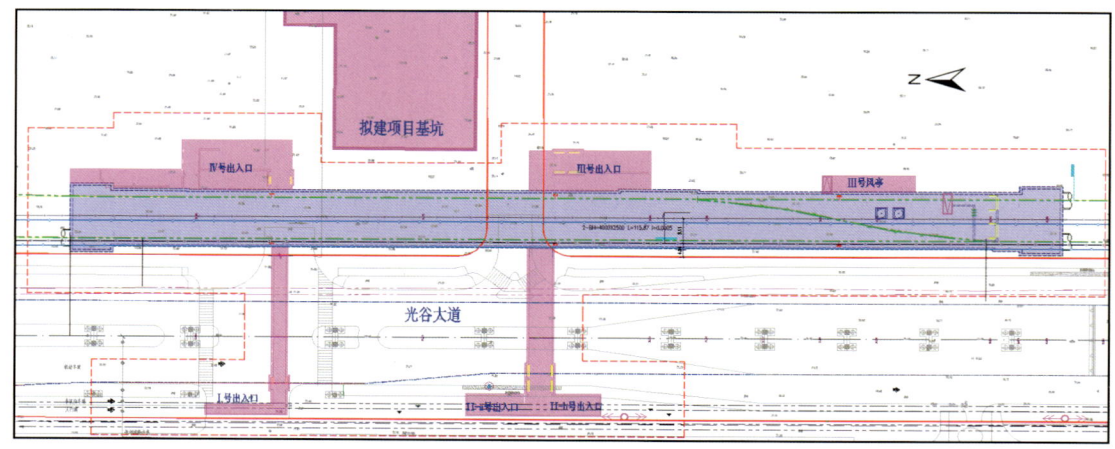

图 5-28　光谷金融港北站车站平面图

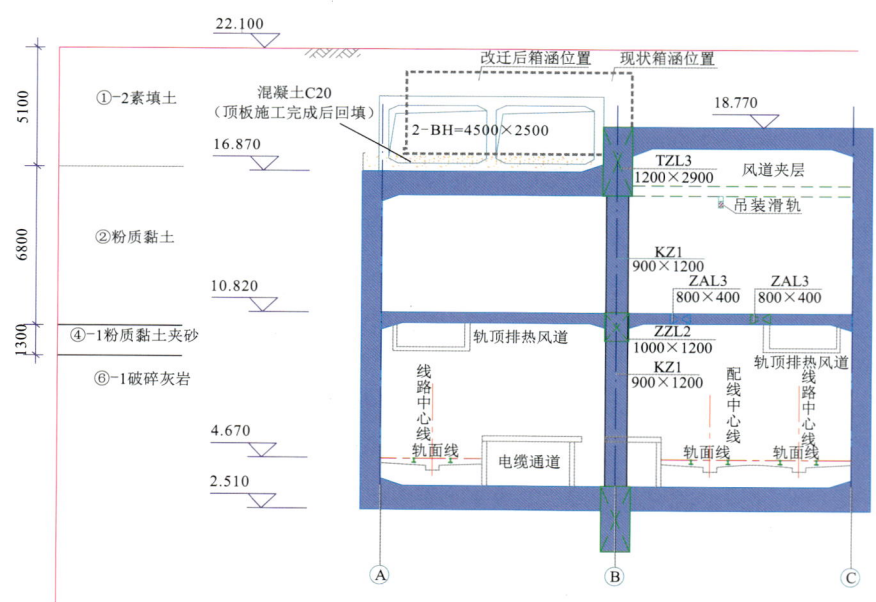

图 5-29　光谷金融港北站车站典型剖面图

（二）安全控制标准

参考以往工程经验，并结合控制标准分析，根据工期计划，地下室基坑施工期间本评估段内地铁车站已投入运营，参考《城市轨道交通结构安全保护技术规范》（CJJ/T 202—2013）所提出的安全控制指标，为确保轨道交通结构的安全，拟定轨道结构绝对沉降量≤5mm，绝对水平位移量≤5mm。车站结构及附属结构变形控制标准为绝对沉降量≤20mm,绝对水平位移量≤20mm。车站与附属沉降控制差控制值为≤5mm。

(三)岩土工程条件

1. 地形地貌

拟建场地位于武汉市光谷大道西侧,金融港一路北侧,光谷智慧园东侧,现为空地,地貌上属长江三级阶地,地形较为平坦,起伏不大,地面高程在21.56～24.75m之间,相对高差约3.19m。

2. 场地稳定性及适宜性评价

拟建场地勘探范围内未发现有影响场地稳定性的构造破碎带、滑坡、崩塌、泥石流、采空区等不良地质现象,所属区域不存在浅埋的全新世活动断裂,构造稳定性较好,属区域稳定地块。拟建场地地质环境未遭破坏,地下水对基坑开挖及基础施工有影响,但通过有效的降、排、堵等治理方法处理后,将不影响工程施工。拟建地段属建筑抗震不利地段,场区下伏基岩属可溶岩类,岩溶强烈发育,揭露洞高0.6～8.9m,为空洞—半充填溶洞。按《城乡规划工程地质勘察规范》(CJJ 57—2012),拟建场地为稳定性差场地,拟建工程项目建设适宜性差,建议桩基施工前先进行逐桩施工勘察,以下部完整灰岩为桩端持力层,场地地基岩土稳定性可满足建设要求。

3. 地质岩性构成

根据地质勘察资料,邻近地铁侧基坑地质纵剖面如图5-30所示,各地层特性如下。

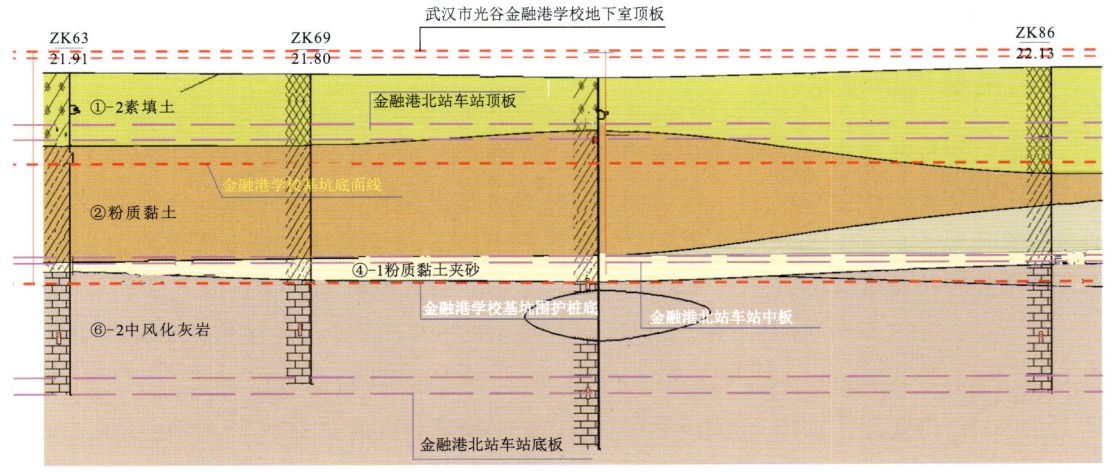

图5-30 武汉市光谷金融港学校邻近地铁侧基坑地质纵剖面图

①-1杂填土及①-2素填土:结构松散,均匀性较差,建筑性能差,雨季或雨后赋存有地下水,基坑施工时应对上层滞水采取封堵或抽排等措施,基坑开挖及桩基施工时易垮塌,应加强护壁措施。

②粉质黏土：可塑状，土质不均一，属中压缩性土，承载力一般，其下卧③层强度较低，该层一般不宜作为拟建建筑基础持力层。

②-1粉质黏土：软塑状，属高压缩性土，局部分布，不得作为拟建建筑基础持力层。

③粉质黏土：软—可塑状，强度较低，为基坑侧壁土层，分布不均匀，不宜作为拟建建筑基础持力层。

④-1粉质黏土夹砂：可塑状，局部硬塑状，土质不均匀，粉粒及砂粒含量高，厚薄分布不均匀，且平均厚度不大，不宜作为拟建建筑基础持力层。

④-2红黏土：可塑—硬塑状，强度较高，少量分布，厚度不大，不宜作为拟建建筑基础持力层。

④-2强风化泥岩：埋藏均较深，强度较高，少量分布，不宜作为拟建建筑基础持力层。

⑥-1破碎灰岩：埋藏均较深，厚度不大，节理裂隙极发育，岩体破碎，溶蚀局部发育，采用桩基础时，建议穿过该破碎灰岩层。

⑥-2中风化灰岩：埋藏均较深，强度较高，可作为拟建建筑较好的桩基持力层。该层岩溶强烈发育，作基础持力层时，必须按相关规定进行施工勘察，以确保桩端下部完整灰岩具一定厚度。

场区地下水可分为上层滞水和基岩岩溶裂隙水两类。

(1)上层滞水赋存于杂填土和素填土中，该层结构松散不均，透水性较好，富水性较差，接受地表水、周边生活用水与降水补给，地下水位、水质、水量变化主要受日常气候影响，动态不稳定，水位年变化幅度为1~3m，勘察期间测得其地下水位埋深为1.2~5.8m。

(2)基岩岩溶裂隙水主要赋存于下部灰岩溶洞及裂隙中，接受区域地下水径流补给，水位一般较深，局部裂隙及岩溶发育的地段赋水量可能较丰富，本次勘察未测得基岩水位。

二、关键控制技术

根据拟建场地特征，基坑安全控制标准如下：邻近轨道交通车站侧DE、EF基坑支护体最大水平位移不大于30mm，其余段基坑支护体最大水平位移不大于40mm；一道内支撑被动区抗力系数不小于1.2，坑底抗隆起安全系数不小于1.8；放坡稳定安全系数为1.2；基坑设计使用年限从基坑开挖至回填完成不超过18个月。各段基坑支护参数如下：

(1)AA1、A3B、BB1、B2C、CD1段基坑。采用φ800@1100钻孔灌注桩+1道内支撑支护，桩长13m(含冠梁)；桩外设置φ850@600三轴搅拌桩帷幕，桩长9m。

(2)B1B2段基坑。采用φ800@1100钻孔灌注桩+1道内支撑支护，桩长12m(含冠梁)；桩外设置φ850@600三轴搅拌桩帷幕，桩长9m。

(3)D2D3、D3D4、D4D、DE、EF段基坑。采用φ800@1100钻孔灌注桩+1道内支撑支护，桩长14m(含冠梁)；桩外设置φ850@600三轴搅拌桩帷幕，桩长9m。

(4)D1D2、FG、GH、HA段基坑。采用φ800@1100钻孔灌注桩+1道内支撑支护，桩长15m(含冠梁)；桩外设置φ850@600三轴搅拌桩帷幕，桩长9m。

(5)、A1A2、A2A3 段基坑。采用 φ800@1100(φ800@3300)双排钻孔灌注桩＋1道内支撑支护,桩长 13m(含冠梁);第一排桩外设置 φ850@600 三轴搅拌桩帷幕,桩长 9m。

(6)三轴搅拌桩采用的水泥强度等级不低于 42.5MPa,水泥掺量不小于 20%,即被搅拌土体中水泥掺量不小于 360kg/m³。

(7)立柱桩桩径为 1000mm,桩长 8m;格构柱均为 L160×16 角钢。

(8)坑内承台、集水井和消防水泵房基坑深度 0.6~2.0m,坡率 1:1,挂网喷混凝土护面。

基坑支护结构平面布置如图 5-31 所示,支护典型剖面如图 5-32 所示。

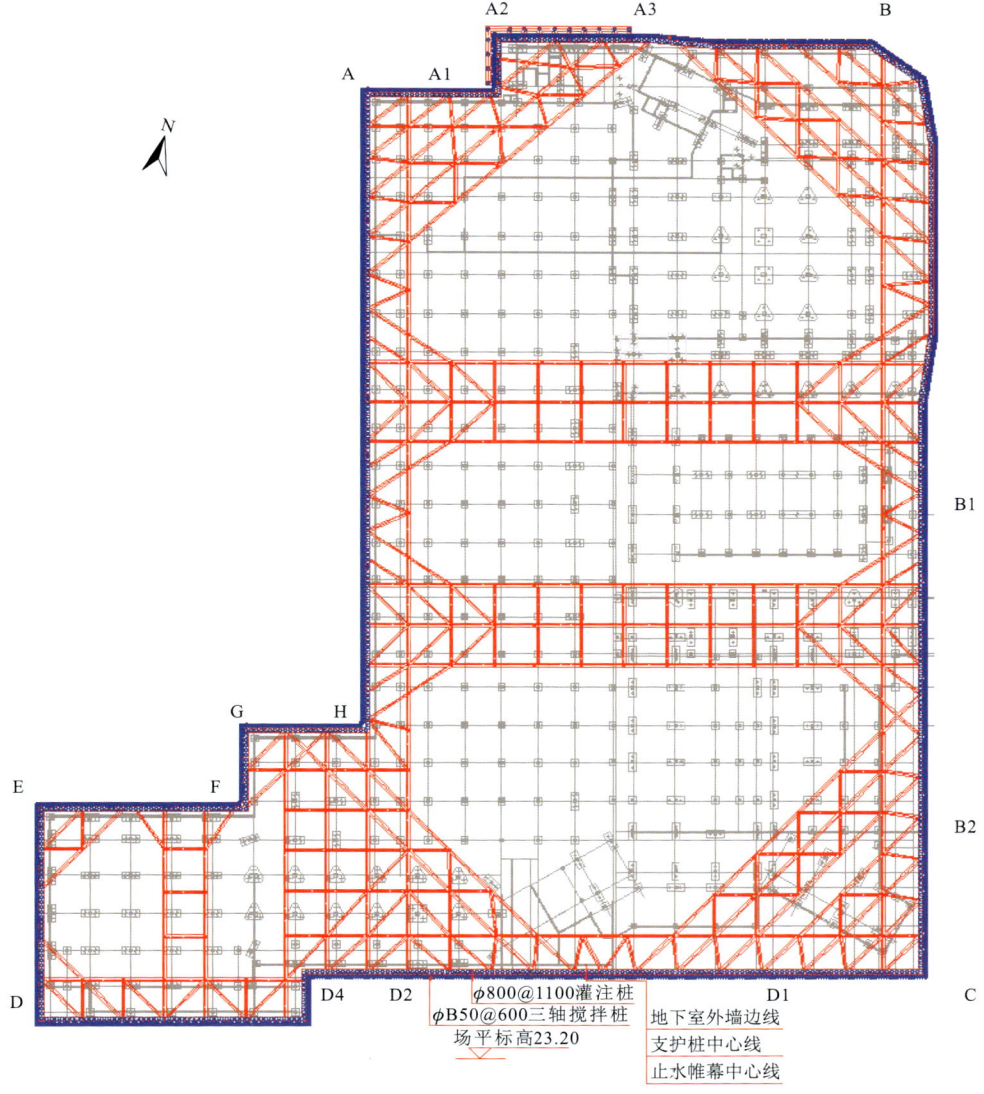

图 5-31　武汉市光谷金融港学校基坑支护结构平面布置图

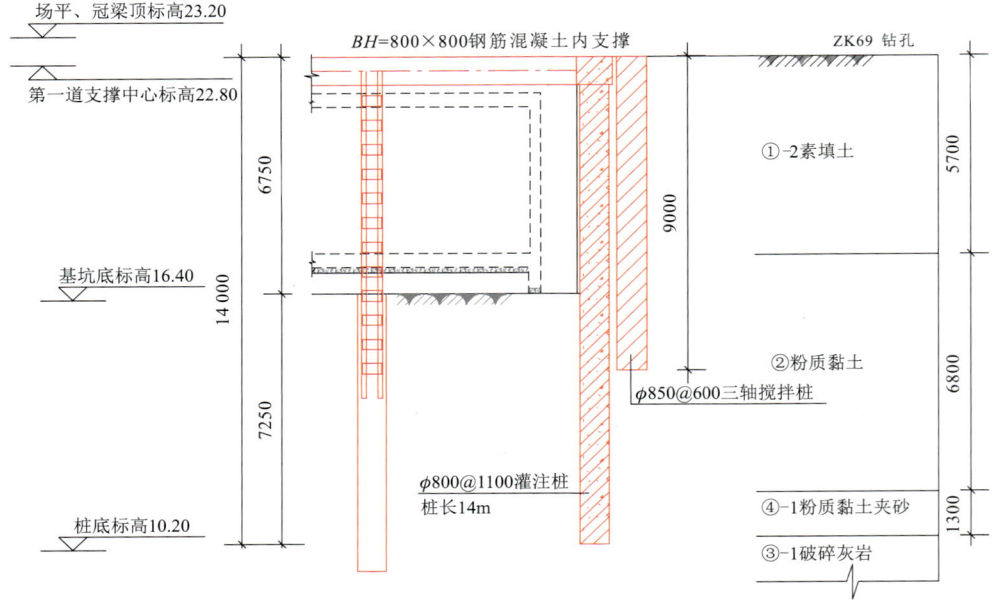

图 5-32 武汉市光谷金融港学校基坑支护典型剖面图

根据详勘结果,揭露灰岩的区域局部钻孔有小型溶洞分布,见洞隙率为 34.4%,拟建场区岩溶强烈发育。结合工程地质和水文地质资料,类比类似工程以及有关规范规程建议,本区段岩溶处理原则及范围如下:

(1)桩端为灰岩的灌注桩,施工前应逐桩进行施工勘察,间距为沿围护边线 5.5m,钻孔深度为桩底设计标高以下 3m。当可溶性岩上覆砂类土时应做好钻孔的护壁工作,进入可溶性岩的勘探孔应采用注水泥浆及时封闭。若钻孔深度范围内遇到溶洞,则施工超前钻须穿过溶洞进入溶洞底板下中风化岩层至少 3m 且不再遇到溶洞为止。施工勘察钻杆直径不应小于 50mm。

(2)钻孔后采用水泥浆进行灌浆封孔,再进行工程桩施工。

(3)若施工勘察钻孔深度范围内未遇溶洞,则支护桩按原设计桩长施工;若施工勘察钻孔深度范围内遇到溶洞,溶洞均须进行灌浆处理,支护桩应穿越所遇溶洞,支护桩修正长度＝设计桩长＋溶洞高度,且桩基嵌入溶洞底岩层深度不小于 1m。

(4)当岩层表面存在溶洞或串珠状溶洞时,桩底嵌入溶洞(槽)底部完整岩石的深度不应小于 0.5m,且桩身线嵌入岩深度的总和不应小于 2m 和 2 倍桩直径。

(5)溶洞处理方法为施工前应平整场地、碾压密实,对于桩位下有土洞的灌注桩施工,如土洞顶部覆盖层较薄(小于 3m)时,采用直接开挖换填处理;岩溶地质条件下的灌注桩施工,配置泥浆体积宜为正常条件下泥浆体积的 3 倍以上。

三、地下室施工对地铁结构影响总体分析

1. 地质水文情况分析

本工程地貌单元属长江三级阶地,划分为基本稳定场地,建设适宜性差。

依据勘察资料,场地西侧基底标高 16.65~17.35m,现状自然地面下基坑开挖深度约 6.75m。基坑侧壁土层主要为①-1、①-2 填土层,其次为②-1、②、③粉质黏土层;坑底土层为①-2 填土层,②-1、②、③粉质黏土层。侧壁填土松散不均,赋存上层滞水,场地工程地质与水文地质条件较复杂,地下水对基坑工程有一定影响。场区下伏基岩属可溶岩类,岩溶强烈发育,揭露洞高 0.6~8.9m,为空洞—半充填溶洞。根据地质勘察资料,现状溶洞均位于围护桩底以下范围,对基坑工程施工影响较小。

上层滞水赋存于表层填土层中,主要接受地表水、周边生活用水与降水补给,地下水位、水质、水量变化主要受日常气候影响,动态不稳定,水位年变化幅度为 1~3m,勘察期间测得其地下水位埋深为 1.20~5.80m(标高 17.17~20.60m)。

基岩岩溶裂隙水主要赋存于下部灰岩溶洞及裂隙中,主要接受区域地下水径流补给,水位一般较深,局部裂隙及岩溶发育的地段赋水量可能较丰富,本次勘察未测得基岩水位。

2. 几何、工期关系分析

轨道交通 2 号线南延线金融港北站已经完成并通车运营。武汉市光谷金融港学校基坑内边线与基坑最小水平净距为 16.63m,围护结构外边线与车站外皮净距为 14.3m,基坑开挖深度为 6.75m。目前基坑工程处于施工图设计阶段。

本工程建模中的几何关系稳定,可进行分析。

3. 施工工法分析

基坑施工对轨道交通结构的影响分为止水帷幕、围护桩施工、立柱桩施工、基坑开挖、地下室施工和拆除支撑等几个阶段。

水泥土搅拌墙(桩)施工时,对原状土体进行切割或搅拌,这将导致周边土体强度降低;钻孔灌注桩施工时,会释放一定的土压力和孔隙水压力,易造成塌孔。以上均会影响轨道交通周边土体的应力状态。

基坑开挖对开挖面以下土体具有显著的垂直方向卸荷作用,不可避免地会引起坑底土体的回弹,并且基坑围护结构在土体压力作用下迫使基坑开挖面以下结构向基坑内产生位移,挤压坑内土体,加大坑底土体的水平向应力,也使得坑底土体向上隆起,进而影响轨道周边土体的应力状态。卸荷规模是影响轨道交通结构周围位移场、应力场的一个重要因素。地下室开挖到底后,应及时施工主体结构,防止地基土暴露时间过长引起土体强度值降低。

拆除支撑时应按照设计工况施工,在沿围护墙一次性拆撑范围内的楼板结构施工完成,具备设计要求的承载能力且变形基本稳定后,方可进行邻段的支撑拆除。

基坑邻近车站主体结构及车站附属结构,车站主体结构及车站附属结构埋深及结构型式均有一定差异,基坑开挖将对车站主体及附属结构产生不同程度的影响,导致车站主体及

附属结构产生不均匀沉降,这是影响结构安全的一个不利因素。

综上所述,轨道交通车站结构基底土层工程性质一般,基坑开挖对轨道交通会产生一定的影响。基坑开挖施工时,应按分区、分块、分层、对称、限时的顺序,遵循先撑后挖、限时支撑、分层开挖、严禁超挖的原则,并及时反馈现场地质情况,进行信息化施工。

四、施工对地铁结构影响的有限元分析

根据本基坑与邻近轨道交通结构的相互关系、基坑工程支护结构设计及施工特点,建立数值计算模型,模拟分析基坑施工对邻近地铁结构的影响。

(一)模型的构建

根据基坑与轨道交通结构的空间关系,结合基坑设计方案、施工开挖方案等资料,建立二维整体模型,详见图5-33、图5-34。

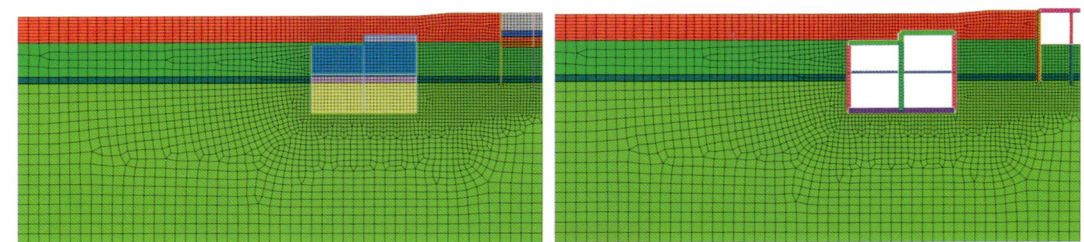

图5-33 光谷金融港车站主体结构计算模型轴视图

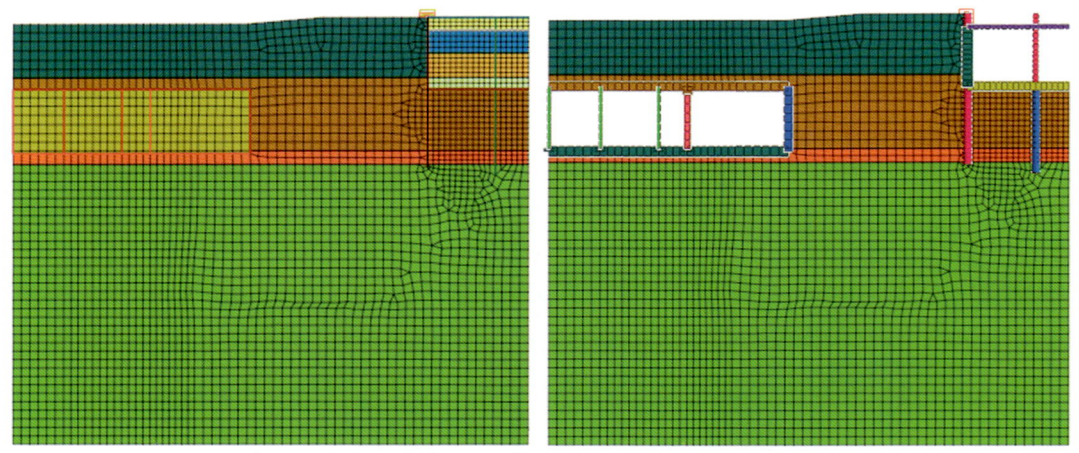

图5-34 光谷金融港车站附属结构计算模型轴视图

模型计算范围的控制原则为边界条件不应对关键部位的计算结果产生过大的影响,根据以往研究经验,基坑数值计算时,模型外扩范围宜不小于3倍基坑深度。本模型中包含了既有轨道交通结构和拟开挖基坑,模型计算范围长约100m,土层计算深度为45m。

设计方案根据周边环境差异选用不同的支护形式,本次计算中重点考虑邻近轨道交通侧基坑开挖对轨道交通结构的影响,因此整体模型取该侧的最不利钻孔 ZK69 数据作为计算参数,参照 DE 段剖面建立二维计算模型。

(二)计算条件和模拟步序

1. 计算参数

模型中,钻孔灌注桩桩身混凝土为水下 C30 混凝土,冠梁、内支撑混凝土等级为 C30 混凝土,地下室结构混凝土为 C35 混凝土;轨道交通结构顶底板及侧墙混凝土为 C35 混凝土,结构中柱混凝土为 C50 混凝土。基坑围护桩、内支撑及轨道交通结构均采用梁单元进行模拟。本构模型均为弹性本构模型,地层模拟采用修正莫尔-库仑本构模型。灌注桩为 0.8m @1.1m,内支撑尺寸 800mm×800mm;轨道交通车站顶板厚度 0.9m,车站中板厚度 0.4m,车站底板厚度 1.0m,车站中柱截面尺寸(长×宽)1.2m×0.7m,为避免支撑竖向变形的影响,考虑将支撑的重度减小至可以忽略不计,并增加点弹簧单元设置竖向支撑,以模拟支撑下立柱的竖向支撑作用。各岩土层主要物理力学参数见表 5-6,结构物理力学参数见表 5-7。

表 5-6 武汉市光谷金融港学校岩土层主要物理力学参数表

岩土层名称	天然容重/(kN·m^{-3})	c/kPa	φ	E_{oed}^{ref}/MPa	E_{50}^{ref}/MPa	E_{ur}^{ref}/MPa
①-2 素填土	19.5	15	8	3.5	3.5	10.5
② 粉质黏土	19.5	15	15	6.0	6.0	18
④-1 粉质黏土夹粉砂	19.9	20	11	6.5	6.5	19.5
⑥-1 破碎灰岩	20	30	30	46	46	135

注:E_{oed}^{ref} 为主压密试验的切线刚度;E_{50}^{ref} 为三轴试验的割线刚度;E_{ur}^{ref} 为卸载/加载刚度;后同。

表 5-7 武汉市光谷金融港学校结构物理力学参数表

结构名称	类型	尺寸/m	容重/(kN·m^{-3})	E/GPa	泊松比
灌注桩	梁	φ0.8	25	30	0.2
内支撑	梁	0.8×0.8	25	30	0.2
地下室底板	梁	0.6×1	25	31.5	0.2
地下室底板	梁	0.4×1	25	31.5	0.2
车站顶板	梁	0.9×1	25	31.5	0.2
车站侧墙	梁	0.9×1	25	31.5	0.2
车站底板	梁	1×1	25	31.5	0.2
车站中板	梁	0.4×1	25	31.5	0.2
车站中柱	梁	0.1×1	25	34.5	0.2
附属顶板	梁	0.8×1	25	31.5	0.2
附属侧墙	梁	0.8×1	25	31.5	0.2
附属底板	梁	0.8×1	25	31.5	0.2

2. 边界条件

二维整体模型边界条件:模型底部约束 xy 方向位移,模型左右两面约束 x 方向位移。

3. 分析工况

本次主要分析拟开挖基坑施工对轨道交通结构的影响以及基坑支护结构的变形,考虑的是基坑开挖引起的增量位移,故对既有轨道交通结构施工引起的位移和初始应力场引起的位移进行清零。模拟共分为10个施工工序,具体如表5-8所示。

表5-8 武汉市光谷金融港学校模拟施工工序表

序号	施工工序	描述	备注
1	初始应力状态	考虑未开挖状态的岩土层应力状态	
2	车站、车站附属结构施工	激活车站、附属结构单元,钝化内部土体	
3	位移清零		
4	围护桩施工	激活围护桩柱单元	
5	基坑开挖至第一道支撑底	钝化土体,模拟基坑开挖过程	
6	内支撑施工	激活内支撑单元,模拟加撑	
7	基坑开挖至-6.8m	钝化内部土体,模拟开挖过程	
8	施工地下室主体结构	激活地下室底板,形成换撑	
9	拆除支撑	钝化内支撑,模拟拆撑工况	
10	完成地下室施工	激活剩余地下室结构单元	地下室上部为地上结构,故不考虑回填覆土

(三)计算结果分析

1. 整体模型位移结果分析

本工程地下室开挖为临时性基坑工程,根据湖北省地方标准《基坑工程技术规程》(DB42/T 159—2012),本工程基坑重要性等级为一级,邻近轨道交通车站侧位移限值(控制值)为30mm。模型整体水平、竖向位移及总位移计算结果如图5-35~图5-37所示。

图5-35 武汉市光谷金融港学校基坑工程整体水平位移计算结果图

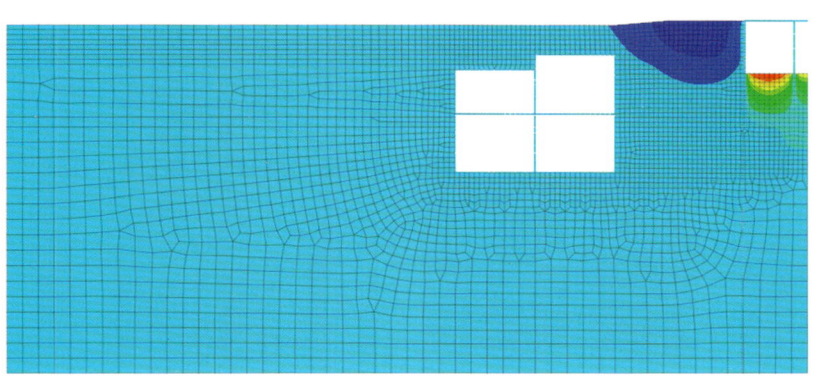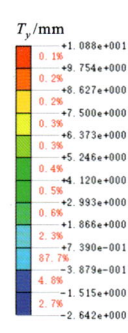

图 5-36　武汉市光谷金融港学校基坑工程整体竖向位移计算结果图

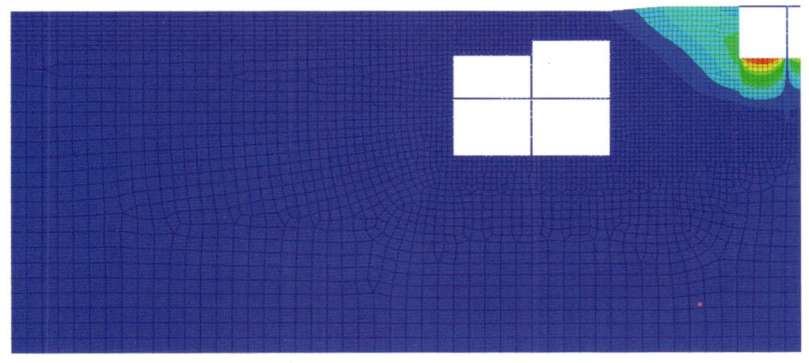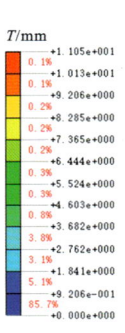

图 5-37　武汉市光谷金融港学校基坑工程总位移计算结果图

计算结果表明,学校地下室开挖完毕后,基坑最大水平位移 4.21mm,地表沉降 2.64mm,坑底隆起 10.88mm,总体位移 11.1mm。计算值均小于位移控制值 30mm。基坑开挖到底围护桩水平位移值满足规范要求。

2. 基坑支护结构位移结果分析

本基坑的重要性等级为一级,根据湖北省地方标准《基坑工程技术规程》(DB42/T 159—2012)的相关规定,基坑支护工程靠近地铁侧水平位移限值(控制值)为 30mm。基坑开挖到底围护桩水平位移值如图 5-38 所示。

图 5-38　武汉市光谷金融港学校基坑工程基坑开挖到底围护桩水平位移计算结果图

邻近地铁侧基坑支护结构水平方向最大位移值为 4.21mm,该值小于水平位移控制值 (30mm),满足规范要求。

3. 地铁结构位移结果分析

开挖至基坑底轨道交通结构水平位移、竖向位移计算结果如图 5-39、图 5-40 所示。

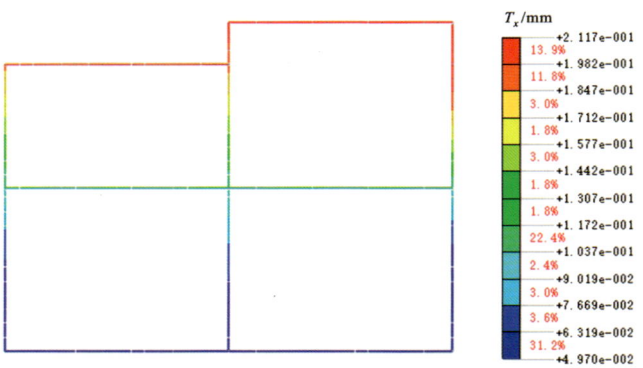

图 5-39　武汉市光谷金融港学校基坑工程开挖至基坑底轨道交通结构水平位移计算结果图

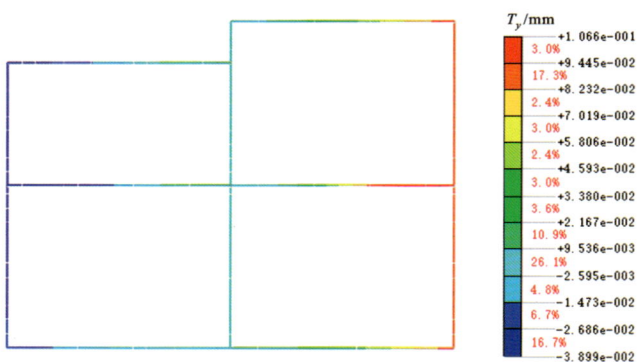

图 5-40　武汉市光谷金融港学校基坑工程开挖至基坑底轨道交通结构竖向位移计算结果图

整理以上计算结果,各施工工序下轨道交通车站结构的位移计算结果如表 5-9 和图 5-41 所示。

表 5-9　武汉市光谷金融港学校基坑工程各施工工序下轨道交通车站结构位移计算结果表　单位:mm

施工工序	水平位移	竖向位移
初始状态	0	0
施工围护桩	0.037	0.030
开挖工况一	0.120	0.033
架设内支撑	0.138	0.044
开挖至基底	0.212	0.101

第五章 城市地下工程施工对近接地铁结构影响案例研究

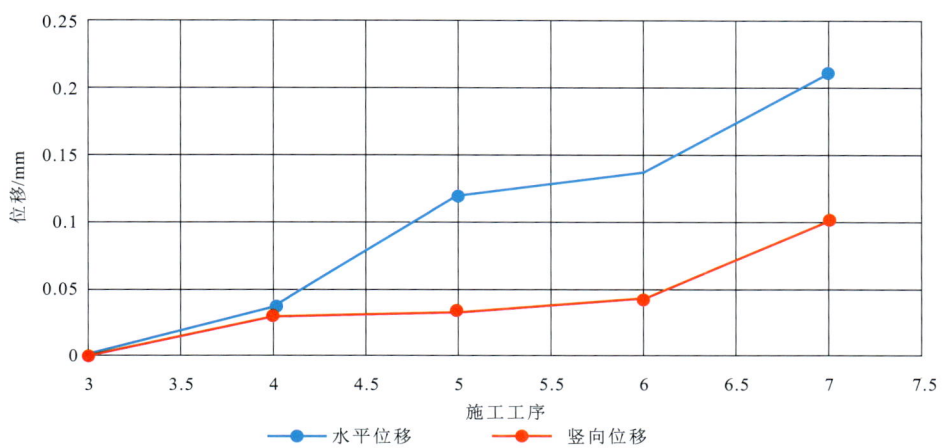

图5-41 武汉市光谷金融港学校基坑工程各施工工序下轨道交通结构位移计算结果图

计算结果表明,随着基坑开挖,应力释放改变土层应力场,带动紧邻既有地下结构发生位移。基坑开挖到设计标高时对轨道交通结构的影响最大,最大位移出现在靠近基坑处。车站最大水平位移为0.212mm,最大竖向位移为0.101mm。

根据数值模拟计算结果,本基坑开挖对轨道交通2号线南延线工程金融港北站结构各方向变形影响均在地铁结构安全控制标准(5mm)的范围内。

4. 地铁结构内力结果分析

典型工序下地铁结构弯矩计算结果如图5-42、表5-10所示。

图5-42 武汉市光谷金融港学校基坑工程开挖至基底轨道交通结构弯矩计算结果图

| 91 |

表5-10 武汉市光谷金融港学校基坑工程各施工工序下轨道交通结构弯矩计算结果表 单位:(kN·m)

序号	施工工序	最大正弯矩	最大负弯矩
1	初始应力状态	—	—
2	轨道交通施工	1076	751
4	围护桩施工	1080	751
5	开挖工况一	1084	751
6	架设内支撑	1085	751
7	开挖工况二	1089	751

根据二维有限元计算结果,初始阶段及拟建工程施工阶段引起的车站结构最大弯矩为1089kN·m,小于车站可承受的理论弯矩,表明车站配筋满足受力要求。

5．基坑开挖对附属结构影响整体模型位移结果分析

本工程地下室开挖为临时性基坑工程,根据《湖北省基坑工程技术规程》(DB42/T 159—2012),本工程基坑重要性等级为一级,邻近附属结构侧位移限值(控制值)为40mm。基坑开挖后,附属结构侧的模型整体水平、竖向及总位移计算结果如图5-43～图5-45所示。

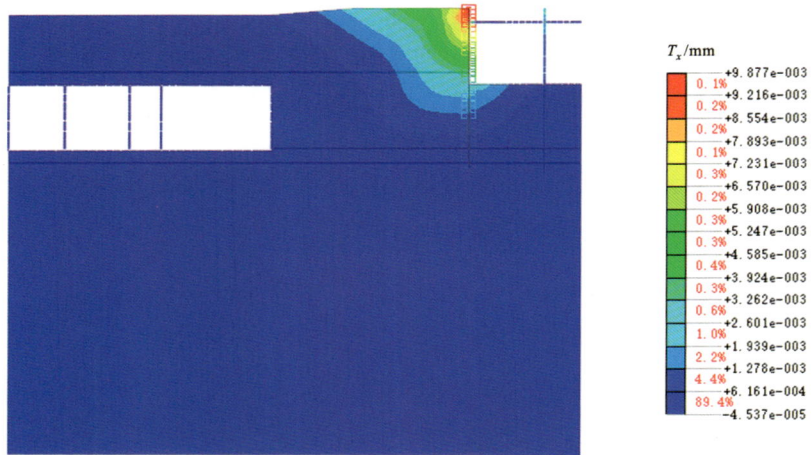

图5-43 武汉市光谷金融港学校基坑附属结构侧整体水平位移计算结果图

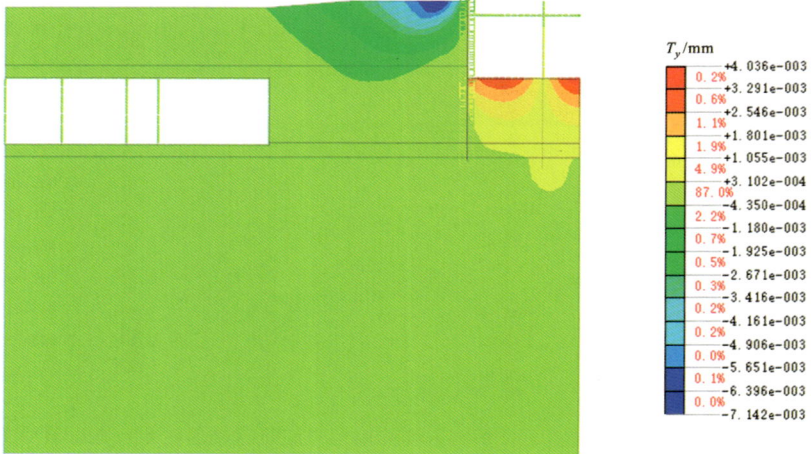

图5-44 武汉市光谷金融港学校基坑附属结构侧整体竖向位移计算结果图

第五章 城市地下工程施工对近接地铁结构影响案例研究

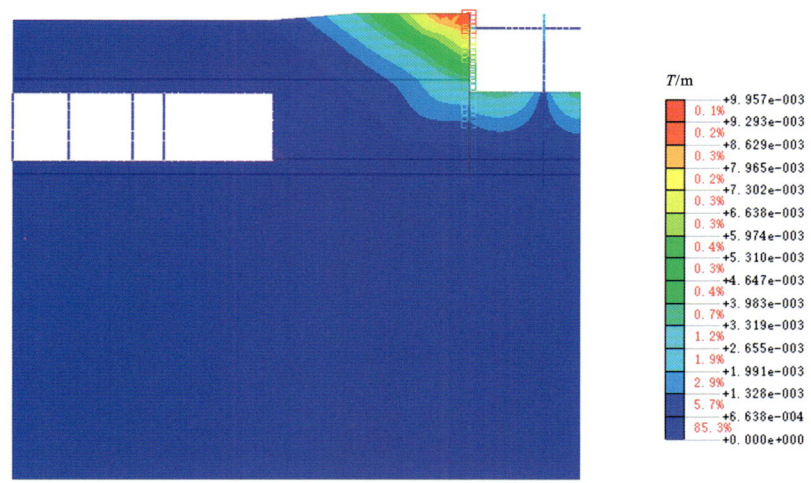

图 5-45 武汉市光谷金融港学校基坑附属结构侧总位移计算结果图

计算结果表明,学校地下室开挖完毕后,附属结构侧的基坑水平最大位移 9.88mm,地表沉降 7.14mm,坑底隆起 4.04mm,总体位移 9.96mm。计算值均小于位移控制值 40mm,满足规范要求。

6. 地下室施工完成后基坑支护结构位移计算结果分析

本基坑的重要性等级为一级,根据湖北省地方标准《基坑工程技术规程》(DB42/T 159—2012)的相关规定,基坑支护工程靠近地铁侧位移限值(控制值)为 30mm。基坑工程开挖到底围护桩总位移和基坑工程地下室施工工况围护桩水平位移计算结果如图 5-46、图 5-47 所示。

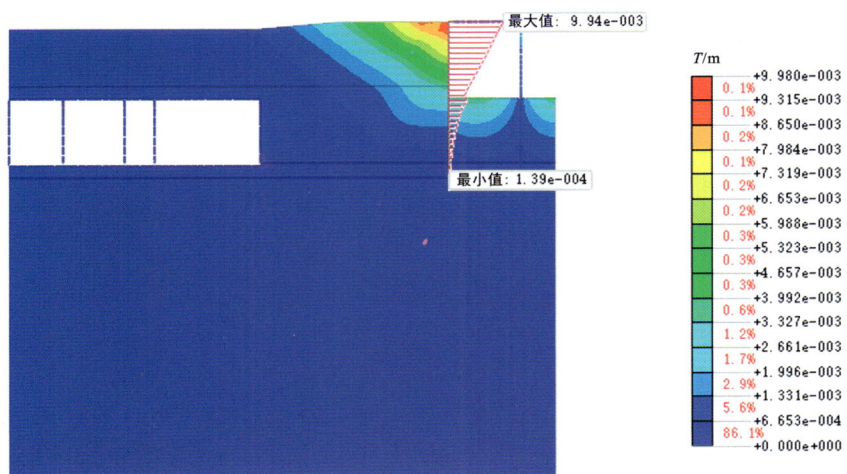

图 5-46 武汉市光谷金融港学校基坑工程基坑开挖到底地下室围护桩总位移计算结果图

93

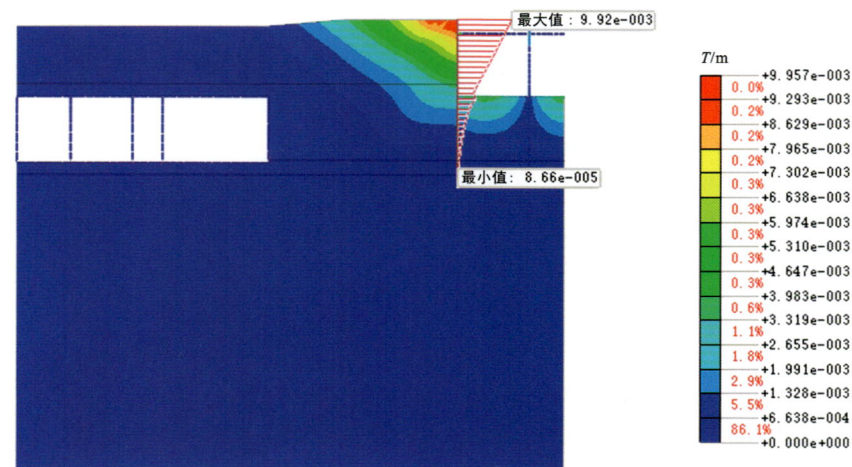

图 5-47　武汉市光谷金融港学校基坑工程地下室施工工况围护桩总位移计算结果图

邻近地铁侧基坑支护结构总位移值为 9.92mm，该值小于位移控制值（30mm），满足规范要求。

7. 地铁车站结构位移计算结果分析

开挖至基坑底车站结构水平位移和地下室施工车站结构水平位移分别如图 5-48、图 5-49 所示。开挖至基坑底车站结构竖向位移和地下室施工车站结构竖向位移计算结果分别如图 5-50、图 5-51 所示。

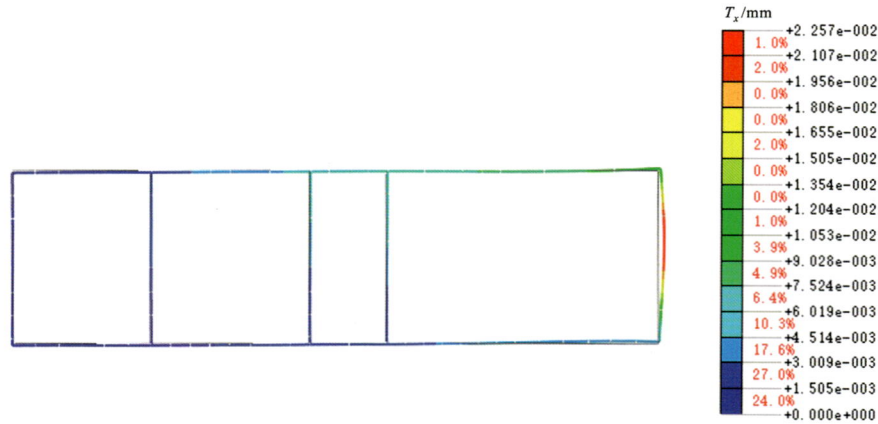

图 5-48　武汉市光谷金融港学校基坑工程开挖至基坑底车站结构水平位移计算结果图

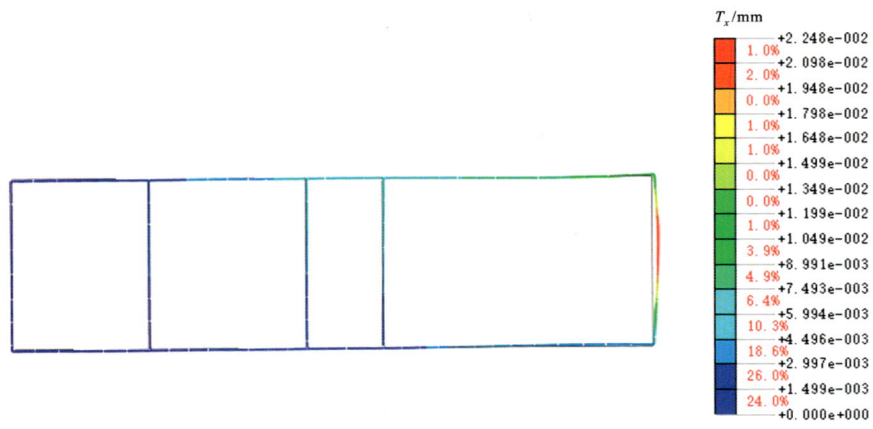

图 5-49　武汉市光谷金融港学校基坑工程地下室施工车站结构水平位移计算结果图

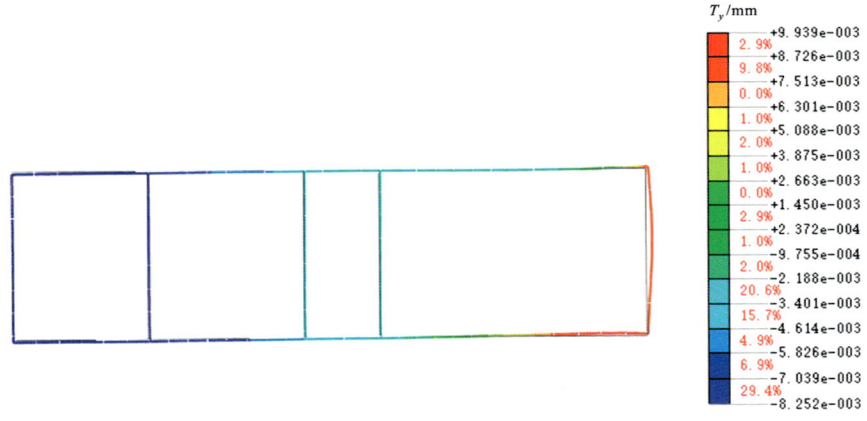

图 5-50　武汉市光谷金融港学校基坑工程开挖至基坑底轨道交通结构竖向位移计算结果图

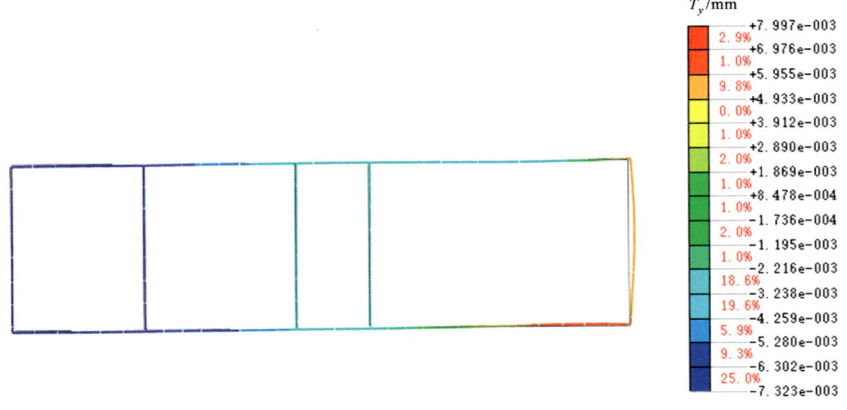

图 5-51　武汉市光谷金融港学校基坑工程地下室施工轨道交通结构竖向位移计算结果图

整理以上计算结果,各施工工序下轨道交通结构的位移计算结果如表 5-11 和图 5-52 所示。

表 5-11　武汉市光谷金融港学校基坑工程各施工工序下轨道交通结构位移计算结果表　单位:mm

施工工序	水平位移	竖向沉降
初始状态	0	0
围护桩施工	0.001 9	0.078
开挖工况一	0.024	0.087
架设第一道支撑	0.021	0.068
开挖工况二	0.023	0.099
施作地下室	0.022	0.08

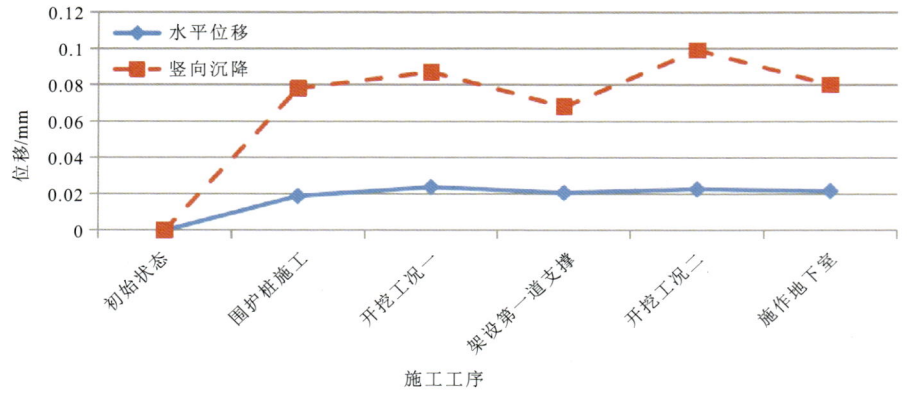

图 5-52　武汉市光谷金融港学校基坑工程各施工工序下轨道交通结构位移计算结果图

以上基坑开挖对整体模型的位移结果表明,随着基坑开挖,应力释放改变土层应力场,带动紧邻既有地下结构发生位移。计算结果显示,基坑开挖到设计标高时对轨道交通结构的影响最大,最大位移出现在靠近基坑处,车站附属结构最大水平位移值为 0.023mm,最大竖向位移为 0.099mm。

根据数值模拟计算结果,本基坑开挖对轨道交通 2 号线南延线工程金融港北站附属结构各方向变形影响均在地铁结构安全控制标准(5mm)范围内。

8. 地铁附属结构内力结果分析

考虑典型工序下车站附属结构弯矩计算结果如图 5-53、图 5-54、表 5-12 所示。

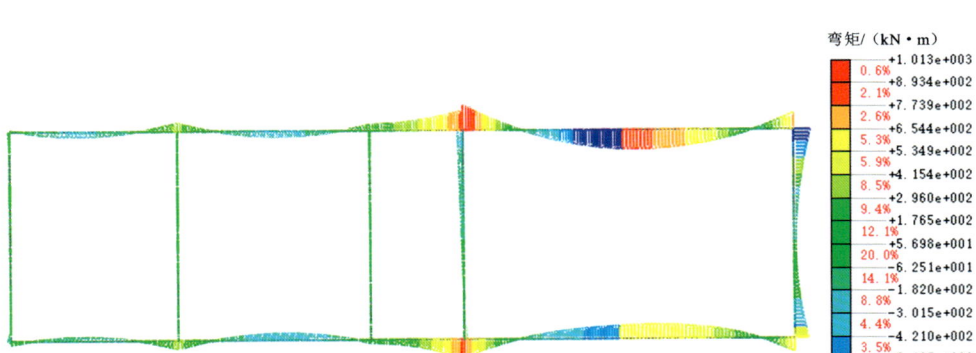

图 5-53　武汉市光谷金融港学校基坑工程开挖至基底车站附属结构弯矩计算结果图

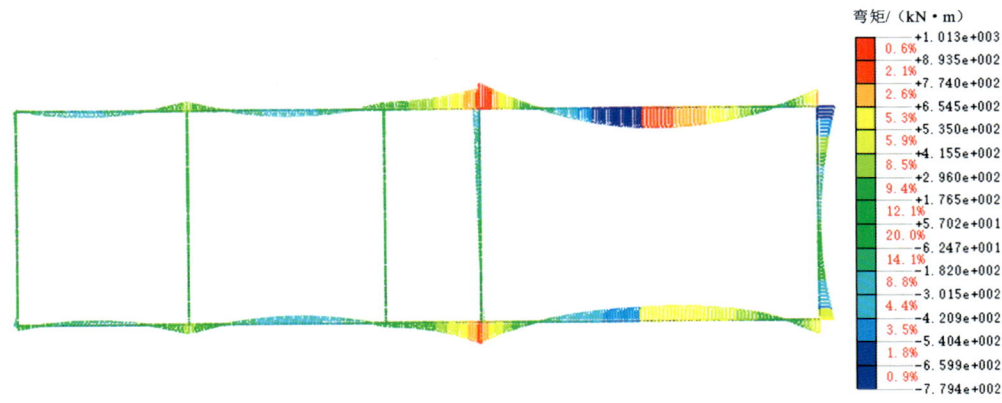

图 5-54　武汉市光谷金融港学校基坑工程施作地下室阶段弯矩计算结果图

表 5-12　武汉市光谷金融港学校基坑工程各施工工序下轨道交通车站附属结构弯矩计算结果表

单位：(kN·m)

序号	施工工序	最大正弯矩	最大负弯矩
1	初始应力状态	—	—
2	轨道交通施工	1013	779
4	围护桩施工	1013	779
5	开挖工况一	1013	780
6	架设内支撑	1013	780
7	开挖工况二	1013	780
8	施作地下室	1013	779

根据二维有限元计算结果,初始阶段及拟建工程施工阶段引起的车站附属结构最大弯矩为1013kN·m,小于车站附属结构可承受的理论弯矩,表明车站附属结构配筋满足受力要求。

根据上述计算分析,基坑开挖引起车站主体结构最大竖向沉降值为0.101mm,最大水平位移为0.212mm,引起车站附属结构最大沉降值为0.023mm,最大水平位移值为0.099mm,沉降差值为0.078mm。

五、安全性评估结论

本次评估采用有限元软件 MIDAS GTS NX 建立二维计算模型,对基坑开挖及地下结构施工引起的轨道交通结构变形特性进行了分析与评估,具体结论如下:

(1)根据《城市轨道交通结构安全保护技术规范》(CJJ/T 202—2013)的规定,本工程外部作业影响等级为Ⅱ级。

(2)根据工期计划,本评估段内轨道交通已运营,参考《城市轨道交通结构安全保护技术规范》(CJJ/T 202—2013)所提出的安全控制指标,为确保轨道交通结构的安全,拟定轨道结构绝对沉降量≤5mm,绝对水平位移量≤5mm。车站主体结构及附属结构变形控制标准为绝对沉降量≤20mm,绝对水平位移量≤20mm。车站主体结构与附属结构沉降差控制值为≤5mm。

(3)根据二维数值计算结果,邻近地铁侧围护结构最大水平位移为4.21mm,支护结构水平位移值满足湖北省地方标准《基坑工程技术规程》(DB42/T 159—2012)的控制要求,地铁侧基坑支护设计方案基本可行。

(4)由二维数值模拟计算结果可知,基坑开挖引起车站主体结构最大竖向沉降值为0.101mm,最大水平位移为0.212mm,引起车站附属结构最大沉降值为0.023mm,最大水平位移值为0.099mm,沉降差值为0.078mm,计算结果在安全控制标准范围内。光谷金融港学校基坑施工对轨道交通2号线南延线工程金融港北站产生的施工风险可控。

第六章 房建地块施工对近接有轨电车道床结构影响案例研究

第一节 工程概况

东湖开发区高科园路033地块包含A、B、C、D四个地块,其中A、B地块邻近东湖国家自主创新示范区有轨电车T2试验线,地块施工对有轨电车T2试验线影响较大,而C、D地块距离有轨电车较远,地块施工对有轨电车T2试验线影响极小,此处不作详述。该工程位于武汉市东湖开发区神墩五路以南、高科园四路以北、高科园路以西、星高路以东,神墩五路上敷设东湖国家自主创新示范区有轨电车T2试验线,目前T2试验线已投入运营,工程所在地位置如图6-1所示。

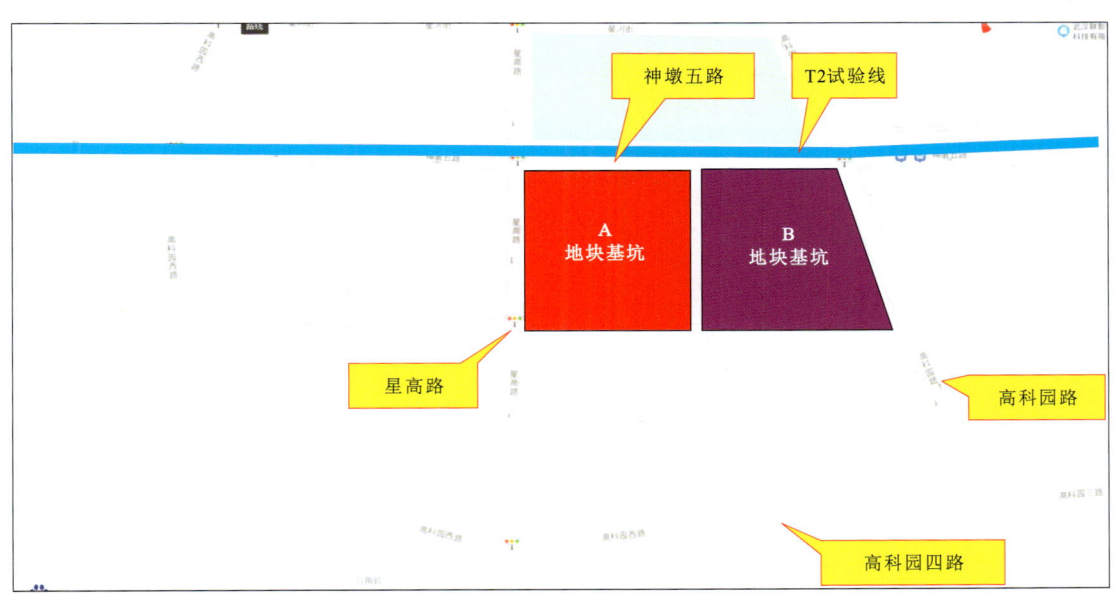

图6-1 东湖开发区高科园路033地块工程所在地位置示意图

一、地下工程建设内容及有轨电车 T2 试验线概况

1. 地下工程建设内容

工程总用地面积 84 767.84m²，总建筑面积 306 847.21m²，其中地上计容建筑面积 212 300m²，不计容建筑面积 94 547.21m²，地下面积 86 607.74m²。工程分两期，一期施工 A、D 地块，二期施工 B、C 地块。其中 A、B 地块邻近东湖国家自主创新示范区有轨电车 T2 试验线。A 地块基坑开挖深度为 7.46～9.76m，基坑周边场地较为空旷，采用两级坡开挖，边坡边线与有轨电车道床结构外边线最小水平净距约 14.53m，与有轨电车走廊外缘最小水平净距约 13.20m；B 地块基坑开挖深度为 3.41～5.16m，基坑边线邻近用地红线，基坑采用钻孔灌注桩悬臂支护，基坑支护桩外边线与有轨电车道床外边线最小水平净距约 12.70m，与有轨电车走廊外缘最小水平净距约 11.27m。轨道板边线与 A 地块基坑最小水平净距约 14.53m，有轨电车廊道外边线与 A 地块基坑最小水平净距约 13.20m；轨道板边线与 B 地块基坑最小水平净距约 12.70m，有轨电车廊道外边线与 B 地块基坑最小水平净距约 11.27m。基坑与有轨电车 T2 试验线平面位置关系见图 6-2。

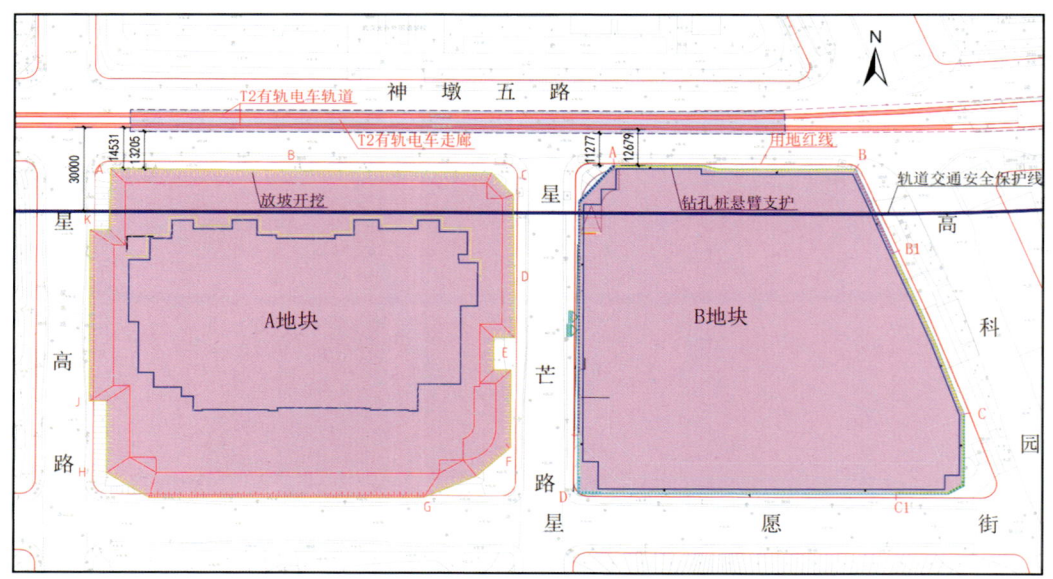

图 6-2　东湖开发区高科园路 033 地块工程基坑与有轨电车 T2 试验线平面位置关系示意图

2. 有轨电车 T2 试验线概况

有轨电车是中等运能、与环境协调、节约资源的绿色交通工具，具有品质优良、形象美观、平稳舒适、节能环保、灵活性强、适应性好、电磁辐射低、运行噪声小、震动影响小、对环境影响小等特点。现代有轨电车作为一种新型绿色公共交通方式，是城市景观风景线，可极大提升城市形象。

第六章　房建地块施工对近接有轨电车道床结构影响案例研究

东湖国家自主创新示范区有轨电车 T2 试验线工程位于武汉东湖高新区,于 2014 年 12 月 28 日正式开工建设,2018 年 4 月 1 日正式开通运营。T2 试验线全长 19.592km,起于汤逊湖城铁站,止于未来科技城九峰停车场。T2 试验线沿天恒路、大学园路、三环线、武黄高速、神墩五路、光谷七路、九峰一路走行,终点位于珊瑚北路以东、九峰一路以北,共设车站 25 座。T2 试验线在线路起点与汤逊湖城铁车站及规划的地铁 9 号线换乘,在三环线光谷大道路口与地铁 2 号线南延线换乘,在武黄高速光谷五路路口与规划的地铁 19 号线换乘,在光谷七路—高新大道路口与地铁 11 号线换乘(图 6-3)。

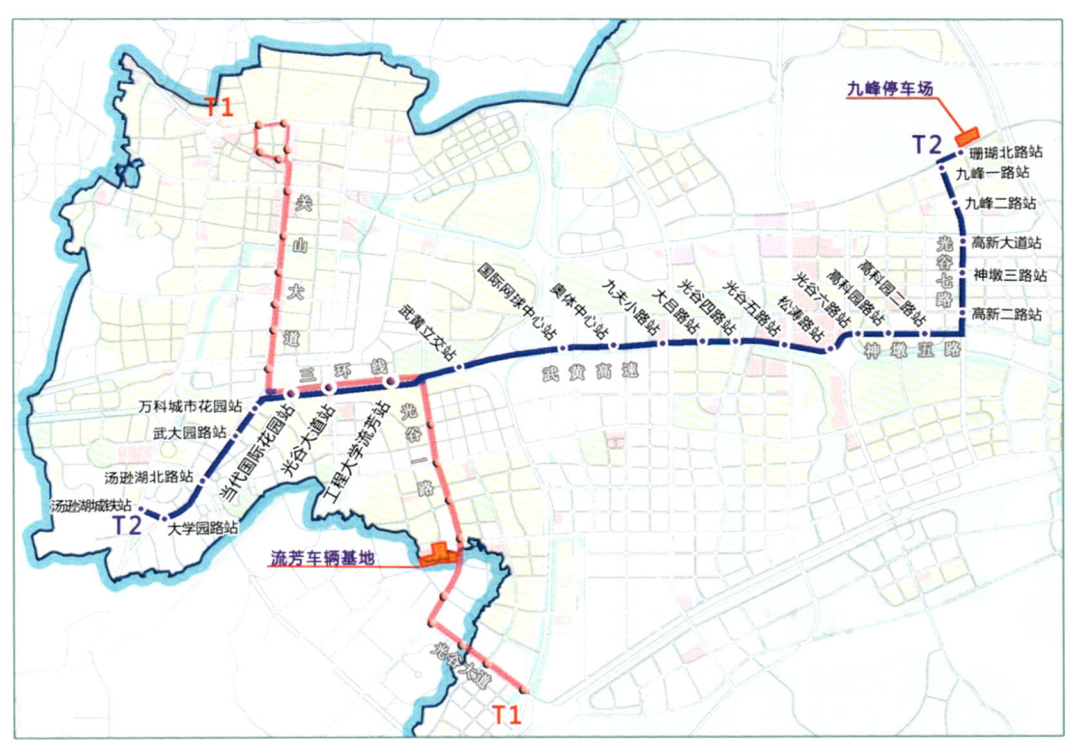

图 6-3　有轨电车 T2 试验线工程线路走向示意图

T2 试验线车辆采用 100% 低地板钢轮钢轨现代有轨电车。一列列车最多由 4 节车厢组成,最大载客量 368 人,最高运行速度 70km/h。正线和车辆段均采用超级电容供电的方式,在沿线车站和车辆段内设置充电桩。T2 试验线采用能量型超级电容供电制式,在途经每个车站时只需 15s 即可完成充电,电容配置充分考虑了营运线路爬坡、最大站间距、空调用电、路口堵车、总体运营里程等安全运营风险,平时在运营过程中轨道不带电,安全性更高。

T2 试验线采用无砟轨道,轨道结构高度为 500mm,路基结构自上而下为 300mm 厚 C25 素混凝土轨垫层、400mm 厚基床表层、400mm 厚基床底层、基床以下。

当有轨电车在市政道路路中或路侧具有专有路权时,与既有道路路基间通过基底向道路以 1:0.3 的斜率放坡,使路基结构伸入道路下。当有轨电车道床邻近市政道路侧时,采用路缘石与市政道路分界,路缘石的隔离作用可在视觉上协调有轨电车轨面与道路路面的高差,并协调二者间的沉降差,避免沉降缝的产生。有轨电车 T2 试验线路基断面如图 6-4 所示。

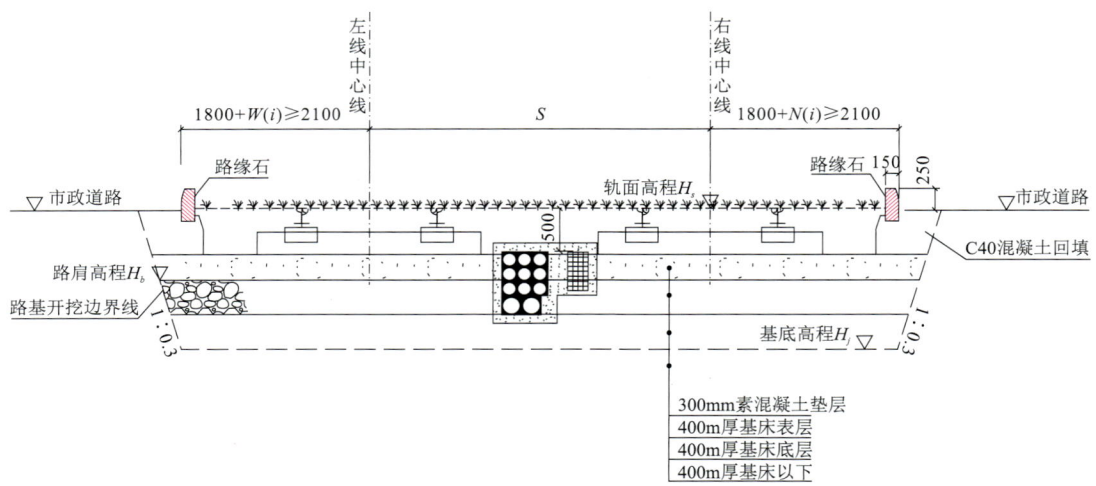

图 6-4　有轨电车 T2 线试验线路基断面图

$W(i)$、$N(i)$ 分别表示有轨电车两侧枕轨与路缘石的距离;S 表示有轨电车路基左、右中心线之间的距离。

(1)无砟轨道路基结构工后沉降要求:沉降≤5cm,不均匀沉降≤2cm。

(2)无砟轨道路基与桥梁或其他横向建(构)筑物交界处的差异沉降要求:沉降≤1cm,不均匀沉降造成的折角≤1.6‰。

有轨电车 T2 试验线邻近本工程区段光谷六路站—高科园站,该区段为路基段,邻近基坑范围基本为直线(图 6-5)。

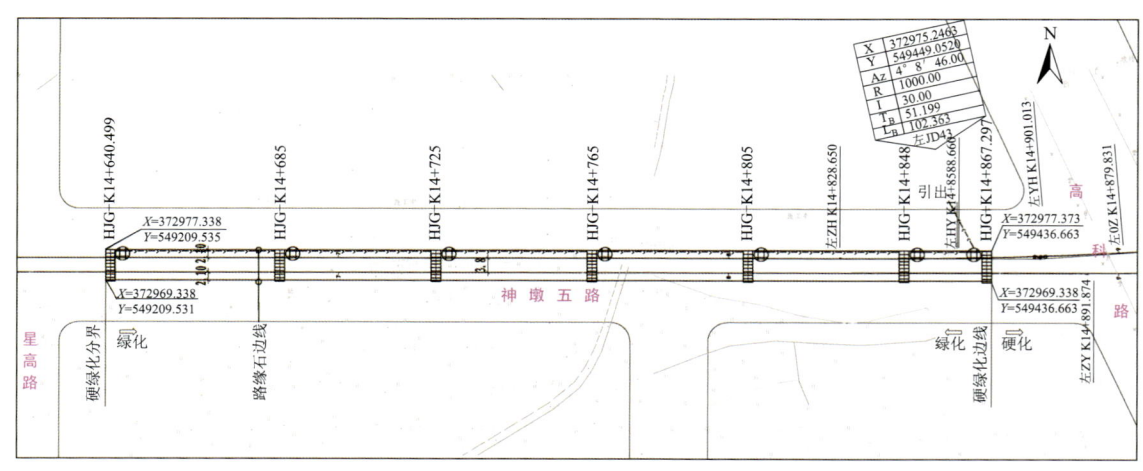

图 6-5　有轨电车 T2 试验线光谷六路站—高科园站区段平面图

二、安全控制标准

根据本工程有轨电车无砟轨道安全控制标准,结合其他城市有轨电车运营经验,并参考武汉既有运营有轨电车的相关控制标准,确定有轨电车的道床、轨道的变形控制标准如下:①路基及道床结构绝对沉降量≤20mm;②路基及道床结构上浮量、绝对水平位移量≤5mm。

三、岩土工程条件

1. 地形地貌

拟建场区位于武汉市东湖新技术开发区神墩五路与高科园路交会处。勘察场区地势起伏较大,场地标高在30.93~43.70m之间,地貌单元属长江三级阶地剥蚀垄岗地貌单元。

2. 场地稳定性及适宜性评价

拟建场区处于地质构造运动相对稳定的地带,无滑坡、崩塌、活动断裂等不良地质作用,无河道、沟浜、墓穴、防空洞、孤石等对工程不利的埋藏物,属对建筑抗震的一般地段,根据《城乡规划工程地质勘察规范》(CJJ 57—2012)及《岩溶地区勘察设计与施工技术规程》(DB4201/T 632—2020)等相关规定,判断该场地为基本稳定场地,工程建设适宜性属较适宜。

3. 地质岩性构成

根据钻探结果,在勘探深度范围内场区地层共分5层:①素填土(Q^{ml});②粉质黏土(Qh^{al+pl});③黏土(Qp_3^{al+pl});④粉质黏土(Q^{el});⑤-1强风化泥岩(T);⑤-2中风化泥岩(T);⑤-3中风化泥灰岩(T)。各岩土层特征详见表6-1。

表6-1 东湖开发区高科园路033地块工程场区各岩土层特征表

岩土层名称	厚度/m	空间分布	岩性描述
①素填土(Q^{ml})	0.30~7.50	普遍分布	红褐色,局部黄褐色,松散,湿,主要为黏性土夹少量建筑垃圾,为新近堆填,堆填时间小于5a,个别钻孔底部见薄层淤泥质土,为原池塘底部淤泥质土
②粉质黏土(Qh^{al+pl})	0.70~3.30	局部分布	灰褐色、灰黄色,可塑状,湿,含有铁锰氧化物
③黏土(Qp_3^{al+pl})	0.50~7.00	普遍分布	褐黄色、红褐色,硬塑状,湿,以黏土为主,含铁锰氧化物及白色高岭土
④粉质黏土(Q^{al})	0.50~4.60	局部分布	黄褐色、红褐色,可塑—硬塑状,湿,以黏土为主,含铁锰氧化物及白色高岭土
⑤-1强风化泥岩(T)	0.40~4.60	局部分布	灰黄色、灰绿色,原岩结构已基本破坏,矿物成分显著变化,主要为泥质胶结,局部风化成砂土状,岩质软,遇水易软化,手易掰开,夹有较多的中风化岩块,岩体较破碎,岩芯采取率约80%

续表 6-1

岩土层名称	厚度/m	空间分布	岩性描述
⑤-2 中风化泥岩（T）	4.50～16.00	普遍分布	紫红色、黄绿色，主要矿物成分为黏土矿物级砂粒，泥质胶结，泥质粉砂结构，层状构造，局部位置砂质含量较高，岩芯呈块状、柱状，节理裂隙一般发育，岩芯采取率约 90%，岩体较完整，RQD 值约为 78%，属极软岩，岩石基本质量等级为Ⅴ级
⑤-3 中风化泥灰岩（T）	最大揭露厚度 18.7	普遍分布	褐灰—青灰色，主要矿物成分为方解石和黏土矿物，隐晶质结构，块状构造，大部分岩芯较完整，呈短柱状，部分岩芯破碎，呈碎块状，取芯率一般 80%～90%，RQD 为 75%～80%，为较软岩，岩体较完整，基本质量等级为Ⅳ级

4. 水文地质条件

在勘察深度范围内，拟建场区发现的地下水为赋存于①素填土层中的上层滞水，勘察期间测得场地上层滞水水位为地面以下 0.5～1.5m（标高 33.30～40.15m），水量较小，受大气降水、地表散水及蒸发影响，无统一水位线，且随季节变化，变化幅度无规律。本次勘察未发现基岩裂隙水及岩溶水，故未测到水位及变化幅度。

第二节 关键控制技术

一、一期 A 地块基坑支护设计方案

A 地块位于武汉市东湖新技术开发区神墩五路南侧，拟建场区位于神墩五路以南、星高路以东、星芒路以西、星愿街以北。场区地势起伏较大，标高在 30.93～43.70m 之间。地面整平标高为 31.000～34.500m，基坑周长 482m，面积 15 338m²。基坑重要性等级为二级，邻近有轨电车 T2 试验线侧重要性等级为一级。基坑周边普挖深度为 7.46～9.76m，支护结构设计使用年限为 1a。基坑变形控制标准：一级基坑范围支护段水平位移不大于 30mm，周边地面沉降不大于 30mm；二级基坑范围支护段水平位移不大于 80mm，周边地面沉降不大于 40mm。

基坑周边场地较为开阔，侧壁土层从上至下依次为①素填土、③黏土、⑤-1 强风化泥质岩、⑤-2 中风化泥岩，基底基本位于⑤-2 中风化泥层。基坑采用放坡开挖，一级坡坡率 1∶1～1∶1.5，坡面挂网喷混凝土；二级坡坡率 1∶0.5，坡面挂网喷混凝土。对于地表水及地下水，基坑排水视施工现场情况沿地面及基坑内设排水沟，沿基坑纵向 25m 布设集水坑，及时排除雨水及地面流水。A 地块基坑支护平面及典型剖面如图 6-6、图 6-7 所示。

第六章　房建地块施工对近接有轨电车道床结构影响案例研究

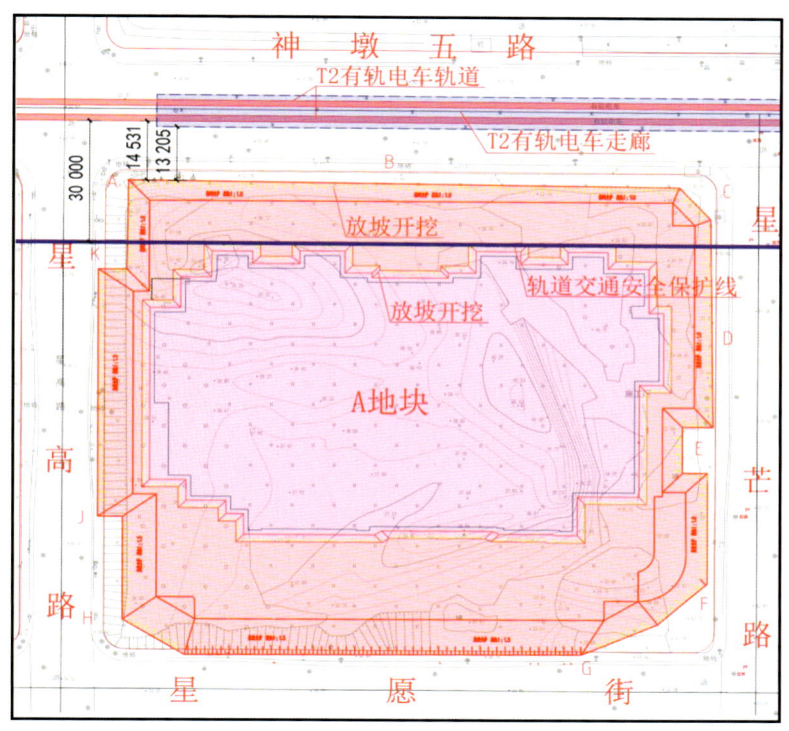

图6-6　东湖开发区高科园路033地块工程A地块基坑支护平面图

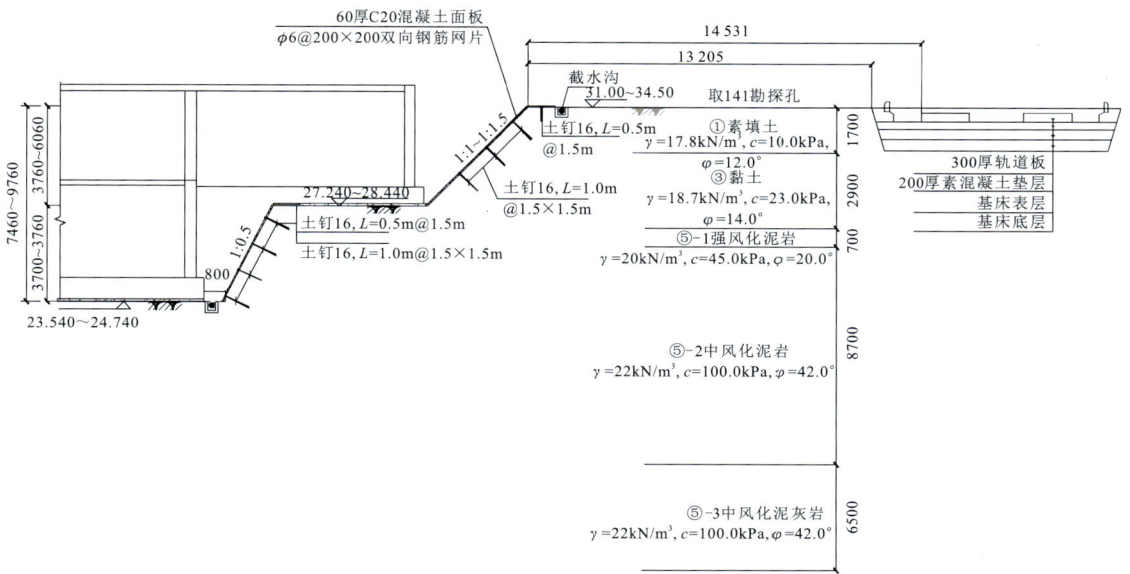

图6-7　东湖开发区高科园路033地块工程A地块基坑支护典型剖面图

二、二期 B 地块基坑支护设计方案

B 地块位于武汉市东湖新技术开发区神墩五路南侧,拟建场区位于神墩五路以南、星芒路以东、高科园路以西、星愿街以北。场区地势起伏较大,标高在 30.93～43.70m 之间。基坑面积约 1.35 万 m²,周长约 456.6m,场内整平标高为 29.55～32.20m,开挖深度为 3.41～5.16m。基坑重要性等级为二级,邻近有轨电车 T2 试验线侧基坑重要性等级为一级。基坑支护结构设计使用年限为 1a。基坑变形控制标准:一级基坑范围支护段水平位移不大于 30mm,周边地面沉降不大于 30mm;二级基坑范围支护段水平位移不大于 80mm,周边地面沉降不大于 40mm。

基坑侧壁土层从上至下依次为①素填土、③黏土、④粉质黏土,基坑底基本位于③黏土层及④粉质黏土层。基坑采用钻孔灌注桩悬臂支护,钻孔灌注桩直径 700mm,间距 1.2m,分为 AB、BB1、B1C、CC1、C1D、DA 共 6 个区段,其中 AB 段邻近有轨电车 T2 试验线,各分段基坑支护参数见表 6-2。

表 6-2　东湖开发区高科园路 033 地块工程 B 地块基坑支护参数表

分段	基坑深度/m	支护桩	桩长/m
AB	3.86	φ700@1200 钻孔桩	8
BB1	3.41	φ700@1200 钻孔桩	7
B1C	4.06	φ700@1200 钻孔桩	9
CC1	5.16	φ700@1200 钻孔桩	11
C1D	4.96	φ700@1200 钻孔桩	10
DA	5.06	φ700@1200 钻孔桩	11

对于地表水及地下水,基坑排水视施工现场情况沿地面及基坑内设排水沟,沿基坑纵向 25m 布设集水坑,及时排除雨水及地面流水。B 地块基坑支护平面及典型剖面如图 6-8、图 6-9 所示。

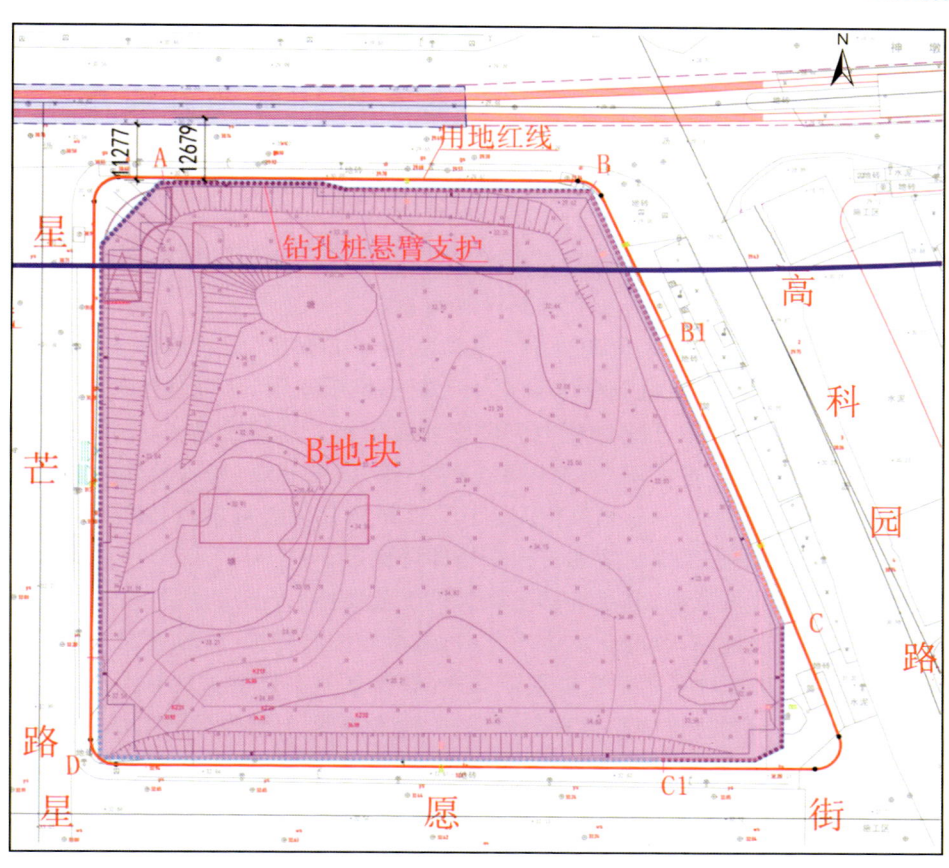

图 6-8　东湖开发区高科园路 033 地块工程 B 地块基坑支护平面图

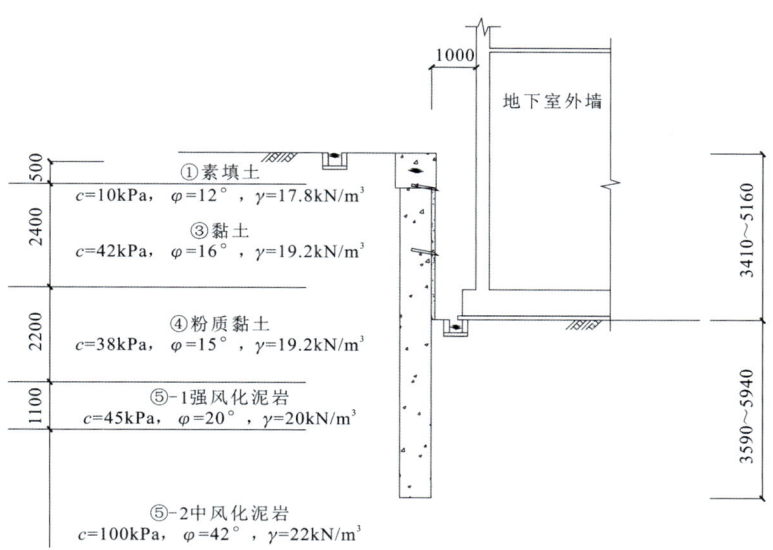

图 6-9　东湖开发区高科园路 033 地块工程 B 地块基坑支护典型剖面图

第三节　房建地块施工对有轨电车道床结构影响总体分析

一、地层水文情况分析

基坑开挖过程中,暴露的土层从上至下分别为①素填土、②粉质黏土、③黏土、④粉质黏土、⑤-1强风化泥岩、⑤-2中风化泥岩中。基坑底位于③黏土、④粉质黏土、⑤-1强风化泥岩、⑤-2中风化泥岩中。基坑侧壁①素填土为新近堆填土层,工程性能较差,自稳性差,坑壁易失稳,A地块基坑放坡开挖过程中应做好坡面防护。②粉质黏土、③黏土、④粉质黏土在场区范围内均有分布,厚度不一,地层稳定性一般,强度一般,遇水易软化,基坑开挖过程中应避免该类土层浸水。⑤-1强风化泥岩、⑤-2中风化泥岩强度均较高,岩层具有一定的自稳性能,基坑开挖过程采取一定的支护措施即可稳定。

A地块基坑采用放坡开挖,基坑上部土层为填土及黏性土,土层性质一般,自稳性一般,开挖过程中会扰动周边地层,改变土体应力分布,需做好坡面防护,分段逐层开挖,减弱对周边地层的扰动。B地块基坑采用钻孔桩悬臂支护,桩背侧土层为填土及黏性土,工程性质一般,自稳性一般,基坑开挖过程中需做好桩间防护,避免桩间土流失导致基坑周边产生过大沉降及位移。

根据水文地质条件,基坑施工过程中选取明沟＋集水坑排水方案,对有轨电车道床影响较小。

二、几何、工期关系分析

本工程基坑已完成施工图设计并通过评审,拟进行施工,具体施工时间待定。东湖国家自主创新示范区有轨电车T2试验线工程位于武汉东湖高新区,于2014年12月28日正式开工建设,2018年4月1日正式开通运营。

本工程建模中的几何关系稳定,可进行分析。

三、施工工法分析

基坑施工对有轨电车道床的影响主要表现在以下两个方面:

(1)对结构安全的影响。工程建设加载、卸载等各种活动导致的有轨电车道床结构变形过大,以及结构变形引起的次生内力增量导致变形结构内裂缝的产生,均会对道床结构造成损伤,导致其使用寿命和耐久性降低。同时,基坑开挖造成土体应力改变,会导致道床结构产生变形,影响其使用寿命。

(2)对运营功能的影响。工程建设加载、卸载导致轨道结构变形过大,轨道与道床脱开,结构次生变形超过轨道扣件的调整量,超出有轨电车运营限界要求,危及列车运行安全。

基坑施工对有轨电车道床结构安全影响的危险因素分析如下：

(1)地下水处理体系施工质量风险。地下水处理体系施工质量差，会引起相邻建(构)筑物开裂、倾斜，相邻道路开裂、塌陷，基坑水满为患，坑壁坍塌，从而影响有轨电车运营安全。

(2)土方施工风险。超挖是基坑施工的通病，主要原因为施工单位追赶进度或麻痹大意，这可能导致基坑局部塌方或整体失稳。另外，填土地层中，基坑开挖时纵向土坡失稳发生较多且极易造成人身伤害；基坑没有分区、分层开挖，开挖高差太大改变原有土体的平衡状态，导致土体的抗剪强度降低，从而产生较大的水平位移，造成基坑滑坡。

基坑施工中必须考虑时空效应，严格按照设计步序进行，开挖过程中要适当减少每步开挖土方的空间尺寸，并减少每步开挖后基坑的暴露时间。基坑开挖完成后，坑底暴露时间过长也会导致事故发生，原因是基坑开挖后地基卸载，土体自重应力减小，土体的弹性效应会使坑底产生一定的回弹变形(隆起)。如果坑底暴露时间过长，加之基坑积水，使得黏性土吸水膨胀，回弹变形将更大，这可能会引起基坑侧壁失稳。此外，如果基坑暴露时间过长，未进行垫层施工，将导致基坑侧壁土层不稳而发生基坑事故。

综上所述，基坑开挖对有轨电车道床结构会产生一定的影响，基坑开挖施工时应按照分区、分块、分层、对称、限时的顺序，遵循"先支护后挖、分层开挖、严禁超挖"的原则，并及时反馈现场地质情况，进行信息化施工。

第四节 房建地块施工对有轨电车道床结构影响的有限元分析

本工程紧邻东湖国家自主创新示范区有轨电车 T2 试验线工程，基坑施工会对已投入运营使用的 T2 试验线无砟轨道结构造成一定的影响。为此，根据本工程地质特征，结合基坑施工设计方案及无砟轨道路基结构，使用 Midas GTS/NX 建立计算模型，模拟计算基坑开挖施工对紧邻有轨电车道床结构的不利影响，重点分析基坑开挖施工期间有轨电车无砟轨道路基的变形情况，进而评估紧邻有轨电车的安全状态。

一、模型构建

根据拟开挖基坑周边环境及其与有轨电车道床的空间关系，结合基坑设计、施工开挖方案以及有轨电车轨道施工图等资料，分别建立 A 地块基坑、B 地块基坑与有轨电车道床二维计算分析模型，详见图 6-10～图 6-13。

模型计算范围的控制原则为边界条件不应对关键部位的计算结果产生影响。根据以往研究经验，基坑数值计算时，模型外扩范围宜不小于 3 倍基坑深度。模型中包含了邻近基坑的有轨电车轨道板、路基和拟开挖基坑，A 地块基坑模型计算范围长 70m、高 30m，B 地块基坑计算模型计算范围长 40m、高 25m。

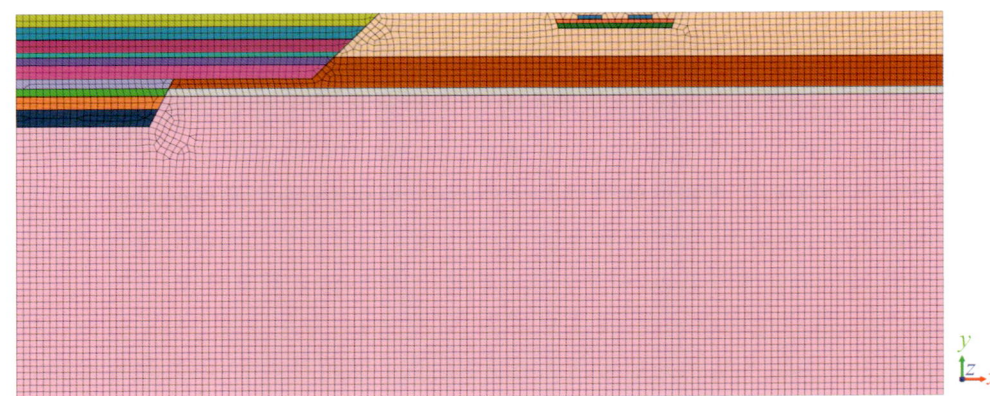

图 6-10　东湖开发区高科园路 033 地块工程 A 地块计算模型轴视图

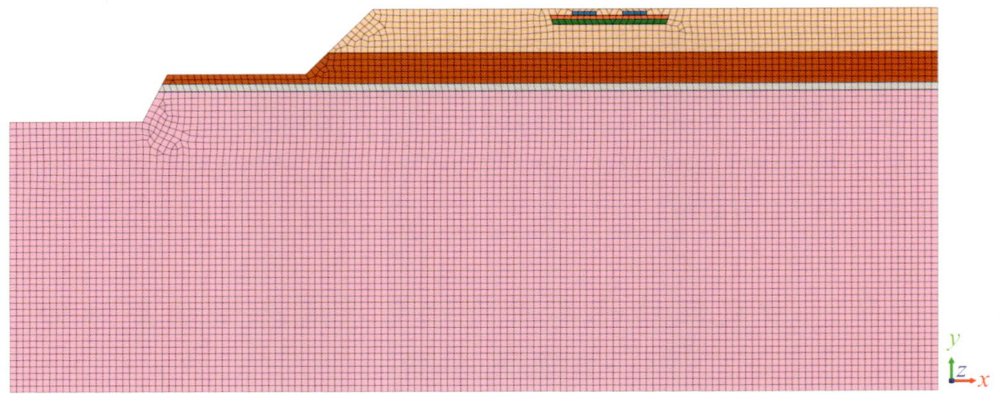

图 6-11　东湖开发区高科园路 033 地块工程 A 地块基坑与有轨电车道床相对位置模型图

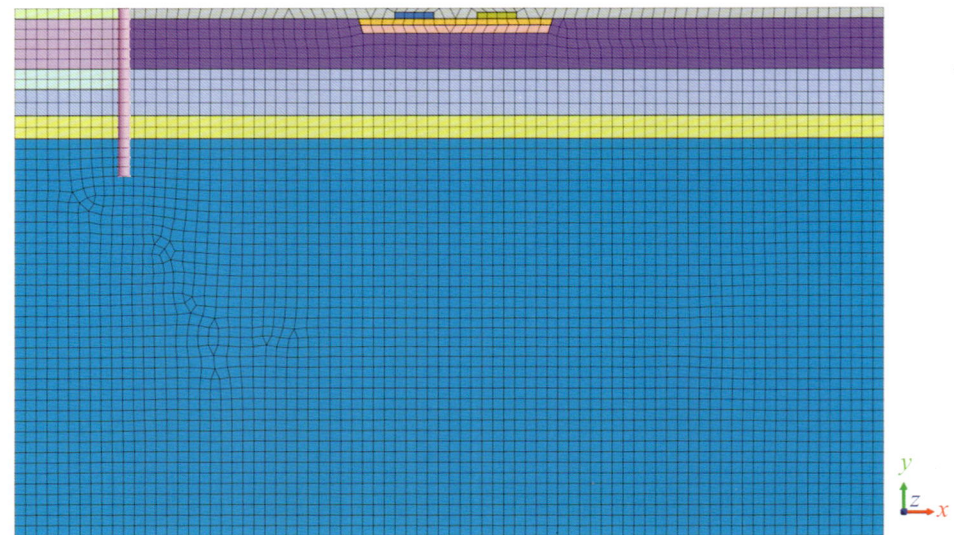

图 6-12　东湖开发区高科园路 033 地块工程 B 地块计算模型轴视图

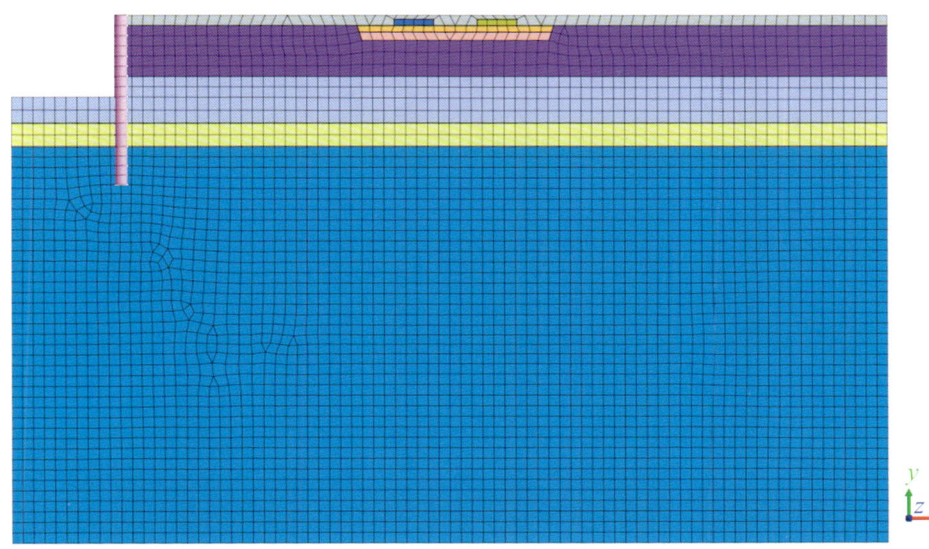

图 6-13 东湖开发区高科园路 033 地块工程 B 地块基坑与有轨电车道床相对位置模型图

二、计算条件和模拟步序

1. 计算参数

模型中,钻孔灌注桩桩身混凝土等级为 C30,有轨电车道床结构板为钢筋混凝土,等级为 C30,路基垫层为 C25 素混凝土,基床表层为 C15 素混凝土垫层,支护桩采用梁单元进行模拟,轨道板、路基垫层、基床表层采用板单元进行模拟,本构模型均为弹性本构模型。各岩土层物理力学参数及结构参数取值分别见表 6-3、表 6-4。

表 6-3 东湖开发区高科园路 033 地块工程各岩土层物理力学参数表

土层名称	重度/ (kN·m^{-3})	弹性模量/ MPa	黏聚力/ kPa	内摩擦角/ (°)	泊松比	本构关系
①素填土	17.8	6.5	10	12	0.3	修正莫尔-库仑
③黏土	19.2	15	42	16	0.3	
④粉质黏土	19.2	21	38	15	0.3	
⑤-1 强风化泥岩	20	46	45	20	0.3	
⑤-2 中风化泥岩	22	500	100	42	0.3	

表6-4　东湖开发区高科园路033地块工程结构参数表

结构名称	类型	截面尺寸/mm	容重/(kN·m^{-3})	E/GPa	泊松比
灌注桩	梁	700	25	30	0.2
轨道板	板	300	25	30	0.2
路基垫层	板	300	25	28	0.2
基床表层	板	400	25	22	0.2

2. 边界条件和边坡模拟

(1) A地块边界条件及边坡模拟。模型底部约束竖直方向位移,模型四周约束水平方向位移。基坑为放坡开挖,考虑单层开挖深度为1m。本次分析分为11个工序,即11个施工步,具体见表6-5,主要分析新建基坑开挖对有轨电车T2试验线路基影响及基坑支护结构力学特性,考虑的是基坑开挖引起的增量位移,故对既有建筑施工引起的位移和初始应力场引起的位移进行清零。由于场区地下水类型主要为上层滞水和基岩裂隙水,水量较小,本次模拟不考虑地下水的作用。

表6-5　A地块基坑边坡模拟施工工序表

施工工序	工况	描述	备注
1	初始应力状态	考虑未开挖状态的岩土层应力状态	位移清零
2	路基施工	路基施工,激活有轨电车路基,施加列车荷载	位移清零
3～11	开挖工序1～9	逐层开挖至基坑底	—

(2) B地块基坑边界条件及边坡模拟。模型底部约束竖直方向位移,模型四周约束水平方向位移。基坑为钻孔桩悬臂支护,考虑基坑钻孔桩施工及基坑开挖,本次分析分为4个工序,即4个施工步,具体见表6-6,主要分析新建基坑开挖对有轨电车T2试验线路基影响及基坑支护结构力学特性分析,考虑的是基坑开挖引起的增量位移,故对既有建筑施工引起的位移和初始应力场引起的位移进行清零。由于场区地下水类型主要为上层滞水和基岩裂隙水,水量较小,本次模拟不考虑地下水的作用。

表6-6　B地块基坑边坡模拟施工工序表

施工工序	工况	描述	备注
1	初始应力状态	考虑未开挖状态的岩土层应力状态	位移清零
2	路基施工	路基施工,激活有轨电车路基	位移清零
3	钻孔桩施工	激活钻孔桩	—
4	基坑开挖	开挖至基坑底	—

三、计算结果分析

1. A 地块基坑施工计算结果分析

邻近有轨电车道床侧基坑的重要性等级为一级,根据湖北省地方标准《基坑工程技术规程》(DB42/T 159—2012)的相关规定,基坑支护工程水平位移限值(控制值)为 30mm。基坑施工完成后位移计算结果如图 6-14 所示。

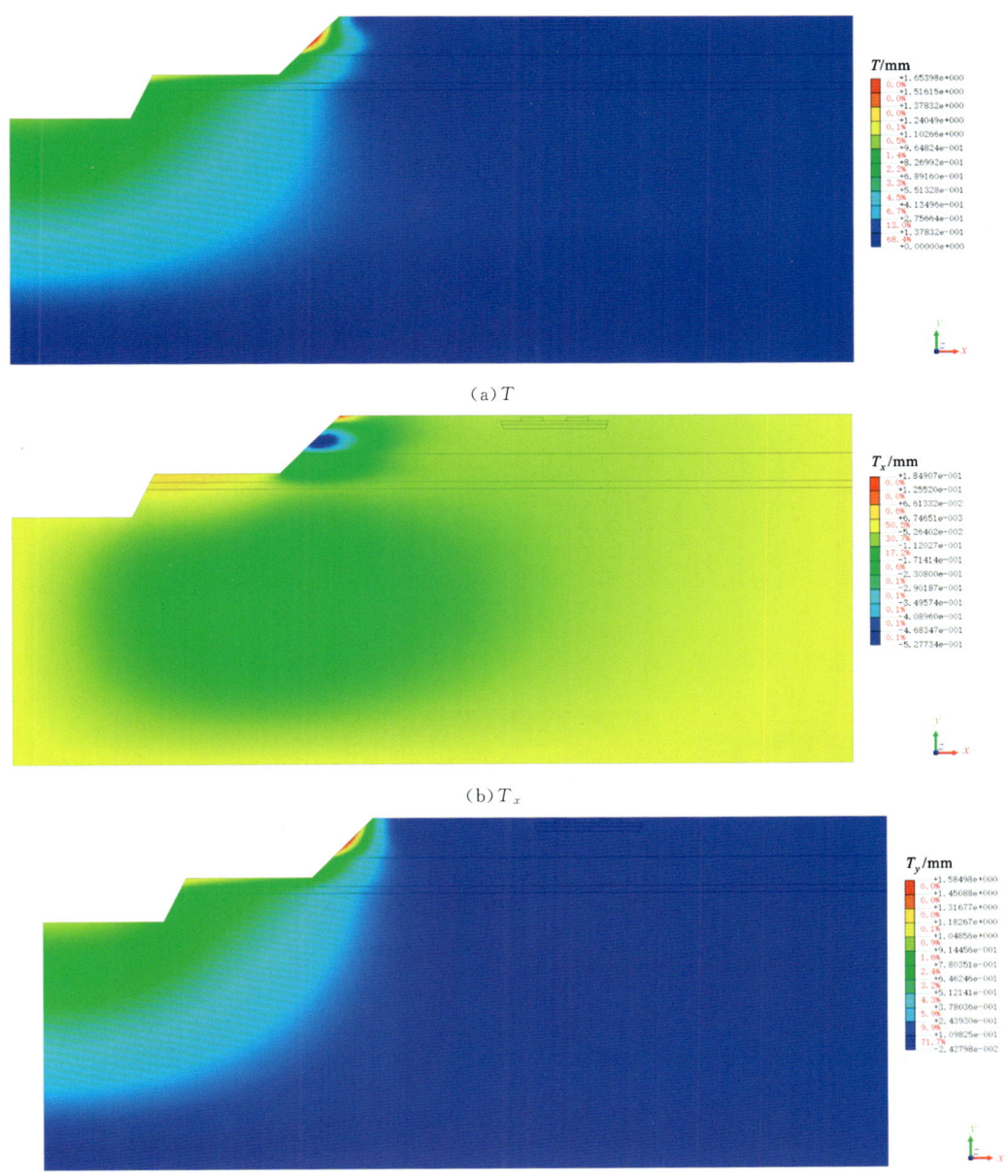

(a) T

(b) T_x

(c) T_y

图 6-14 东湖开发区高科园路 033 地块工程 A 地块基坑施工完成后位移计算结果图

基坑施工典型工序下水平位移、竖向位移计算结果如图6-15、图6-16所示，各工序下支护结构位移最大值计算结果如图6-17所示，各开挖段位移值如表6-7所示。

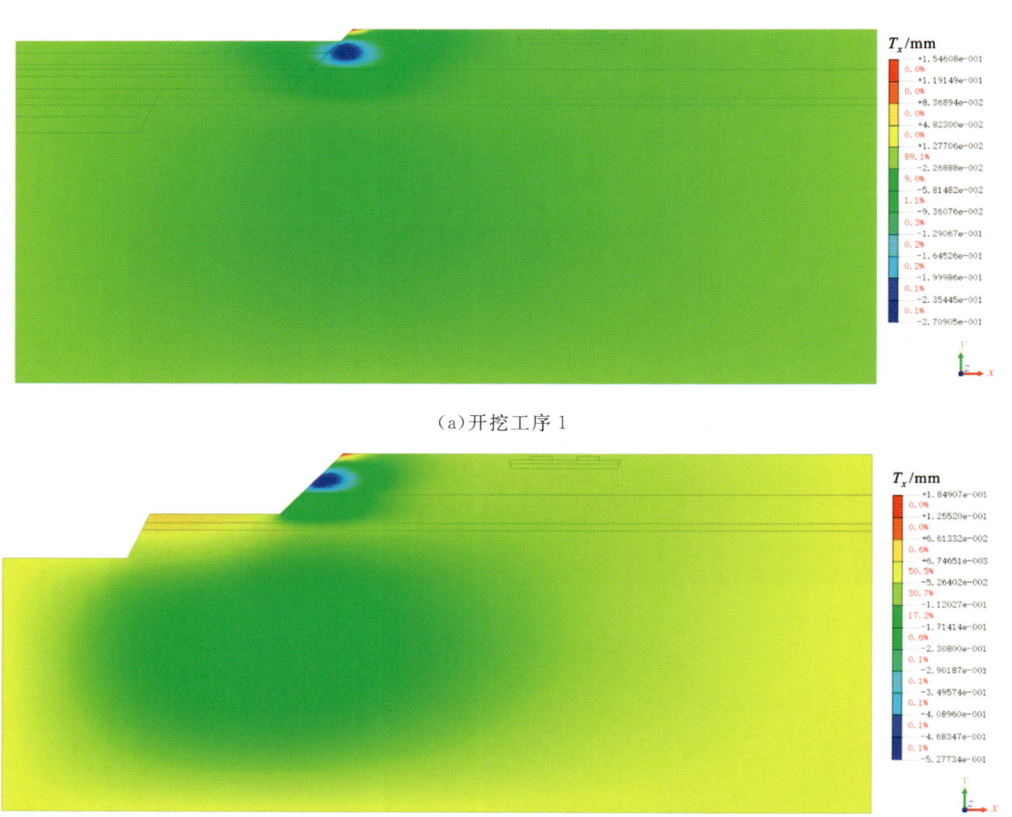

(a)开挖工序1

(b)开挖工序9

图6-15 东湖开发区高科园路033地块工程A地块基坑开挖典型工序水平位移计算结果图

(a)开挖工序1

图6-16 东湖开发区高科园路033地块工程A地块基坑开挖典型工序竖向位移计算结果图

第六章 房建地块施工对近接有轨电车道床结构影响案例研究

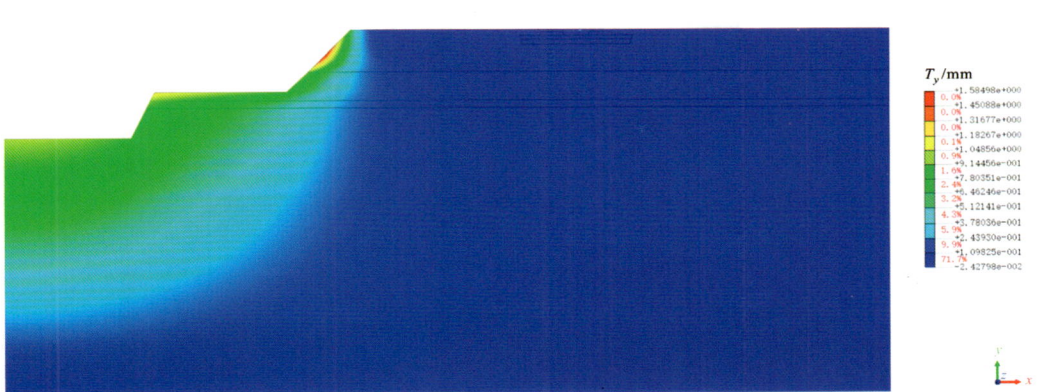

(b)开挖工序 9

续图 6-16

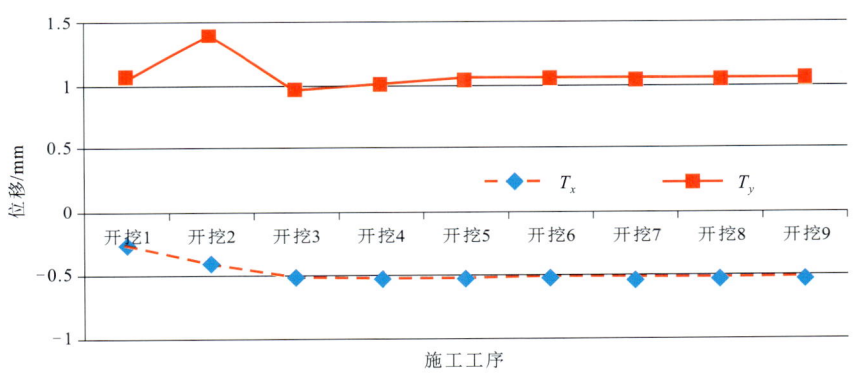

图 6-17 东湖开发区高科园路 033 地块工程 A 地块基坑开挖各工序下支护结构位移最大值计算结果图

表 6-7 东湖开发区高科园路 033 地块工程 A 地块基坑开挖
不同施工工序下的各开挖段位移值表　　　　　单位:mm

施工工序	水平位移	沉降
开挖 1	−0.27	1.33
开挖 2	−0.42	1.81
开挖 3	−0.52	1.49
开挖 4	−0.53	1.54
开挖 5	−0.53	1.58
开挖 6	−0.53	1.58
开挖 7	−0.53	1.58
开挖 8	−0.53	1.58
开挖 9	−0.53	1.58

由以上计算结果可知,基坑支护水平方向最大位移位于基坑一级边坡上沿,为0.53mm;基坑最大沉降位于基坑上沿,为1.58mm,该值小于湖北省地方标准《基坑工程技术规程》(DB42/T 159—2012)规定的基坑支护水平位移控制值(30mm),满足规范要求。

基坑开挖典型工况有轨电车道床结构位移计算结果如图6-18所示,基坑开挖引起的有轨电车道床最大位移值为0.024mm,满足有轨电车运行安全控制要求。

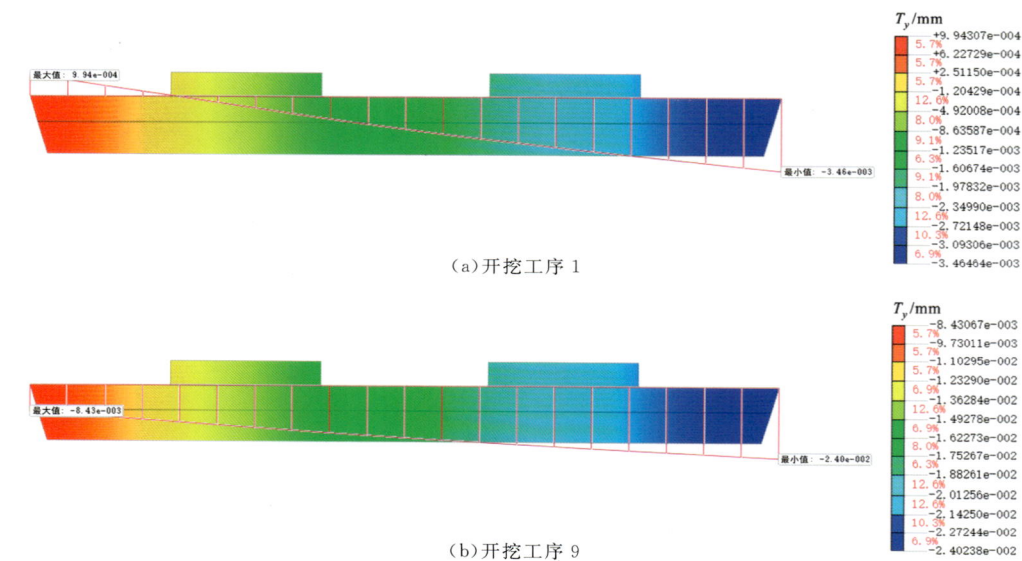

(a)开挖工序1

(b)开挖工序9

图6-18 东湖开发区高科园路033地块工程基坑开挖典型工况有轨电车道床结构位移计算结果图

2. B地块基坑施工计算结果分析

B地块基坑施工完成后位移计算结果如图6-19所示。

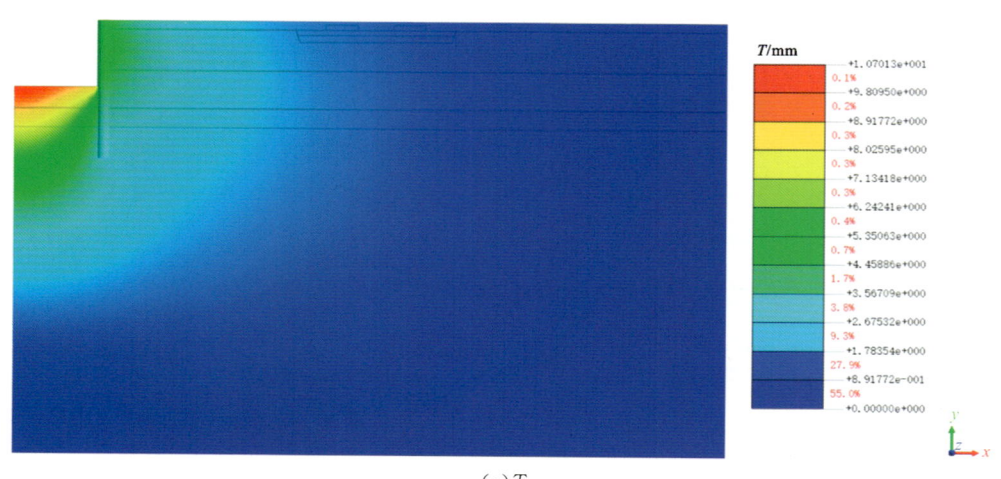

(a)T

图6-19 东湖开发区高科园路033地块工程B地块基坑施工完成后位移计算结果图

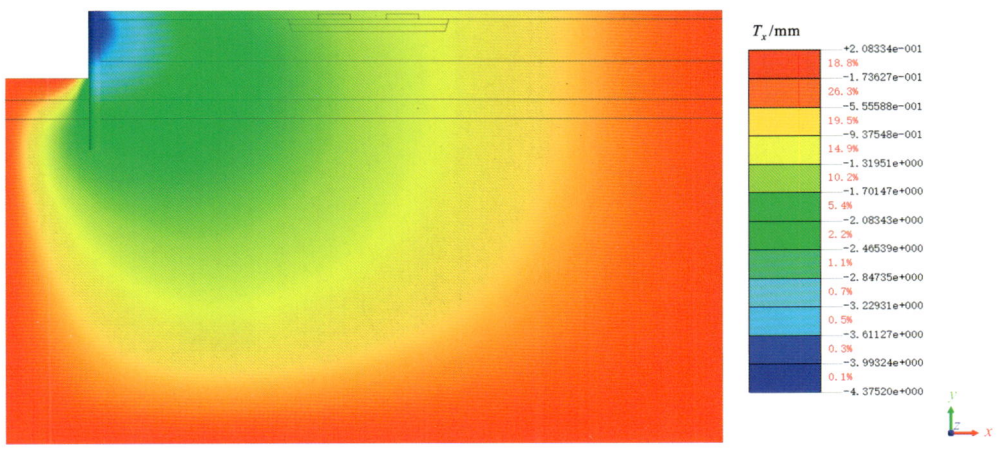

(b) T_x

(c) T_y

续图 6-19

B 地块基坑施工典型工况下围护结构位移计算结果如图 6-20、图 6-21 所示，有轨电车道床位移计算结果如图 6-22 所示。

根据计算结果，围护结构最大水平位移为 4.38mm，最大沉降为 10.7mm，该值小于水平位移控制值(30mm)，满足规范要求。有轨电车路基结构最大水平位移为 1.61mm，最大竖向位移为 0.97mm，满足有轨电车运行控制标准。

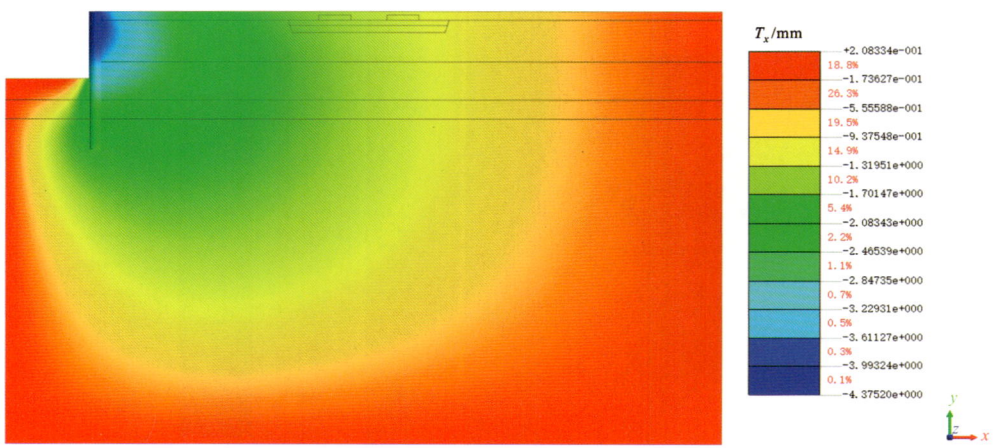

图6-20 东湖开发区高科园路033地块工程B地块开挖至基坑底围护结构水平位移计算结果图

图6-21 东湖开发区高科园路033地块工程B地块开挖至基坑底围护结构竖向位移计算结果图

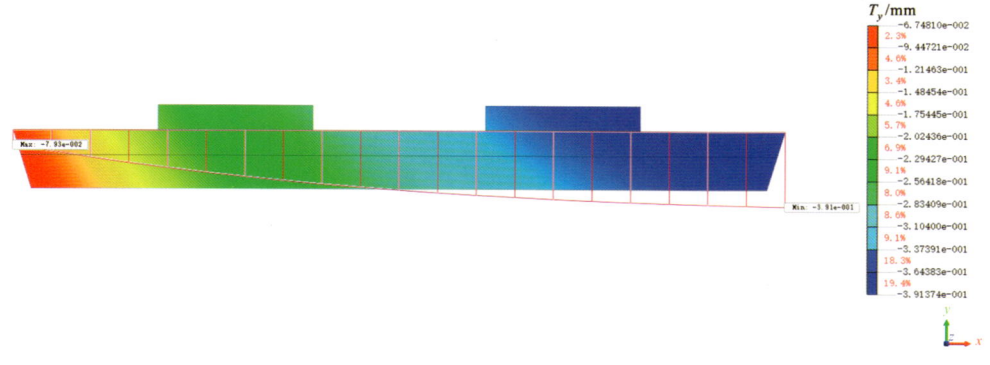

(a) T_y

图6-22 东湖开发区高科园路033地块工程B地块开挖至基坑底有轨电车道床位移计算结果图

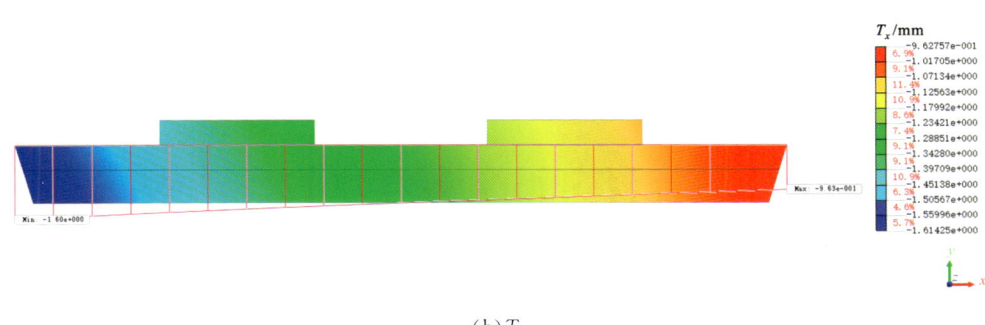

(b)T_x

续图 6-22

第五节　安全性评估结论

本次评估采用大型岩土工程有限元软件 Midas GTS/NX 建立基坑二维计算模型,对基坑开挖引起的东湖国家自主创新示范区有轨电车 T2 试验线工程路基变形特性进行了评估,主要得到以下结论。

(1)结合国家标准、国内类似相关工程对有轨电车道床结构变形的控制标准,为确保有轨电车道床结构的安全,拟定道床结构变形控制标准为路基及道床结构绝对沉降量≤20mm,路基及道床结构上浮量、绝对水平位移量≤5mm。有轨电车监测控制标准如下:①道床结构变形控制标准为路基及道床结构绝对沉降量≤20mm,变化速率<1mm/d;路基及道床结构上浮量、绝对水平位移量≤5mm,变化速率<1mm/d;路基及道床结构的差异沉降量<0.04%L_s。(L_s为两监测点间距,本工程取 5m),差异沉降<2mm/5m。道床结构变形量的预警值、警戒值分别为上述控制值的 70%、80%。②轨道变形控制标准为轨道竖向变形±6mm,两轨道横向高差<4mm,水平及水平三角坑高低差<4mm/10m。

(2)A 地块基坑支护水平方向最大位移位于基坑一级边坡上沿,为 0.53mm;基坑最大沉降位于基坑上沿,为 1.58mm;围护结构最大水平位移为 4.38mm,最大沉降为 10.7mm。根据设计文件计算结果,邻近有轨电车侧边坡稳定性系数为 1.299。这些数值均小于湖北省地方标准《基坑工程技术规程》(DB42/T 159—2012)中规定的控制值,说明本工程基坑支护设计方案基本合理,在正常施工条件下本工程基坑是安全的。

(3)基坑施工引起的有轨电车路基结构最大竖向位移为 0.97mm(≤20mm),最大水平位移为 1.62mm(≤5mm),最大差异沉降为 2.59mm。有轨电车路基及道床各方向变形影响均在有轨电车道床结构安全控制标准的范围内。

第七章　过江通道施工对轻轨站点及区间结构影响案例研究

第一节　工程概况

二七路过江通道（解放大道—沿江大道段）工程汉口土建预埋段的范围为轨道交通10号线二七路站至汉口盾构井段，路线长度613m。轨道交通10号线和二七路过江通道沿汉口滨江商务区内二七路向东敷设，目前二七路南北两侧的地块均已出让。随着二七滨江商务区规划建设的加快推进，整个核心区的规划已经日渐成熟，地下环路已经进入施工阶段，其他项目（周大福地块、中央公园地块、硅创地块和国华人寿地块）已经启动了前期工作。而二七路过江通道及轨道交通10号线东西向横穿商务区的核心地段，属于核心区地下空间开发的一部分，受工程空间布局、施工干扰、部分附属设施等的影响，待本工程实施完成后开始开挖周边地块。工程所在地位置如图7-1所示。

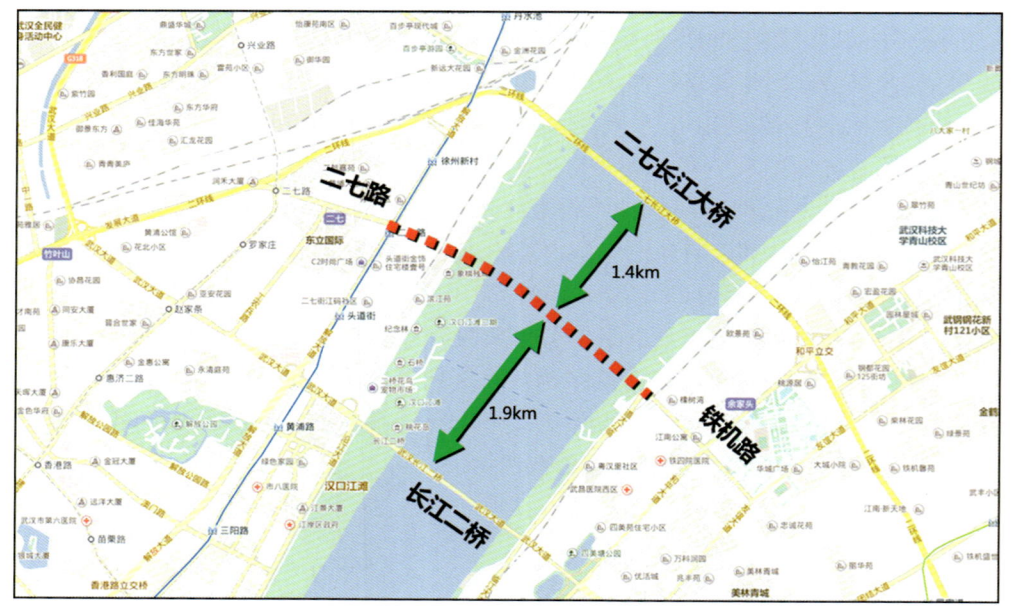

图7-1　二七路过江通道（解放大道—沿江大道段）工程所在地位置示意图

一、地下工程建设内容及轻轨概况

1. 地下工程建设内容

二七路至铁机路过江通道工程[二七路过江通道(解放大道—沿江大道段)是其一部分]位于长江二桥和二七长江大桥之间,分别距长江二桥和二七长江大桥约1.9km和1.4km,规划衔接汉口二七片区与武昌杨园片区,为两岸居民过江出行服务。该通道定位为中心城区加密型过江通道,为城市次干路,是一环线和二环线之间的平行分流道路,分流长江二桥和二七长江大桥的短距离过江交通。

依据规划,二七滨江商务区高密开发,为了减轻地面道路交通压力,在二七滨江商务区核心区分别沿解放大道—209号路—分金街—206号路设置地下环路,全长约1.8km,并在外围干道上共设置"四进四出"8条匝道、15个地块出入口。地下环路于2016年11月开工建设,与规划二七路平行的规划206号和规划209号路地下环路主线围护结构与主体结构已施工完成,匝道尚未施工。由于解放大道和分金街上的地下环路主线与轨道交通10号线和二七路过江通道存在交叉,目前尚未施工。轨道交通10号线和二七路过江通道沿汉口滨江商务区内二七路向东敷设,目前二七路南北两侧的地块(位于地下环路主线的围合区域内)均已出让,其中周大福地块和中央公园地块位于二七路北侧,硅创和国华人寿地块位于二七路南侧。

道路隧道及轨道交通10号线沿二七路呈东西向布置,站位设于解放大道与中山大道之间,与二七路车站相接的明挖段区间隧道及汉口盾构井东西向布置在中山大道至沿江大道之间。汉口滨江商务区地下环路工程在解放大道和分金街位置与汉口预埋工程存在两处交叉节点,需与汉口预埋工程同步施工、结构共建。中山大道综合管廊在中山大道与汉口存在一处交叉节点,需与汉口预埋工程同步施工、结构共建。

汉口土建预埋工程包含二七滨江商务核心区范围内的轨道交通车站主体和附属(含部分道路隧道进出A和B匝道及地下环路)、区间段主体与附属和汉口盾构井,即解放大道以东至汉口盾构井段,总长613m,另外包含二七路站西端头和汉口盾构井东端头的地基加固。

汉口滨江商务区核心区总平面见图7-2。

2. 轻轨概况

轨道交通1号线又称轻轨1号线、地铁1号线,是湖北省第一条轨道交通线路,于2004年7月28日开通运营。

轨道交通1号线呈西南至东北走向,以东北面的汉口北站为起点往南,在三阳路右侧大智站中转经循礼门站转入友谊路向西南方向行驶至侧硚口路站后向北方向行驶,经古田路段进入额海湾站折向西经过五环大道、东吴大道驶入码头潭公园,到达终点径河站。

轨道交通1号线二七路站位于解放大道与二七路交叉路口西南侧,车站主体沿解放大道位于道路绿化隔离带上方,呈南北走向,结构为3层岛式站台车站。车站西侧布置独立的二层设备及管理用房,车站设主变电站一座(单电流主变压器),与降压变电所合建,结构型式为钢筋混凝土框架结构,通过天桥通道与车站主体相连。车站主体建筑为地上3层,一层

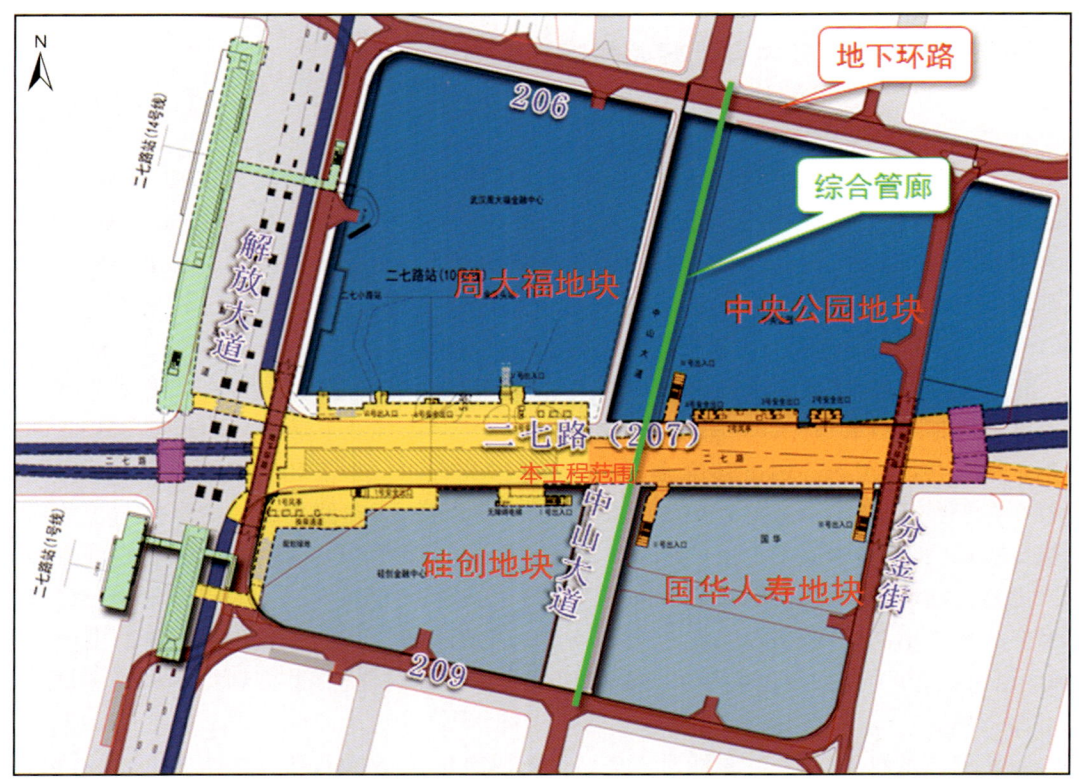

图 7-2　汉口滨江商务区核心区总平面示意图

为地面层(车道),层高 7.1m;二层为站厅层,层高 7.6m。主体建筑高 21.180m,车站总长 81.800m。

邻近轨道交通 10 号线二七路站西端头的轨道交通 1 号线高架桥对应设计里程为 EK2+053—EK2+138,对应桥梁设计墩号为 E67、E68、E69,其中 E66—E67 桥梁跨度为 35m,E67—E68 桥梁跨度为 50m,E68—E69 桥梁跨度为 35m,桥梁上部为 1 号线道岔区,该跨为 35m+50m+35m 连续梁。E67 和 E68 桥墩承台截面为 8.9m×6.4m,高度为 3.5m,桩基为 6 根直径 1.5m 的钻孔灌注桩,桩长为 44~47m,桩身进入中风化泥岩层。E69 桥墩承台截面为 6.6m×7.9m,高度为 3m,桩基为 5 根直径 1.25m 的钻孔灌注桩,桩长为 45.5~47.5m。二七路过江通道(解放大道—沿江大道段)工程与轨道交通 1 号线高架桥平面关系见图 7-3,轨道交通 1 号线高架桥桩平面、剖面如图 7-4、图 7-5 所示。

二、安全控制标准

本工程施工对桥梁结构产生的不利影响控制值为桥梁墩台沉降值不超过 5mm、水平位移值不超过 4mm,相邻桥墩、桥台沉降差不超过 4mm,轨道横向高差不超过 2mm,轨向高差不超过 2mm,轨间距变化值范围不超过-2~3mm。

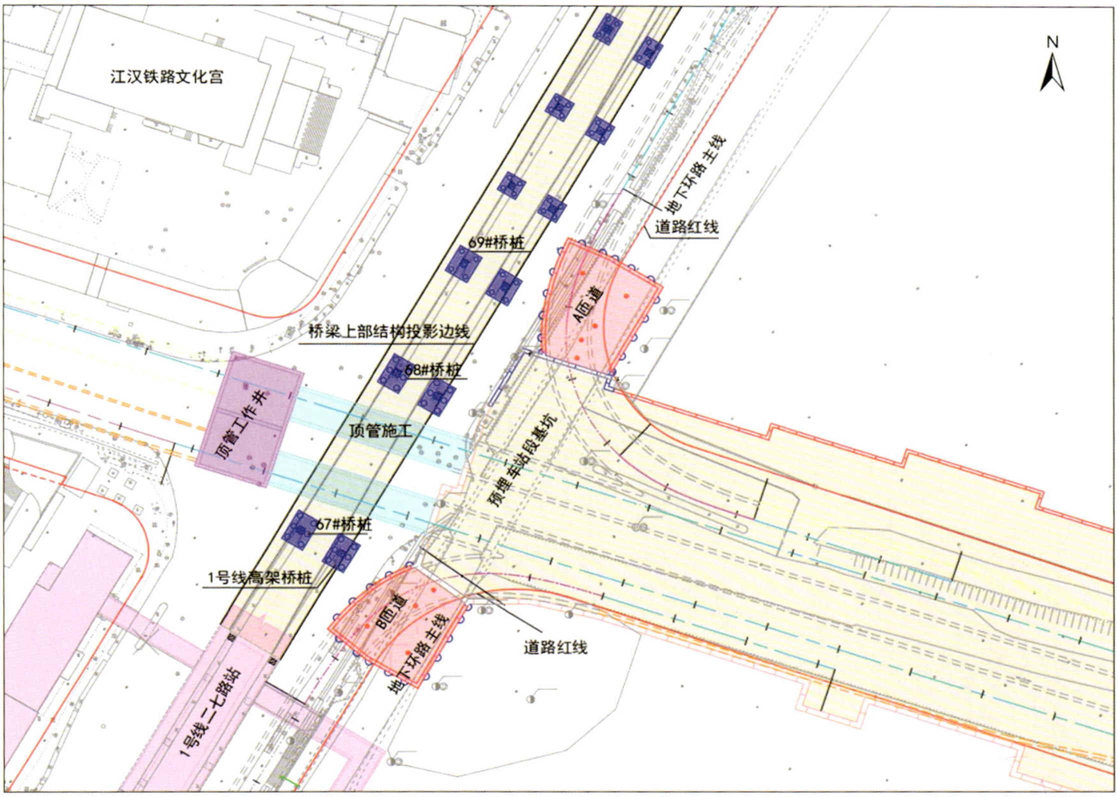

第七章　过江通道施工对轻轨站点及区间结构影响案例研究

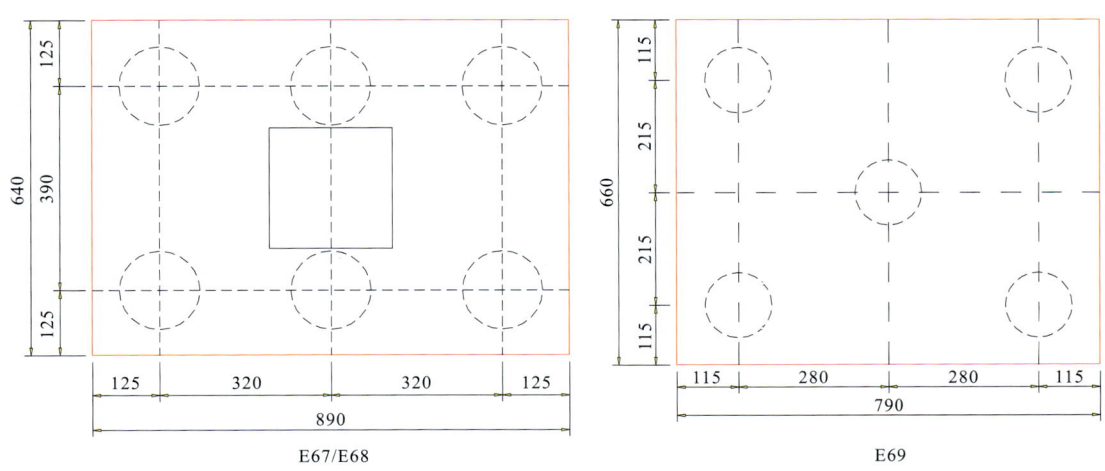

图 7-3　二七路过江通道(解放大道—沿江大道段)工程与轨道交通 1 号线高架桥平面关系示意图

图 7-4　轨道交通 1 号线高架桥桩平面图

| 123 |

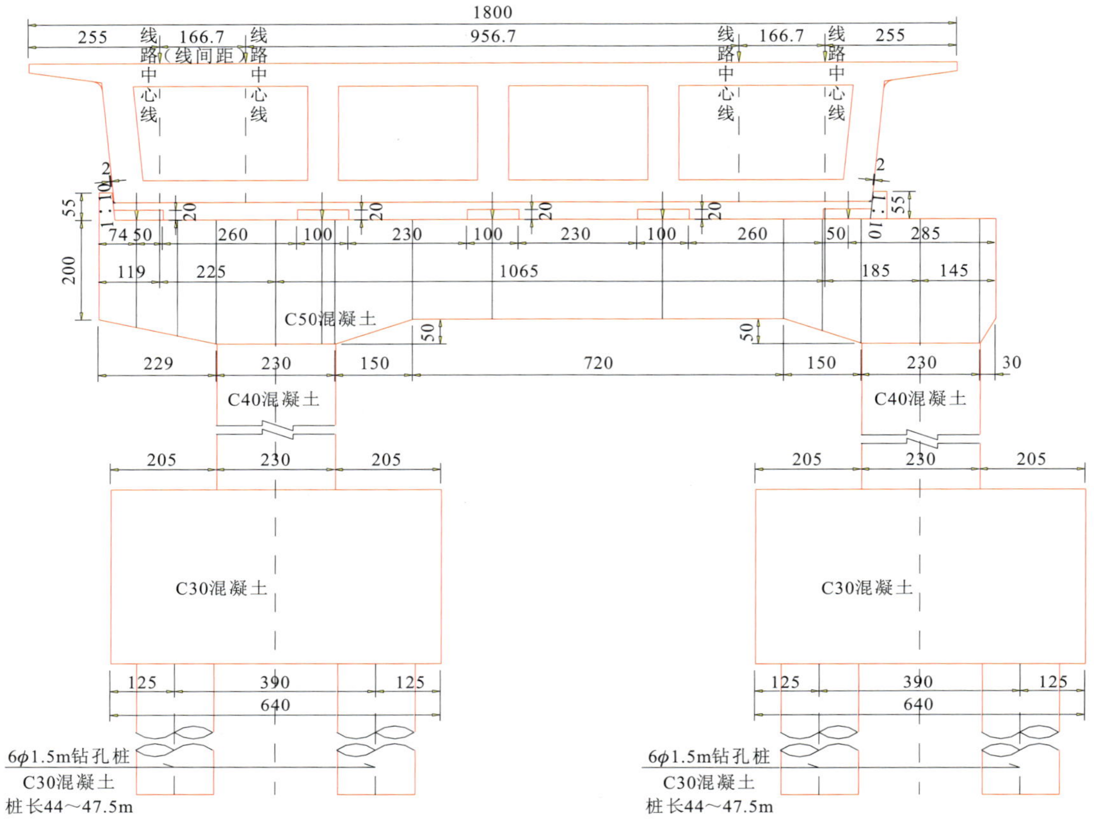

图 7-5 轨道交通 1 号线高架桥剖面图

三、岩土工程条件

1. 地形地貌

拟建场区位于武汉市江岸区汉口滨江国际商务区施工场地内,拟建场地为原转车楼社区,现大部区域已拆迁整平,局部分布有厚层填土堆积,地势略有起伏,地面标高在 21.64～29.28m(以孔口标高计)之间。地貌单元属长江冲积一级阶地。

2. 场地稳定性及适宜性评价

(1)武汉地区的大地构造均属古老的地质构造,且无全新世活动迹象,故区域地质构造稳定性良好。

(2)根据本次勘察结果,本场地所在区域的下伏基岩为志留系泥岩、砂质泥岩、含钙砂质泥岩,属非可溶蚀岩,且该层厚度大,故拟建场地地基稳定性良好。

(3)拟建场地属建筑抗震一般地段。

(4)从本次勘察及以往收集的地质资料来看,拟建场区无滑坡、崩塌、泥石流等不良地质作用;拟建场地上部覆盖层中未见有土洞等不良地质现象分布,且不存在大规模储藏有害气体的地质条件。本场地故属地质灾害危险性小地段。

综上所述,依据《城乡规划工程地质勘察规范》(CJJ 57—2012)8.2条及8.3条判定,拟建场地基本稳定,较适宜进行工程建设。

3. 地质岩性构成

①-1 杂填土。杂色,结构疏密不均,成分复杂,力学性质呈各向异性,工程性质差。分布于场地表层,未经换填或强化处理,不宜作为拟建工程地基使用。该层含有上层滞水,作为基坑工程坑壁土层,其自稳性差,应做好排水、止水及支护工作。

①-2 素填土。杂色,土质不均,结构松散,力学性质呈各向异性,工程性质差。分布于场地表层,未经换填或强化处理,不宜作为拟建工程的地基使用。该层含有上层滞水,作为基坑工程坑壁土层,其自稳性差,应做好排水、止水及支护工作。

①-3 粉土、粉砂夹粉质黏土。粉土呈中密状态,粉砂呈松散状态,压缩性中等,强度不高,力学性质不甚均匀。该层在7度地震力作用下属于液化土层,当作为天然地基时,需进行加固处理。该层中赋存有潜水,作为基坑工程坑壁土层,其自稳性能差,易发生流土、流砂现象,对基坑开挖支护不利,应做好防排水、止水和支护工作。

②-1 粉质黏土夹粉土。粉质黏土呈可塑状态,粉土呈中密状态,压缩性高,强度偏低,不宜直接作为天然地基使用,宜进行加固处理。该层所夹粉土中含少量层间水,作为基坑工程坑壁土层,其自稳性能较差,局部可能产生渐水、流土现象,应做好防排水、止水和支护工作。

②-2 粉质黏土夹粉土。呈可塑状态,压缩性中等,强度尚可,可作为天然地基使用。该层所夹粉土分布不均,并含少量层间水,作为基坑工程坑壁土层,其自稳性能一般,局部可能产生渐水、流土现象,应做好防排水、止水和支护工作。

②-3 粉质黏土。呈可塑状态,压缩性高,强度偏低,作为基坑工程坑壁土层,其自稳性能较差,应做好支护工作。

②-3a 粉质黏土。呈软—可塑状态,压缩性高,强度偏低,作为基坑工程坑壁土层,其自稳性能较差,应做好支护工作。

③-1 粉质黏土夹粉土。粉质黏土呈可塑状态,粉土呈中密状态,压缩性中等,强度一般,力学性质不甚稳定。该层属过渡型承压含水层,作为基坑侧壁土层,其自稳性能较差,基坑开挖时局部可能产生流土、流砂现象,应做好防排水、止水和支护工作。

③-2 粉砂、粉土、粉质黏土互层。粉砂呈松散—稍密状态,粉土呈中密状态,粉质黏土呈软塑状态,压缩性中等,强度尚可,力学性质不甚稳定。该层在7度地震力作用下部分地段可能出现轻微液化,应采取相应的抗液化措施。该层属过渡型承压含水层,作为基坑侧壁土层,其自稳性能较差,基坑开挖可能产生流土、流砂现象,应做好防排水、止水和支护工作。

④-1 粉砂。呈中密状态,压缩性低—中等,承载力尚可。该层富含孔隙承压水,作为基坑工程侧壁土层,其自稳性能差,应做好降水、止水和支护工作。

④-2 粉砂。呈密实状态,压缩性低,承载力高。该层富含孔隙承压水,作为基坑工程侧

壁土层,其自稳性能差,应做好降水、止水和支护工作。

④a 粉土、粉砂夹粉质黏土。粉土呈中密状态,粉砂呈稍密状态,粉质黏土呈可塑状,压缩性中等,承载力一般。

④-3 粉细砂。呈中密—密实状态,压缩性低,承载力较高。该层富含孔隙承压水,在基坑工程施工时,应做好地下水控制工作。

④-4 粉细砂。呈密实状态,压缩性低,承载力高。该层富含孔隙承压水,基坑工程施工时,应做好地下水控制工作。

⑤中粗砂夹砾卵石。呈密实状态,强度高,压缩性低,工程性质良好。该层整体厚度不大,富含孔隙承压水,在基坑工程施工时,应做好地下水控制工作。

上述④、⑤砂类土层中均赋存承压水,与长江水力联系紧密,基坑开挖和支护时需考虑其不利影响,防止基坑开挖突涌、流土、渐砂。

⑥-1 强风化泥岩。大部分地段分布,层位相对稳定,强度高,压缩性低,但该层基本风化成土状,对桩端变形不利,不能作为钻孔灌注桩桩端持力层。

⑥-2 中风化泥岩。大部分场地分布,工程力学性质好,层位稳定,强度高,属软岩,适宜作为钻孔灌注桩桩端持力层。

⑥-3 中风化砂质泥岩。在钻孔深度范围内仅局部分布,埋深大,工程力学性质良好,强度高,属较软岩。在埋藏合适深度内可作为钻孔灌注桩桩端持力层。

⑥-4 中风化含钙砂质泥岩。仅局部分布,工程力学性质良好,强度高,属较硬岩,适宜作为钻孔灌注桩桩端持力层。

⑥a 中风化泥岩(极破碎)。局部分布,因构造挤压破碎呈泥夹碎块状,局部糜棱化,桩基施工时应穿过该层。

4. 地下水类型

根据场地原始地形条件及地层的水理性质、赋水性能及地下水的埋藏条件等分析判断,在勘探深度范围内拟建场地地下水类型主要可分为上层滞水、潜水、孔隙承压水及基岩裂隙水。

(1)浅层地下水。场地上部①-1杂填土、①-2素填土中赋存有上层滞水,主要受生活用水及大气降水补给,水量有限,但不容忽视;①-3粉土、粉砂夹粉质黏土中赋存潜水,主要受上层滞水和大气降水补给,受分布范围和物质组成影响,水量在场地内呈不连续、不均匀片状分布,水量有限,同样不容忽视。上层滞水易汇入基坑造成积水,软化土体,引发基坑失稳。

(2)孔隙承压水。拟建场地分布的③-2粉砂、粉土、粉质黏土互层,④-1粉砂,④-2粉砂,④-3粉细砂,④-4粉细砂,④a粉土、粉砂夹粉质黏土,⑤中粗砂夹砾卵石中含有丰富的孔隙承压水。

孔隙承压水的主要危害体现在坑壁砂层中的地下水会对基坑侧壁产生水压力,地下水易汇入基坑,若处理不当,易发生承压水突涌及流土、涌砂、坑底隆起等渗透变形,对支护结构稳定性和基坑周边环境安全产生不利影响。拟建车站段基坑开挖深度31.8～34.7m,区间明挖段开挖深度34.7～41.4m,盾构井开挖深度47.5m。拟建车站段及区间段基坑坑底将位于④-2粉砂,④-3粉细砂,④-4粉细砂,④a粉土、粉砂夹粉质黏土中。盾构井基坑坑底将位于⑥-2中风化泥岩中。基坑开挖后,场地基坑相当于地下水排泄区,若不对砂层中的地下水进行治理,将无法进行施工,故必须对上层滞水、砂砾石层中的地下水进行治理。

第二节 关键控制技术

1. 车站及区间主线基坑支护设计方案

轨道交通10号线预埋车站二七路站位于解放大道与二七路交叉口,与既有轨道交通1号线及规划14号线采用通道换乘的形式。车站沿着规划二七路东西向布置,外包长度245m,区间段长度303m。车站为地下3层双柱的岛式站台车站,标准段宽度约43.4m,与二七路过江市政隧道合建,地下一层为站厅层,地下二层为市政隧道层,地下三层为站台层。车站段基坑开挖深约34m,区间段基坑开挖深34～41m,结构顶板覆土厚度1.4～4.2m,设置有9个出入口、6组风亭。车站周边为规划地块。

预埋段基坑安全等级为一级,结构重要性系数为1.0,变形控制等级为一级。地面最大沉降不大于0.15%H(H为基坑深度),邻近轨道交通侧围护结构基坑侧壁最大水平位移限值为30mm,其他区段基坑侧壁最大水平位移不大于40mm且地面最大沉降不大于−0.15%H。车站中心里程处基坑深约34m,地面最大沉降不大于40mm,围护结构最大水平位移不大于40mm。

车站段基坑开挖面积约16 685m²,其中车站主体基坑开挖面积约11 365m²,开挖深度为34m。基坑侧壁土层从上至下依次为①-1杂填土,②-3粉质黏土,③-2粉砂、粉土、粉质黏土互层,④-1粉砂,④-2粉砂,④a粉土、粉砂夹粉质黏土,④-3粉细砂。基底基本位于④-3粉细砂层。基坑围护结构采用1.5m地下连续墙+内支撑型式,内支撑为5道混凝土桁架撑+1道混凝土抛撑做换撑。地下连续墙长50m,墙身进入中风化泥岩层,为有效控制墙幅接缝处渗漏水,地下连续墙采用H型钢接头,同时在墙缝外侧施工MJS工法桩,加固深度自地面至基底下进入强风化岩层不小于1m。

车站附属基坑开挖面积约5066m²,开挖深度为14.3m,侧壁土层从上至下依次为①-1杂填土,②-3粉质黏土,③-2粉砂、粉土、粉质黏土互层,④-1粉砂,④-2粉砂层。基底基本位于④-2粉砂层。邻近轨道交通侧采用1m地下连续墙+2道混凝土桁架撑支护型式,远离轨道交通范围采用0.8m地下连续墙+2道混凝土桁架撑支护型式。地下连续墙长50m,墙身进入中风化泥岩层,为有效控制墙幅接缝处渗漏水,地下连续墙采用H型钢接头,同时在墙缝外侧施工MJS工法桩,加固深度自地面至基底下进入强风化岩层不小于1m。车站主体深坑及附属浅坑间采用1m地下连续墙做中隔墙。

区间段基坑开挖深度为34～41m,采用1.5m厚地下连续墙+6道混凝土桁架撑支护结构型式,地下连续墙长51～57m,墙缝间设置MJS工法桩止水。根据工期安排,先进行区间段基坑开挖,待区间段基坑开挖完成后再进行车站段基坑开挖。考虑周边地块基坑开挖深度及与本工程的距离,为确保结构安全,建议待本工程主体施工完成后再进行周边地块基坑的开挖。

车站段及区间段基坑支护平面剖面如图7-6～图7-11所示。

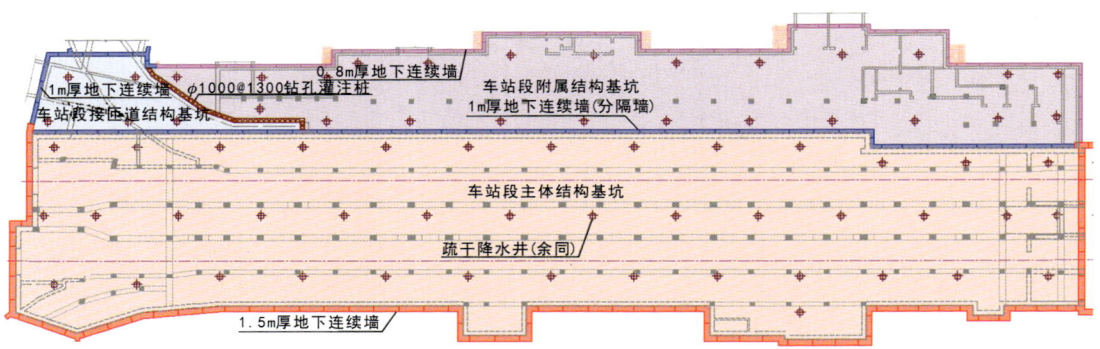

图7-6 二七路过江通道(解放大道—沿江大道段)工程车站段基坑支护平面图

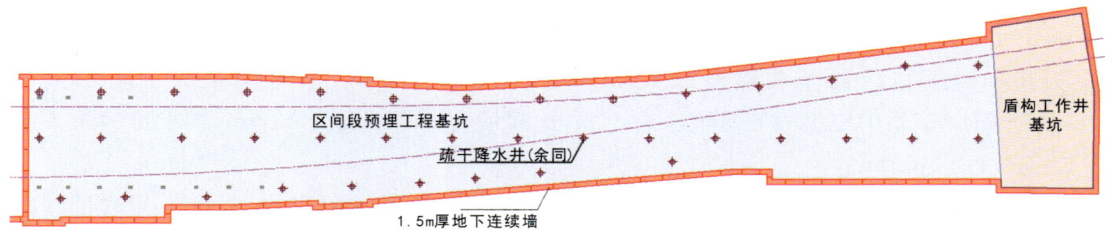

图7-7 二七路过江通道(解放大道—沿江大道段)工程区间段基坑支护平面图

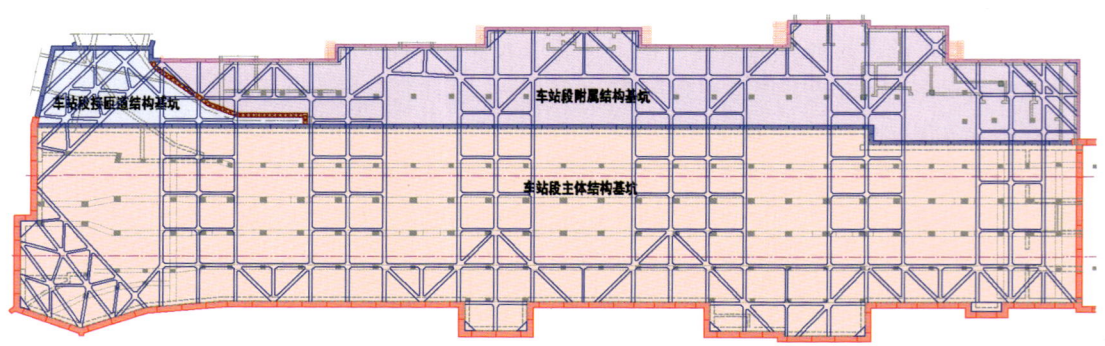

图7-8 二七路过江通道(解放大道—沿江大道段)工程车站段基坑支护第一、二道支撑平面布置图

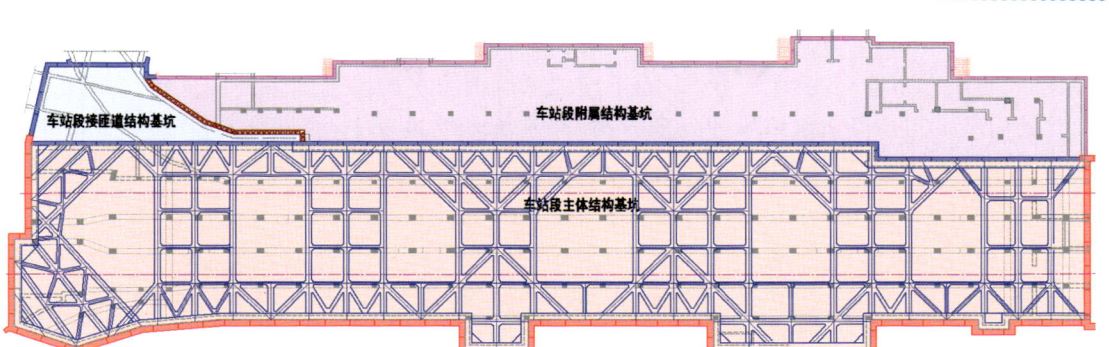

图 7-9　二七路过江通道(解放大道—沿江大道段)工程车站段基坑支护第三、四、五道支撑平面布置图

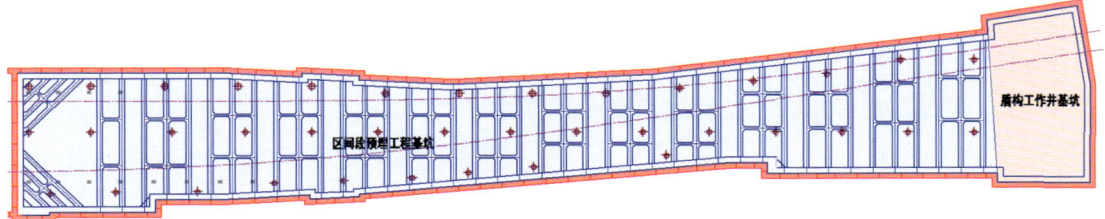

图 7-10　二七路过江通道(解放大道—沿江大道段)工程区间段基坑支撑平面布置图

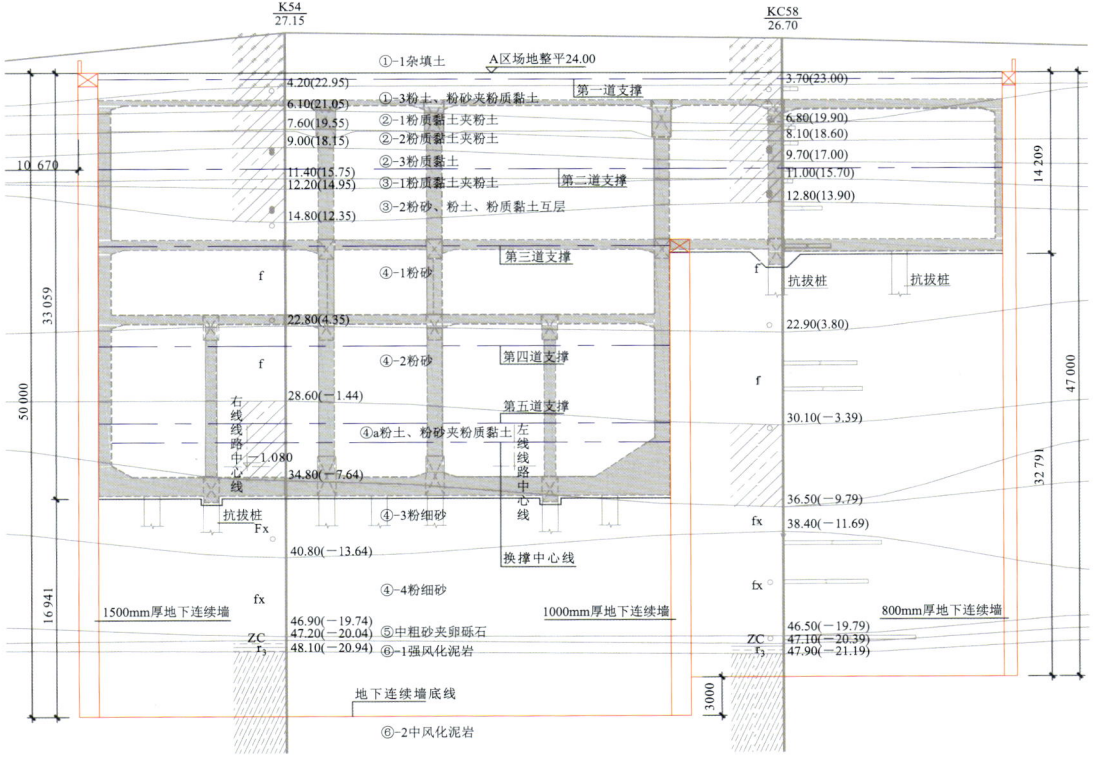

图 7-11　二七路过江通道(解放大道—沿江大道段)工程车站段基坑支撑典型剖面图

基坑地下水处理方式为地下连续墙落底+坑内疏干降水。鉴于本站基坑超深、地质条件极差、地下水丰富、工程风险较大,地下连续墙墙缝止水防渗的效果尤为关键。因此对墙幅接缝内壁采用加设止水钢板的处理方案,即基坑开挖过程中,在基坑深度15m以下地下连续墙墙幅接缝内壁处设置1m宽、10mm厚的止水钢板,增强地下连续墙墙缝止水防渗效果(图7-12~图7-14)。

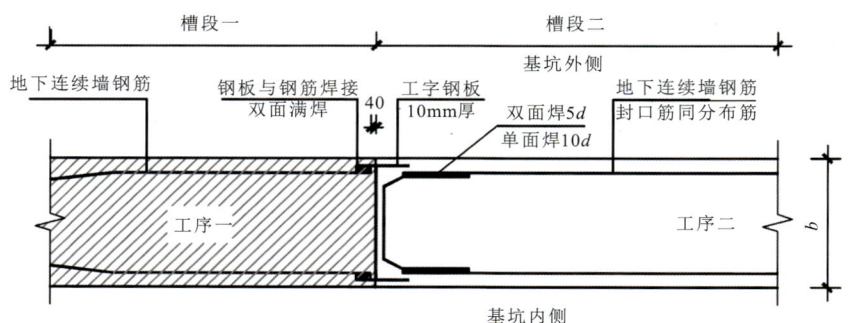

图7-12 二七路过江通道(解放大道—沿江大道段)工程基坑等厚度地下连续墙接头断面图

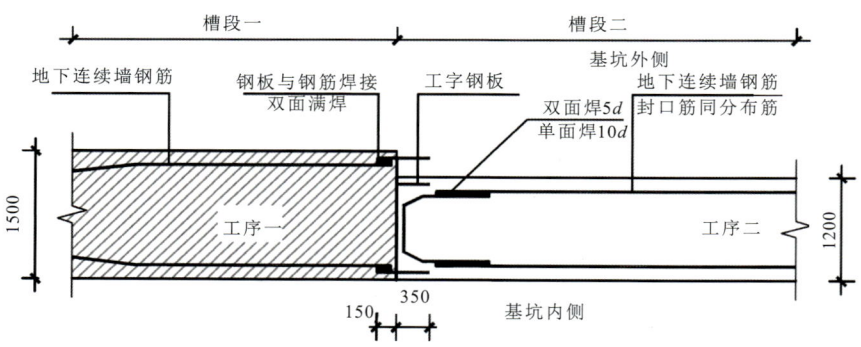

图7-13 二七路过江通道(解放大道—沿江大道段)工程基坑不等厚度地下连续墙接头断面图

2. A、B匝道基坑支护设计方案

A匝道基坑长度32.654m,宽度16.4~26.5m,深度约19.4m;B匝道基坑长度30.37m,宽度16.8~26.8m,深度17.5~19.1m。基坑范围内的工程地质条件复杂。A匝道基坑与西侧轻轨1号线桥桩最近水平距离约6.2m,B匝道基坑与西侧轻轨1号线桥桩最近水平距离约8.5m。根据湖北省地方标准《基坑工程技术规程》(DB42/T 159—2012),结合基坑开挖深度及周边环境条件,基坑重要性等级为一级。基坑支护结构最大水平位移不大于40mm,二道及以上内支撑最小被动区抗力系数不小于1.05,坑底抗隆起安全系数不小于1.8。

A匝道基坑宽度16.4~26.5m,深度约19.4m,基坑侧壁土层从上至下依次为①-1杂

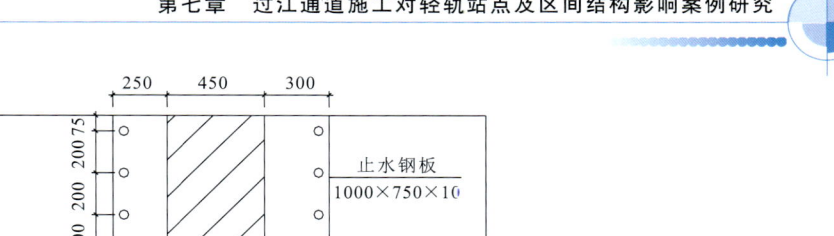

图 7-14 二七路过江通道(解放大道—沿江大道段)工程地下连续墙附加钢板大样图

填土,①-3 粉土、粉砂夹粉质黏土,②-1 粉质黏土夹粉土,②-2 粉质黏土夹粉土,②-3 粉质黏土,③-2 粉砂、粉土、粉质黏土互层,④-1 粉砂,④-2 粉砂。基底基本位于④-2 粉砂层中,围护结构采用 1000mm 厚地下连续墙+4 道内支撑+临时立柱支护方式。地下连续墙总长度 47m,其中钢筋混凝土墙长 27m,下部素混凝土墙长 20m,墙底进入中风化泥岩层不小于 2m。第一~三道支撑采用 0.8m×0.8m 钢筋混凝土支撑,间距约 6m,支撑在冠梁和混凝土腰梁上。冠梁尺寸为 1.2m×0.8m,混凝土腰梁尺寸为 1.2m×1.0m。第四道支撑采用 $\phi609×16$ 钢管支撑,间距约 3m,支撑在双拼工 45C 型钢腰梁上。临时立柱桩采用 $\phi1000$ 钻孔灌注桩,桩长 8m(图 7-15~图 4-17)。

B 匝道基坑宽度 16.8~26.8m,深度 17.5~19.1m,基坑侧壁土层从上至下依次为①-1 杂填土,①-3 粉土、粉砂夹粉质黏土,②-1 粉质黏土夹粉土,②-2 粉质黏土夹粉土,②-3 粉质黏土,③-2 粉砂、粉土、粉质黏土互层,④-1 粉砂,④-2 粉砂。基底基本位于④-2 粉砂层中,围护结构采用 1000mm 厚地下连续墙+4 道内支撑+临时立柱支护方式。地下连续墙总长度 47m,其中钢筋混凝土墙长 27m,下部素混凝土墙长 20m,墙底进入中风化泥岩层不小于 2m。第一~三道支撑采用 0.8m×0.8m 钢筋混凝土支撑,间距约 6m,支撑在冠梁和混凝土腰梁上。冠梁尺寸为 1.2m×0.8m,混凝土腰梁尺寸为 1.2m×1.0m。第四道支撑采用 $\phi609×16$ 钢管支撑,间距约 3m,支撑在双拼工 45C 型钢腰梁上。临时立柱桩采用 $\phi1000$ 钻孔灌注桩,桩长 8m(图 7-18~图 7-20)。

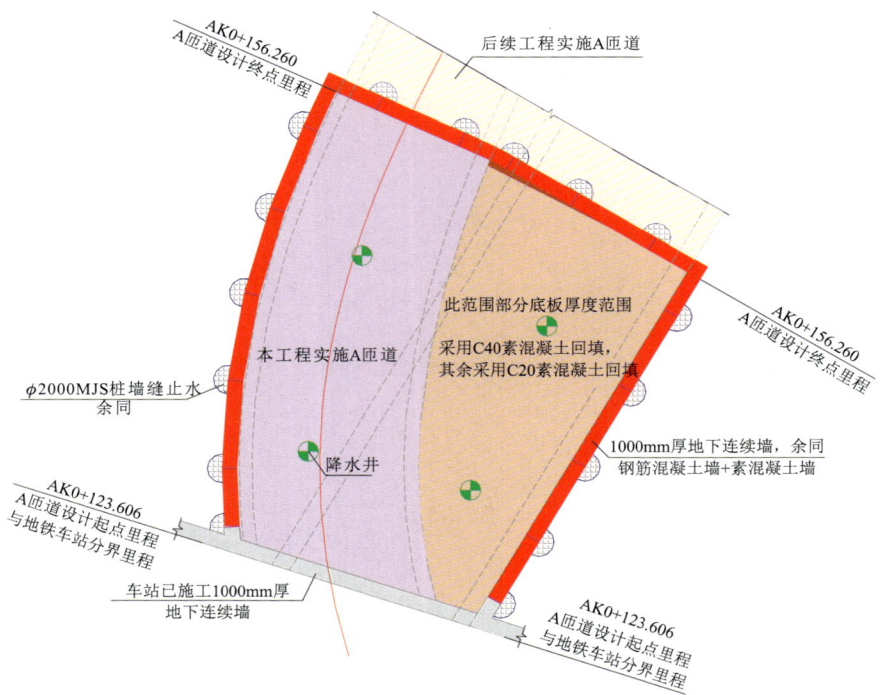

图 7-15 二七路过江通道(解放大道—沿江大道段)工程 A 匝道基坑支护平面图

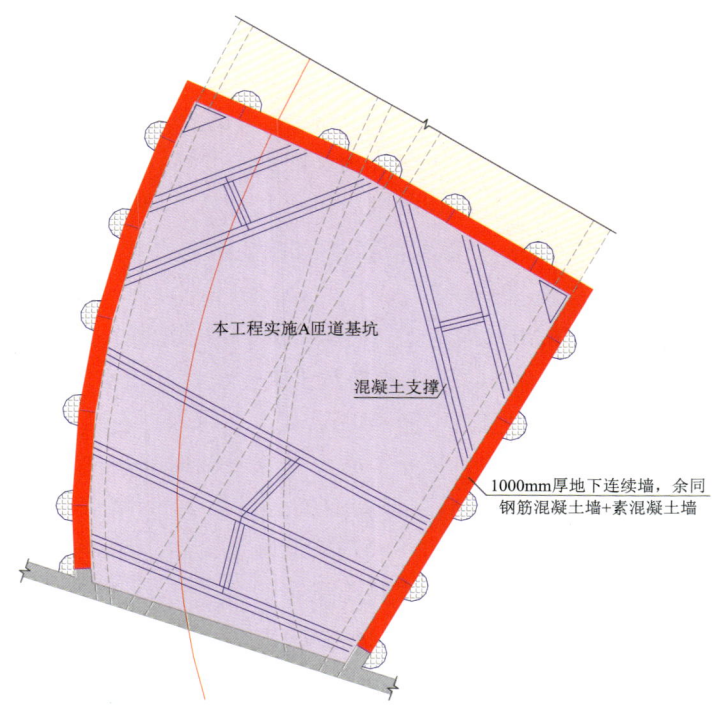

图 7-16 二七路过江通道(解放大道—沿江大道段)工程 A 匝道基坑支撑平面图

第七章 过江通道施工对轻轨站点及区间结构影响案例研究

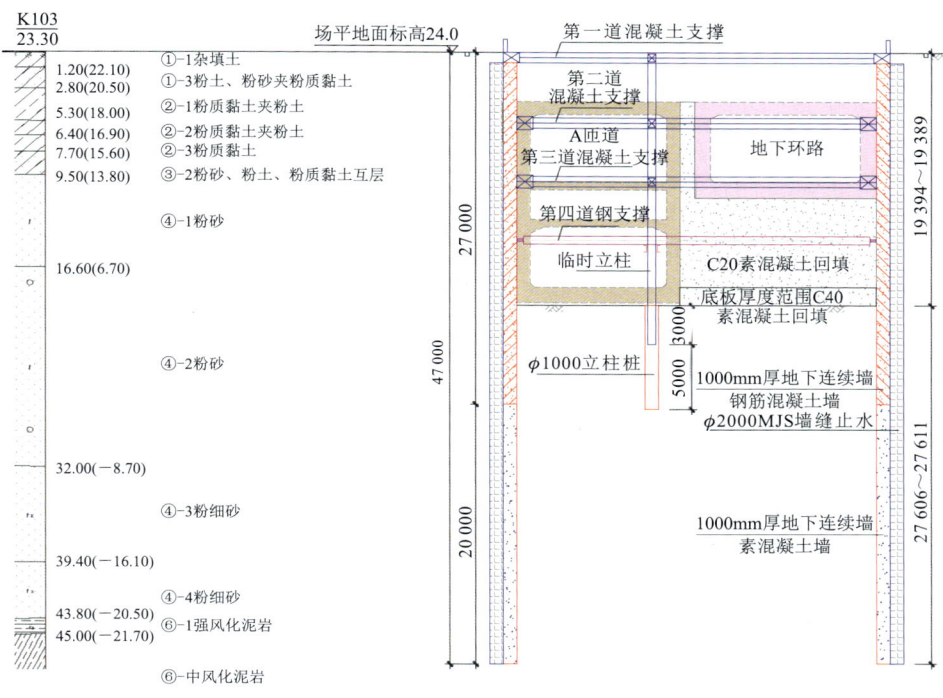

图 7-17 二七路过江通道（解放大道—沿江大道段）工程 A 匝道基坑支护剖面图

图 7-18 二七路过江通道（解放大道—沿江大道段）工程 B 匝道基坑支护平面图

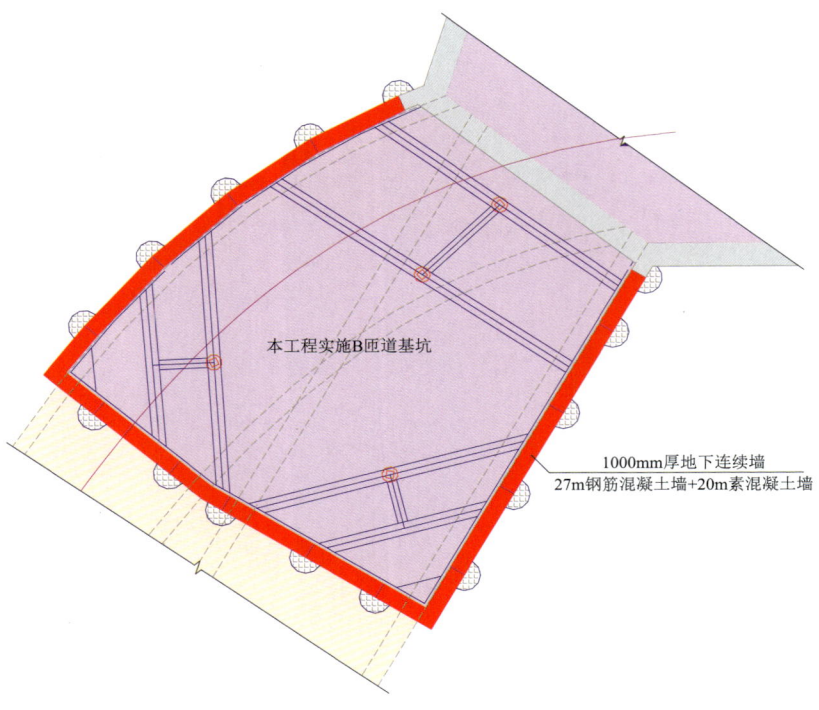

图 7-19　二七路过江通道(解放大道—沿江大道段)工程 B 匝道基坑支撑平面图

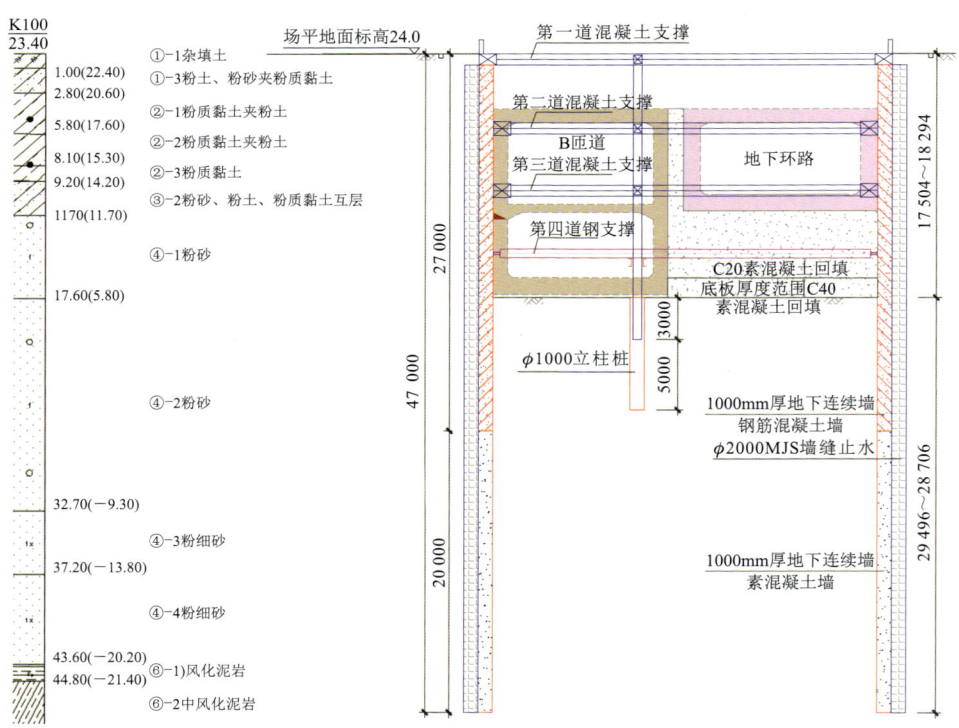

图 7-20　二七路过江通道(解放大道—沿江大道段)工程 B 匝道基坑支护剖面图

根据地质勘查报告，基坑影响范围内地下水类型主要为上层滞水、潜水、孔隙承压水。上层滞水赋存于①-1杂填土、①-2素填土中，该层地下水与下部砂性土层中的承压水被黏性土阻隔，大气降水渗入是其主要补给来源，水量不大。潜水赋存于①-3粉土、粉砂、粉质黏土中，场地呈点状或片状不连续分布，总体厚度较小（局部厚度较大）。孔隙承压水（层间潜水）主要含水层为砂性土层（④～⑤层），下伏中风化岩石（⑥中风化岩层）为相对隔水底板。

对于上层滞水、潜水，采用明沟排水的方式进行治理。在基坑顶设置截水沟，在基坑底设置排水沟，防止基坑周边地表水对基坑边坡产生冲刷、潜蚀作用。开挖时做好基坑地下水治理工作，确保基础在无水环境下施工。

对于孔隙承压水，采用地下连续墙落底，围护连续墙嵌入中风化泥岩中不小于2m，坑内深井疏干降水。降水井井径φ600mm。滤管为钢管，外径300mm，管径16mm。滤管填料采用瓜子片。

第三节　过江通道施工对轻轨结构影响总体分析

1. 地质水文情况分析

本基坑工程沿线地貌单元属长江冲积一级阶地。拟建场地为基本稳定场地，较适宜进行工程建设，拟建工程地基属不均匀地基。

邻近轨道交通高架桥范围车站及明挖区间预埋工程车站主体基坑开挖深度为34m，施工实施范围内A匝道基坑开挖深度为19.4m，B匝道基坑开挖深度为17.5～19.1m。

从整个工程沿线场地地层的埋藏分布特征来看，拟建过江通道工程沿线地层具有一定差异。除填土层外，上部黏性土及互层土呈可塑状，抗剪强度一般，下部砂性土呈中密—密实状，是承压水（潜水）主要含水层。因此，该基坑工程施工要特别注意对邻近轨道交通高架结构的影响，应采取合理的支护和降止水措施将基坑开挖引起的轨道交通高架桥结构变形控制在允许范围内。

2. 几何、工期关系分析

轨道交通1号线二七路站—徐州新村站区间及二七路站已通车运营。基坑范围相应轨道交通里程为左EK2+053.0～左EK2+138.0，该里程范围内轨道交通为高架桥梁结构，为35m+50m+35m三跨连续梁，小里程端为二七路车站，大里程端衔接单跨25m简支梁。高架桥梁基础型式为桩基础，桩长44～47m，桩身进入中风化泥岩层5m。邻近轨道交通高架桥范围车站及明挖区间预埋工程车站主体基坑开挖深度为34m，本次施工实施范围内A匝道基坑开挖深度为19.4m，本次施工实施范围内B匝道基坑开挖深度为17.5～19.1m。基坑距离轨道交通1号线结构最小水平净距为6.2m，现阶段基坑工程处于施工阶段。

3. 施工工法分析

基坑施工对轨道交通结构的影响主要表现在以下两个方面：

(1)对轨道交通结构安全的影响。工程建设引起的加载、卸载等各种活动导致轨道交通结构变形过大,造成结构损伤,影响其使用,降低其耐久性。同时,由于基坑开挖,土体应力改变,引起桥墩沉降、水平变形及不同墩台间不均匀沉降,导致结构产生变形和受力形态改变,缩短结构使用寿命。

(2)对轨道交通运营功能的影响。工程建设引起的加载、卸载等各种活动导致轨道交通结构变形过大,超出轨道交通运营限界要求,直接危及列车运行安全。

工程建设对轨道交通结构安全影响的危险因素分析如下:

(1)围护结构的施工质量风险。①由于地下连续墙成槽宽度较宽,且槽壁土层性质较差,成槽过程中易产生槽壁塌孔,进而改变高架结构基础桩周土体应力状态,引发桩身较大变形或位移,造成桩基础应力过大,影响桩基础结构安全,严重时甚至威胁桥梁整体结构安全。②基坑开挖深度较深,地下连续墙成墙质量差,强度严重不足,内支撑施加不及时、未到达支撑强度便进一步开挖基坑,将导致围护结构产生较大变形,进而引起轨道交通高架桥桩基础产生较大位移和次生内力,影响桥桩结构安全,进而影响桥梁自身安全及使用。③根据地质勘查报告,场地范围内存在深厚承压水土层,且承压水与长江水力联系紧密,基坑开挖深度较深,基坑内采用疏干降水,将导致坑内外水头差较大,若地下连续墙成墙质量及墙缝处止水存在一定缺陷,将引起基坑侧壁涌水涌砂,进而引发大规模坍塌事故,严重影响轨道交通结构安全。④围护结构强度严重不足,塌孔,甚至漏筋,造成围护桩变形过大,酿成基坑事故。⑤施工时钢筋数量不足,强度降低引起围护结构折断。⑥钻孔灌注桩施工过程中桩位与垂直度不符合设计要求,造成支撑次生应力过大,导致支撑结构失稳。⑦钢筋笼起吊过程中的安全风险等。

(2)支撑体系施工质量风险。①混凝土支撑长度长,且其交叉点的连接强度不足,造成支撑平面失稳或扭曲。②支撑体系中中间立柱轴心偏差过大,造成偏心受压,导致中间柱失稳最终,使整体支撑体系失稳破坏。③各支撑杆件位置精度差,受力后杆件弯曲,附加弯矩超过设计值,造成险情。④在钢筋混凝土支撑中,因混凝土施工质量差造成杆件被压坏,导致冠梁压坏、扭曲、断裂。⑤支撑连接处破坏等风险。

(3)地下水处理体系施工质量风险。①地下水处理体系施工中施工质量差、承压水未封闭造成地面沉降,引起相邻建(构)筑物开裂、倾斜,相邻道路开裂、塌陷,基坑水满为患,坑壁坍塌。②降承压水造成轨道交通结构沉降变形,超过控制限制,从而影响轨道交通运营安全。

(4)土方施工风险。详见第六章第三节。

综上所述,轨道交通高架基础所处土层工程性质较差,基坑开挖对轨道交通会产生一定的影响。基坑开挖施工时,应遵循分区、分块、分层、对称、限时的顺序,按照"先撑后挖、限时支撑、分层开挖、严禁超挖"的原则,并及时反馈现场地质情况进行信息化施工。

第四节　过江通道施工对轻轨结构影响的有限元分析

根据本基坑与邻近轨道交通高架结构的相互关系、基坑工程支护结构设计及施工特点，建立数值计算模型，模拟分析基坑施工对邻近轨道交通结构的影响。

一、模型构建

根据拟挖基坑与紧邻轨道交通高架结构的空间关系，结合基坑设计方案、施工开挖方案等资料建立三维整体模型，详见图 7-21～图 7-24。

模型计算范围的控制原则为边界条件不应对关键部位的计算结果产生影响，根据以往研究经验，基坑数值计算时，模型外扩范围宜不小于 3 倍基坑深度。模型中包含了既有的高架结构和拟开挖基坑，计算范围长约 340m、宽约 292m，土层计算深度为 100m。

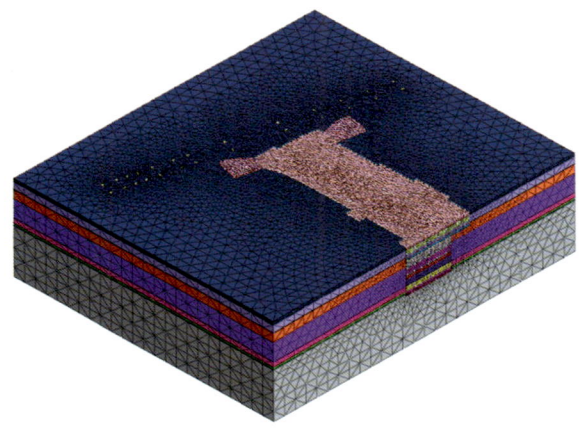

图 7-21　二七路过江通道(解放大道—沿江大道段)工程计算模型轴视图

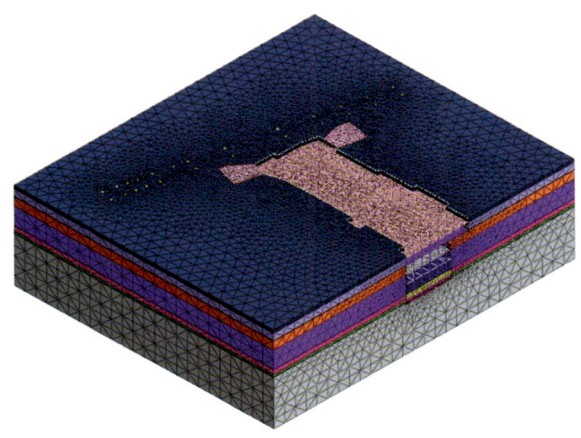

图 7-22　二七路过江通道(解放大道—沿江大道段)工程基坑与高架结构计算模型轴视图

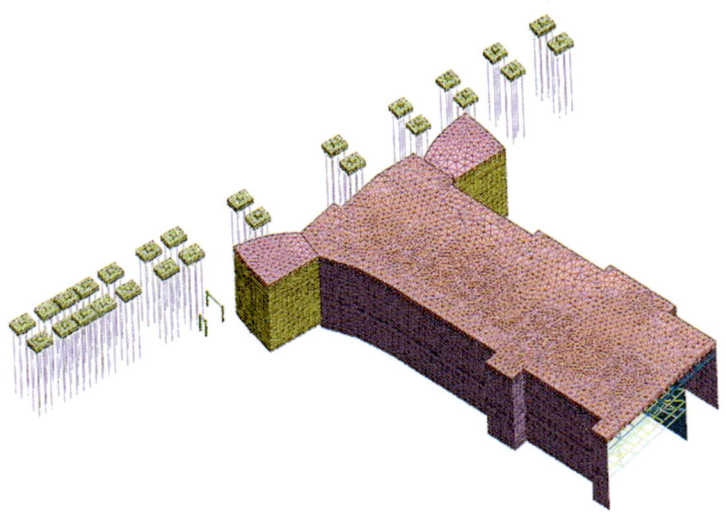

图 7-23 二七路过江通道(解放大道—沿江大道段)工程基坑与区间相对位置轴视图

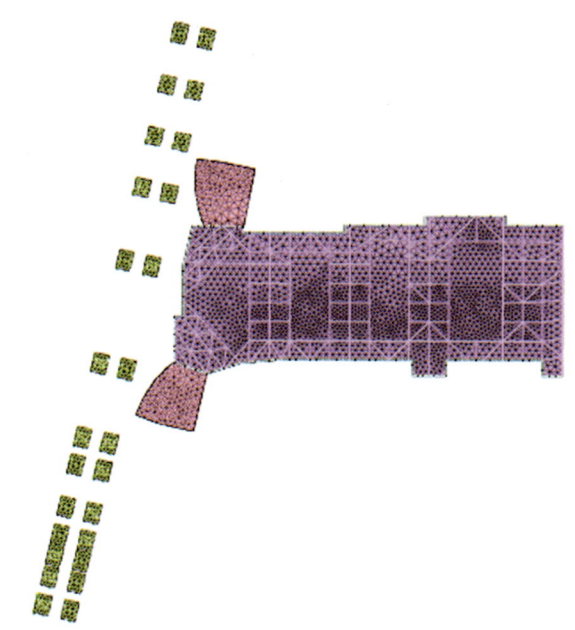

图 7-24 二七路过江通道(解放大道—沿江大道段)工程基坑与区间相对位置平面图

设计方案根据周边环境差异选用不同的支护形式,本次计算中重点考虑基坑开挖对轨道交通的影响,因此整体模型取南侧的最不利钻孔 K54 的数据作为计算地层参数,参照标准断面图建立三维计算模型,不考虑坑中坑的影响。

关于地下水,上层滞水水量较小,忽略不计,孔隙承压水主要赋存于底部③黏性土、砂土过渡层及④砂层中,水量较丰富。承压水水位受长江、汉江水位影响较大,本次勘察 KC13

孔承压水头标高为 17.4m。据地下水长期观测资料,该地区第四系全新统砂土层中承压水头标高年变化幅度在 3.0~4.0m 之间,标高 17.0~21.0m。

二、计算条件和模拟步序

1. 计算条件

模型中,地下连续墙结构混凝土等级为水下 C35,厚度为 1.5m,采用板单元模拟;内支撑、冠梁、腰梁混凝土等级为 C35,采用梁单元模拟;桥墩和承台结构混凝土等级为 C35,采用实体单元模拟;桥桩结构混凝土等级为 C35,桩的直径为 1.5m,采用梁单元模拟。结构单元的本构模型均为弹性本构模型,各土层采用修正莫尔-库仑本构模型。各岩土层物理力学参数及结构物理力学参数见表 7-1、表 7-2。

表 7-1 二七路过江通道(解放大道—沿江大道段)工程各岩土层主要物理力学参数表

土层名称	天然容重/ $(kN \cdot m^{-3})$	c/kPa	φ/(°)	E_{oed}^{ref}/MPa	E_{50}^{ref}/MPa	E_{ur}^{ref}/MPa	指数 m
①-1 杂填土	19.0	6	16	15	15	30	0.5
③-1 质黏土	19.2	20	10	18	18	36	0.5
④-1 粉砂	18.8	0	28	30	30	75	0.5
④-2 细砂	19.0	0	30	45	45	135	0.5
④-3 细砂	19.2	0	32	60	60	180	0.5
⑥-1 强风化泥岩	23.0	38	16	135	135	405	0.5
⑥-2 中风化泥岩	24.5	80	20	1000	1000	1000	0.5

表 7-2 二七路过江通道(解放大道—沿江大道段)工程结构物理力学参数表

结构名称	类型	截面尺寸/mm	容重/$(kN \cdot m^{-3})$	弹性模量/GPa	泊松比
地下连续墙	板	1500	24	33.5	0.2
内支撑 1、2	梁	800×1000	24	33.5	0.2
内支撑 3、4	梁	1000×1200	24	33.5	0.2
内支撑 5、6	梁	1100×1300	24	33.5	0.2
冠梁	梁	2000×1000	24	33.5	0.2
腰梁 1	梁	1000×1200	24	33.5	0.2
腰梁 2	梁	1000×1300	24	33.5	0.2
腰梁 3	梁	1100×1300	24	33.5	0.2
腰梁 4、5	梁	1200×1400	24	33.5	0.2
桥桩	梁	ϕ1500	24	33.5	0.2
抗拔桩	梁	ϕ1200	24	33.5	0.2

轨道交通1号线桥梁设计资料显示,桥梁传递至基础上最大主力为7 360.77kN。桥梁传递至基础水平力主要为制动力及支座摩阻力,轨道交通1号线车辆制式为4节编组B型列车,桥梁支座型式为盆式橡胶支座,B型列车荷载结构模式如图7-25所示。

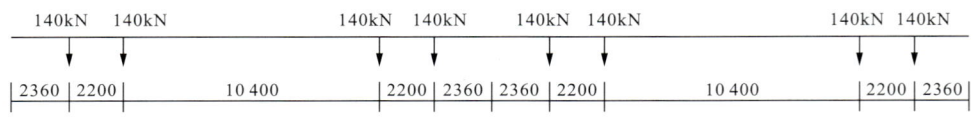

图7-25 轨道交通1号线B型列车荷载结构模式图

根据《地铁设计规范》(GB 50157—2013)第10.3.7条规定,列车制动力或牵引力应按列车竖向静活载的15%计算,当与离心力同时计算时,可按竖向静活载的10%计算;区间双线桥应采用一条线的制动力或牵引力;三线或三线以上的桥应采用两条线的制动力或牵引力;高架车站及与车站相邻两侧100m范围内的区间双线桥应按双线制动力或牵引力计,每条线制动力或牵引力值应为竖向静活载的10%;制动力或牵引力作用于轨顶以上车辆重心处,但计算墩台时应移至支座中心处,计算钢架结构应移至横梁中线处,均不应计移动作用点所产生的力矩。单个桥墩最大制动力 $F=50/(10.4+2.2+2.36+2.2+2.36)\times 140\times 4\times 0.15=215.2$ (kN)。支座摩阻力标准值按0.05考虑,计算得温度力为 $0.05\times 7\ 360.77=368$ (kN)。综上所述,施加于桥墩上水平荷载为沿桥梁纵向,荷载值为368kN。

2. 边界条件

三维整体模型的边界条件:模型底部约束 z 方向位移,模型前后两面约束 y 方向位移,模型左右两面约束 x 方向位移。

3. 分析工况

本次主要分析拟建基坑施工对轨道交通高架桥结构的影响以及基坑支护结构的变形,考虑的是基坑开挖引起的增量位移,故对既有建(构)筑施工引起的位移和初始应力场引起的位移进行清零,共分为20个施工工序,具体如表7-3所示。

表7-3 二七路过江通道(解放大道—沿江大道段)工程模拟施工工序表

序号	施工工序	描述
0	初始应力场分析	激活所有地层
1	初始应力状态	考虑未开挖状态的岩土层应力状态
2	桥梁施工	激活桥梁结构单元
3	位移清零	—
4	施工地下连续墙	激活地下连续墙单元
5	架设第一道支撑	开挖土体至第一道支撑下,水位降至坑底1m,激活第一道支撑
6	架设第二道支撑	开挖土体至第二道支撑下,水位降至坑底1m,激活第二道支撑

续表 7-3

序号	施工工序	描述
7	架设第三道支撑	开挖土体至第三道支撑下,水位降至坑底1m,激活第三道支撑
8	架设第四道支撑	开挖土体至第四道支撑下,水位降至坑底1m,激活第四道支撑
9	架设第五道支撑	开挖土体至第五道支撑下,水位降至坑底1m,激活第五道支撑
10	施工结构底板	激活底板单元
11	施工换撑	激活换撑单元
12	拆除第四、五道支撑	拆除第四、五道支撑
13	施工底层中板	激活板结构单元
14	拆除第三道支撑	拆除第三道支撑
15	施工上层中板	激活板结构单元
16	拆除第二道支撑	拆除第二道支撑
17	施工顶板	激活顶板单元
18	拆除第一道支撑	拆除第一道支撑
19	回填土	回填顶板覆土至地面
20	架设匝道基坑第一道支撑	激活匝道基坑第一道支撑
21	架设匝道基坑第二道支撑	激活匝道基坑第二道支撑
22	架设匝道基坑第三道支撑	激活匝道基坑第三道支撑
23	架设匝道基坑第四道支撑	激活匝道基坑第四道支撑
24	开挖至匝道基坑底	开挖至基坑底
25	逐层施工主体结构拆撑	激活结构单元,拆撑
26	回填覆土至地面	回填覆土至地面

三、计算结果分析

1. 整体模型位移计算结果分析

本工程过江通道基坑开挖为临时性基坑工程,根据湖北省地方标准《基坑工程技术规程》(DB42/T 159—2012),本工程基坑重要性等级为一级,地面最大沉降不大于$0.15\%H$,即不大于 50mm,水平位移不大于 30mm。基坑开挖后,整体模型的水平、竖向和总体位移如图 7-26 所示。计算结果表明,过江通道基坑开挖完毕后,整体模型最大水平位移 16.73mm,地表沉降 16.19mm,坑底隆起 25.00mm,总体位移 26.64mm。计算值均位于规范限制范围内,满足安全要求。

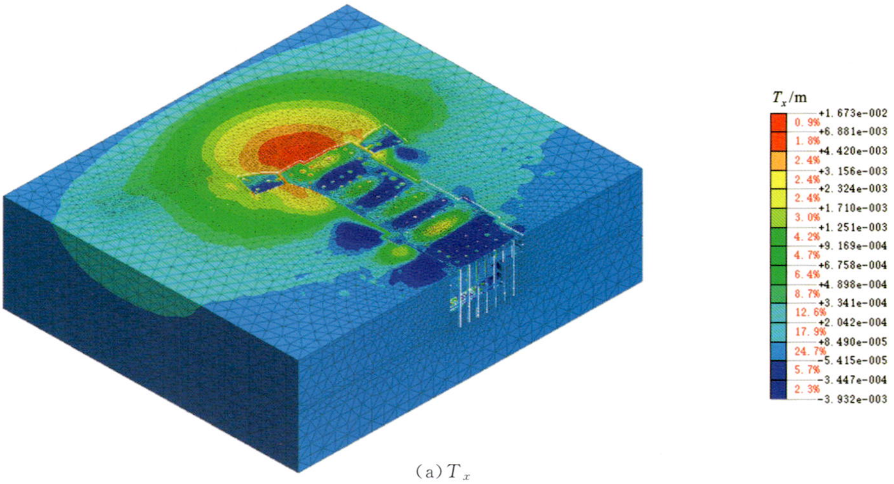

(a) T_x

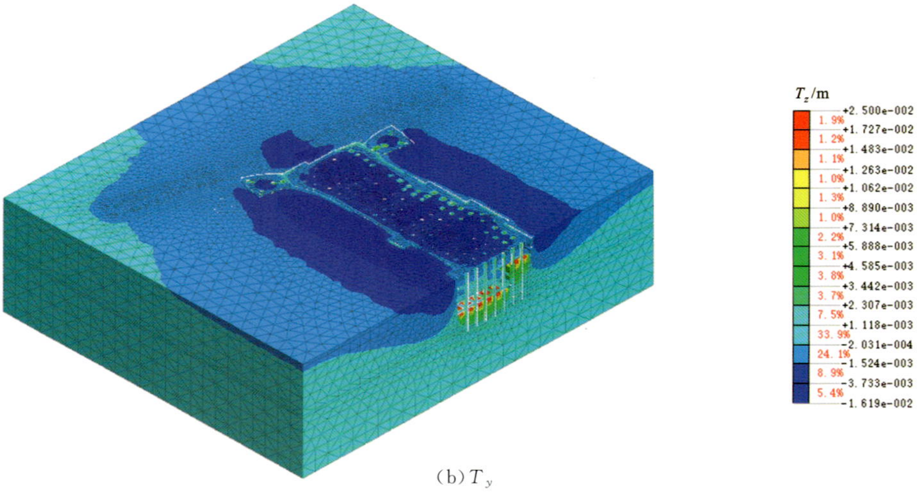

(b) T_y

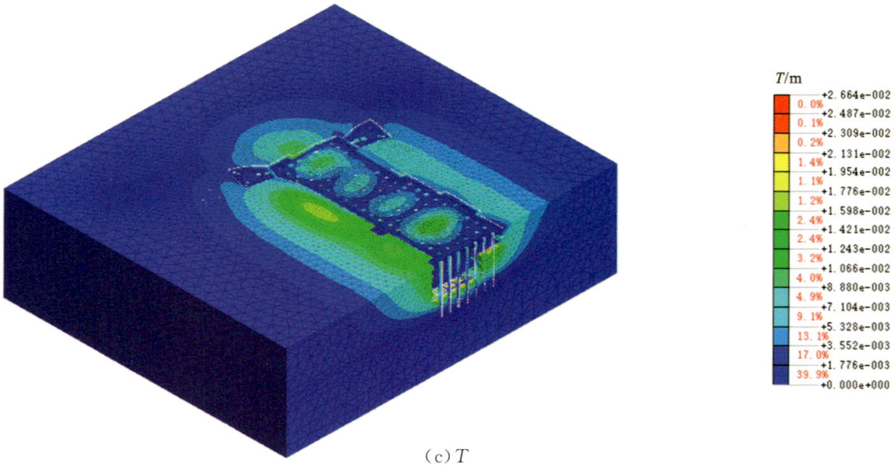

(c) T

图 7-26 二七路过江通道(解放大道—沿江大道段)工程基坑施工完成后位移计算结果图

2. 基坑支护结构计算结果分析

本基坑的重要性等级为一级,对东侧轨道交通结构外部作业影响等级为一级,根据湖北省地方标准《基坑工程技术规程》(DB42/T 159—2012)的相关规定,基坑支护工程靠近轨道交通侧水平位移限值(控制值)为30mm。由图7-27可知,邻近轨道交通侧基坑支护结构水平方向最大位移值为23.91mm,该值小于水平位移控制值(30mm),满足规范要求。

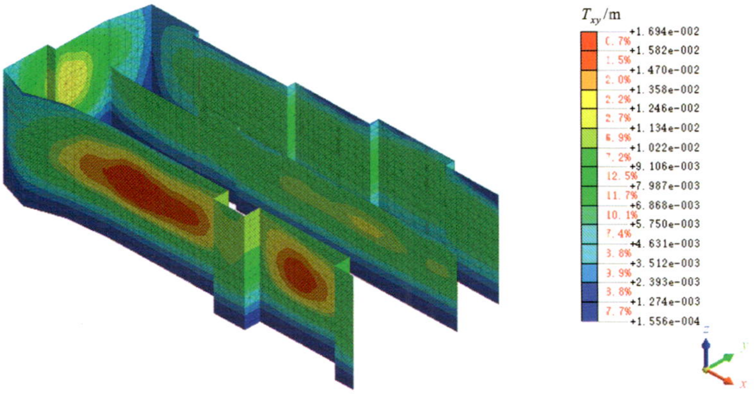

(a)工况11施工结构底板水平位移计算结果

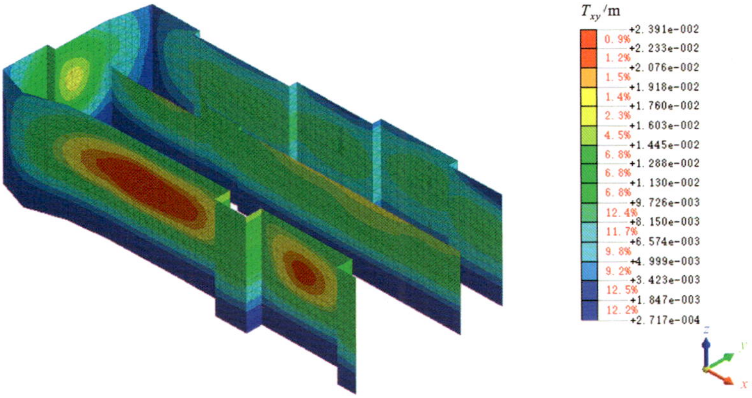

(b)工况24开挖至匝道基坑底水平位移计算结果

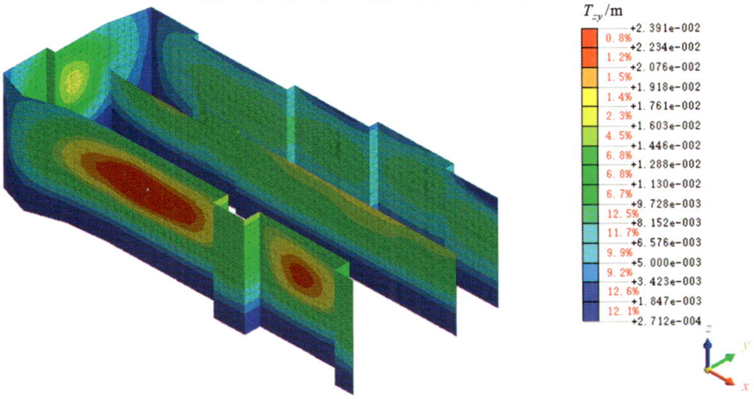

(c)工况26回填匝道覆土水平位移计算结果

图7-27 二七路过江通道(解放大道—沿江大道段)工程典型工序围护桩水平位移(法向)最大值计算结果图

3. 轨道交通结构位移计算结果分析

典型工序下轨道交通区间结构的水平位移、竖向位移计算结果如图 7-28、图 7-29 所示。

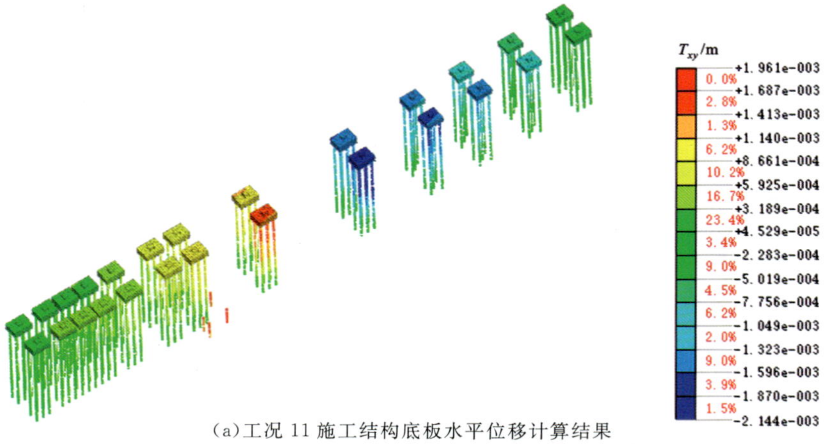

(a) 工况 11 施工结构底板水平位移计算结果

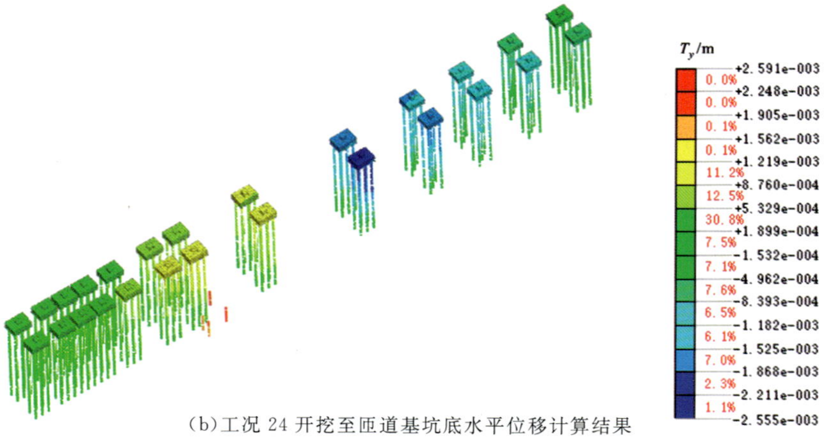

(b) 工况 24 开挖至匝道基坑底水平位移计算结果

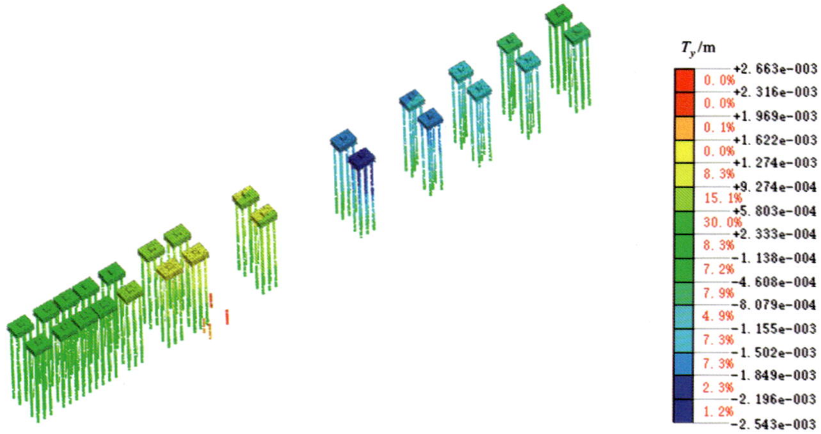

(c) 工况 26 回填匝道覆土水平位移计算结果

图 7-28 二七路过江通道(解放大道—沿江大道段)工程典型工序区间结构水平位移计算结果图

第七章　过江通道施工对轻轨站点及区间结构影响案例研究

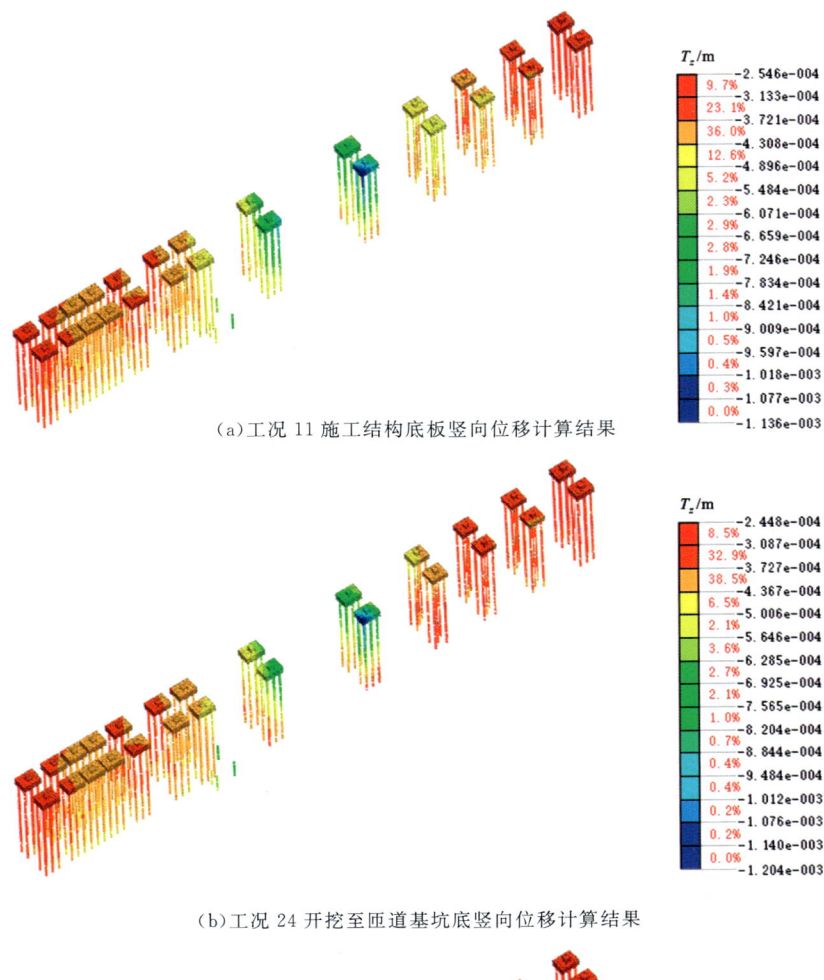

(a) 工况 11 施工结构底板竖向位移计算结果

(b) 工况 24 开挖至匝道基坑底竖向位移计算结果

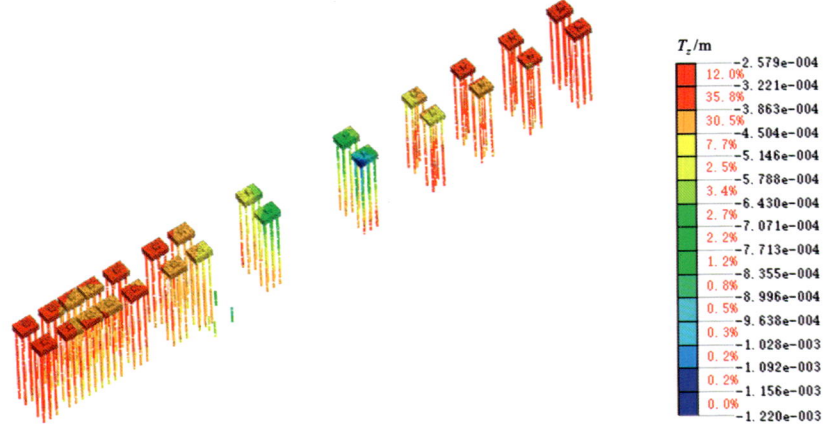

(c) 工况 26 回填匝道覆土竖向位移计算结果

图 7-29　二七路过江通道(解放大道—沿江大道段)工程典型工序区间结构竖向位移计算结果图

整理以上计算结果,可得各施工工序下区间结构的位移计算结果如表 7-4 和图 7-30 所示。

表 7-4　二七路过江通道(解放大道—沿江大道段)工程各施工工序下区间结构位移计算结果表　　单位:mm

施工工序	水平位移	竖向位移
地下连续墙施工	0.150	−0.590
架设第一道支撑	1.079	−1.134
架设第二道支撑	1.336	−1.043
架设第三道支撑	1.660	−0.998
架设第四道支撑	1.917	−1.027
架设第五道支撑	2.103	−1.094
施工结构底板	2.144	−1.136
施工底层中板	2.395	−1.264
施工顶层中板	2.598	−1.287
施工顶板	2.578	−1.271
回填覆土	2.592	−1.269
开挖到匝道底	2.555	−1.204
匝道回填	2.543	−1.220

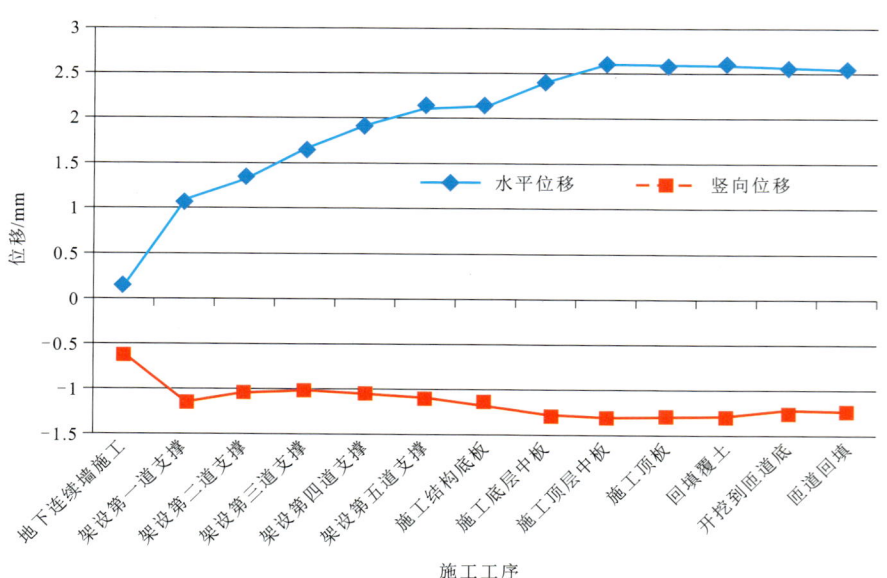

图 7-30　二七路过江通道(解放大道—沿江大道段)工程各施工工序区间结构位移计算结果图

以上基坑开挖对整体模型的位移结果表明,随着基坑开挖应力释放,土层应力场改变,带动紧邻既有轨道交通高架桥基础产生位移。计算结果显示,施工对轨道交通高架结构的影响最大位移出现在靠近基坑处,最大水平位移值为 2.598mm,最大竖向位移为 −1.287mm,最大不均匀沉降差值为 1.031mm。

根据数值模拟计算结果,基坑开挖对轨道交通二七路站—徐州新村站区间及二七路站高架结构各方向变形影响均在轨道交通结构安全控制标准(4mm)的范围内。

4. 轨道交通桥桩内力结果

基坑开挖会对土体造成扰动,使得土体应力重新分布,由此土体的结构内力发生改变。基坑开挖完毕后,桥桩的最大轴力为 4367kN,最大弯矩为 861.4kN·m(图 7-31)。经核算,基坑开挖引起桥桩内力值发生变化,桥桩配筋截面积需不少于 6750mm^2,桥桩现有配筋满足需求。

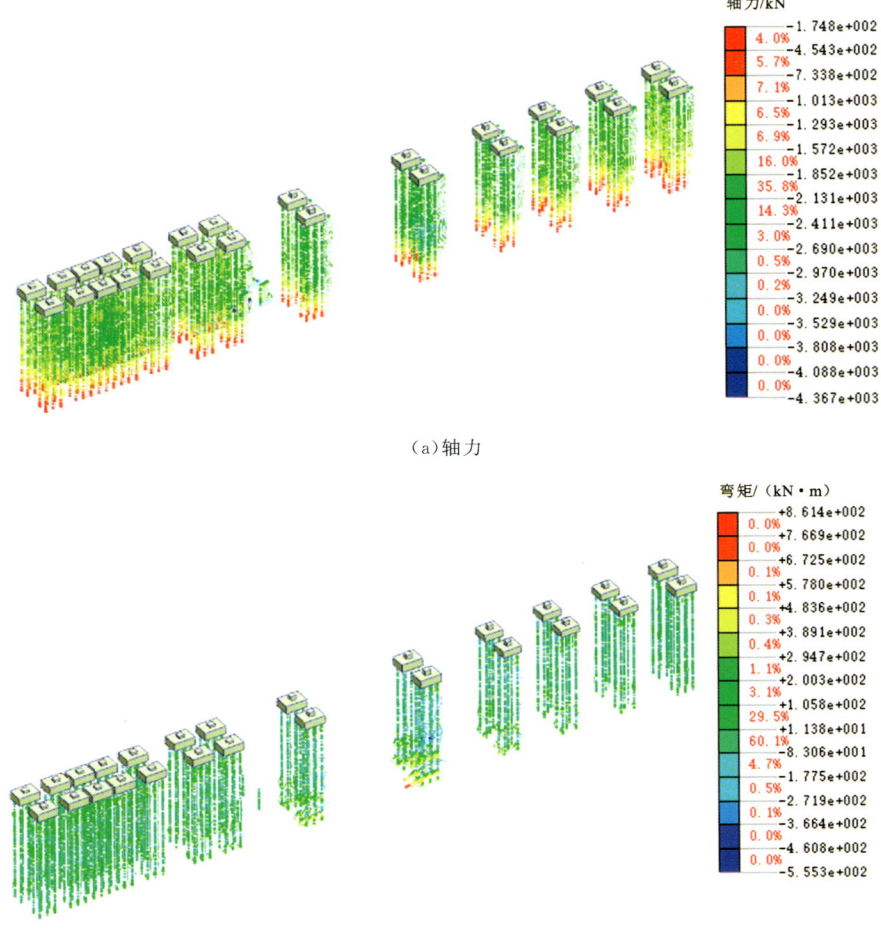

(a) 轴力

(b) 弯矩

图 7-31　二七路过江通道(解放大道—沿江大道段)工程基坑开挖完毕后轨道交通结构内力图

第五节　安全性评估结论

本次采用有限元软件 MIDAS GTS NX 建立二七路过江通道(解放大道—沿江大道段)工程三维计算模型,对基坑开挖及地下结构施工引起的轨道交通高架结构变形特性进行了分析与评估,具体结论如下:

(1)根据《城市轨道交通结构安全保护技术规范》(CJJ/T 202—2013)的规定,本工程外部作业影响等级为特级。

(2)由于本项目施工前评估段内轨道交通已运营,参考城市轨道交通结构安全保护技术规范所提出的安全控制指标,为确保轨道交通结构的安全,拟定施工对桥梁结构产生的不利影响控制值为桥梁墩台沉降值不超过 5mm,水平位移值不超过 4mm,相邻桥墩、桥台沉降差不超过 4mm。

(3)基坑开挖完毕后,整体模型最大水平位移 16.73mm,地表沉降 16.19mm,坑底隆起 25.00mm,总体位移 26.64mm,计算值均位于规范限制范围内,满足安全要求。邻近轨道交通侧基坑支护结构最大水平位移为 23.97mm,支护结构水平位移值满足湖北省地方标准《基坑工程技术规程》(DB42/T 159—2012)的控制要求,轨道交通侧基坑支护设计方案基本可行。

(4)基坑开挖引起的轨道交通高架桥结构最大竖向沉降为 1.287mm,最大水平位移为 2.598mm,相邻墩台最大不均匀沉降差值为 1.031mm,计算结果在安全控制标准范围内。

(5)基坑开挖完毕后,桥桩的最大轴力为 4367kN,最大弯矩为 861.4kN·m,桥桩配筋截面积需不少于 6750mm^2(18E22),桥桩现有配筋满足需求。

综上,在正常施工条件下过江通道工程施工对既有轨道交通高架桥结构设施影响较小,风险等级较低,工程设计方案可行。

第八章 富水电力通道施工对近接桥梁结构影响案例研究

第一节 工程概况

江汉电力通道一期工程位于武汉市江汉区,西起常青路,东至姑嫂树路,本次评估范围为常青路—银墩街范围,总长约340m。拟建工程邻近现状常青路高架桥(常青路与常青一路交叉口处),总平面详见图8-1。目前常青路高架桥已投入使用。

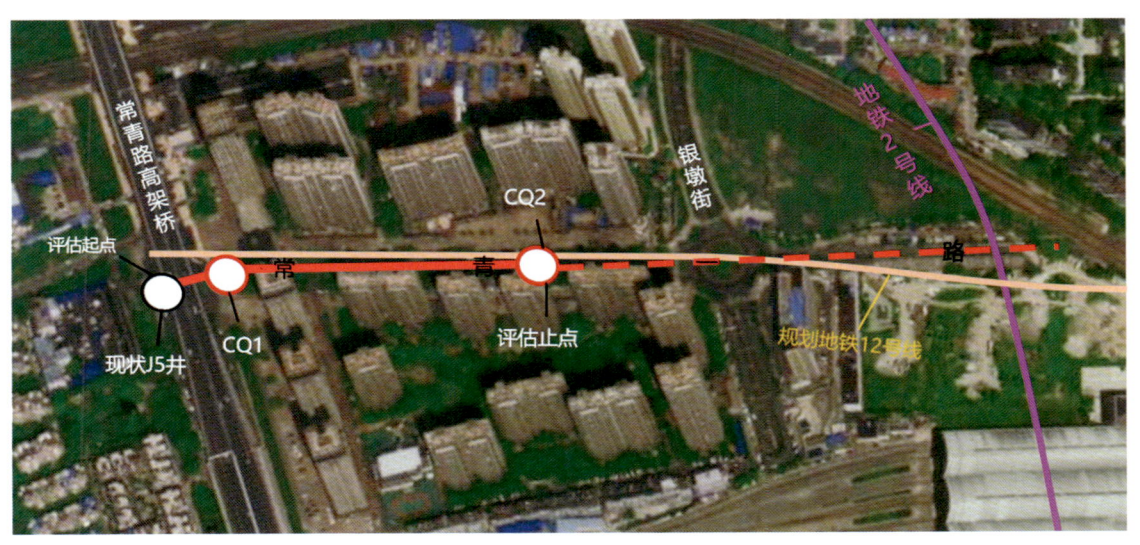

图8-1 江汉电力通道一期工程总平面示意图

一、地下工程建设内容及桥梁概况

1. 地下工程建设内容

江汉电力通道一期工程总长2.18km,采用d(直径)2700~3500圆形隧道断面。根据规范及规划要求,顶管通道需与现状市政管线保持一倍外径的净距,同时,为满足通道内排水坡度要求,电力通道坡度不小于0.5%,故本工程电力通道最大覆土厚度13.5m,隧道埋深6～19m。常青一路局部与规划轨道交通12号线并线,采用明挖段和顶管方法施工。明挖段(CQ1顶管井及附属构筑物)和顶管段(电力通道)先施工,待明挖段和顶管施工回填完毕后,再进行轨道交通12号线施工。

明挖段CQ1顶管井基坑深度约18.9m,采用$\phi1200@1400$灌注桩+4道内支撑进行支护,桩长30m,支护桩外设置22m长的连续双重管高压旋喷桩止水帷幕与桩间止水帷幕,基坑底部设置$\phi800mm@550mm$双重管高压旋喷桩加固,加固厚度约3.0m,满堂布置;明挖段CQ1排风口进出洞段基坑深度4.9～6.5m,采用$\phi600@800$灌注桩+2道内支撑进行支护,桩长15m,支护桩外设置双重管高压旋喷桩止水帷幕,桩底进入基坑底下1m;电力通道顶管施工深度15～17m,顶管内径2.7～3.5m。江汉电力通道一期工程与常青路高架桥之间相对位置关系见图8-2所示。

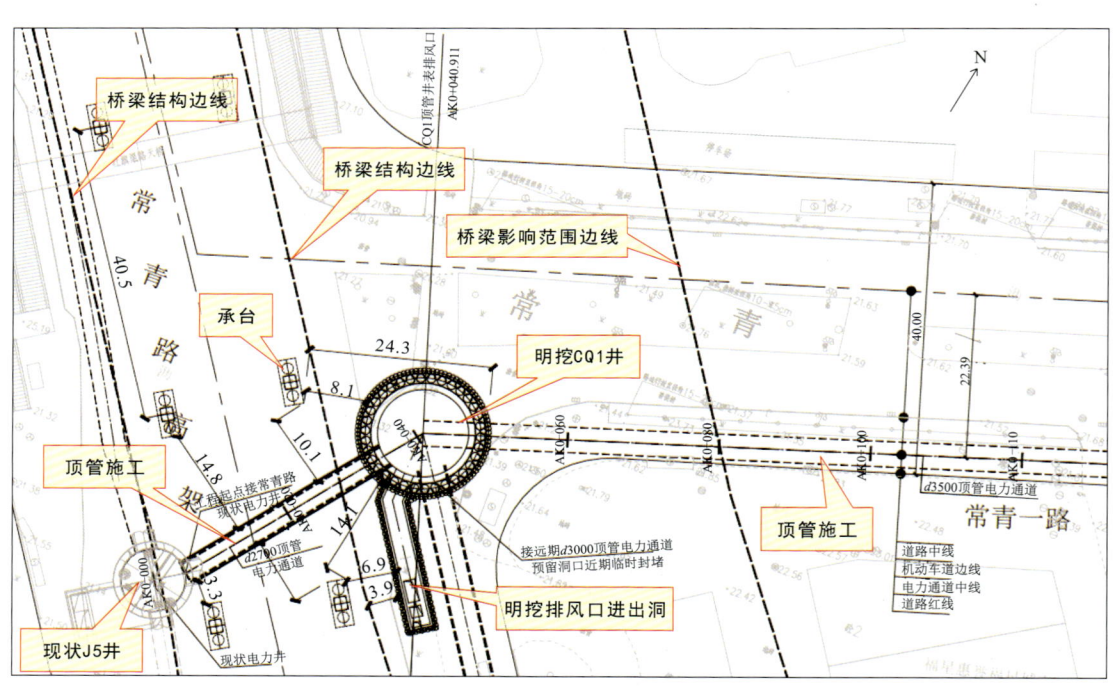

图8-2 江汉电力通道一期工程与常青路高架桥平面位置关系示意图(单位:m)

2. 桥梁概况

汉江大道常青路段起于三环线常青立交桥,止于青年路,穿越京广铁路,道路全长约3km,其中常青路高架桥全长约2.75km,双向6车道,设计时速60km/h。

常青路高架桥上部结构采用256m(68m+120m+68m)变截面预应力混凝土连续箱梁,下部结构采用柱式墩,基础采用承台接钻孔灌注桩,并在17号、20号桥墩上设置伸缩量为240mm的伸缩装置。该桥上跨京广线、合武线、汉宜线和汉丹线,净空按≥8.5m控制。桥面分为两幅,桥面总宽 52m,桥面布置为 3.5m(缓冲带)+0.5m(防撞护栏)+21.25m(机动车道)+1.5m(中央分隔带)+21.25m(机动车道)+0.5m(防撞护栏)+3.5m(缓冲带)=52m。常青路高架桥工程线路走向如图 8-3 所示。

图 8-3　常青路高架桥工程线路走向示意图

根据相关资料,该段桥跨为 27~56m,两幅桥面共设置两个承台,承台下设 2 根 $\phi1800mm$ 钻孔灌注桩(端承桩),桩尖嵌入中等胶结砂岩⑤-2a 深度不小于 4D(D 为钻孔灌注桩直径)泥岩层(对应本工程场区强风化砂砾岩层)。常青路高架桥桥墩参数见表 8-1,桥梁结构如图 8-4 所示。

表 8-1　常青路高架桥桥墩参数表

设计高程/m	墩顶标高 H_1/m	承台顶标高 H_2/m	左侧桩底标高 H_3/m	右侧桩底标高 H_3'/m	墩高 H/cm	左侧桩长 L/cm	右侧桩长 L/cm
41.499	38.873	20.873	−42.927	−39.827	1300	6100	5800
垫石厚度 t_1/cm	垫石厚度 t_2/cm	垫石厚度 t_1'/cm	垫石厚度 t_2'/cm	承台体积/m³	桩顶反力/kN	左侧桩基类型	右侧桩基类型
16.8	16.8	16.7	16.7	126	8818	端承桩	端承桩

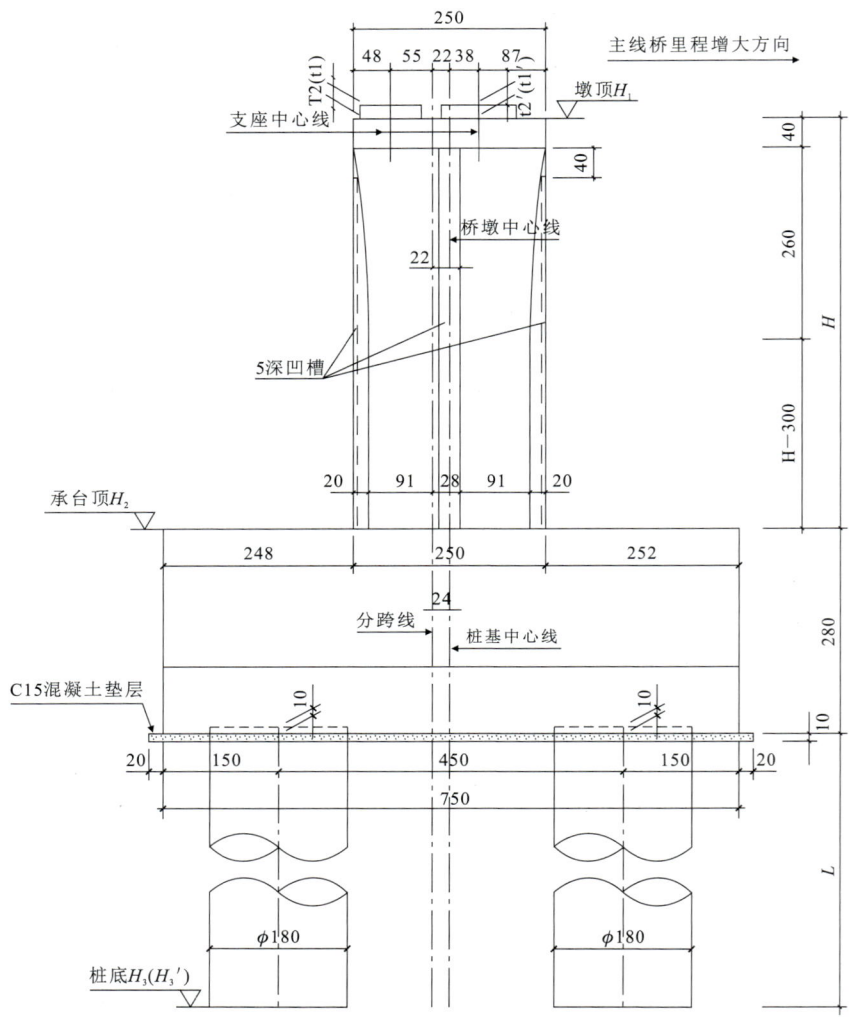

图 8-4 常青路高架桥桥梁结构剖面图(桥墩墩号 CQ22)

二、安全控制标准

本工程施工对桥梁结构产生的不利影响控制值为桥梁墩台沉降值不超过 5mm,水平位移值不超过 5mm,相邻桥墩、桥台沉降差不超过 3mm。

三、岩土工程条件

1. 地形地貌

场地地貌单元属长江冲积一级、二级阶地,整体地势较平缓,勘察期间勘探孔口处地面标高在 19.81～22.80m 之间变化。勘察期间,拟建常青一路沿线主要为现状道路、房屋等。

2. 场地稳定性及适宜性评价

(1)根据武汉市区域地质资料及本次勘察结果,拟建工程场地无滑坡、泥石流等动力地质作用的破坏影响,工程场地稳定。

(2)根据勘察结果,本场地属抗震一般地段,场地基本稳定。场地地形相对平坦,局部略有起伏,且开阔,地貌简单,排水条件尚可,地下水对工程建设影响较小。场地内岩土分布较均匀,工程性质一般,地基条件和施工条件较好,工程建设不会诱发次生地质灾害。综合场地的工程地质与水文地质条件和场地治理难易程度,判定本场地的工程建设适宜性为较适宜。

3. 地层岩性

根据本次勘探结果、地质调查和附近工程资料,结合区域地质资料,该线路路径地层岩性主要为第四系全新统杂填土(Qh^{ml}),第四系全新统冲洪积(Qh^{al+pl})粉质黏土、淤泥质粉质黏土,第四系全新统冲洪积(Qh^{al+pl})粉质黏土、粉土、粉砂互层,第四系全新统冲洪积(Qh^{al+pl})粉细砂,第四系上更新统冲洪积(Qp_3^{al+pl})粉质黏土。场地内岩土层特征由上而下分述如下:

①杂填土(Qh^{ml})。灰褐色、灰黄色,稍湿—湿,松散,由建筑垃圾、混凝土块、黏性土等组成。堆填年限大于10年。根据现场钻探揭露,现状道路部分有0.20～0.50m厚沥青混凝土路面,下部为黏性土混砂砾石垫层。全场分布,层顶标高19.81～22.80m,层厚1.00～6.20m。

②粉质黏土(Qh^{al+pl})。黄褐色,稍湿,可塑,夹软塑状粉质黏土,含少量铁锰质结核及灰白色高岭土团块。全场大部分地段分布,层顶埋深1.00～6.20m,层顶标高13.61～21.05m,层厚0.50～16.50m。

③淤泥质粉质黏土(Qh^{al+pl})。褐灰色、软塑—流塑,饱和,局部为粉质黏土,高压缩性,含少量有机质及腐殖物,略有臭味,有机质含量为3.9%～6.1%。除新湾四路CK0+725.30～CK1+389.05外全场分布,层顶埋深3.00～11.40m,层顶标高9.87～17.86m,层厚1.80～13.70m。

④粉质黏土、粉土、粉砂互层(Qh^{al+pl})。灰褐色,湿,粉质黏土呈软塑—可塑状态,粉土呈中密状态,粉砂呈稍密状态,土质不均匀,上部以粉质黏土、粉土为主,下部以粉土、粉砂为主。除新湾四路CK0+725.30～CK1+389.05全场分布,层顶埋深8.90～19.50m,层顶标高2.16～12.46m,揭露层厚2.20～17.40m。

⑤粉细砂(Qh^{al+pl})。灰褐色,饱和,中密,局部稍密。全场分布,层顶埋深20.00～29.70m,层顶标高-7.86～0.65m,揭露层厚0.30～15.20m。

(6)粉质黏土(Qp_3^{al+pl})。黄褐色、褐黄色,硬塑,稍湿,含少量铁锰质氧化物斑点,含高岭土团块。全场仅新湾四路CK0+789.80～CK1+389.05分布,层顶埋深2.00～18.00m,层顶标高2.60～20.20m,揭露层厚2.00～20.80m。

4. 地下水类型

场区地下水主要为上层滞水、孔隙承压水。

(1)上层滞水。主要赋存于上部人工填土中,水位连续性差,无统一的自由水面,水位埋深为 0.50~1.90m,主要接受地表水与大气降水补给,随地形和季节变化,并受人类活动影响明显,水量有限。

(2)孔隙承压水。主要赋存于下部④粉质黏土、粉土、粉砂互层和⑤粉细砂层中,与长江水力联系密切,互补关系、季节性变化规律明显,水量较为丰富。根据武汉市区域水文资料,承压水测压水位最高标高为 20m,年度变幅 1~3m。

第二节 关键控制技术

本工程位于武汉市江汉区,西起现状常青一路,东至银墩街。常青一路已形成现状道路,该段道路车流量及人流量大,现状道路两侧地面下埋设有较多的管线,如自来水管线、排水管涵、通信管线、电力电缆、燃气管线等。道路沿线主要为居住用地、教育用地、商业用地及少量绿化用地。道路两侧多为密集居民住宅楼群、学校、大型农贸市场、商铺、企业等,周边相交道路均为现状路。拟建场地整体地势较平缓,勘察期间勘探孔口处地面标高在 19.81~22.80m 之间变化。现场周边环境如图 8-5、图 8-6 所示。

图 8-5 常青一路与常青路交叉口航拍图

场区地下水控制技术如下:

(1)上层滞水。采用明沟排水的方式进行治理。基坑顶设置截水沟防止基坑周边地表水对基坑边坡产生冲刷潜蚀作用,开挖时做好基坑地下水治理工作。

(2)孔隙承压水。场地含水层埋深较浅,开挖较深,为防止基坑突涌,承压水控制采用管井降水,以降低承压水层的水位。管井开孔直径 600mm,井深约 35m。基坑布置降水井应

第八章　富水电力通道施工对近接桥梁结构影响案例研究

图8-6　常青路东侧现状高架桥图

将承压水水位降至基坑底标高以下至少1.0m。同时，在基坑周边布置观测井观测地下水位变化情况，当实测承压水位低于坑底标高时，可不进行抽排。基坑开挖宜选择在枯水季节施工。止水帷幕旋喷桩应严格控制桩位与垂直度，满足咬合尺寸或搭接尺寸。若无法搭接或搭接不良，应作为冷缝记录在案，并应经设计单位认可后，在搭接处采取补救措施。基坑土方开挖前应及时实施降水井，必须先施工具有代表性的单井，进行试验性抽水，核实场地水文地质设计参数，确保抽排效果。明挖段CQ1顶管井降水井平面布置见图8-7所示。

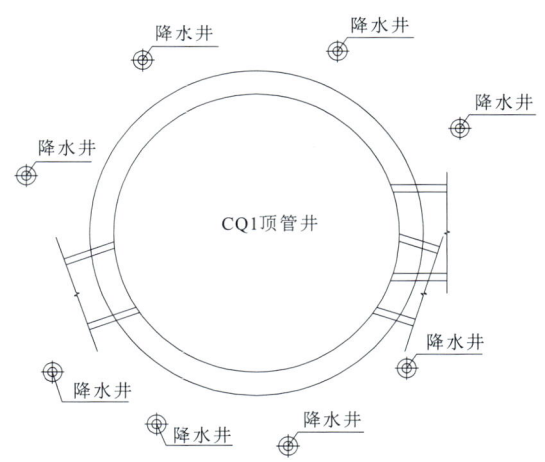

图8-7　明挖段CQ1顶管井降水井平面布置图

根据湖北省地方标准《基坑工程技术规程》(DB421/T 159—2012)，拟建基坑工程重要性等级为一级。明挖段和顶管段典型结构平剖面及加固设计范围如图8-8～图8-13所示。

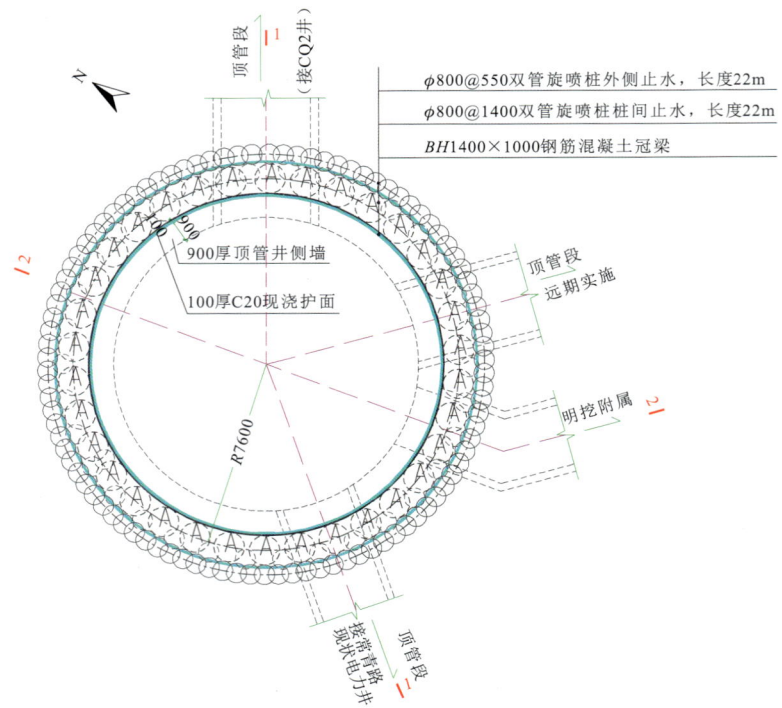

图 8-8 明挖段 CQ1 井冠梁平面布置图

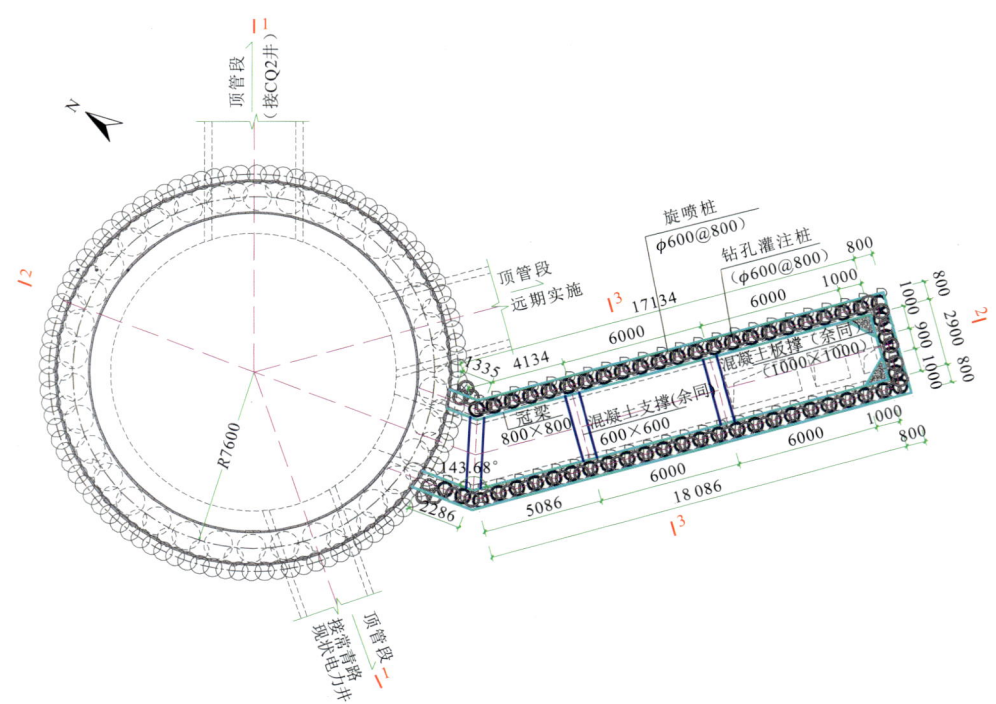

图 8-9 明挖段 CQ1 附属第一道支撑平面布置图

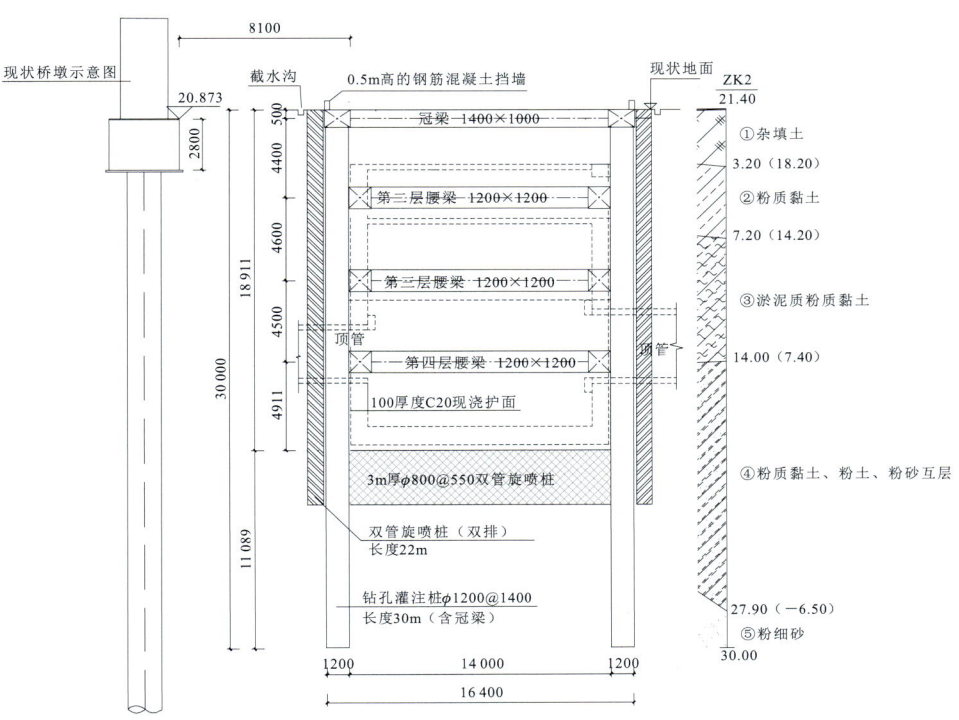

图 8-10　明挖段 CQ1 井 1—1 剖面图

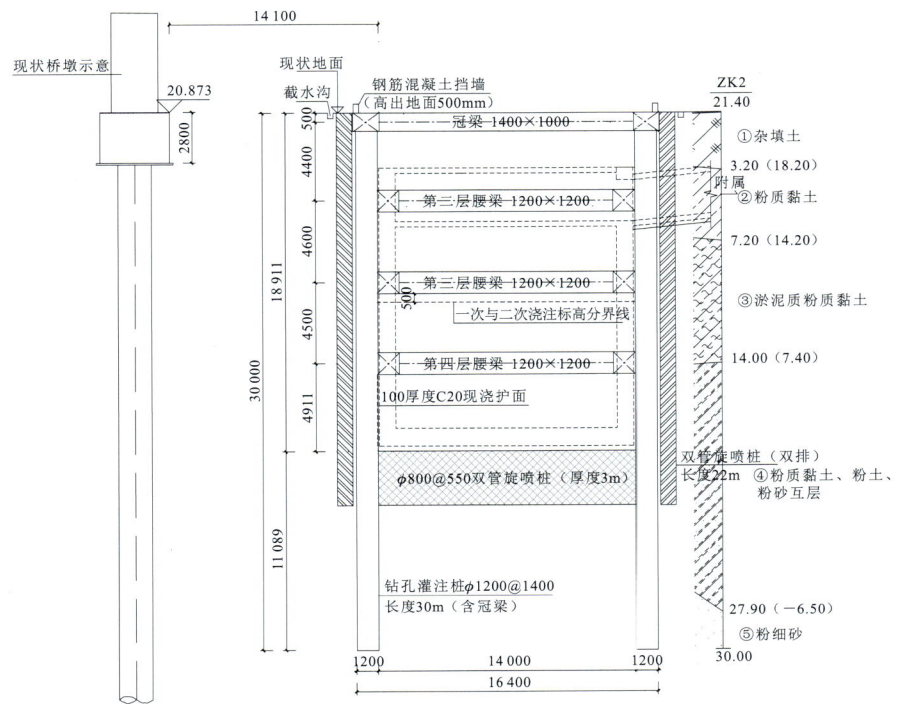

图 8-11　明挖段 CQ1 井 2—2 剖面图

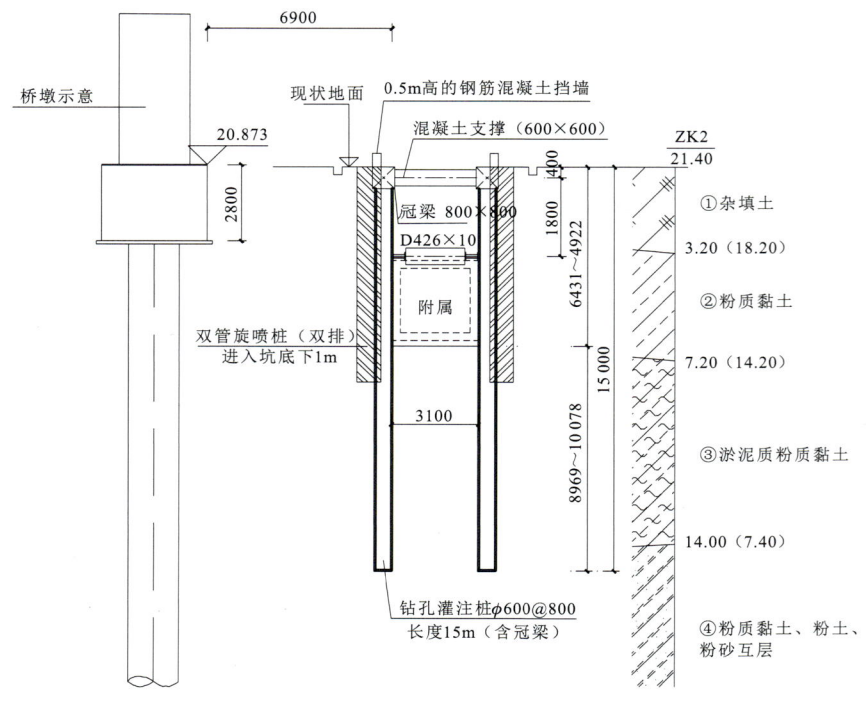

图 8-12 明挖段 CQ1 井附属 3—3 剖面图

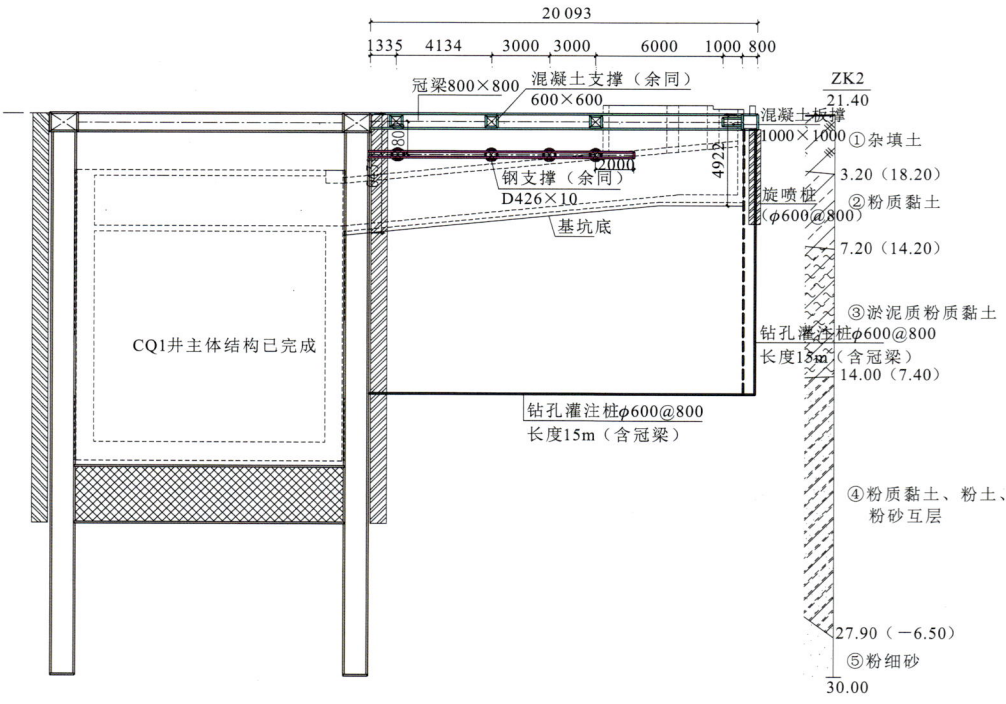

图 8-13 明挖段顶管井兼排风口进出洞段 2—2 剖面图

第三节　电力通道施工对桥梁结构影响总体分析

1. 地质水文情况分析

明挖段基坑深度4.9～18.9m,基坑支护及开挖范围内影响到的土层为①杂填土、②粉质黏土、③淤泥质粉质黏土和④粉质黏土、粉土、粉砂互层。基坑底部大部分位于③淤泥质粉质黏土和④粉质黏土、粉土、粉砂互层土层。场地地层在水平方向上有一定起伏,层厚有一定变化,地质条件较差。因此,明挖段基坑工程的施工要特别注意对邻近高架桥结构的影响,应采取合理的支护措施和止水措施将基坑开挖引起的桥梁结构变形控制在允许范围内。基坑侧壁中上部土层(①、③)在基坑开挖后将形成临空面,可能会产生局部滑移失稳、掉块或垮塌事故,基坑开挖施工会引起土体内部应力的变化,引发坡体坍塌、滑移等不良岩土工程现象。因此,基坑开挖之前,宜首先采取有效支护措施,避免基坑失稳对邻近桥梁结构产生不利影响,影响桥梁正常使用。

拟建顶管结构管身位于③淤泥质粉质黏土和④粉质黏土、粉土、粉砂互层土层。其中,③淤泥质粉质黏土属高压缩性土,强度低,工程性质差,若顶管施工方式不妥,施工期间易出现漏浆、跑浆等现象,顶管周边土体易被扰动。因此,顶管施工应采用有效的工程措施,避免土体扰动对桥梁结构产生不利影响,影响桥梁正常使用。

本场地对施工影响较大的地下水主要为上层滞水及孔隙承压水。在基坑开挖时,浅部土层中的上层滞水将以汇水点的形式渗入基坑,造成积水、软化土体,引发基坑失稳。

孔隙承压水的主要危害体现在坑壁砂层中的地下水会对基坑侧壁产生水压力,地下水易汇入基坑,若处理不当,易发生承压水突涌及流土、涌砂、坑底隆起等渗透变形,对支护结构稳定性和基坑周边环境安全产生不利影响。水量较为丰富。本基坑开挖深度4.9～18.9m,大部分基坑底板坐落在③淤泥质粉质黏土和④粉质黏土、粉土、粉砂互层。基坑开挖封底时,场地基坑相当于地下水排泄区,若对砂层中的地下水不进行治理,将无法进行施工。故必须对潜水、粉砂互层中的地下水进行控制。

2. 施工过程中降水影响分析及控制措施

对邻近常青路高架桥基坑采取减压降水措施时,降水引起的渗流力作用于围护结构外止水止淤帷幕上,直接使其产生内力和变形。降水引起地层有效应力增加,使周边地层发生固结沉降,使处在其中的高架桥桩结构内力产生变化,改变高架桥桩周边土体应力,周边土体应力变化严重时将对高架桥桩结构产生较大影响,进一步导致上部高架结构产生较大变形、开裂及不均匀沉降,致使桥面倾斜,引发行车安全事故。

在基坑工程施工期间,降水施工过程中需加强观测地下水位的变化以及基坑周边土体的位移变化,必要时应停止降水并进行回灌,研究进一步降水的可行性,以保证基坑及常青路高架梁结构的安全。

3. 几何、工期关系分析

常青路高架桥现已投入使用。基坑邻近常青路高架桥安全保护区范围共包含明挖段和顶管段两部分。明挖段基坑深度 4.9～18.9m,对应 CQ1 顶管井兼排风口进出洞段(与高架桥墩最近距离约 7.3m),顶管段对应桩号为 AK0+000～AK0+040(与高架桥墩最近距离约 11.3m)、AK0+040～AK0+340(与高架最近距离约 25.4m)段。

4. 施工工法分析

基坑施工对桥梁结构的影响分为止水帷幕、基坑降水、围护桩施工、基坑开挖、CQ1 顶管井兼排风口进出洞结构施工等几个阶段。

止水帷幕施工对原状土体进行切割或搅拌,周边土体强度降低;钻孔灌注桩施工时,土压力和孔隙水压力释放,易造成塌孔。以上施工均会影响桥桩周边土体的应力状态。

基坑开挖对开挖面以下土体具有显著的垂直方向卸荷作用,不可避免地会引起坑底土体回弹,并且基坑围护结构在土体压力作用下迫使基坑开挖面以下结构向基坑内位移,挤压坑内土体,使得坑底土体的水平向应力增大,也使得坑底土体向上隆起,进而影响桥梁周边土体的应力状态。卸荷规模是影响桥梁结构周围位移场、应力场的一个重要因素。

新建基坑开挖到底后应及时施工主体结构,防止地基土暴露时间过长导致土体强度降低。

综上所述,常青路高架桥桩基础所处土层工程性质较差,基坑开挖对桥桩结构会产生一定的影响。基坑开挖施工时应遵循分区、分块、分层、对称、限时的顺序,按照"分层开挖、严禁超挖"的原则,并及时反馈现场地质情况,进行信息化施工。顶管施工对桥梁桩基的影响主要为顶进过程中扰动周边土体,造成土体应力重分布,顶管与桥梁桩基之间的土体发生水平挤压变形,进而影响桥梁桩基周边土体的应力状态。因此,顶管施工对桥梁桩基会产生一定的影响,施工时应采取必要措施减小施工过程中对土体的扰动,并及时反馈现场情况,进行信息化施工。

第四节　电力通道施工对桥梁结构影响的有限元分析

根据拟建场区的工程地质特征,结合设计方案,以及基坑、顶管与桥梁结构的相互关系、基坑工程支护结构设计及施工特点,使用 Midas GTS/NX 软件建立三维模型,模拟计算 CQ1 顶管井兼排风口及顶管施工对紧邻常青路高架桥的不利影响,重点分析施工期间常青路高架桥的变形情况,进而评估紧邻基坑开挖部位常青路高架桥的安全状态。

一、模型构建

根据本工程施工周边环境及其与桥梁结构的空间关系,结合设计方案、施工方案以及常青路高架桥施工图等资料,建立三维整体模型,详见图 8-14～图 8-17。

第八章 富水电力通道施工对近接桥梁结构影响案例研究

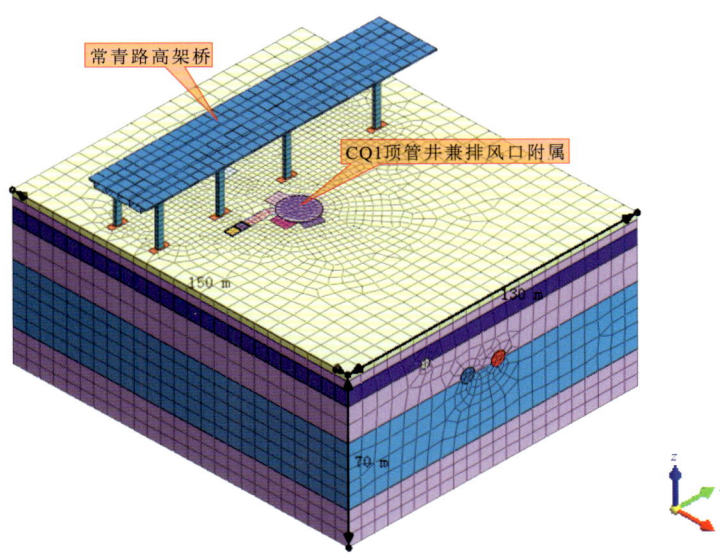

图 8-14 电力通道一期工程计算模型轴视图

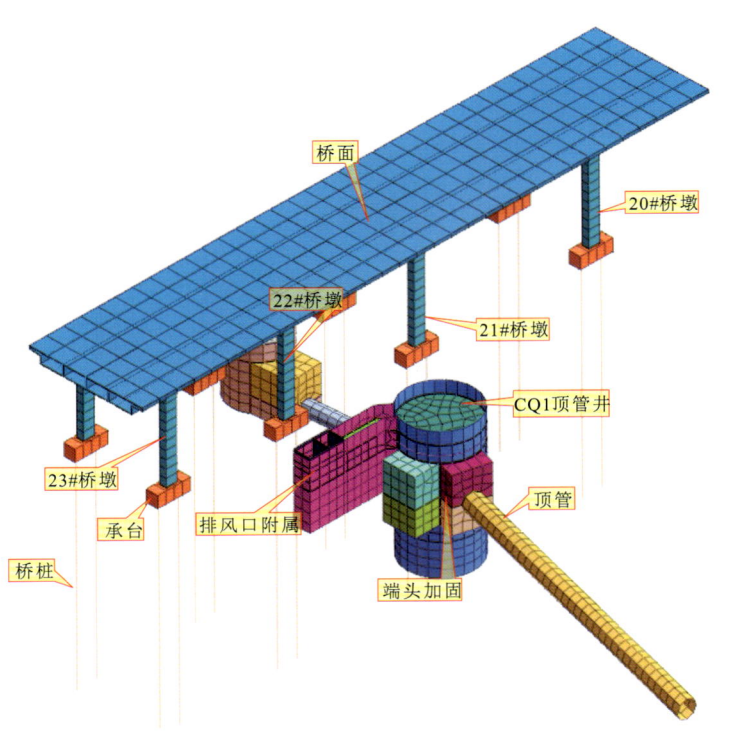

图 8-15 电力通道一期工程基坑、顶管施工完成后模型图

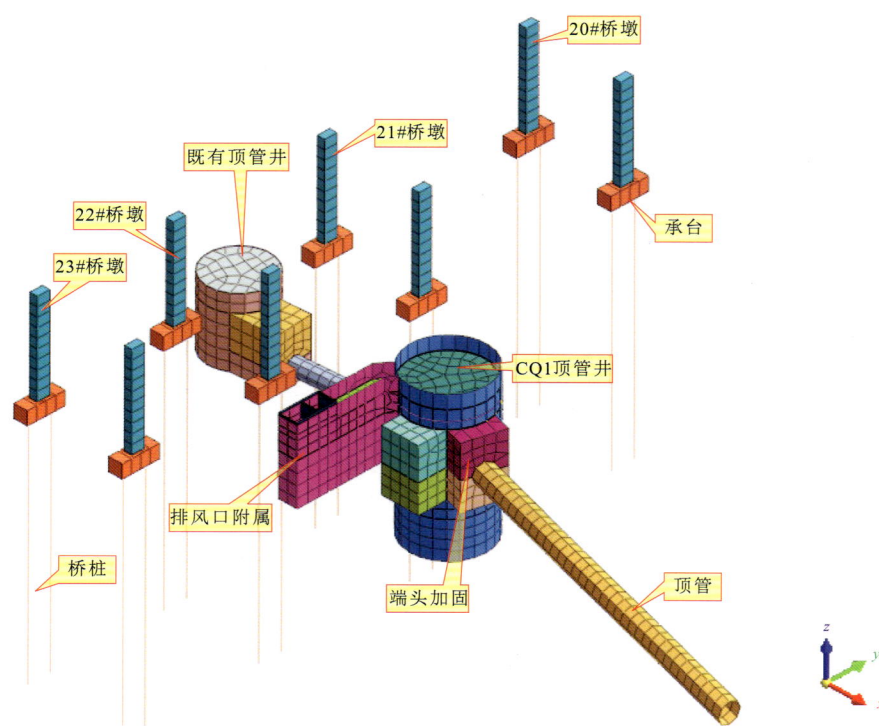

图 8-16 电力通道一期工程基坑、顶管与高架桥桩位置关系轴视图

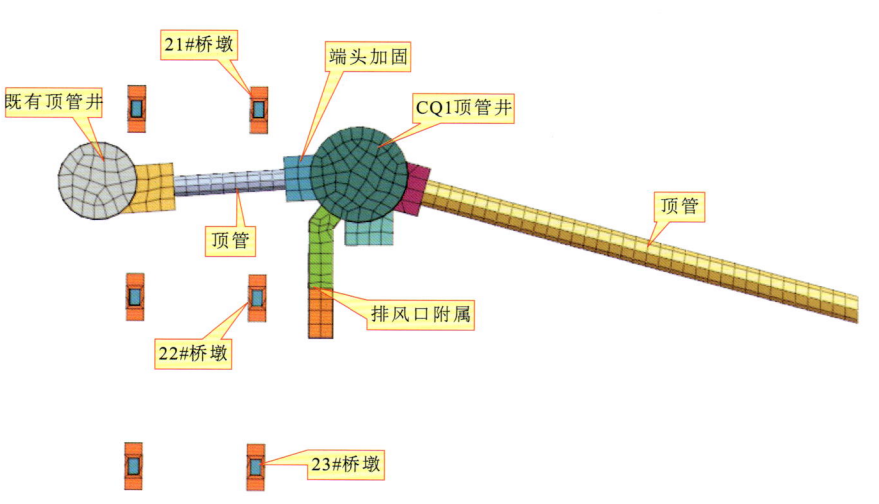

图 8-17 电力通道一期工程基坑、顶管与高架桥桩结构相互关系平面图

模型计算范围的控制原则为边界条件不应对关键部位的计算结果产生影响,根据以往研究经验,基坑数值计算时,模型外扩范围宜不小于 3 倍地基坑深度。模型中包含了常青高架桥和拟建 CQ1 顶管井及顶管结构,模型计算范围为长约 150m,宽约 130m,土层计算深度 70m。

设计方案根据周边环境差异选用不同的结构形式,本次计算中重点考虑顶管井兼排风口及顶管施工对常青高架桥的影响。因此,整体模型取最不利钻孔 ZK2 钻孔数据作为计算参数,参照标准断面图建立三维计算模型。

二、计算条件和模拟步序

1. 计算条件

常青高架桥墩混凝土等级为 C40,承台基础混凝土等级为 C30,桥面结构为 Q235B 钢材,桥桩混凝土采用等级为 C30 水下混凝土;CQ1 顶管井围护结构采用 C30 混凝土,主体结构采用 C40 混凝土;排风口附属围护结构采用 C30 混凝土,主体结构采用 C40 混凝土;顶管采用预制混凝土管,混凝土等级为 C50;明挖基坑混凝土冠梁、支撑采用 C30 混凝土,钢支撑、钢围檩均采用 Q235B 钢材。模型中,顶管井结构、排风口附属结构、顶管管片结构采用板单元模拟,高架桥桩基采用梁单元模拟,结构单元的本构模型均为弹性本构模型,基坑围护桩采用等刚度替换原则等效为连续板结构,$\phi1200@1500$ 钻孔桩采用刚度等效原理换算为每延米板厚 0.94m。各岩土层土体采用弹塑性本构修正莫尔-库仑模型进行模拟,岩土层物理力学参数、结构主要参数分别见表 8-2、表 8-3。

表 8-2 电力通道一期工程各岩土层主要物理力学参数表

土层名称	本构模型	天然容重/($kN·m^{-3}$)	c/kPa	φ/(°)	E_{oed}^{ref}/MPa	E_{50}^{ref}/MPa	E_{ur}^{ref}/MPa	泊松比
①杂填土	修正莫尔-库仑	17.5	10	8	3	3	12	0.3
②粉质黏土		18.8	12	11	6	6	18	0.3
③淤泥质粉质黏土		17.5	12	6	3.5	3.5	14	0.3
④粉质黏土夹粉土粉砂		18.5	13	15	7	7	21	0.3
⑤粉细砂		19	0	33	15.5	15.5	62	0.3
⑥弱胶结砂岩		23.5	35	24	43	43	172	0.3

表 8-3　电力通道一期工程结构主要物理力学参数表

结构名称	材料	类型	截面尺寸/mm	容重/(kN·m^{-3})	E/GPa	泊松比
CQ1 顶管井围护结构	C30	板	940	25	30	0.2
CQ1 顶管井底板	C40	板	1200	25	32.5	0.2
CQ1 顶管井侧墙	C40	板	900	25	32.5	0.2
CQ1 顶管井顶板	C40	板	800	25	32.5	0.2
CQ1 顶管井中板	C40	板	300	25	32.5	0.2
排风口附属围护结构	C30	板	460	25	30	0.2
排风口附属主体结构	C40	板	300	25	32.5	0.2
顶管管片	C50	板	320/270	25	34.5	0.2
CQ1 顶管井冠梁	C30	梁	1400×1000	25	30	0.2
CQ1 顶管井腰梁	C30	梁	1200×1200	25	30	0.2
排风口附属冠梁	C30	梁	800×800	25	30	0.2
排风口附属第一道支撑	C30	梁	600×600	25	30	0.2
排风口附属腰梁	Q235B	梁	双拼 45c 工字钢	78.5	206	0.3
排风口附属第二道支撑	Q235b	梁	D426×10	78.5	206	0.3
桥桩	C30	梁	1800	25	30	0.2
承台	C30	实体	7500×3000×2800	25	30	0.2
桥墩	C40	实体	1700×2500	25	32.5	0.2

2. 边界条件

三维整体模型的边界条件：模型底部约束 z 方向位移，模型前后两面约束 y 方向位移，模型左右两面约束 x 方向位移。

拟建场区对施工影响水文因素是上层滞水及孔隙承压水，计算模型中上层滞水初始水位埋深取地下 0.5m，孔隙承压水计算模型中承压水按最高水位模拟。现场施工地面超载及桥面活荷载均按照 20kPa 考虑。

3. 分析工况

本次主要分析拟建旋喷桩端头加固及地基加固、围护结构施工、基坑降水、CQ1 顶管井施工、顶管掘进施工、排风口附属施工对常青高架桥的影响，考虑顶管井兼排风口附属及顶管施工引起的增量位移，故对既有建（构）筑施工引起的位移和初始应力场引起的位移进行清零。本次模拟共分 19 个施工工序，具体如表 8-4 所示。

表 8-4 电力通道一期工程模拟施工工序表

序号	施工工序	描述
1	初始渗流状态	激活所有地层
2	初始应力状态	未开挖状态下地层应力状态
3	常青高架桥梁、J5顶管井施工	激活结构单元,钝化土体
4	位移清零	—
5	CQ1顶管井围护结构施工	激活围护结构单元
6	端头及CQ1基底加固施工	激活端头加固及基底加固
7	第一次降水	模拟降水渗流及地层变形
8	CQ1顶管井第一次开挖施工	激活相应支撑,钝化土体
9	第二次降水	模拟降水渗流及地层变形
10	CQ1顶管井第二次开挖	激活相应支撑,钝化土体
11	第三次降水	模拟降水渗流及地层变形
12	CQ1顶管井第三次开挖	激活支撑,钝化土体
13	第四次降水	模拟降水渗流及地层变形
14	CQ1顶管井开挖至基底	激活支撑,钝化土体
15	CQ1顶管井底板及侧墙施工	激活顶管井底板及侧墙结构
16	顶管施工	钝化顶管土体,施工顶管结构
17	CQ1中板、顶板及基坑回填	激活顶管井中板、顶板及土体
18	排风口围护结构及基坑开挖	激活排风口支护、钝化土体
19	排风口结构施工,基坑回填	激活排风口结构和上部土体

三、计算结果分析

1. 场区地层位移计算结果分析

本工程排水管道范围内的工程地质条件较复杂,且地下水对基坑工程有一定影响,沟槽基坑为临时性基坑,根据湖北省地方标准《基坑工程技术规程》(DB42/T 159—2012),本工程基坑重要性等级为一级,位移限值(控制值)为40mm。典型工序下地层位移计算结果如图8-18～图8-20、表8-5所示。

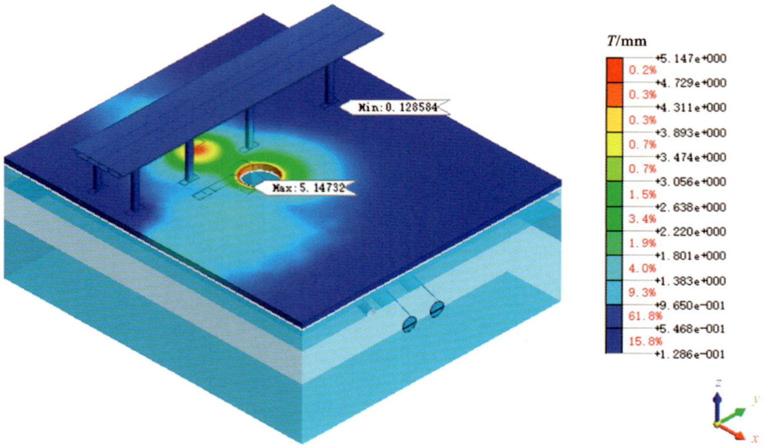

城市地下工程建设对近接既有市政交通与管廊结构影响及管控措施研究

(a) T

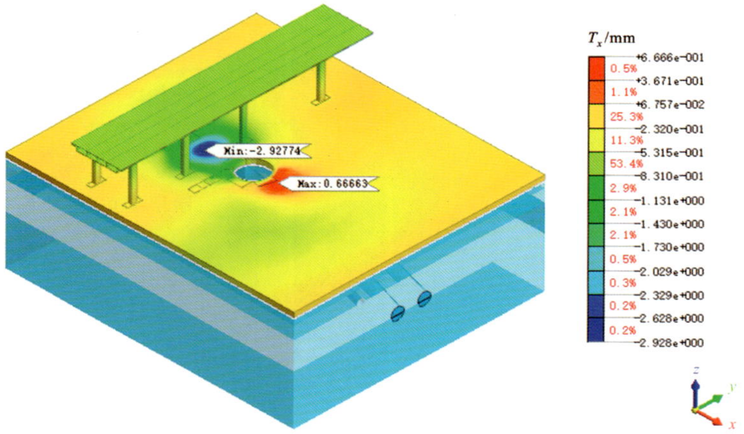

(b) T_x

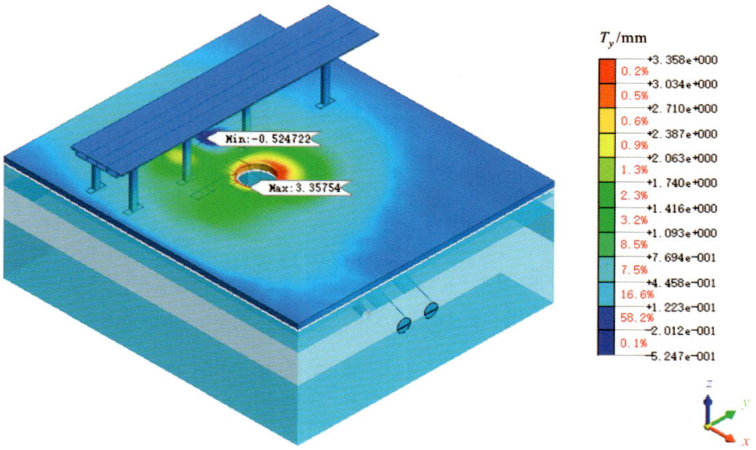

(c) T_y

图 8-18 江汉电力通道一期工程 CQ1 顶管井开挖至基底地层位移计算结果图

第八章 富水电力通道施工对近接桥梁结构影响案例研究

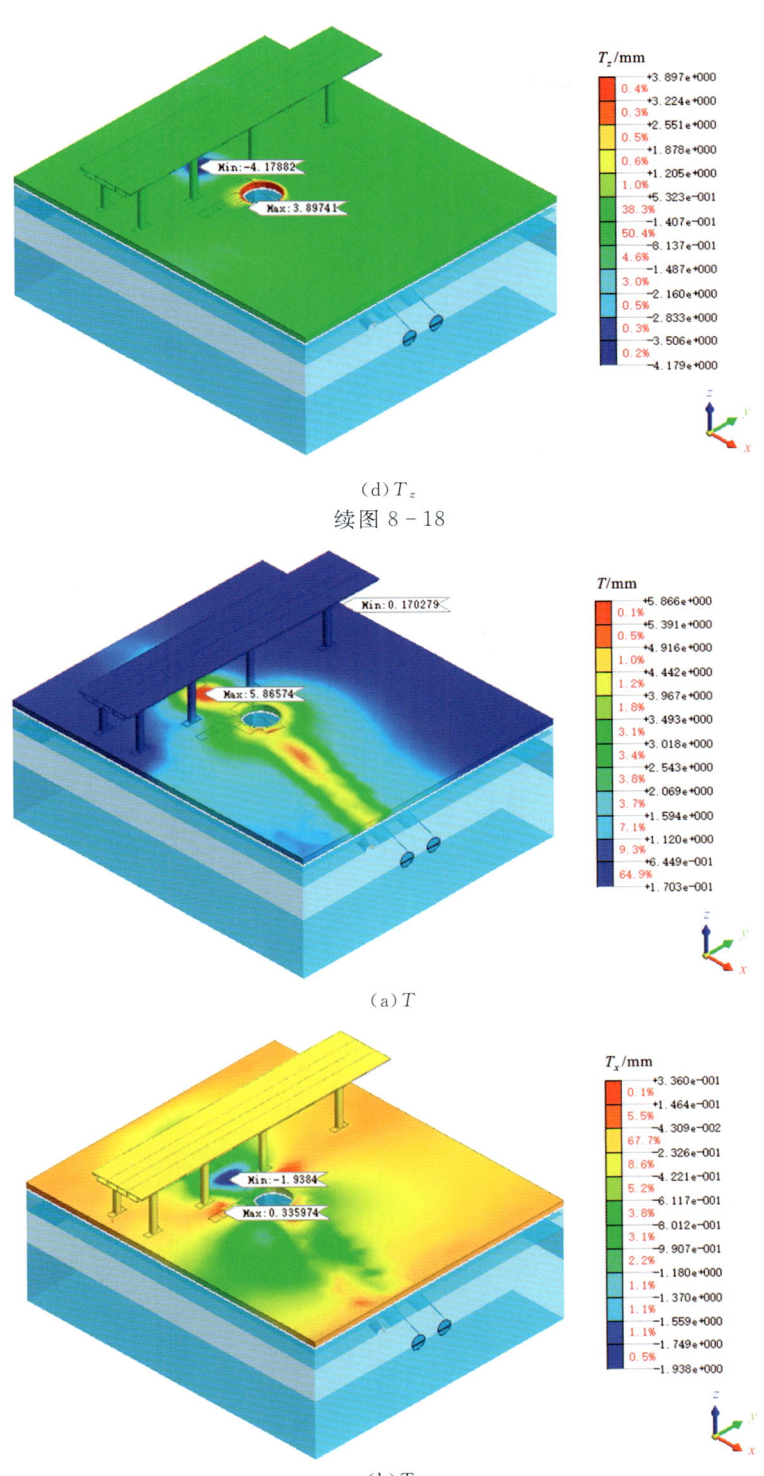

(d) T_z

续图 8-18

(a) T

(b) T_x

图 8-19 江汉电力通道一期工程顶管施工地层位移计算结果图

| 167

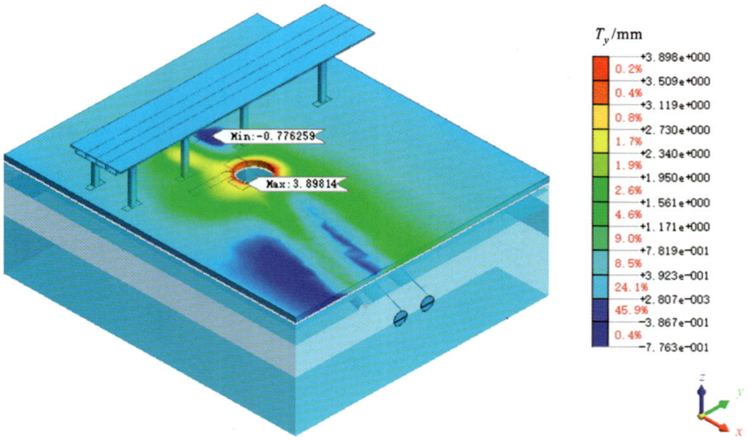

(c) T_y

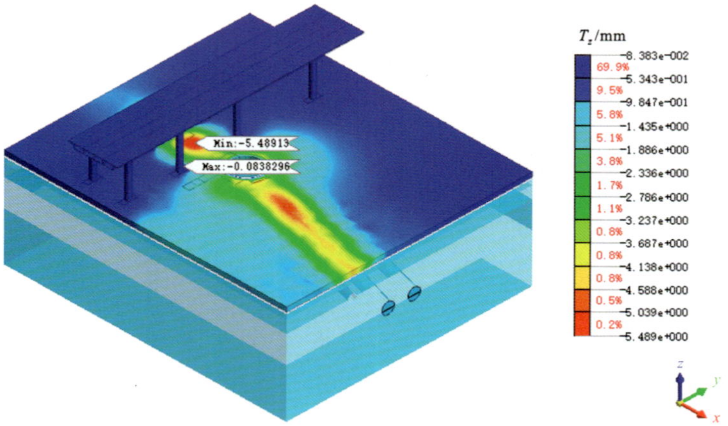

(d) T_z

续图 8-19

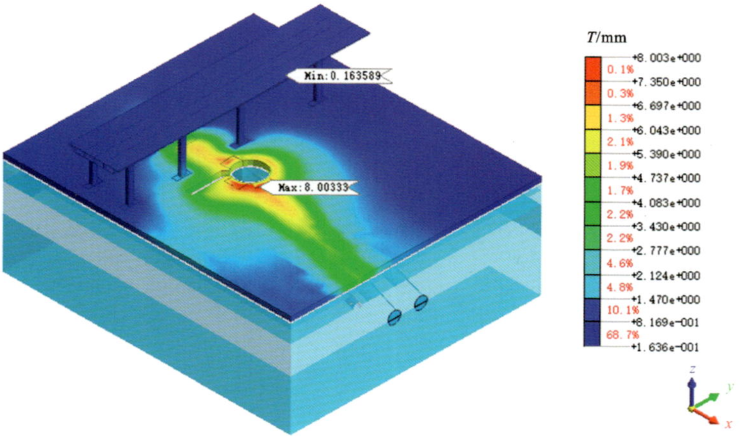

(a) T

图 8-20 江汉电力通道一期工程排风口基坑主体结构施工及基坑回填地层位移计算结果图

第八章 富水电力通道施工对近接桥梁结构影响案例研究

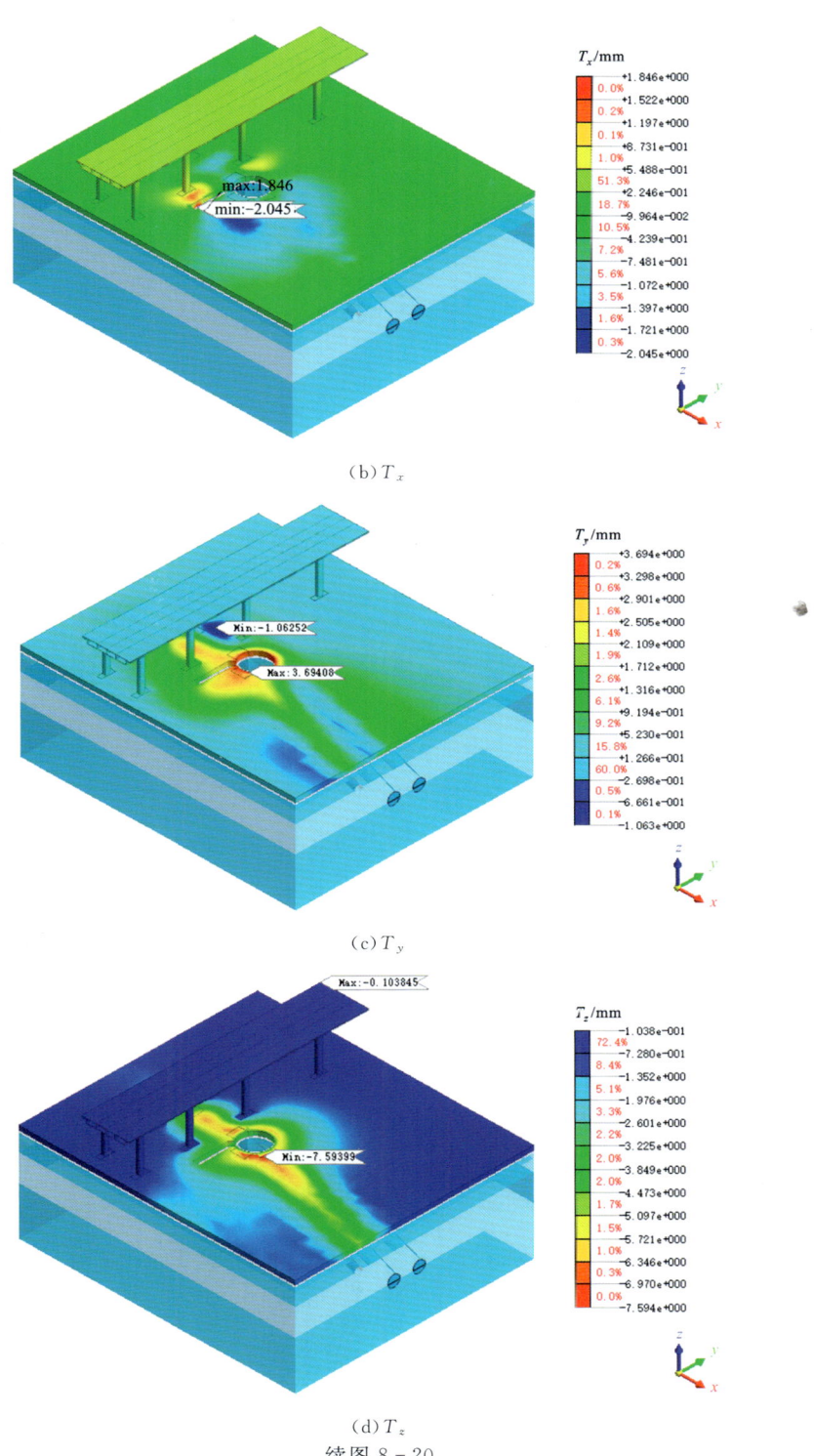

(b) T_x

(c) T_y

(d) T_z

续图 8-20

表 8-5　江汉电力通道一期工程地面位移计算结果汇总表

施工工序	地层位移/mm			
	T	T_x	T_y	T_z
CQ1 顶管井围护结构施工	5.26	1.81	−1.48	−5.25
端头加固及 CQ1 顶管井基底加固施工	5.90	1.93	−1.74	−5.89
第一次降水施工	18.13	−2.46	5.76	−17.75
CQ1 顶管井第一次开挖施工	5.65	−1.68	3.58	−4.96
第二次降水施工	6.02	−1.84	3.60	−5.44
CQ1 顶管井第二次开挖施工	4.53	−1.55	3.49	−4.21
第三次降水施工	4.64	−1.83	3.45	−4.27
CQ1 顶管井第三次开挖施工	4.70	−2.31	3.40	−4.23
第四次降水施工	4.71	−2.39	3.40	−4.23
CQ1 顶管井开挖至基底	5.15	−2.92	3.35	−4.18
CQ1 顶管井底板及侧墙施工	5.34	−1.82	3.70	−4.78
顶管施工	5.87	−1.94	3.90	−5.49
CQ1 顶管井中板、顶板施工,基坑回填	7.77	−1.51	4.16	−7.23
排风口基坑围护结构及基坑开挖	7.56	2.02	4.58	−6.93
排风口基坑主体结构施工,基坑回填	8.00	2.05	3.69	−7.59

由以上计算结果可知,地面最大水平位移为 5.76mm(第一次降水施工),地层最大竖向位移为 −17.75mm(第一次降水施工),均小于位移控制值(40mm),满足规范要求。

2. 基坑支护结构计算结果分析

CQ1 顶管井、排风口基坑围护结构及排风口附属围护结构、顶管电力通道结构位移计算结果如图 8-21～8-23、表 8-6 所示。

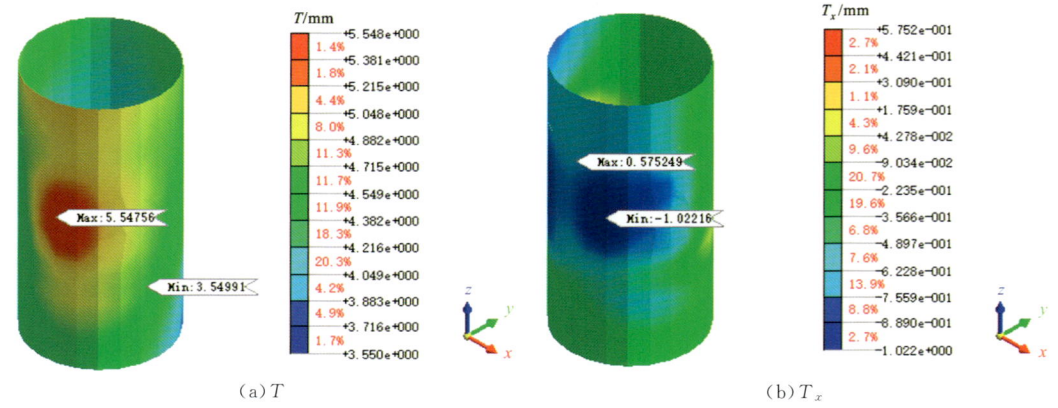

(a) T　　　　　　　　　　　　(b) T_x

图 8-21　江汉电力通道一期工程 CQ1 顶管井开挖至基底位移计算结果图

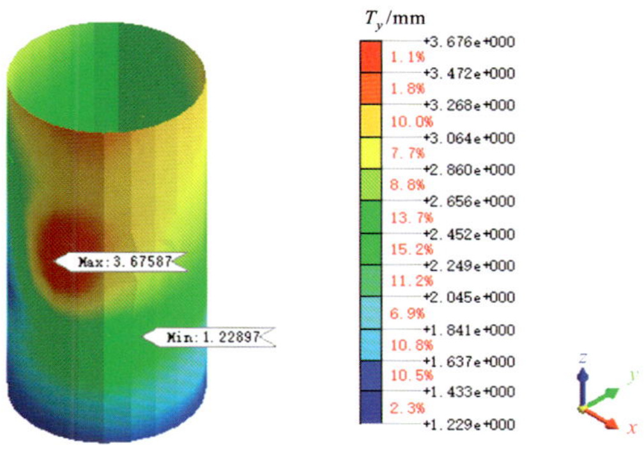

第八章　富水电力通道施工对近接桥梁结构影响案例研究

(c) T_y 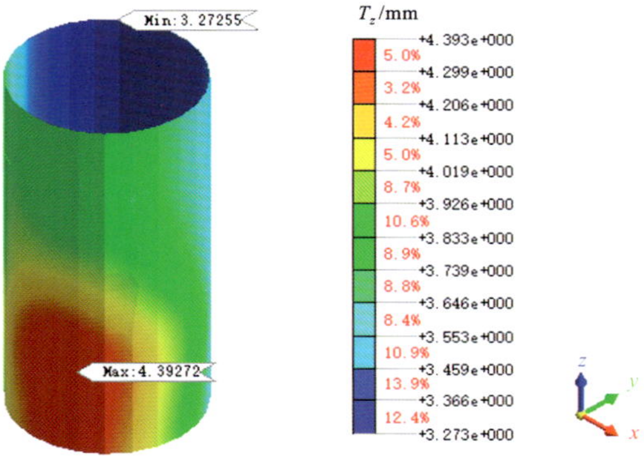　　　　　　　　　　　　　　(d) T_z

续图 8-21

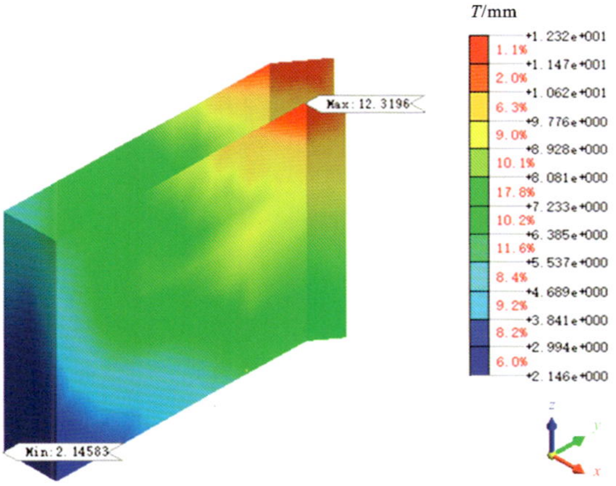

(a) T 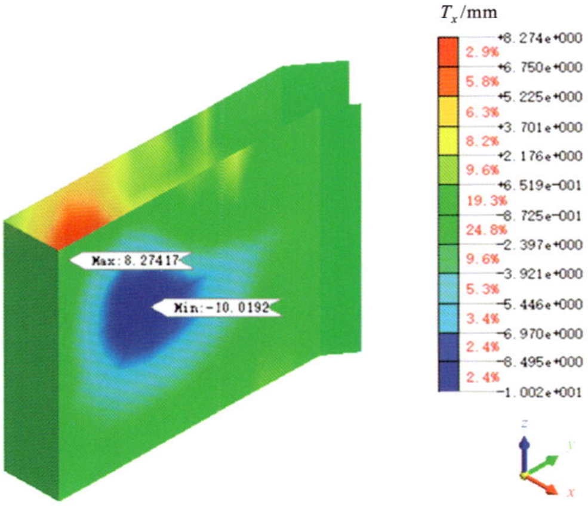　　　　　　　　　　　　　　(b) T_x

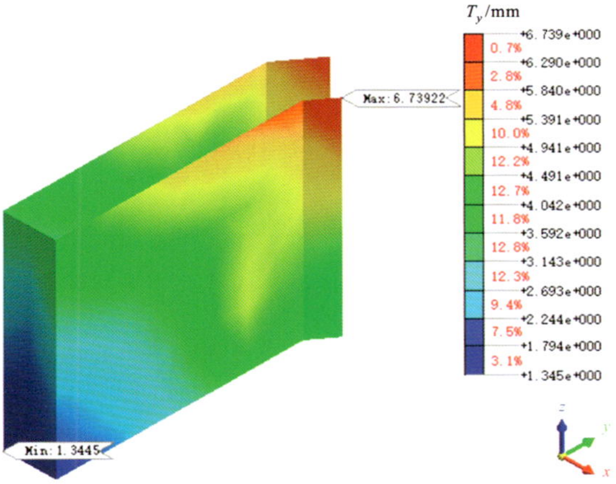

(c) T_y 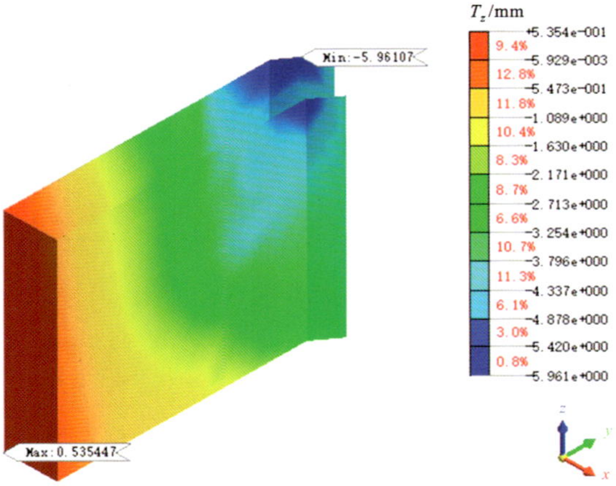　　　　　　　　　　　　　　(d) T_z

图 8-22　江汉电力通道一期工程排风口基坑围护结构及排风口附属围护结构位移计算结果图

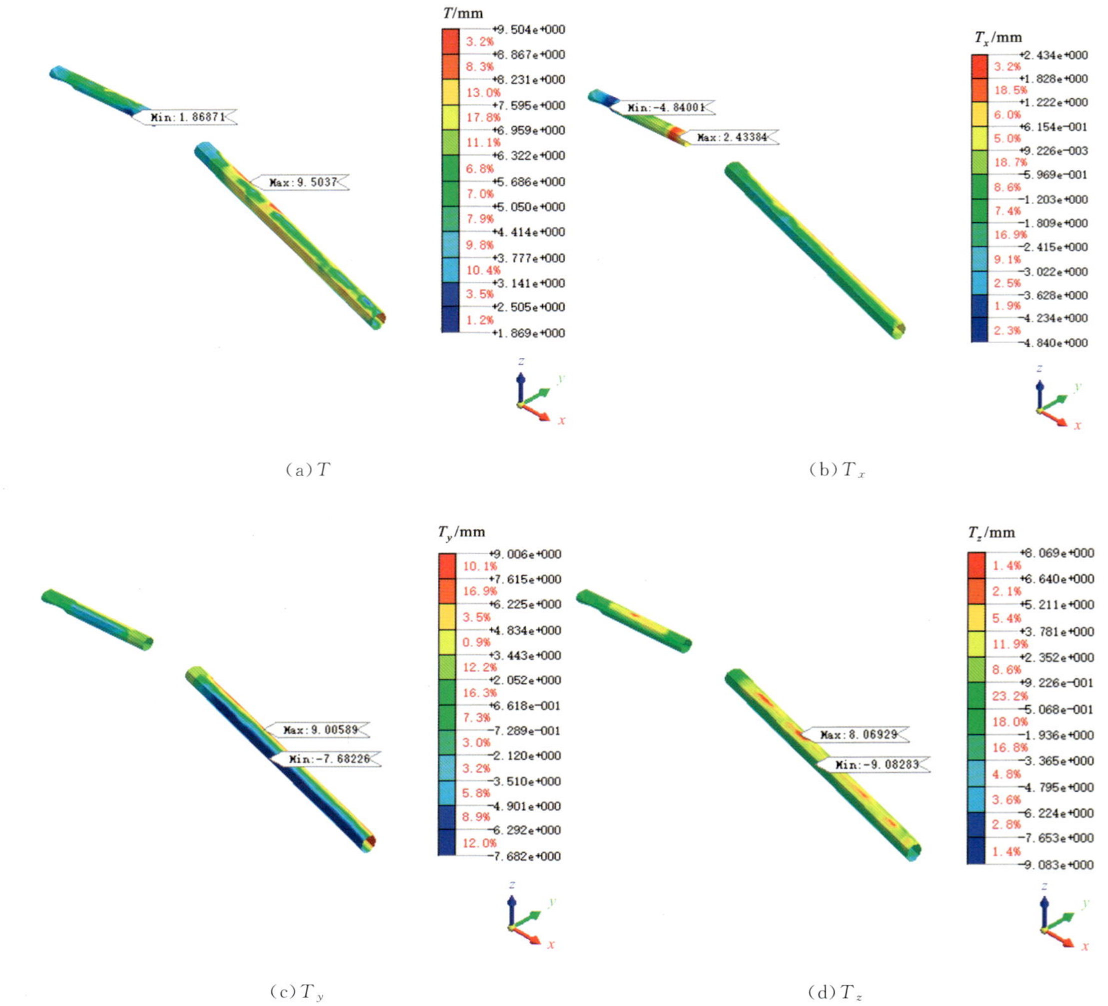

城市地下工程建设对近接既有市政交通与管廊结构影响及管控措施研究

(a) T

(b) T_x

(c) T_y

(d) T_z

图 8-23 江汉电力通道一期工程顶管电力通道结构位移计算结果图

表 8-6 江汉电力通道一期工程主要结构位移计算结果汇总表

统计项目	结构位移/mm			
	T	T_x	T_y	T_z
CQ1 顶管井围护结构（CQ1 顶管井开挖至基底）	5.55	−1.02	3.68	−4.39
排风口附属围护结构（排风口基坑围护结构及基坑开挖）	12.32	−10.02	6.74	−5.96
顶管电力通道结构（顶管施工）	9.50	−4.84	9.01	−9.08

| 172 |

由以上计算结果可知,CQ1顶管井施工完成后其围护结构最大水平位移为3.68mm,最大竖向位移为−4.39mm;排风口附属施工完成后其围护结构最大水平位移为10.02mm,最大竖向位移为−5.96mm;顶管电力通道施工完成后,围护结构最大水平位移为9.01mm,最大竖向位移为−9.08mm。计算位移值均小于水平位移控制值(40mm),满足规范要求。

3. 高架桥梁结构位移结果分析

典型工序下常青路高架桥梁位移计算结果如图8−24、图8−25和表8−7、表8−8所示。

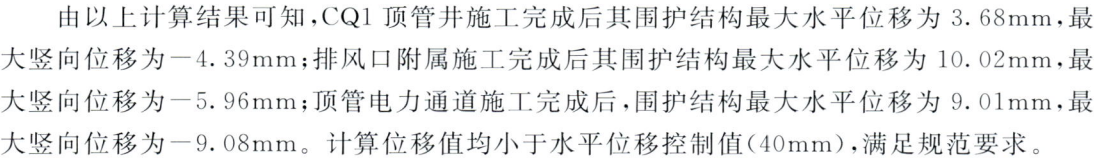

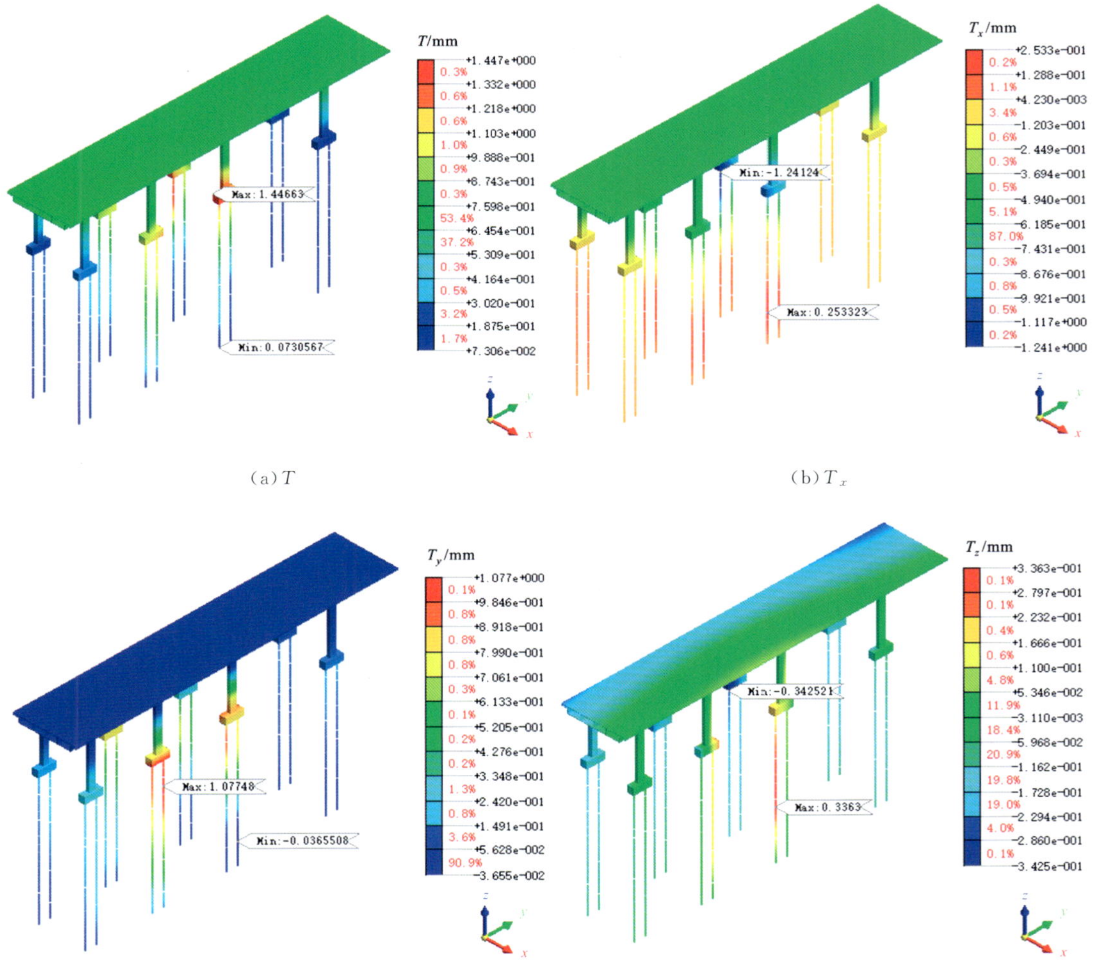

(a) T

(b) T_x

(c) T_y

(d) T_z

图8−24　江汉电力通道一期工程CQ1顶管井开挖至基底常青路高架桥梁位移计算结果图

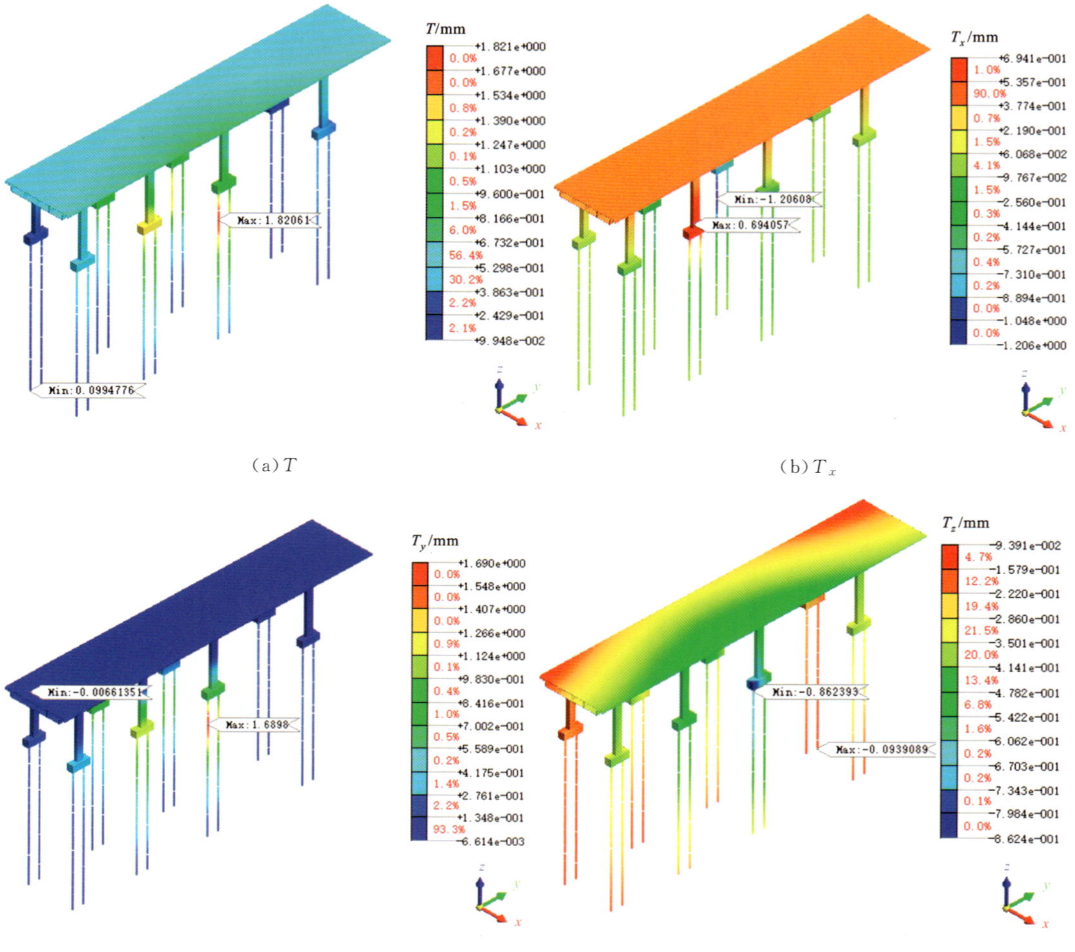

城市地下工程建设对近接既有市政交通与管廊结构影响及管控措施研究

(a) T

(b) T_x

(c) T_y

(d) T_z

图 8-25 江汉电力通道一期工程排风口基坑主体结构施工及基坑回填常青路高架桥梁位移计算结果图

表 8-7 江汉电力通道一期工程各施工工序下常青路高架桥梁位移计算结果汇总表

施工工序	高架桥梁位移/mm			
	T	T_x	T_y	T_y
CQ1 顶管井围护结构施工	1.24	0.97	0.37	-0.71
端头加固及 CQ1 顶管井基底加固施工	1.39	1.07	0.46	-0.79
第一次降水施工	1.85	0.84	1.64	-1.13
CQ1 顶管井第一次开挖施工	1.57	0.89	1.46	-0.69
第二次降水施工	1.61	0.88	1.49	-0.78
CQ1 顶管井第二次开挖施工	1.41	0.96	1.35	-0.44

续表 8-7

施工工序	高架桥梁位移/mm			
	T	T_x	T_y	T_y
第三次降水施工	1.33	1.00	1.29	-0.42
CQ1 顶管井第三次开挖施工	1.29	1.08	1.18	-0.38
第四次降水施工	1.30	1.10	1.17	-0.37
CQ1 顶管井开挖至基底	1.44	1.24	1.08	-0.34
CQ1 顶管井底板及侧墙施工	1.37	1.03	1.31	-0.45
顶管施工	1.76	1.31	1.74	-0.43
CQ1 顶管井中板、顶板施工，基坑回填	1.85	1.20	1.75	-0.78
排风口基坑围护结构及基坑开挖	1.90	1.18	1.81	-0.73
排风口基坑主体结构施工，基坑回填	1.82	1.20	1.69	-0.86

表 8-8　江汉电力通道一期工程常青路高架桥墩差异位移计算结果汇总表

序号	施工工序	桥墩之间差异沉降/mm		
		20#与21#	21#与22#	22#与23#
1	CQ1 顶管井围护结构施工	0.17	0.03	0.11
2	端头加固及 CQ1 顶管井基底加固施工	0.19	0.04	0.13
3	第一次降水施工	0.20	0.08	0.17
4	CQ1 顶管井第一次开挖施工	0.13	0.06	0.12
5	第二次降水施工	0.11	0.05	0.10
6	CQ1 顶管井第二次开挖施工	0.06	0.05	0.06
7	第三次降水施工	0.03	0.02	0.04
8	CQ1 顶管井第三次开挖施工	0.03	0.00	0.00
9	第四次降水施工	0.03	0.00	0.01
10	CQ1 顶管井开挖至基底	0.09	0.02	0.05
11	CQ1 顶管井底板及侧墙施工	0.05	0.03	0.05
12	顶管施工	0.03	0.02	0.03
13	CQ1 顶管井中板、顶板施工，基坑回填	0.11	0.05	0.09
14	排风口基坑围护结构及基坑开挖	0.08	0.06	0.08
15	排风口基坑主体结构施工，基坑回填	0.14	0.04	0.11

由以上计算结果可知，施工引起地层应力的改变，带动紧邻高架桥梁产生位移。计算结果显示，桥梁最大水平位移为 1.81mm（排风口基坑围护结构及基坑开挖），竖向最大位移为

－1.13mm（第一次降水施工）；相邻桥墩、桥台最大差异沉降为0.2mm（第一次降水施工，位于20♯桥墩与21♯桥墩之间）；基坑及电力通道顶管施工对常青路高架各方向位移影响均在结构安全控制标准（本项目正常施工条件下对桥梁结构产生的不利影响控制值为桥梁墩台沉降值不超过5mm，水平位移值不超过5mm，相邻桥墩、桥台沉降差不超过3mm）的范围内。

4. 高架桥桩结构内力结果

不同施工工序下常青路高架桥桩内力计算结果如图8-26～图8-28、表8-9所示。

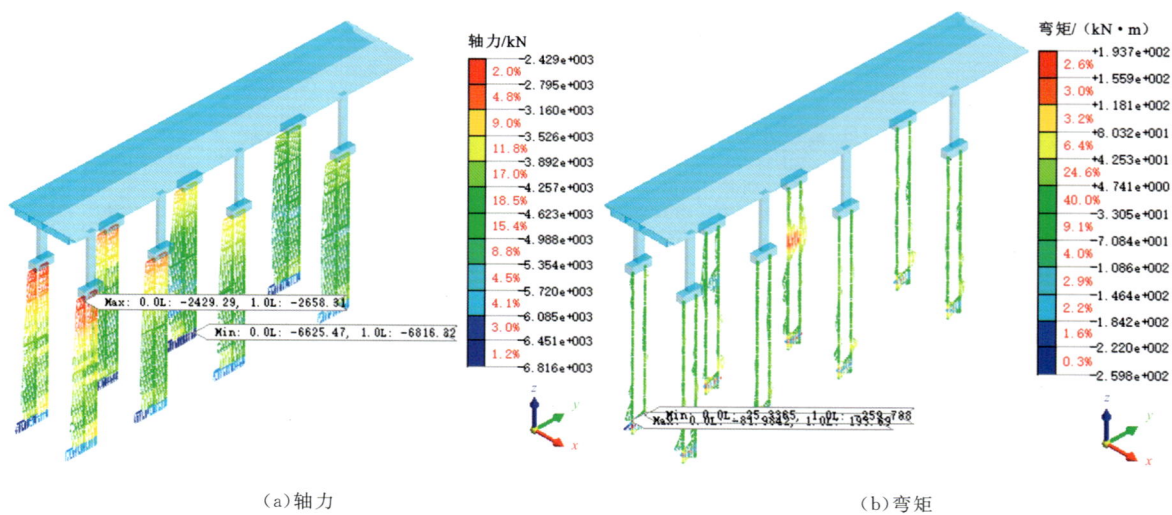

(a) 轴力　　　　　　　　　　　　　(b) 弯矩

图8-26　江汉电力通道一期工程常青路高架桥桩原内力计算结果图

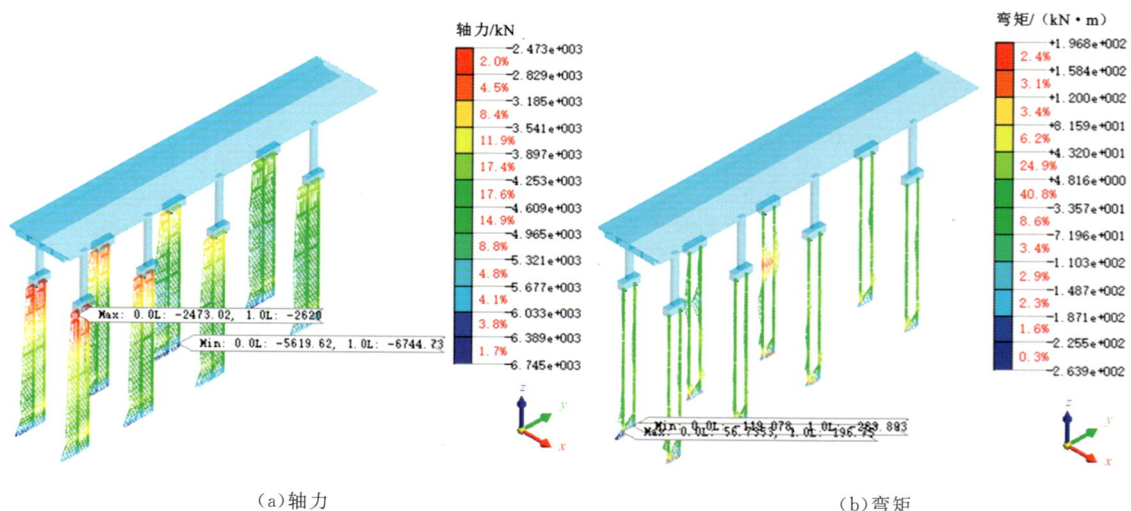

(a) 轴力　　　　　　　　　　　　　(b) 弯矩

图8-27　江汉电力通道一期工程CQ1顶管井开挖至基底常青路高架桥桩内力计算结果图

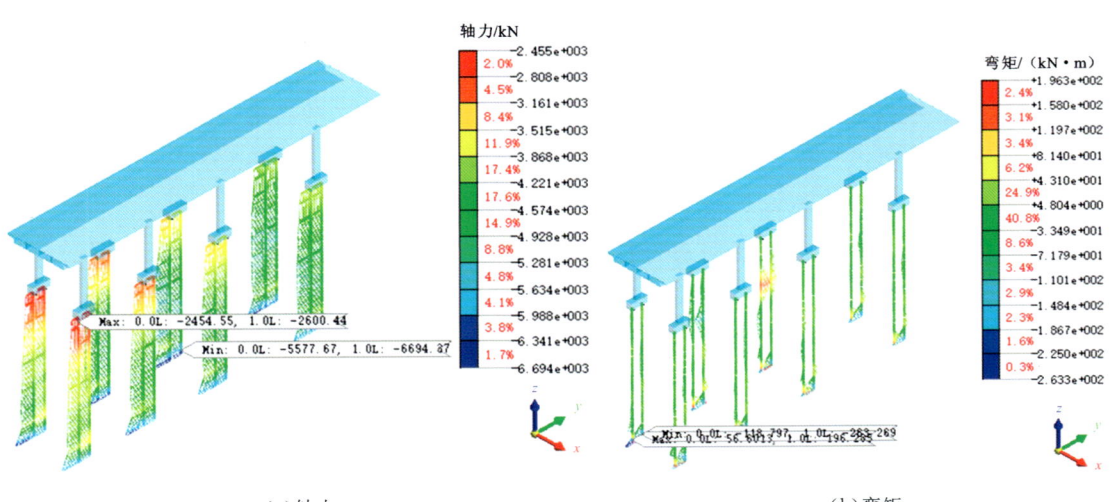

(a) 轴力　　　　　　　　　　　　　　　　(b) 弯矩

图 8-28　江汉电力通道一期工程排风口基坑主体结构施工及基坑回填常青路高架桥桩内力计算结果图

表 8-9　江汉电力通道一期工程各施工工序下常青路高架桥桩内力计算结果汇总表

施工工序	高架桥桩内力	
	轴力/kN	弯矩/(kN·m)
施工前	6 816.3	259.8
CQ1 顶管井围护结构施工	6 694.1	262.2
端头加固及 CQ1 顶管井基底加固施工	6 712.9	262.7
第一次降水施工	6 765.8	266.1
CQ1 顶管井第一次开挖施工	6 747.3	265.4
第二次降水施工	6 774.5	265.1
CQ1 顶管井第二次开挖施工	6 738.7	264.8
第三次降水施工	6 741.4	264.3
CQ1 顶管井第三次开挖施工	6 746.0	264.1
第四次降水施工	6 742.7	264.2
CQ1 顶管井开挖至基底	6 744.7	263.9
CQ1 顶管井底板及侧墙施工	6 736.1	264.0
顶管施工	6 719.5	263.5
CQ1 顶管井中板、顶板施工,基坑回填	6 699.6	262.9
排风口基坑围护结构及基坑开挖	6 679.1	262.2
排风口基坑主体结构施工,基坑回填	6 694.4	263.3

由以上计算结果可知,本工程施工时会对土体造成扰动,使得土体应力重新分布,导致土中的结构内力发生改变。在本工程施工前,常青路高架桥桩的最大轴力为6816.3kN,最大弯矩设计值为259.8kN·m;施工完成后,桥桩最大轴力为6679.1kN,最大弯矩设计值为266.1kN·m。根据数值计算结果进行分析,常青高架桥桩在施工前后轴力累计变化率为-2.01%,弯矩累计变化率为2.42%,均满足结构保护要求。

5. 高架桥面位移计算结果分析

各施工工序下常青高架桥面位移计算结果如图8-29、图8-30、表8-10所示。

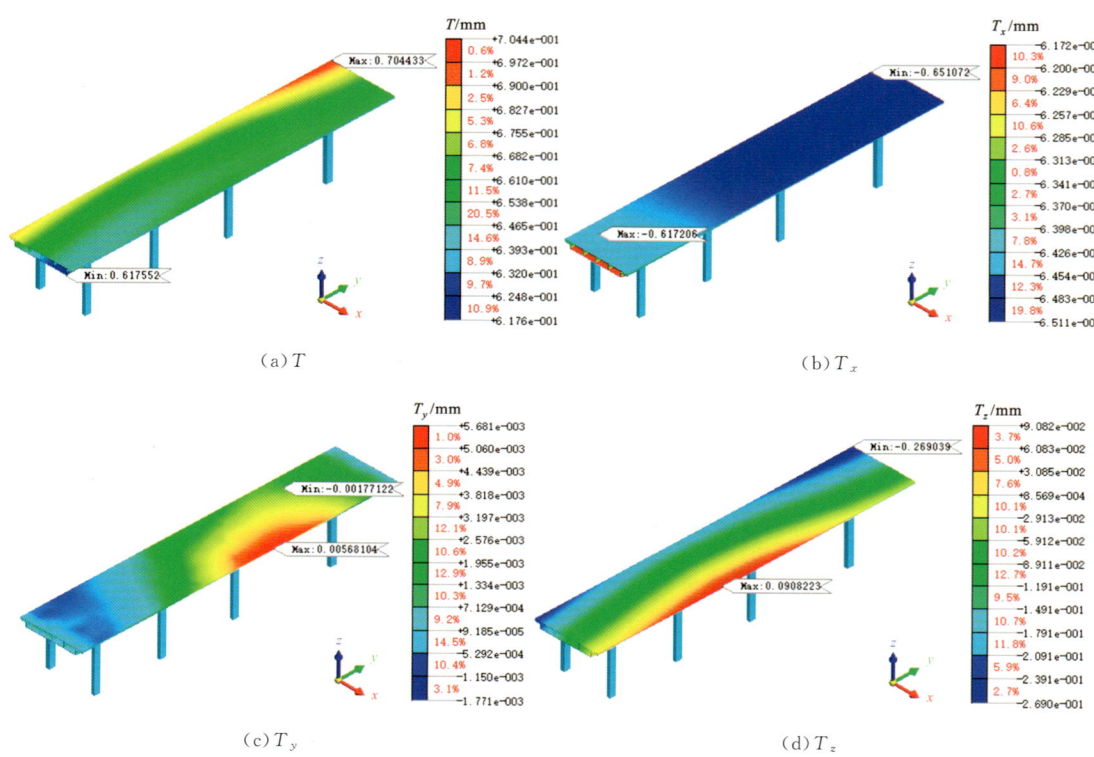

图8-29 江汉电力通道一期工程CQ1顶管井开挖至基底常青高架桥面位移计算结果图

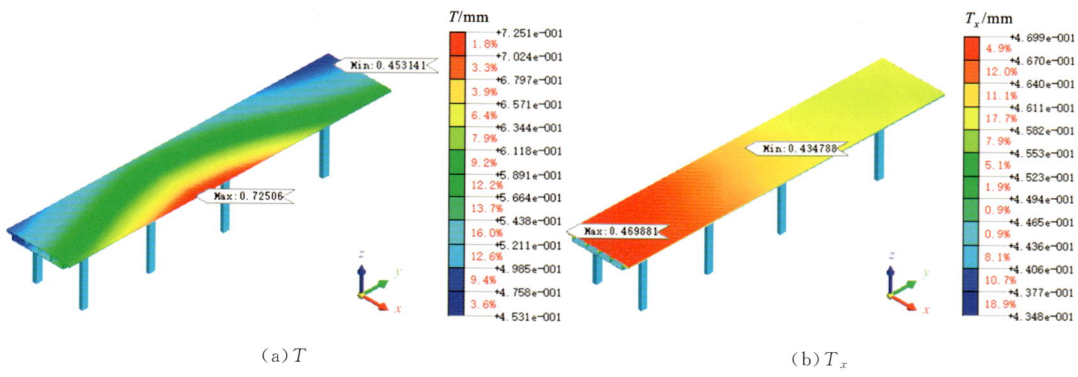

图8-30 江汉电力通道一期工程排风口基坑主体结构施工和基坑回填常青高架桥面位移计算结果图

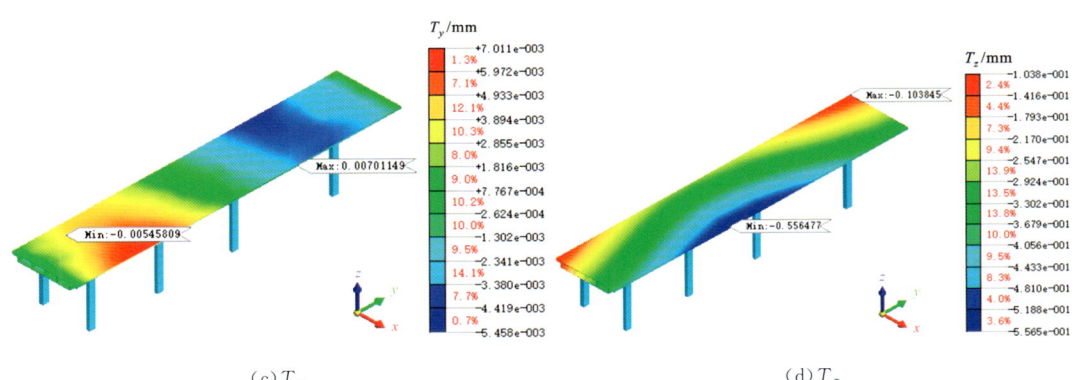

(c) T_y (d) T_z

续图 8-30

表 8-10　江汉电力通道一期工程各施工工序下常青高架桥面位移计算结果汇总表

施工工序	高架桥面位移/mm			
	T	T_x	T_y	T_z
CQ1 顶管井围护结构施工	1.05	0.90	0.01	−0.54
端头加固及 CQ1 顶管井基底加固施工	1.15	0.98	0.01	−0.59
第一次降水施工	1.10	0.84	0.01	−0.73
CQ1 顶管井第一次开挖施工	0.69	0.46	0.01	−0.52
第二次降水施工	0.60	0.38	0.01	−0.47
CQ1 顶管井第二次开挖施工	0.33	0.10	0.01	−0.31
第三次降水施工	0.24	0.06	0.004	−0.23
CQ1 顶管井第三次开挖施工	0.40	0.34	0.004	−0.22
第四次降水施工	0.44	0.38	0.004	−0.22
CQ1 顶管井开挖至基底	0.71	0.65	0.005	−0.26
CQ1 顶管井底板及侧墙施工	0.29	0.02	0.004	−0.29
顶管施工	0.32	0.20	0.004	−0.25
CQ1 顶管井中板、顶板施工,基坑回填	0.52	0.22	0.007	−0.48
排风口基坑围护结构及基坑开挖	0.47	0.22	0.007	−0.42
排风口基坑主体结构施工,基坑回填	0.72	0.47	0.007	−0.55

由以上计算结果可知,施工引起地层应力的改变,带动紧邻高架桥面产生位移。计算结果显示,桥面水平方向累计最大位移发生在第二步(端头加固及 CQ1 顶管井基底加固施工),为 0.98mm;桥面竖向累计最大位移发生在第三步(第一次降水施工),为 −0.73mm。根据数值模拟计算结果,本工程施工对常青高架桥面各方向位移影响均在安全控制标准的范围内。

6. 高架桥面内力结果分析

各施工工序下常青高架桥面内力计算结果如图 8-31～图 8-33、表 8-11 所示。

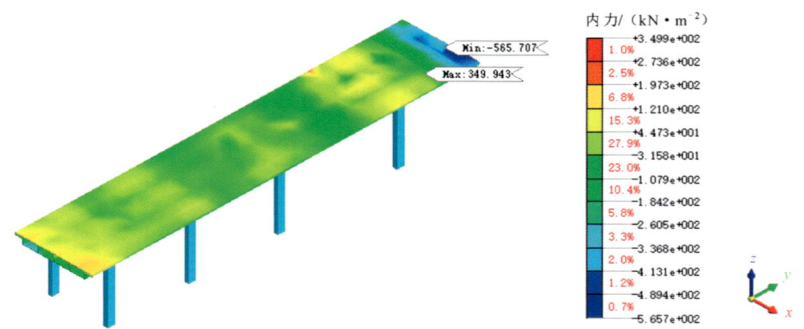

图 8-31　江汉电力通道一期工程常青高架桥面原内力计算结果图

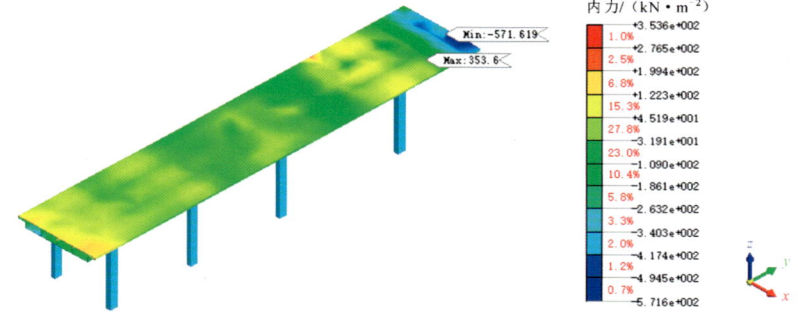

图 8-32　江汉电力通道一期工程 CQ1 顶管井开挖至基底常青高架桥面内力计算结果图

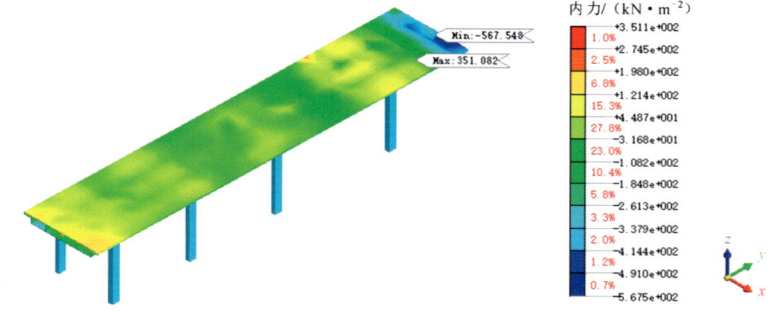

图 8-33　江汉电力通道一期工程排风口基坑主体结构施工及基坑回填常青高架桥面内力计算结果图

第八章 富水电力通道施工对近接桥梁结构影响案例研究

表 8-11 江汉电力通道一期工程各施工工序下常青高架桥面内力计算结果汇总表

施工工序	常青高架桥面内力/(kN·m^{-2})
施工前	565.7
第一步 CQ1 顶管井围护结构施工	565.4
第二步 端头加固及 CQ1 顶管井基底加固施工	565.0
第三步 第一次降水施工	574.3
第四步 CQ1 顶管井第一次开挖施工	572.9
第五步 第二次降水施工	572.2
第六步 CQ1 顶管井第二次开挖施工	573.5
第七步 第三次降水施工	572.4
第八步 CQ1 顶管井第三次开挖施工	572.4
第九步 第四次降水施工	571.5
第十步 CQ1 顶管井开挖至基底	571.6
第十一步 CQ1 顶管井底板及侧墙施工	570.6
第十二步 顶管施工	568.7
第十三步 CQ1 顶管井中板、顶板施工,基坑回填	568.0
第十四步 排风口基坑围护结构及基坑开挖	567.2
第十五步 排风口基坑主体结构施工及基坑回填	567.5

由以上计算结果可知,本工程施工时会对土体造成扰动,使得土体应力重新分布,导致土中的结构内力发生改变。在本工程施工前,常青高架桥面的最大内力为 565.7kN/m^2;施工中,桥面最大内力为 574.3kN/m^2。根据数值计算结果进行分析,常青高架桥面在施工中内力累计变化率最大为 1.52%,满足结构保护要求。

第五节 安全性评估结论

通过对场地水文地质条件、几何位置关系、拟建基坑工程结构设计特点等影响因素进行综合分析,结合有限元软件 Midas/GTS 的数值计算结果,对拟建工程施工引起的常青路高架桥变形及内力特性进行了分析与评估,得出以下结论:

(1)参考城市轨道交通结构安全保护技术规范所提出的安全控制指标,为确保常青路高架桥的安全,拟定本工程正常施工条件下对桥梁结构产生的不利影响控制值为桥墩台沉降值不超过 5mm,水平位移值不超过 5mm,相邻桥墩、桥台沉降差不超过 3mm。

(2)根据计算结果,基坑施工过程中地层变形最大,地层最大竖向位移为 −17.75mm,最大水平位移为 5.76mm。该值小于湖北省地方标准《基坑工程技术规程》(DB42/T 159—

2012)的相关规定,满足规范要求。根据三维计算结果,CQ1顶管井施工完成后其围护结构最大水平位移为3.68mm,最大竖向位移为-4.39mm;排风口附属施工完成后其围护结构最大水平位移为10.02mm,最大竖向位移为-5.96mm;顶管电力通道施工完成后,围护结构最大水平位移为9.01mm,最大竖向位移为-9.08mm。位移计算值均小于根据湖北省地方标准《基坑工程技术规程》(DB42/T 159—2012)的相关规定,满足规范要求。

(3)结合计算结果,随着止水帷幕、基坑降水、围护桩施工、基坑开挖及顶管施工,土体应力发生调整,带动紧邻既有桥梁结构产生位移。桥梁结构最大水平位移为1.81mm(排风口基坑围护结构及基坑开挖);竖向最大位移为-1.13mm(第一次降水施工);相邻桥墩、桥台最大沉降差为0.2mm(第一次降水施工;位于20#桥墩与21#桥墩之间);桥面最大水平位移为0.98mm,最大竖向位移为-0.73mm(第一次降水施工)。本工程正常施工条件下对桥梁结构各方向变形影响均在安全控制标准的范围内。

(4)工程施工前,常青高架桥桩的最大轴力为6 816.3kN,最大弯矩设计值为259.8kN·m,桥面最大内力为565.7kN/m²;施工完成后,桥桩最大轴力为6 679.1kN,最大弯矩设计值为266.1kN·m,桥面最大内力为574.3kN/m²;桥桩轴力累计变化率为-2.01%,弯矩累计变化率为2.42%,桥面内力累计变化率最大为1.52%,现有桥结构满足受力需求,拟建工程施工对桥桩结构影响可控。

综上,在正常施工条件下,拟建工程施工对既有桥梁结构设施影响较小,风险等级较低,工程实施对常青路高架桥梁正常运营影响有限,拟建工程设计方案可行。

第九章 综合管廊下穿排水隧道施工对隧道结构影响案例研究

第一节 工程概况

才汇巷综合管廊工程位于武汉市洪山区才汇巷,上跨大东湖核心区污水传输系统工程(图9-1),目前大东湖核心区污水传输系统工程(以下简称"深隧工程")已建成并投入使用。

图9-1 才汇巷综合管廊工程总平面示意图

一、地下工程建设内容及深隧工程概况

1. 地下工程建设内容

才汇巷综合管廊北接德平路在建综合管廊,南接欢乐大道现状电缆隧道,综合管廊总长度为1 125.02m。其中,团结大道—沙湖港路段为综合管廊段,长约828.93m,采用明挖方

式随道路同步建设,纳入 10 回 110kV/220kV 高压电缆、20 回 10kV 电缆、18 孔通信线缆、一根 DN800 供水管及一根 DN400 再生水管,管廊采用双舱断面,包含高压电力舱和综合舱,高压电力舱净空尺寸为 $B×H=2.7m×3.8m$,综合舱净空尺寸为 $B×H=3.2m×3.8m$。沙湖港—欢乐大道路段为电缆隧道,长约 296.09m,采用 2 根 d2700 圆形断面顶进施工,共纳入 10 回 110kV/220kV 高压电缆。下穿沙湖港顶管段采用 7.4×5m(外轮廓,壁厚 600mm)矩形顶管断面。才汇巷综合管廊工程沿线与团结大道、沙湖大道和沙湖港北路等主要道路相交。团结大道—沙湖大道段为新建道路,综合管廊与道路同步建设。沙湖大道—欢乐大道段为现状道路,道路两侧机动车道下方有污水管道、雨水管道,供水管道、现状 10kV 电力排管及通信排管建设于人行道下方。道路沿线西侧红线外为现状高压走廊,沙湖港以南路段道路东侧红线外有现状房屋及医院。综合管廊与深隧工程平面位置关系见图 9-2。

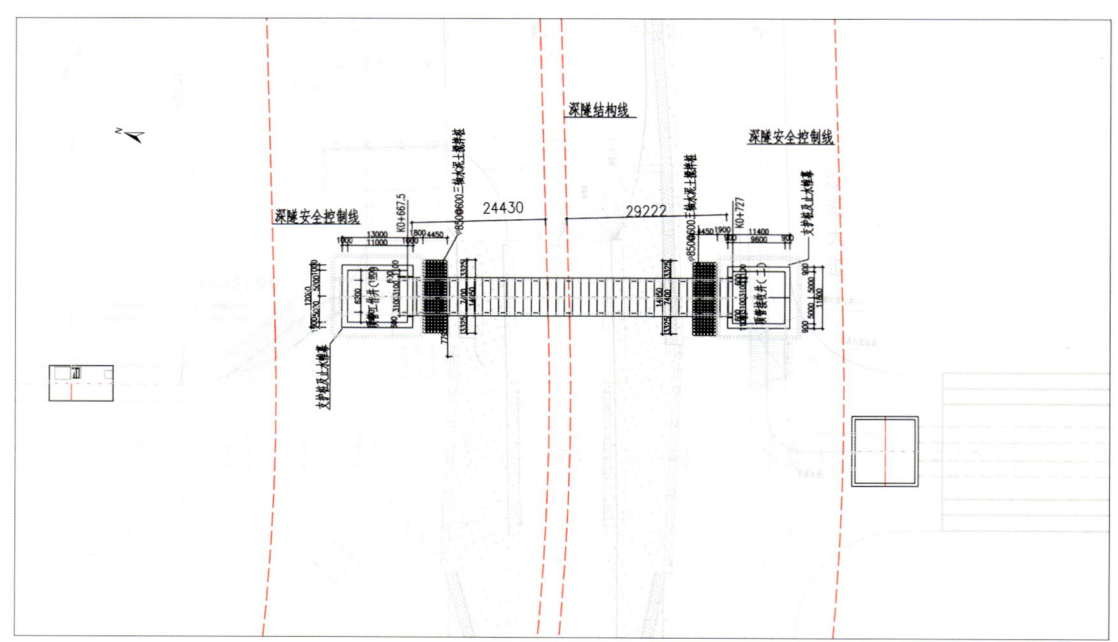

图 9-2 综合管廊与深隧工程平面位置关系图

2. 深隧工程概况

深隧工程包括主线和支线两部分。主线起于二郎庙污水处理厂,止于新建北湖污水处理厂,长约 17.5km;支线起于落步嘴污水处理厂,止于三环线,长约 1.65km。工程相继穿越武汉武昌区、洪山区、东湖风景区和青山区 4 个行政区,主要收集大武昌片区沿线污水,经预处理后传输至新建北湖污水处理厂进行集中处理,服务该区域 130km² 内约 350 万居民。该工程为国内建成并运营的首条建成运营通水的、传输流量最大(15m³/s)、输送距离最长(17.5km)的深层污水传输隧道,其主隧埋深 30～56m,最高内水压达 0.45MPa,采用叠合式双层衬砌结构。该深隧线路走向如图 9-3 所示。

第九章 综合管廊下穿排水隧道施工对隧道结构影响案例研究

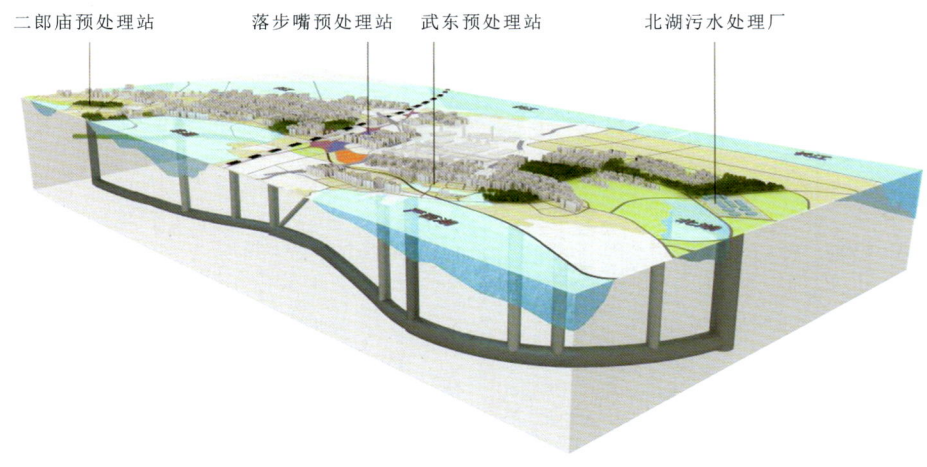

图 9-3 深隧工程线路走向示意图

根据深隧设计资料,才汇巷综合管廊工程对应深隧里程范围为 K1+720～K1+740,该里程范围深隧平面为直线段,深隧结构为双层衬砌结构(图 9-4)。

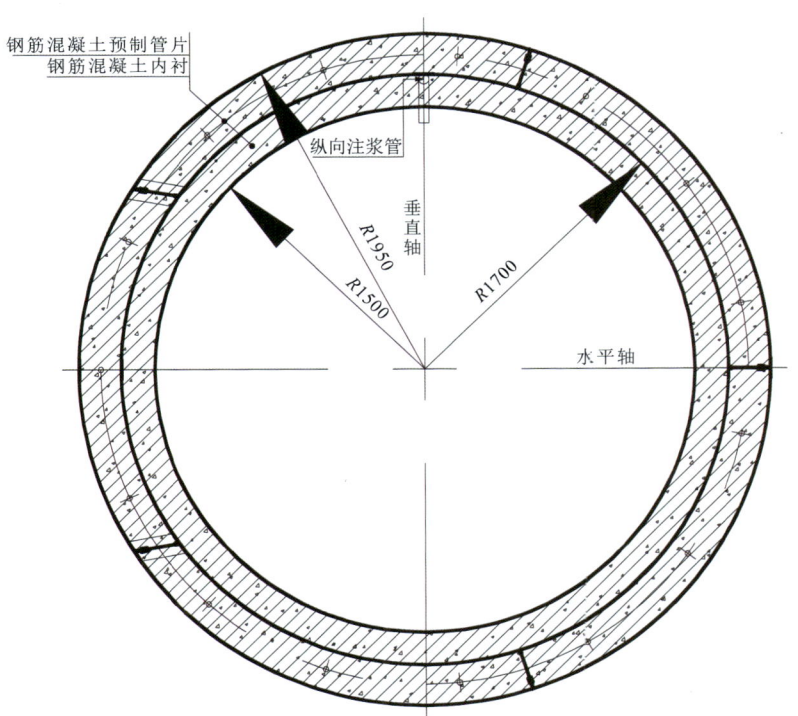

图 9-4 深隧结构标准断面(预制管片+现浇二衬)图

深隧采用盾构法施工,才汇巷综合管廊工程里程范围内隧道位于①-2砾卵石层和⑤a-1强风化泥质细粉砂岩层中,深隧结构地质纵剖面图如图9-5所示。

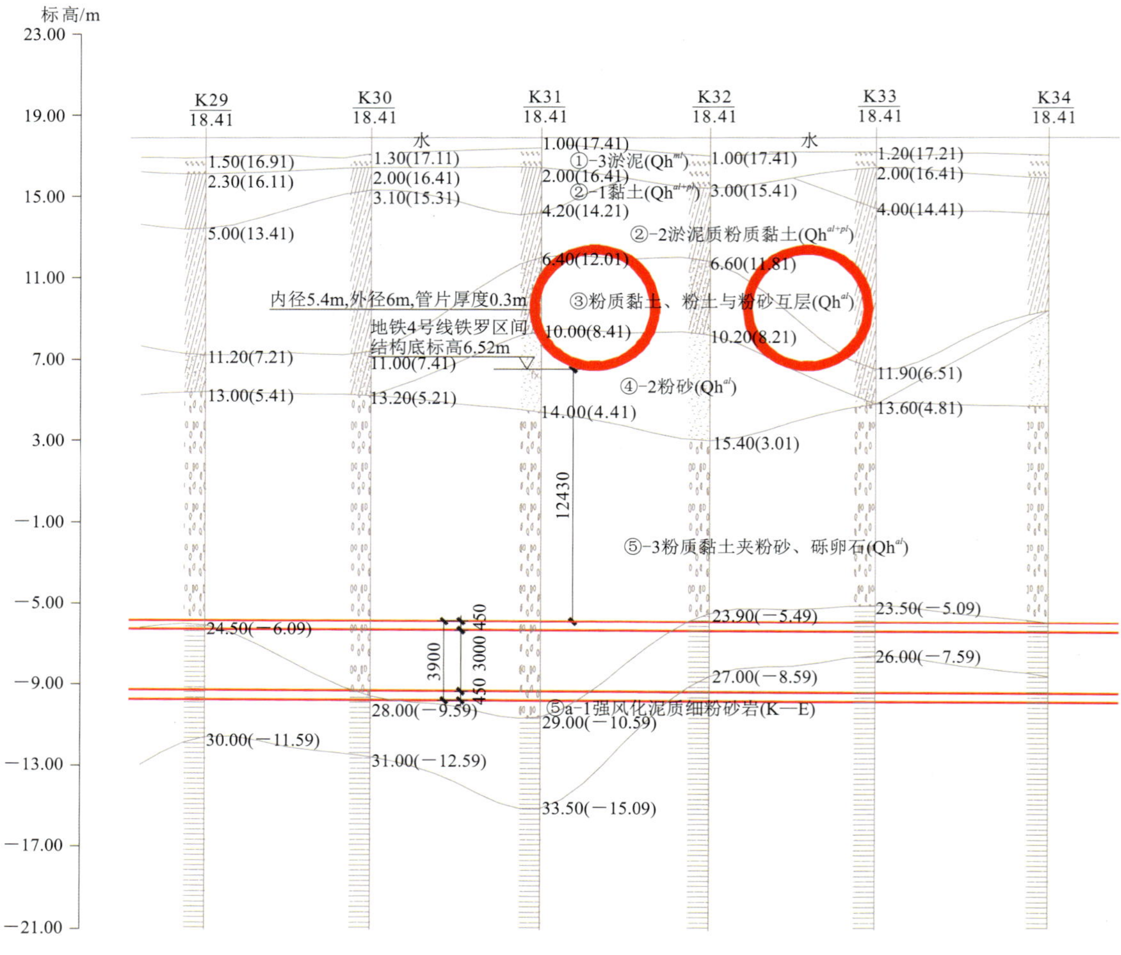

图9-5 深隧结构地质纵剖面图

二、安全控制标准

根据相关规定,深隧工程安全控制区外边线距主体结构外边线为50m。由于目前类似深隧工程没有相关安全保护技术规定,本次评估参考轨道交通相关保护条例进行,邻近隧道的地下工程建设应符合以下标准:

(1)施工引起隧道结构水平、竖向位移不超过10mm,变化速率小于1mm/d。

(2)施工引起隧道结构上浮或沉降不超过10mm,变化速率小于1mm/d。

根据上述控制值,拟定深隧结构变形控制标准为10mm。

三、岩土工程条件

1. 地形地貌

拟建场地地貌单元跨越长江冲洪积一级阶地[才汇巷(团结大道—沙湖大道段)]及三级阶地[联盟路(沙湖大道—欢乐大道段)]。场地整体地势较平缓,勘察期间勘探孔口处地面标高在 18.41~25.15m 之间变化。勘察期间,拟建场地沿线主要为拆迁场地及现状道路等。

2. 场地稳定性及适宜性评价

(1)据区域地质构造资料,武汉地区的大地构造均属古老的地质构造,且无第四纪全新世活动断裂分布。

(2)拟建场地属对抗震一般地段。

(3)据本次勘察及周边项目揭露,场区下伏基岩为白垩系—古近系泥质粉砂岩,属非可溶性岩。

(4)拟建场区未见滑坡、崩塌、泥石流、岩溶地面塌陷等地质灾害,不良地质作用不发育,属地质灾害危险性小地段。

依据《城乡规划工程地质勘察规范》(CJJ 57—2012),结合《建筑抗震设计规范(2016 年版)》(GB 50011—2010)可判定拟建场地属基本稳定场地。

拟建场地较平整,地形地貌条件较简单,岩土种类较多,分布较不均匀,地下水对工程建设有一定的影响,地基条件和施工条件一般,工程建设诱发次生地质灾害的可能性较小,采取有效的工程防护措施可以解决,地质灾害治理简单。

依据《城乡规划工程地质勘察规范》(CJJ 57—2012),拟建场地工程建设适宜性属较适宜。

3. 地层岩性

据现有勘察资料,拟建场地地层自上而下可划分为①人工填土(Qh^{ml})及淤泥(Qh^{ml}),②黏土(Qh^{al+pl})、淤泥质粉质黏土(Qh^{al+pl})、粉质黏土夹粉土(Qh^{al}),③粉质黏土、粉土、粉砂互层(Qh^{al}),④冲积粉砂、粉砂夹粉土、粉质黏土(Qh^{al}),⑤老黏性土及砂土层(Qh^{al}、Qp_3^{al+pl}、K—E)(表 9-1)。

4. 地下水类型

根据埋藏条件、水理性质判定,本场地勘察揭露深度范围内的地下水可分为上层滞水、层间水、孔隙承压水 3 种类型。

表 9-1 才汇巷综合管廊工程场地地层特征及空间分布表

岩土层名称	层厚/m	颜色	状态	湿度	压缩性	包含物及特征
①-1 杂填土（Qh^{ml}）	1～7	杂	松散	稍湿—饱和	高	土质不均，以黏性土为主，含有砖渣、碎石、砂和混凝土块等建筑废弃物，部分地段夹含较多生活垃圾。硬质物含量 20%～40%，局部大于 50%。堆积年限小于 10 年。场地均有分布
①-2 素填土（Qh^{ml}）	0.6～3.1	杂、灰黄	松软	稍湿—饱和	高	土质不均，主要由黏土及淤泥质黏土填积而成，其中含 5%～10% 的碎石、砖渣，局部含量较高。堆填年限大于 10 年。场地部分地段分布
①-3 淤泥（Qh^{ml}）	1.1～2.1	灰黑	流塑	饱和	高	土质不甚均匀，含腐殖物及有机质。场区局部地段分布
②-1 黏土（Qh^{al+pl}）	0.5～2.6	灰褐—黄褐	可塑	饱和	高	土质较均匀，含有铁锰氧化物。场地大部分地段分布
②-2 淤泥质粉质黏土（Qh^{al+pl}）	0.8～1.3	灰褐	流塑—软塑	饱和	高	土质较均匀，含有机质层间不均匀夹有粉土、粉砂薄层。场地部分地段分布
②-3 粉质黏土夹粉土（Qh^{al}）	0.5～4.4	灰褐	流塑—软塑	饱和	中—高	土质较均匀，层间不均匀夹有粉土、粉砂薄层。场地部分地段分布
③ 粉质黏土、粉土、粉砂互层（Qh^{al}）	0.8～7.1	褐灰	软塑—可塑、中密、稍密	饱和	中	含石英、长石等，土质不均。场地大部分地段分布
④-1 粉砂（Qh^{al}）	0.6～11.6	灰、灰褐	稍密	饱和	中—低	土质不均匀，以石英、云母为主，夹少量粉土，级配不均。场地部分地段分布
④-2 粉砂（Qh^{al}）	0.9～5.9	灰、灰褐	中密	饱和	低	土质较均匀，以石英、云母为主，级配不均。场地部分地段有揭露
④a 粉砂夹粉土、粉质黏土（Qh^{al}）	0.5～8.3	灰、灰褐	稍密、中密、可塑	饱和	中	土质不均匀，以石英、云母为主，层间不均匀，夹有大量粉土、粉质黏土，级配不均。场地部分地段揭露
⑤-1 粉质黏土（Qh^{al}）	0.7～6.3	黄褐	可塑	饱和	中	土质较均匀，含有铁锰结核及氧化物，夹灰白色高岭土团块。场地部分地段分布
⑤-2 粉质黏土（Qh^{al}）	1.2～11.2	黄褐、褐黄	硬塑	饱和	中—低	土质较均匀，含有铁锰氧化物及灰白色的高岭土团块，局部夹少许碎石。场地部分地段分布
⑤-3 粉质黏土夹粉砂、砾卵石（Qh^{al}）	0.6～4.1	黄褐、褐黄	可塑、中密、稍密	饱和	中	土质不均，以粉质黏土为主，混夹较多粉砂，局部较富集，层间不均匀夹含砾砂、卵砾石，粒径 2～5cm，含量 10%～35%，分布不均，部分地段砾卵石含量较高，可达 50% 以上，粒径可达 10cm 以上。场地部分地段分布

续表 9-1

岩土层名称	层厚/m	颜色	状态	湿度	压缩性	包含物及特征
⑤-4 黏质中粗砂夹砾卵石（Qp_3^{al+pl}）	0.8~8.7	黄褐、褐黄	稍密、中密	饱和	中—低	土质不均，以黏质中粗砂为主，夹较多粉质黏土，层间不均匀夹较多砾砂、卵砾石，粒径 2~10cm，含量 30%~60%，分布不均，部分地段砾卵石含量较高，含量可达 80%以上，粒径最大在 10cm 以上。场地部分地段分布
⑤a 粉质黏土（Qp_3^{al+pl}）	1.7~2.5	黄褐	可塑	饱和	中	土质较均匀，以含铁锰结核及氧化物，夹灰白色高岭土团块。场地局部地段分布
⑤a-1 强风化泥质细粉砂岩（K—E）	2.5~8.4	灰黄色、灰绿色	强风化	湿	低	原岩结构已基本破坏，矿物成分显著变化，主要为泥质胶结，局部风化成砂土状，岩质软，遇水易软化，手易掰开，夹有较多的中风化岩块，岩体较破碎，岩芯采取率约 80%
⑤b 细中砂（Qp_3^{al+pl}）	8.5	黄褐	稍密	饱和	中	土质不均匀，以细中砂土为主，夹较多粉质黏土。场地局部地段分布

(1) 上层滞水。主要赋存于场地表层①填土中，水量有限且不稳定，水位受季节控制，随季节变化，无统一水位线，主要接受大气降水及地表散水垂直下渗补给，以蒸发和逐步下渗的方式排泄。勘察期间测得场地上层滞水稳定水位在地面以下 1.2~5.5m 之间，相当于标高 17.73~21.27m。此类型水量不容忽视，对工程建设有一定影响，在工作井及明挖段开挖过程中应做好防排水及支护工作。

(2) 层间水。主要赋存于场地②层所夹粉土中，含水量较丰富，接受地表水和上层滞水补给，与邻近的河流有较密切的水力联系，水位变化幅度随邻近的河流水文地质条件变化而变化，水量不大，勘察期间未测得水位，但在基坑开挖过程中可能会出现局部渐水和流土现象，应注意做好止水及支护工作。

(3) 孔隙承压水。主要赋存于场地③、④和⑤层砂土中，含水量丰富，与长江及邻近的河流有较密切的水力联系，水位变化幅度随邻近河流水文地质条件变化而变化，年变幅为 3.0~4.0m，相应标高为 17.0~21.0m。勘察期间在 KC36 和 KC57 进行了简易承压水观测工作，承压水头埋深分别为 6.7m 和 5.8m，承压水水头标高为 16.84~17.03m。

第二节　关键控制技术

才汇巷综合管廊工程下穿沙湖港段范围相应深隧工程里程为 K1+720~K1+740，该里程范围内深隧上覆土层厚度约28m,深隧底板底埋深约31.9m。才汇巷综合管廊工程下穿沙湖港段分为明挖段与顶管段两部分,其中明挖段包含K0+636～K0+656明挖段、顶管工作井明挖段、顶管接收井明挖段以及K0+733.5～K0+748明挖段。K0+636～K0+656明挖段基坑深度8.3～15.1m,采用φ1200@1400mm钻孔灌注桩+3轴水泥土搅拌桩止水帷幕+三道内支撑支护方式,深隧结构外边线与基坑围护桩外边线最小水平净距为39.82m。顶管工作井基坑深度约17.2m,采用φ1200@1400mm钻孔灌注桩+三轴水泥土搅拌桩止水帷幕+4道内支撑支护方式,深隧结构外边线与基坑围护桩外边线最小水平净距为23.313m。顶管接收井基坑深度约17.2m,采用φ1000@1200mm钻孔灌注桩+三轴水泥土搅拌桩止水帷幕+4道内支撑支护方式,深隧结构外边线与基坑围护桩外边线最小水平净距为28.1m。K0+733.5～K0+748明挖段基坑深度14.7～10.3m,采用φ1200@1400mm钻孔灌注桩+3轴水泥土搅拌桩止水帷幕+三道内支撑支护方式,深隧结构外边线距离基坑围护桩外边线最小水平净距为32.79m。下穿沙湖港顶管段采用7.4×5m(外轮廓,壁厚600mm)矩形顶管断面,深隧结构外边线与顶管结构外底最小竖向距离约12.67m。

  根据湖北省地方标准《基坑工程技术规程》(DB42/T 159—2012)的相关规定,本工程拟建基坑的重要性等级为一级。明挖段及顶管段典型结构断面及加固设计范围如图9-6～图9-8所示。

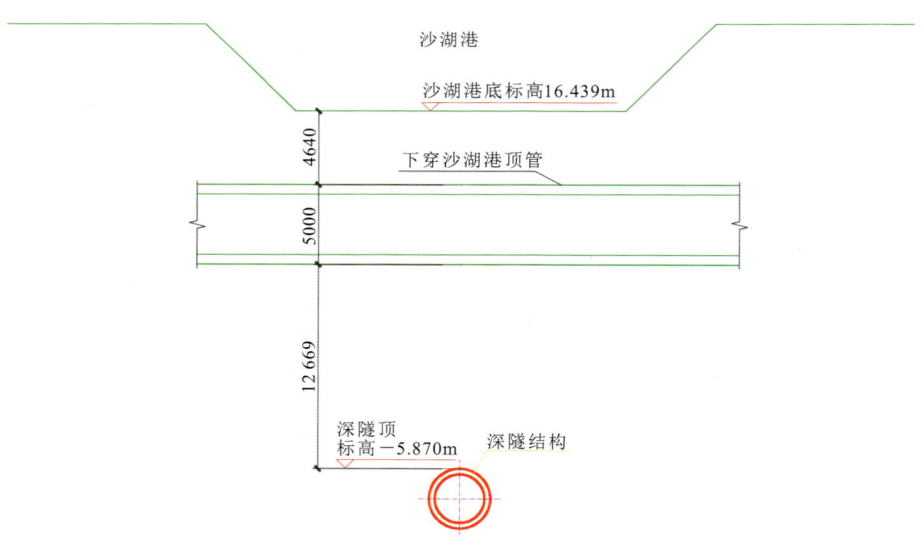

图9-8　才汇巷综合管廊工程下穿沙湖港段顶管与深隧位置关系横剖面图

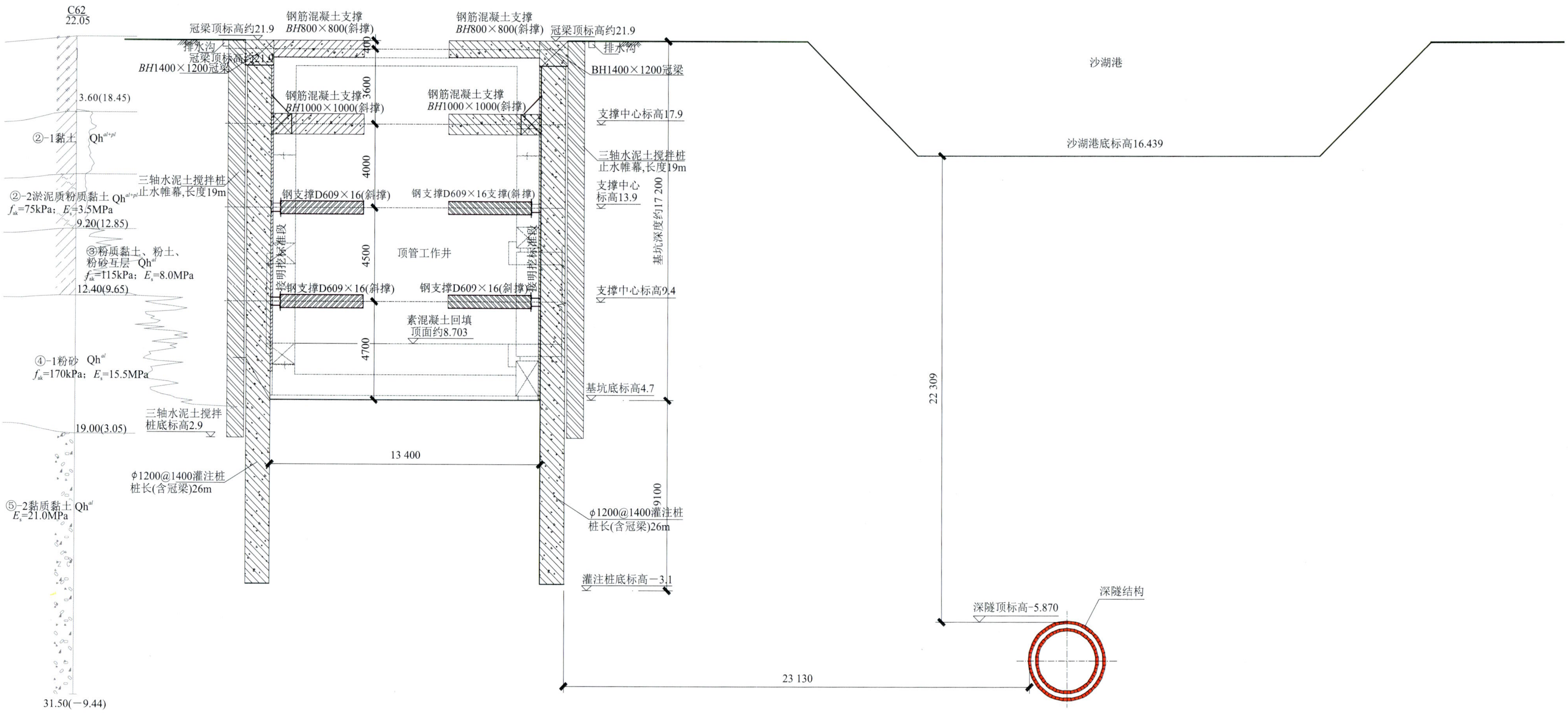

图 9-6 才汇巷综合管廊工程顶管工作井与深隧位置关系横剖面图（一）

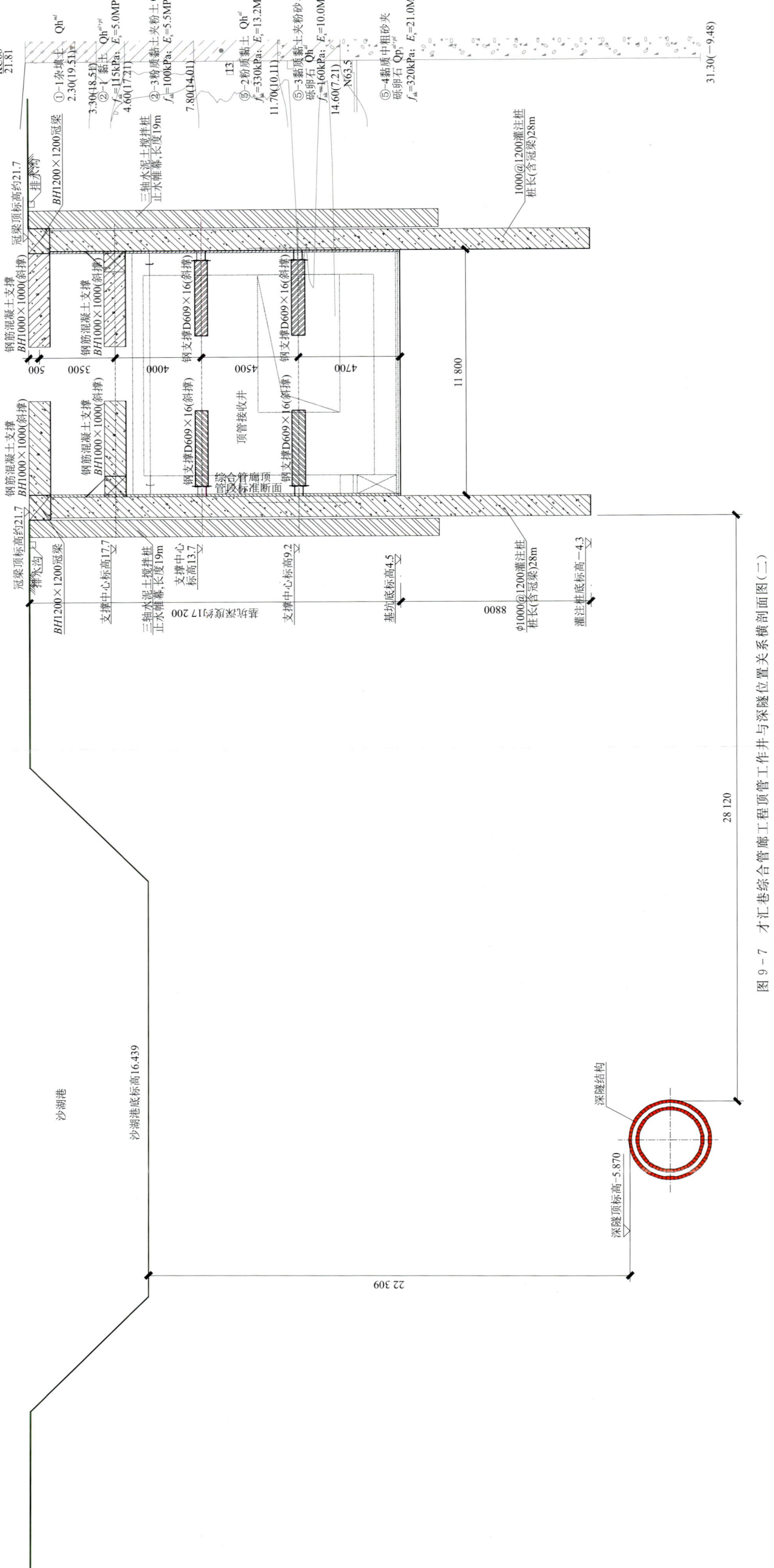

图 9-7 才汇巷综合管廊工程顶管工作井与深隧位置关系横剖面图（二）

第三节　综合管廊施工对排水隧道结构影响总体分析

1. 地质水文情况分析

拟建场地地貌单元跨越长江冲洪积一级阶地和三级阶地。基坑深度较大,基坑支护及开挖范围内影响到的土层为①-1杂填土,②-1黏土,②-2淤泥质粉质黏土,③粉质黏土、粉土、粉砂互层,④-1粉砂,⑤-3粉质黏土夹粉砂、砾卵石层。工作井底板置于④-1粉砂层中。场地地层在水平方向上有一定起伏,层厚有一定变化,岩土种类较多,分布较不均匀。因此,明挖段基坑工程的施工要特别注意对深隧结构的影响,采取合理的支护措施和止水措施将基坑开挖引起的深隧结构变形控制在允许范围内。

基坑侧壁中上部土层(①、②-1、②-2、③、④-1),在基坑开挖后将形成临空面,可能会产生局部滑移失稳、掉块或垮塌事故,且基坑开挖施工过程中,会引起土体内部应力变化,引发坡体坍塌、滑移等不良岩土工程现象。基坑土层复杂,力学性质、物理性能等存在各向异性,若开挖方式不妥,坑壁处理不及时或处理不当,极有可能发生坑壁土体失稳、坑底隆起以及推挤工程基桩等工程事故。因此,基坑开挖之前,应采取有效的支护措施。下穿沙湖港段顶管位于④-1粉砂和⑤-3粉质黏土夹粉砂、砾卵石层,地层孔隙率大,若顶管施工方式不妥,施工期间易出现漏浆、跑浆等现象,且顶管周边土体易被扰动。因此,顶管施工应采用有效的工程措施。

上层滞水水量有限,但不容忽视。在基坑开挖时浅部土层中的地下水将会以汇水点的形式渗入基坑,造成积水,软化土体,引发基坑失稳。孔隙承压水主要危害体现在坑壁砂层中的地下水会对基坑侧壁产生水压力,地下水易汇入基坑,若处理不当,易发生突涌及流土、涌砂、坑底隆起等渗透变形,对支护结构稳定性和基坑周边环境安全产生不利影响。本基坑开挖深度8.3~17.2m,大部分基坑底坐落在④-1粉砂层。基坑开挖后,场地基坑相当于地下水排泄区,若不对砂层中的地下水进行治理,将无法进行施工,故必须对潜水、孔隙承压水进行控制。

基坑支护设计对上层滞水及承压水处理措施如下:①上层滞水处理。坡顶和坡底设置排水沟及集水井,通过排水沟汇集集水井抽排。②孔隙承压水处理。采用三轴水泥土搅拌桩止水帷幕+坑外减压降水等处理措施进行控制。若降水施工、止水帷幕施工质量差或存在薄弱点,坑外水位无法降低到设计水位标高,基坑开挖过程中可能出现涌水、流砂现象。因此,施工中须采取合理措施,确保基坑开挖安全以保证深隧结构安全。

2. 基坑施工过程中降水影响分析及控制措施

拟建工程基坑施工需要进行坑外降水施工,采取降水措施时,降水引起的渗流力将作用于深隧结构上,直接使其产生内力和变形;且降水将增加地层有效应力,使地层发生固结沉降,引起处在其中的深隧结构沉降量增大,严重时将影响深隧结构的正常使用。本工程距离长江较近,承压水与长江水利有一定联系,基坑降水过程中若水位无法降至设计标高,止水帷幕可能发生破坏,导致基坑侧壁出现突涌,进而引发基坑工程事故。在基坑工程施工期间,降水施工过程中需加强观测深隧范围内地下水位的变化以及深隧和周边土体的位移变化,必要时应停止降水并进行回灌,研究进一步降水的可行性,以保证深隧结构的安全。

3. 几何、工期关系分析

深隧结构现已施工完成,已投入使用。基坑范围相应深隧里程为K1+720~K1+740,该里程范围内隧道上覆土层厚度约28m。深隧结构外边线与基坑围护桩外边线最小水平净距为23.37m,深隧结构外边线与顶管结构外边线最小竖向净距为6.8m。

4. 施工工法分析

基坑施工对深隧结构的影响分为围护桩施工、基坑开挖、地下室结构施工等几个阶段。基坑开挖对开挖面以下土体具有显著的垂直方向卸荷作用,不可避免地会引起坑底土体回弹,并且基坑围护结构在土体压力作用下迫使基坑开挖面以下结构向基坑内位移,挤压坑内土体,加大了坑底土体的水平向应力,也使得坑底土体向上隆起,进而影响深隧周边土体的应力状态。卸荷规模是影响深隧结构周围位移场、应力场的一个重要因素。新建基坑开挖到底后,应及时施工主体结构,防止地基土暴露时间过长而引起土体强度值降低。可见,本工程基坑开挖对深隧会产生一定影响。基坑开挖施工时,应遵循分区、分块、分层、对称、限时的顺序,按照"分层开挖、严禁超挖"的原则,并及时反馈现场地质情况进行信息化施工。

顶管施工对深隧的影响主要为顶进过程中对周边土体的扰动,造成土体应力重新分布,顶管与深隧之间的土体发生竖向变形,进而影响深隧周边土体的应力状态。因此,才汇巷综合管廊顶管施工会对深隧产生一定影响,施工时应采取必要措施减小土体的扰动,并及时反馈现场情况进行信息化施工。

第四节 综合管廊施工对排水隧道结构影响的有限元分析

根据本工程基坑及顶管与大东湖深隧结构的相互关系、基坑工程支护结构设计及施工特点,建立数值计算模型,模拟分析综合管廊施工对大东湖深隧结构的影响。

一、模型构建

根据拟挖基坑与深隧结构的空间关系,结合设计方案、施工开挖方案等资料,建立三维整体模型,详见图9-9~图9-12。

模型计算范围的控制原则为边界条件不应对关键部位的计算结果产生影响,根据以往研究经验,基坑数值计算时,模型外扩范围宜不小于3倍基坑深度。模型中包含了深隧结构和拟开挖基坑,模型计算范围长约120m,宽约120m,土层深50m。

第九章 综合管廊下穿排水隧道施工对隧道结构影响案例研究

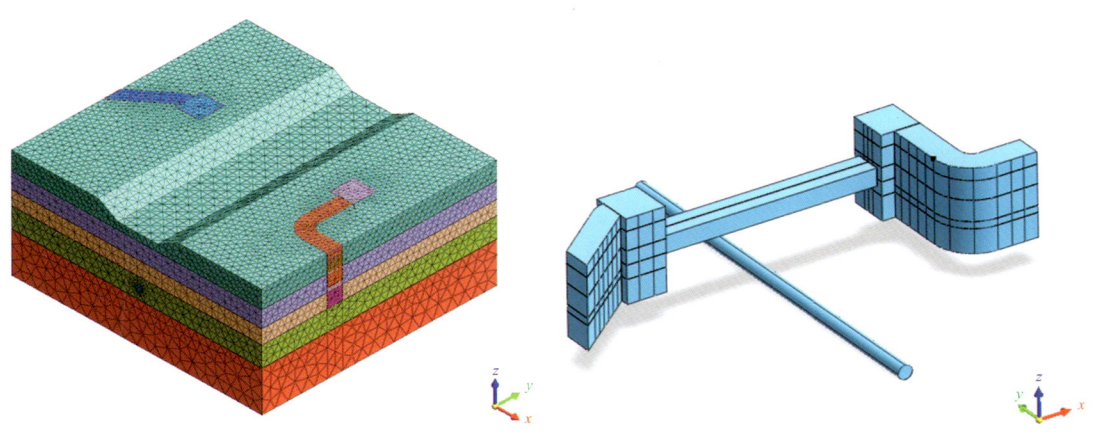

图9-9 才汇巷综合管廊工程计算模型轴视图　　图9-10 才汇巷综合管廊工程基坑开挖完成后模型图

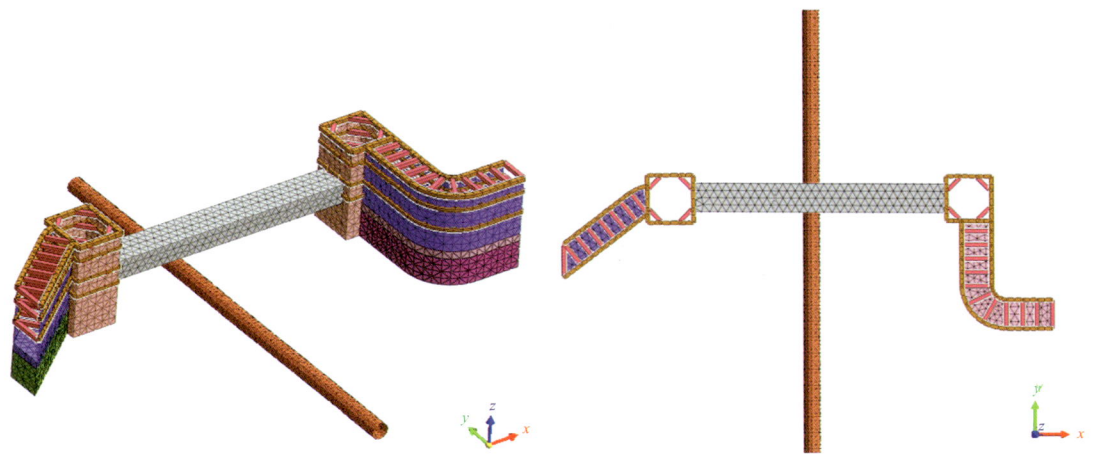

图9-11 才汇巷综合管廊工程基坑
与隧道结构计算模型轴视图

图9-12 才汇巷综合管廊工程基坑
与隧道结构相对位置平面图

设计方案根据周边环境差异选用不同的支护形式，本次计算中重点考虑基坑开挖对深隧结构的影响，因此整体模型取南侧的最不利钻孔 K19 数据作为计算参数，参照标准断面图建立三维计算模型。

二、计算条件和模拟步序

1. 计算参数

模型中，基坑围护结构、隧道管片结构、管廊结构采用板单元模拟，结构单元的本构模型均为弹性本构模型。各岩土层土体采用弹塑性本构修正莫尔-库仑模型进行模拟，各岩土层物理力学参数、结构主要物理力学参数分别见表9-2、表9-3。

表 9-2　才汇巷综合管廊工程各岩土层主要物理力学参数表

土层名称	天然容重/ $(kN \cdot m^{-3})$	c/kPa	$\varphi/(°)$	E_{oed}^{ref}/MPa	E_{50}^{ref}/MPa	E_{ur}^{ref}/MPa
①-1 杂填土	18.5	8	18	2.2	2.2	6.6
②-1 黏土	18.6	21	12	5	5	15
②-3 粉质黏土	17.8	16	14	5.5	5.5	16.5
⑤-2 粉质黏土	19.3	36	16	13.2	13.2	39.6
⑤-3 粉质黏土夹粉砂、砾卵石	19.3	13	18	10	10	30
⑤-4 黏质中粗砂夹砾卵石	20.5	15	30	21	21	63

表 9-3　才汇巷综合管廊工程各结构物理力学参数表

结构名称	材料	类型	截面尺寸/mm	容重/$(kN \cdot m^{-3})$	E/MPa	泊松比
止水帷幕	弹性	板	850	20	50	0.3
排桩	C40	板	905	25	32 500	0.2
管廊板	C35	板	600	25	31 500	0.2
冠梁	C30	梁	1400×1200	25	30 000	0.2
混凝土腰梁	C30	梁	1000×1000	25	30 000	0.2
钢腰梁	Q235	梁	双拼工 25b	78.5	20 000	0.2
钢支撑	Q235	梁	D609 t=16	78.5	20 000	0.2
混凝土支撑	C30	梁	1000×1000	25	30 000	0.2
隧道管片	C50	板	450	25	34 500	0.2

明挖围护结构采用围护边桩的钻孔灌注桩,虽然由单根桩组成,但它的受力形式与地下连续墙相近,因此可以通过二者抗弯刚度相等的原则,把钻孔灌注桩围护结构折算成一定厚度的地下连续墙来计算,换算公式如下：

$$E_{墙} \frac{1}{12}(D+t)h^3 = E_{桩} \frac{1}{64}\pi D^4 \tag{9-1}$$

式中：$E_{墙}$ 为等效地下连续墙的弹性模量,MPa；$E_{桩}$ 为边桩钻孔灌注桩的弹性模量,MPa；D 为钻孔灌注桩的直径,m；t 为钻孔灌注桩的净距,m；h 为等效地下连续墙的厚度,m。

最后求得围护桩 D1200@1400 等效后墙的厚度为 905 mm。

2. 边界条件

三维整体模型的边界条件：模型底部约束 z 方向位移,模型前后两面约束 y 方向位移,模型左右两面约束 x 方向位移。

3. 分析工况

本次主要分析拟建基坑降水、基坑施工、顶管掘进对隧道结构的影响以及基坑支护结构的变形,考虑基坑开挖引起的增量位移,故对既有建(构)筑施工引起的位移和初始应力场引起的位移进行清零。分析共分为 18 个施工工序,具体如表 9-4 所示。

表 9-4 才汇巷综合管廊工程各模拟施工工序表

序号	施工工序	描述
0	初始流场	激活所有地层与初始水头
1	初始应力	激活应力边界与荷载
2	隧道施作	钝化隧道土体激活管片
3	位移清零	位移清零
4	施工两个工作井（始发井与接收井同步）围护并降水	施工两个工作井围护及止水帷幕并进行渗流计算
5	流固耦合	降水后变形分析
5	开挖工作井基坑第一层	施工第一道支撑并开挖
6	开挖工作井基坑第二层	施工第二道支撑并开挖
7	开挖工作井基坑第三层	施工第三道支撑并开挖
8	开挖工作井基坑第四层	施工第四道支撑并开挖
9	施作工作井底板	施作工作井底板拆除第四道支撑
10	施作工作井顶板	施作工作井侧墙及顶板拆除第二、三道支撑
11	顶管施工	钝化顶管土体,并施工顶管结构
12	施工明挖段围护并降水	施工围护并进行降水渗流计算
13	流固耦合	降水后变形分析
14	开挖工作井两侧基坑第一层	施工工作井两侧基坑第一道支撑并开挖
15	开挖工作井两侧基坑第二层	施工工作井两侧基坑第二道支撑并开挖
16	开挖工作井两侧基坑第三层	施工工作井两侧基坑第三道支撑并开挖
17	施工两侧明挖结构	施工基坑底板并拆除支撑

三、计算结果分析

1. 整体模型位移计算结果分析

才汇巷综合管廊工程整体模型位移计算结果如图 9-13～图 9-17 所示。从应力图中可以看出,地应力分布均匀,网格耦合,可以用于后续计算。

图 9-13　才汇巷综合管廊工程地层计算初始应力图

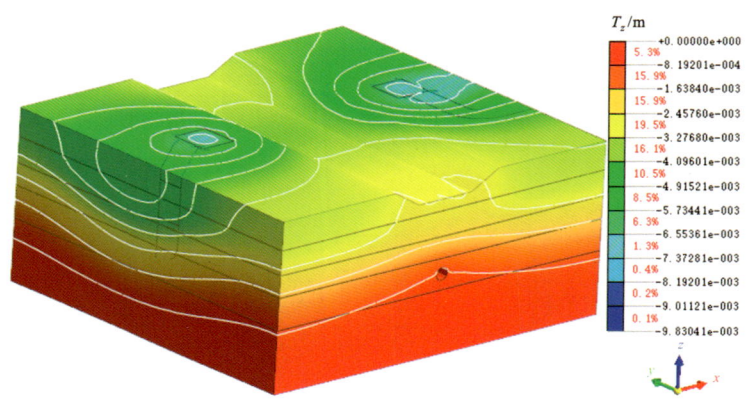

图 9-14　才汇巷综合管廊工程工作井基坑降水完成后竖向位移计算结果图

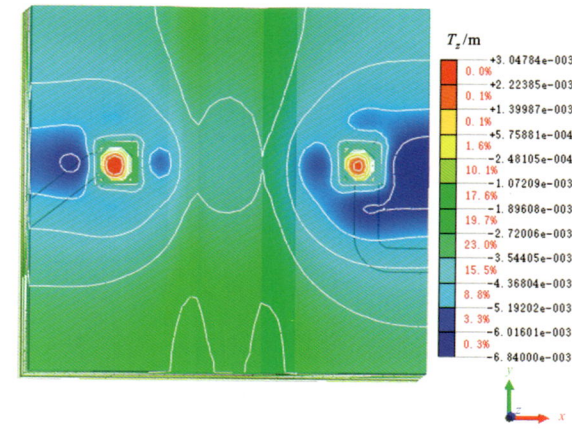

(a) T_z

图 9-15　才汇巷综合管廊工程工作井基坑开挖完成后位移计算结果图

第九章 综合管廊下穿排水隧道施工对隧道结构影响案例研究

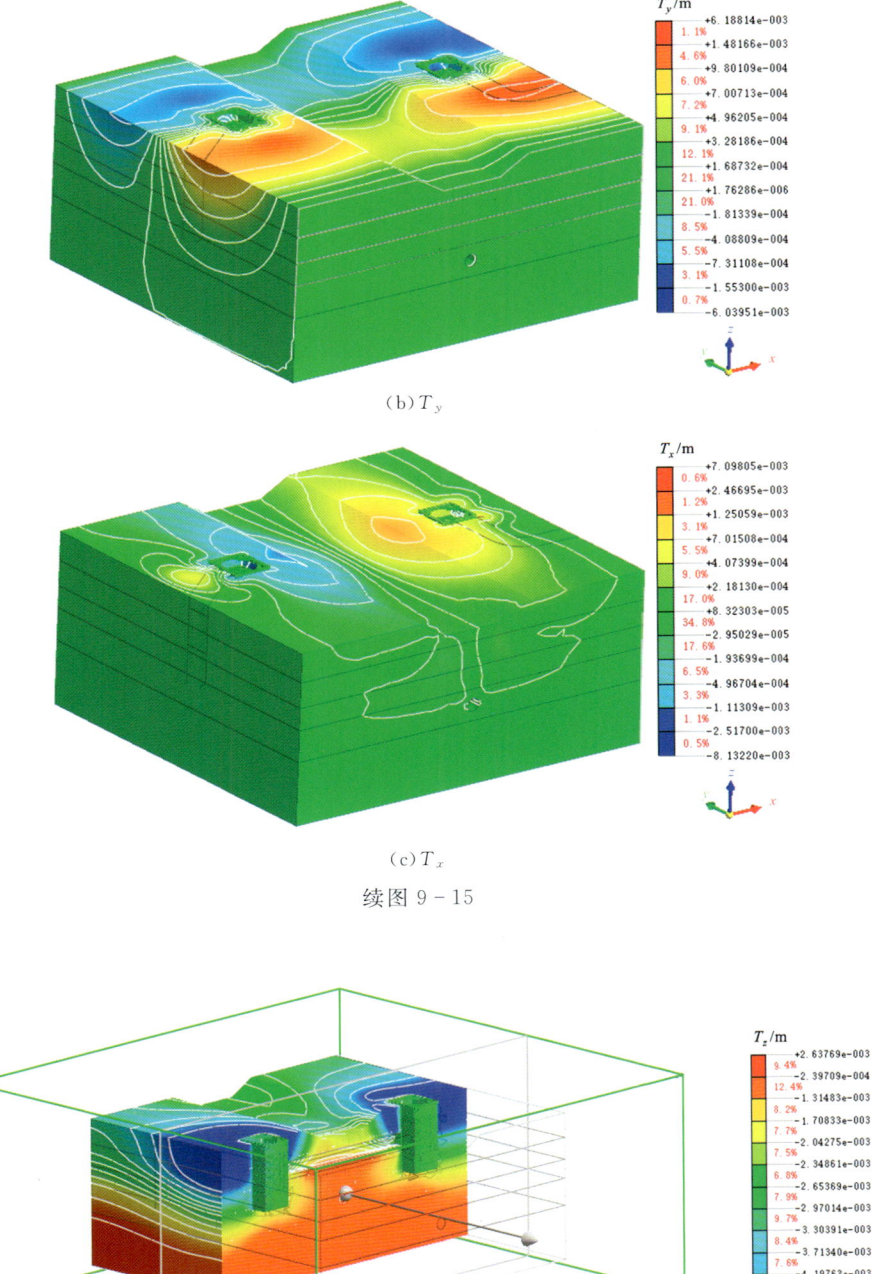

(b) T_y

(c) T_x

续图 9-15

(a) T_z

图 9-16 才汇巷综合管廊工程顶管完成后位移计算结果图

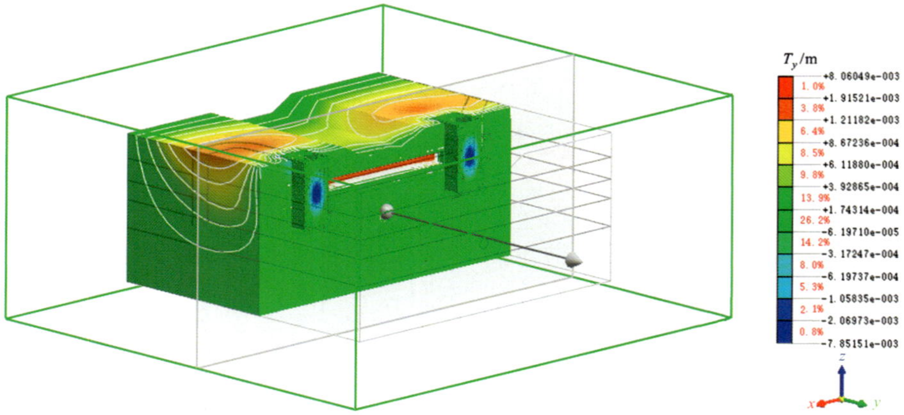

(b) T_y

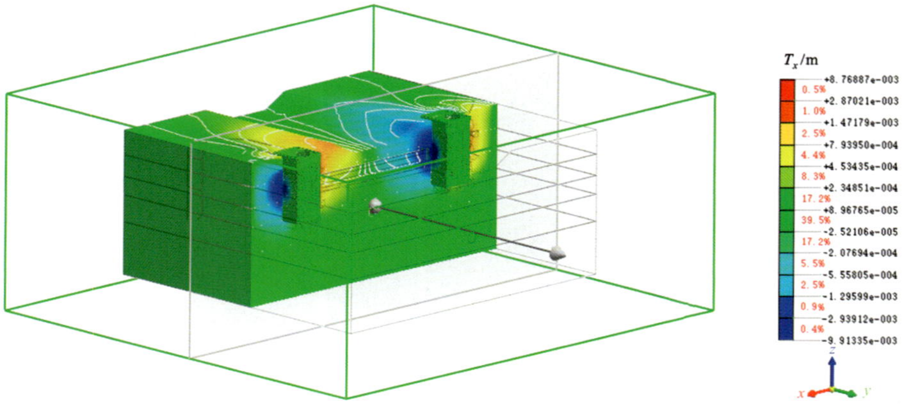

(c) T_x

续图 9-16

从以上计算结果可知,工作井基坑降水后地表沉降 9.8mm,工作井基坑开挖完成后地表沉降 6.8mm,坑底隆起 3mm,横向位移 8.1mm;顶管完成后地表沉降 7.4mm,横向位移 9.9mm;工作井两侧基坑降水后地表沉降 8.5mm,工作井两侧基坑开挖完成后,坑底隆起 8.8mm,沉降 14.3mm,横向位移 13.6mm。

2. 基坑支护结构位移计算结果分析

根据设计文件及湖北省地方标准《基坑工程技术规程》(DB42/T 159—2012)的相关规定,本基坑的重要性等级为一级,基坑支护工程水平位移限值(控制值)为 30mm。基坑支护结构位移计算结果如图 9-18~图 9-20 所示。

第九章 综合管廊下穿排水隧道施工对隧道结构影响案例研究

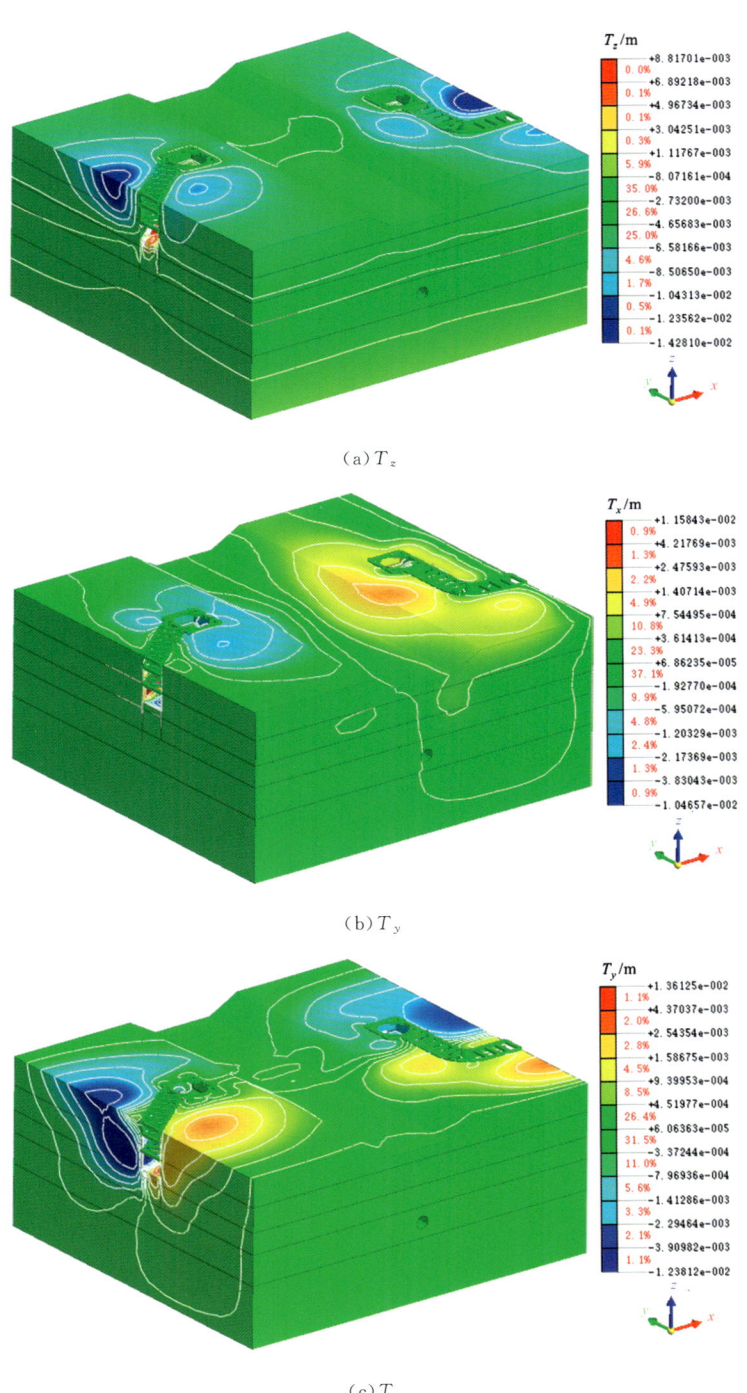

(a) T_z

(b) T_y

(c) T_x

图 9-17 才汇巷综合管廊工程工作井两侧基坑开挖完成后位移计算结果图

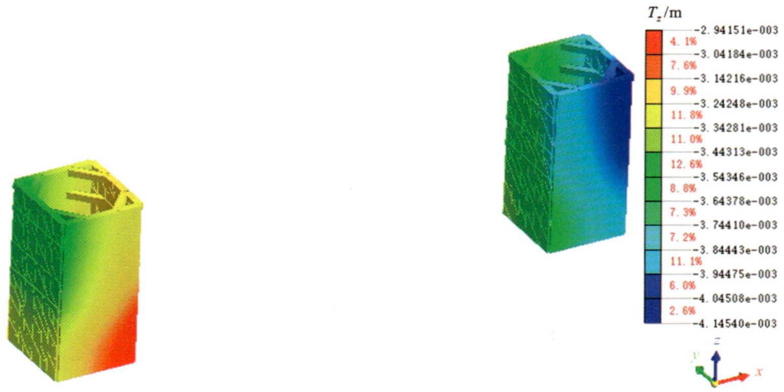

(a) T_z

(b) T_y

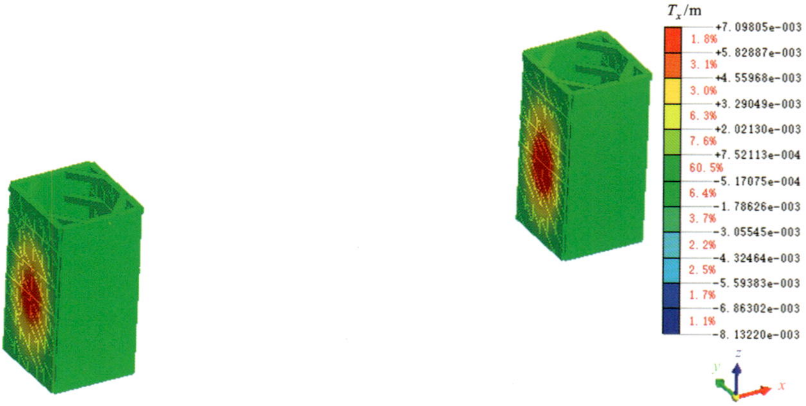

(c) T_x

图 9-18　才汇巷综合管廊工程工作井基坑开挖完成后围护结构位移计算结果图

第九章 综合管廊下穿排水隧道施工对隧道结构影响案例研究

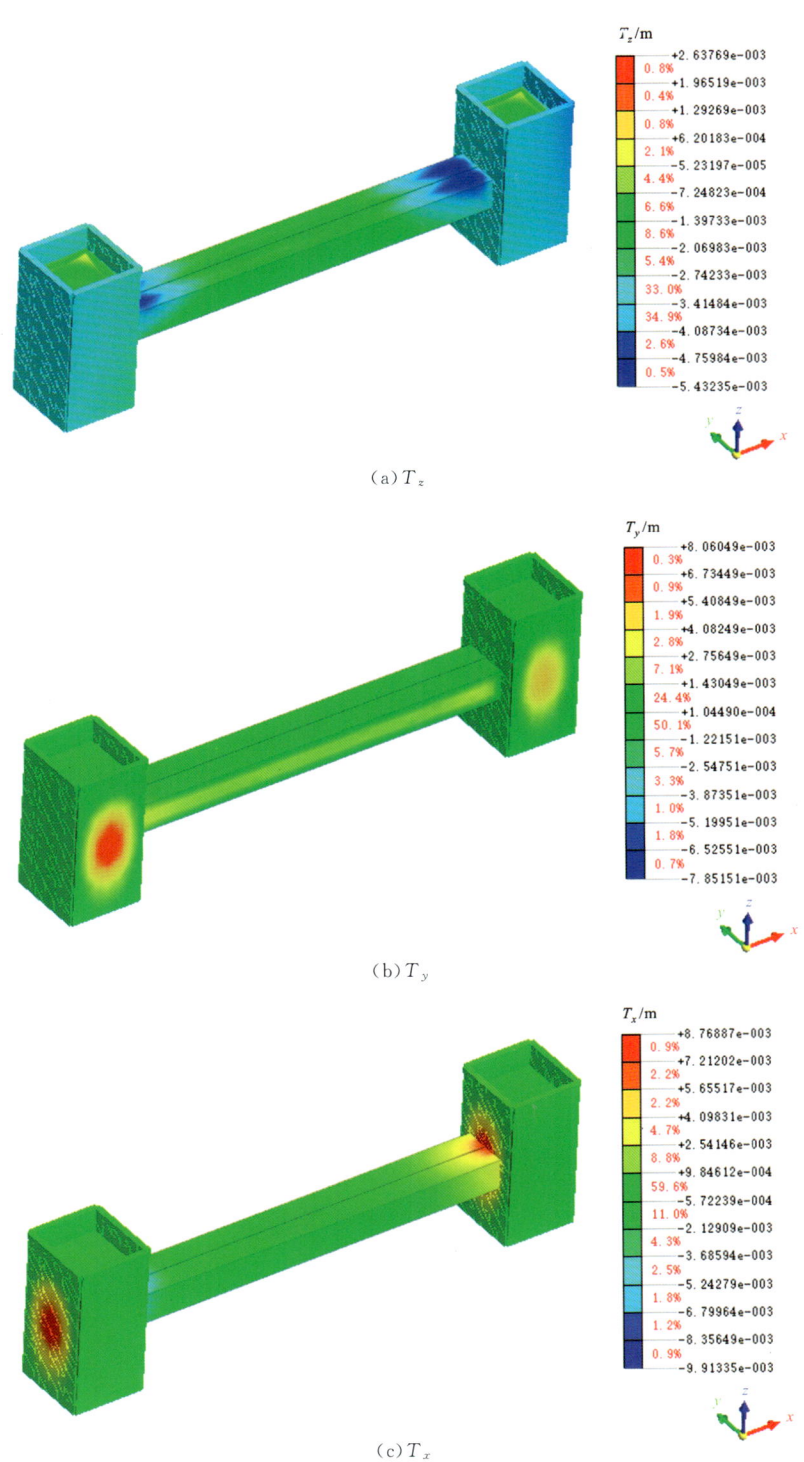

(a) T_z

(b) T_y

(c) T_x

图 9-19 才汇巷综合管廊工程顶管完成后围护结构位移计算结果图

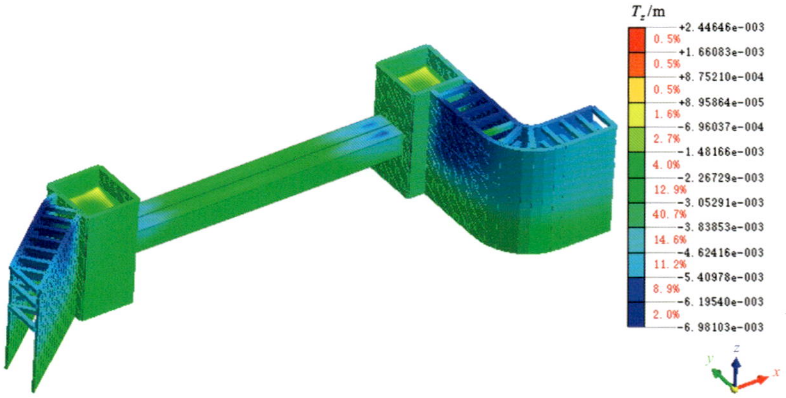

(a) T_z

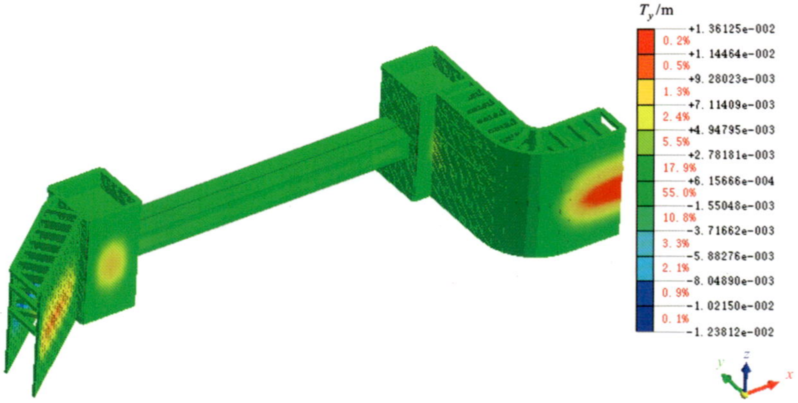

(b) T_y

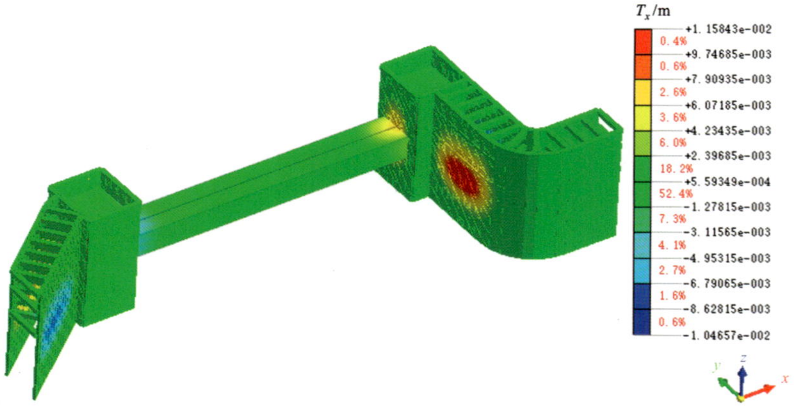

(c) T_x

图 9-20 才汇巷综合管廊工程工作井两侧基坑开挖完成后围护结构位移计算结果图

由以上计算结果可知,工作井基坑开挖完成后围护结构沉降为 4.1mm,横向位移 8.1mm;顶管完成后围护结构沉降 5.4mm,横向位移 9.9mm;工作井两侧基坑开挖完成后,围护结构沉降 6.9mm,横向位移 13.6mm,该值小于水平位移控制值(30mm),满足规范要求。

3. 深隧结构位移计算结果分析

深隧竖向、横向位移计算结果如图 9-21～图 9-25 所示。

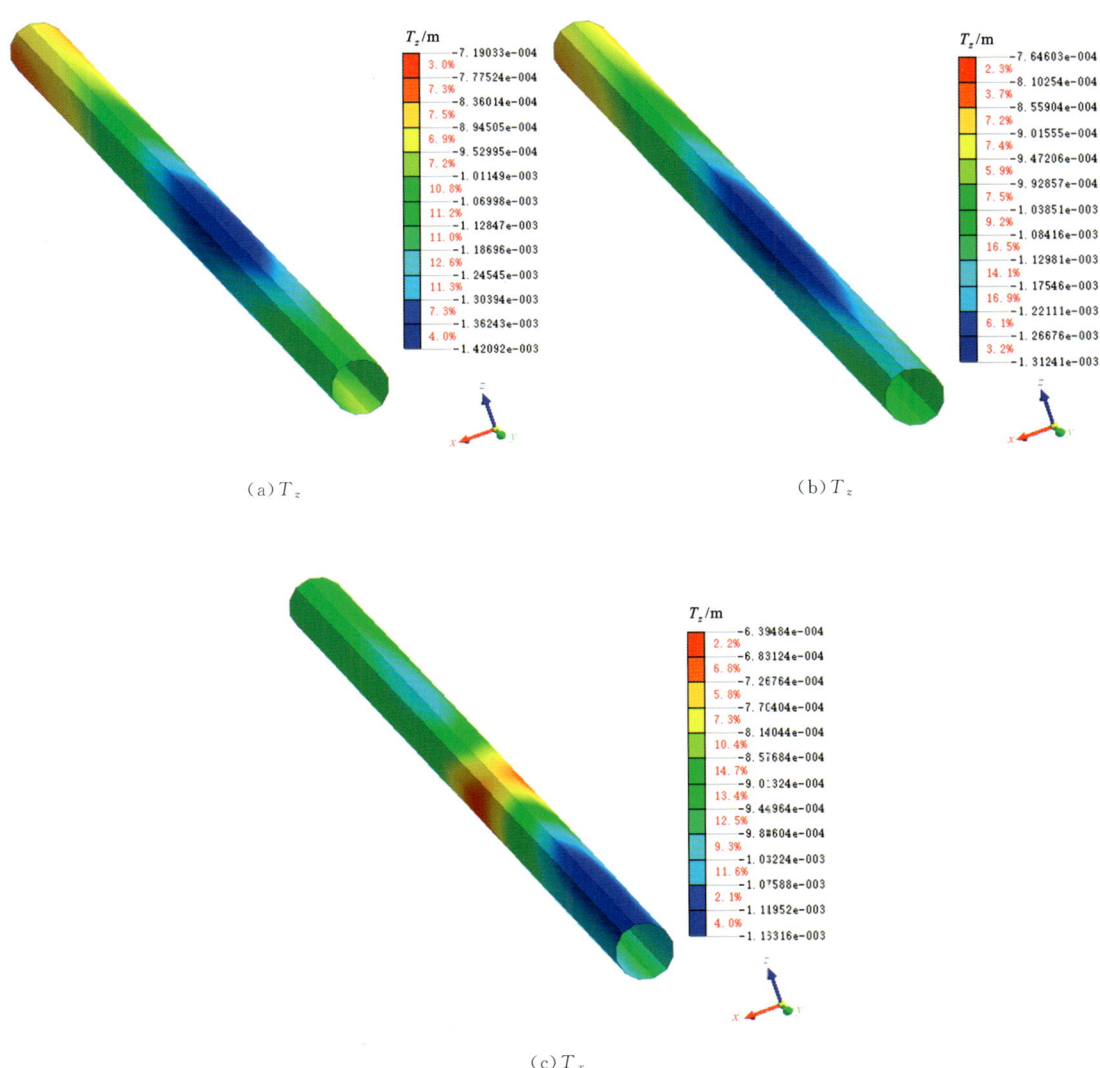

图 9-21 才汇巷综合管廊工程顶管完成后深隧竖向位移计算结果图

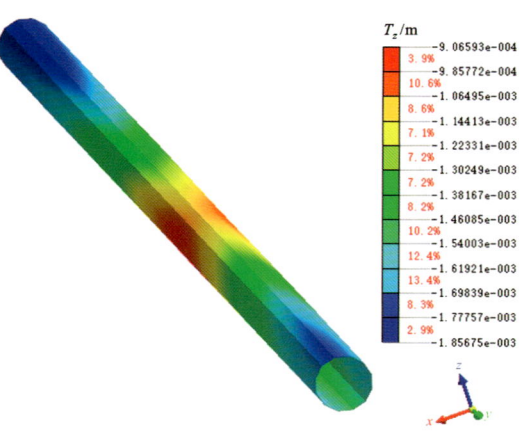

图 9-22 才汇巷综合管廊工程工作井两侧
基坑开挖完成后深隧竖向位移计算结果图

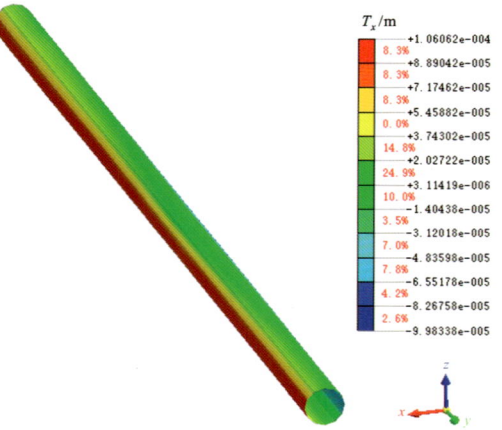

图 9-23 才汇巷综合管廊工程工作井
基坑开挖完成后深隧横向位移计算结果图

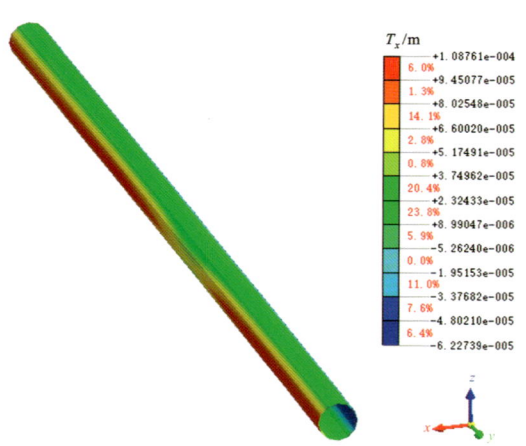

图 9-24 才汇巷综合管廊工程顶管完成后
深隧横向位移计算结果图

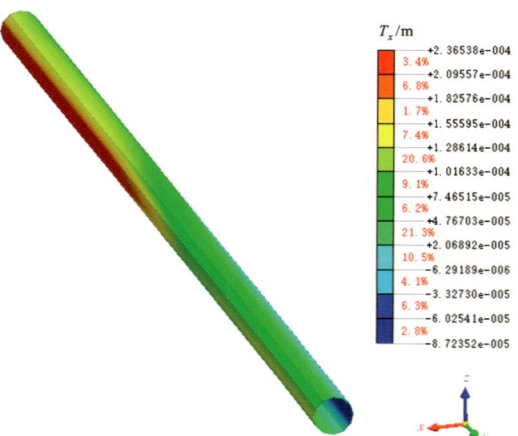

图 9-25 才汇巷综合管廊工程工作井两侧
基坑开挖完成后深隧横向位移计算结果图

整理以上计算结果,隧道结构位移如表 9-5、图 9-26、图 9-27 所示。以上基坑开挖对整体模型的位移结果表明,随着基坑开挖应力释放,土层应力场改变,微微带动紧邻既有深隧结构产生位移。降水会导致既有隧道结构沉降 1.42mm,基坑开挖对既有隧道结构的变形影响较小,顶管施工导致既有隧道的沉降减小到 0.75mm,工作井两侧基坑降水及开挖导致隧道沉降稳定在 1.1mm 左右。降水及基坑开挖对既有隧道的横向变形影响较小,横向变形值在 0.1mm 以内。根据数值模拟计算结果,本基坑开挖对隧道结构各方向变形影响均在隧道结构安全控制标准(10mm)的范围内。

表 9-5　才汇巷综合管廊工程各施工工序下深隧结构位移计算结果表　　单位：mm

序号	工序	竖向位移			横向位移		
		拱顶	拱腰	拱底	拱顶	拱腰	拱底
1	未施工	0	0	0	0	0	0
2	工作井降水 1	−1.32	−1.42	−1.24	−0.08	0.02	0.01
3	工作井开挖 1	−1.31	−1.41	−1.25	−0.08	0.01	0
4	工作井开挖 2	−1.27	−1.37	−1.20	−0.08	0.01	0
5	工作井开挖 3	−1.23	−1.33	−1.16	−0.09	0.01	−0.01
6	工作井开挖 4	−1.20	−1.30	−1.13	−0.10	0	−0.01
7	工作井结构底板	−1.21	−1.31	−1.14	−0.10	0	−0.01
8	工作井结构顶板	−1.21	−1.32	−1.14	−0.10	0	−0.01
9	顶管	−0.69	−0.76	−0.66	−0.04	0.01	0
10	工作井两侧降水 2	−0.74	−0.81	−0.70	−0.05	0.01	0
11	工作井两侧开挖 1	−0.73	−0.80	−0.69	−0.04	0.02	0
12	工作井两侧开挖 2	−0.70	−0.77	−0.66	−0.04	0.03	0.02
13	工作井两侧开挖 3	−0.99	−1.08	−0.94	−0.04	0.05	0.03
14	工作井两侧拆撑	−0.99	−1.08	−0.94	−0.04	0.05	0.03

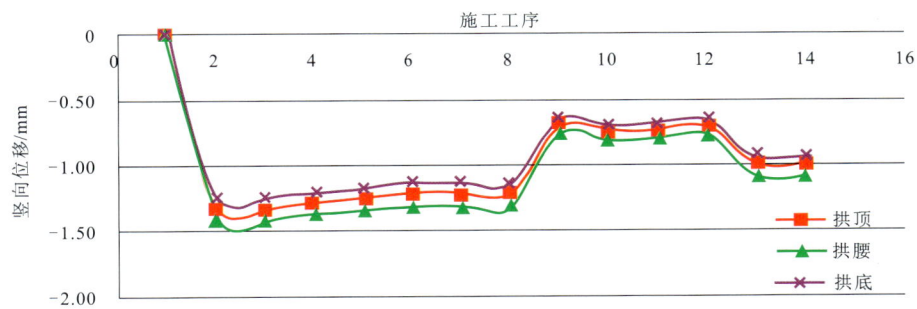

图 9-26　才汇巷综合管廊工程各施工工序下深隧竖向位移历史统计图

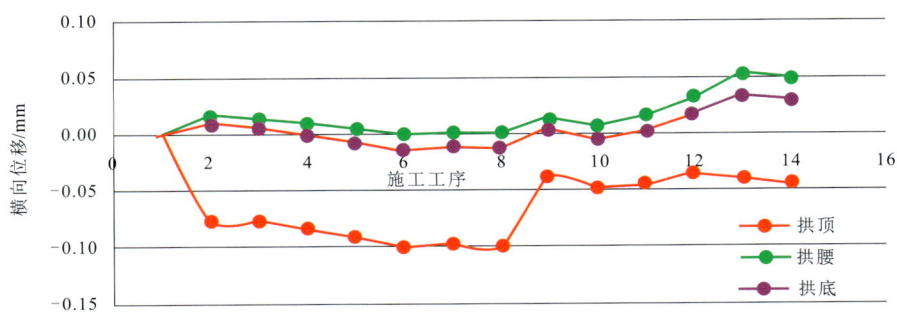

图 9-27　才汇巷综合管廊工程各施工工序下深隧横向位移历史统计图

4. 深隧结构内力计算结果分析

施工前、工作井基坑开挖完成后、顶管完成后、工作井两侧基坑开挖完成后深隧结构内力如图 9-28～图 9-31 所示。

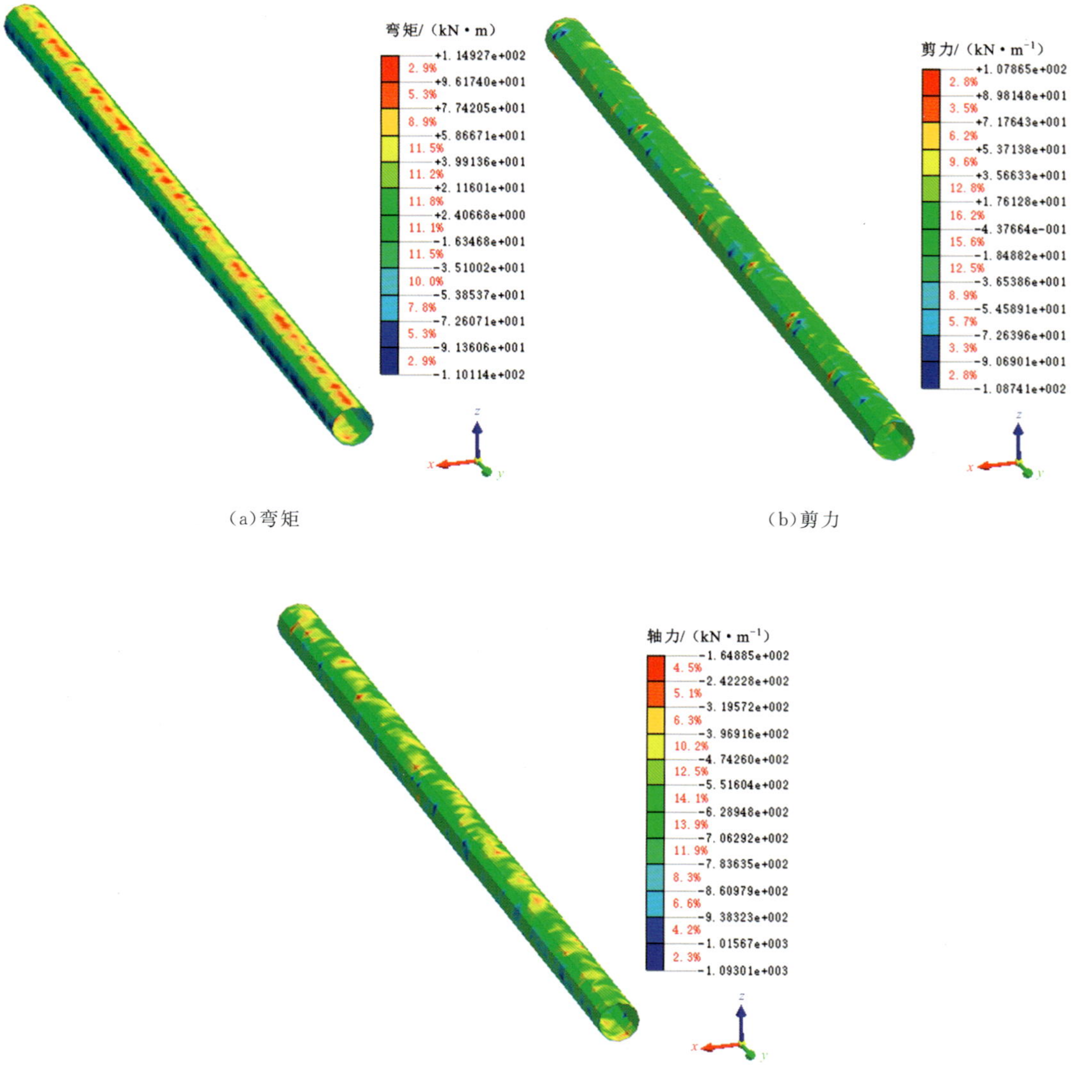

(a) 弯矩

(b) 剪力

(c) 轴力

图 9-28　才汇巷综合管廊工程施工前深隧结构受力计算结果图

第九章 综合管廊下穿排水隧道施工对隧道结构影响案例研究

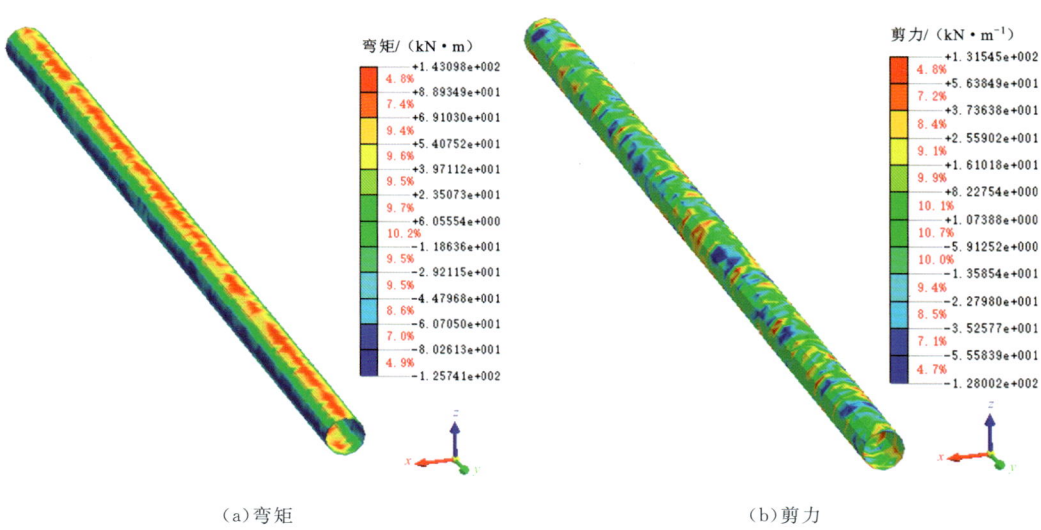

(a) 弯矩　　　　　　　　　　　　　　(b) 剪力

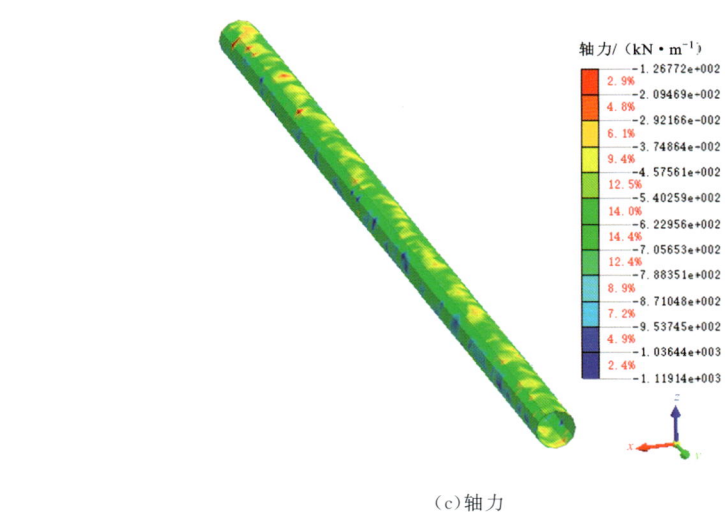

(c) 轴力

图 9-29　才汇巷综合管廊工程工作井基坑开挖完成后深隧结构受力计算结果图

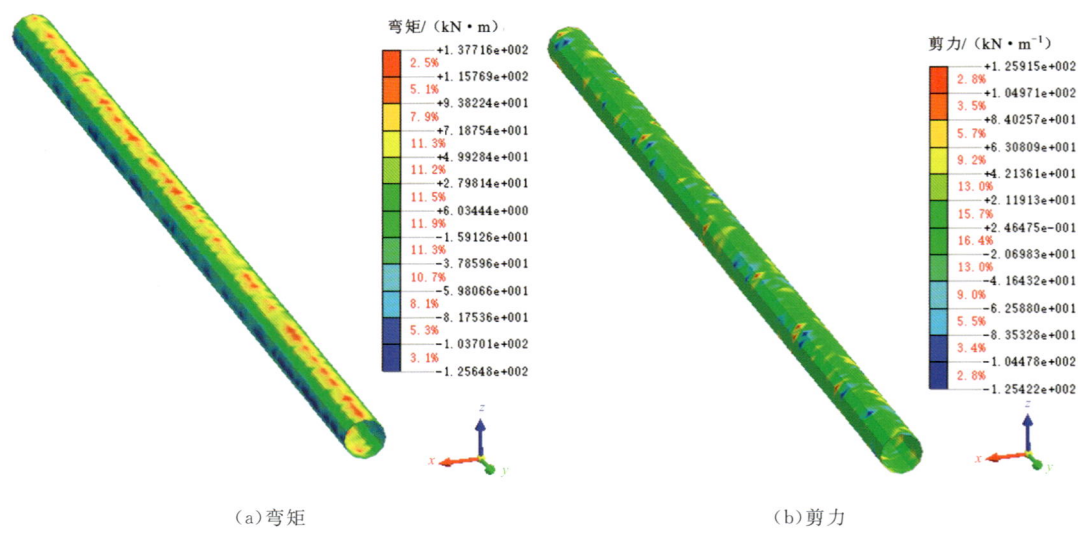

(a) 弯矩　　　　　　　　　　　　　　　(b) 剪力

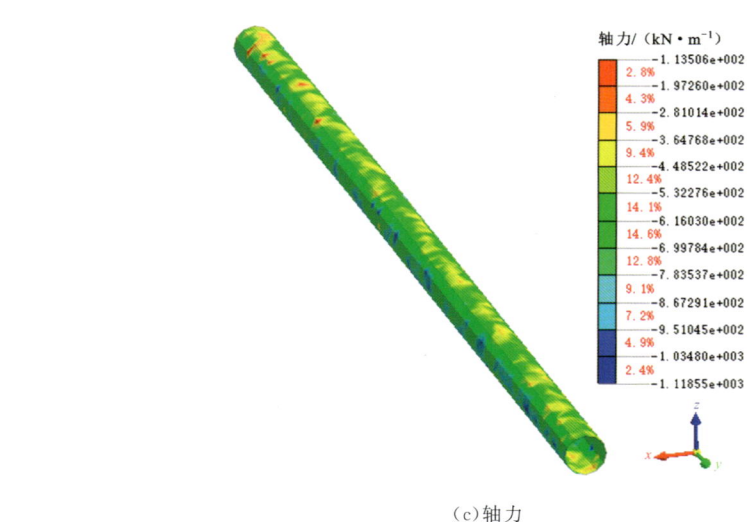

(c) 轴力

图 9-30　才汇巷综合管廊工程顶管完成后深隧结构受力计算结果图

第九章 综合管廊下穿排水隧道施工对隧道结构影响案例研究

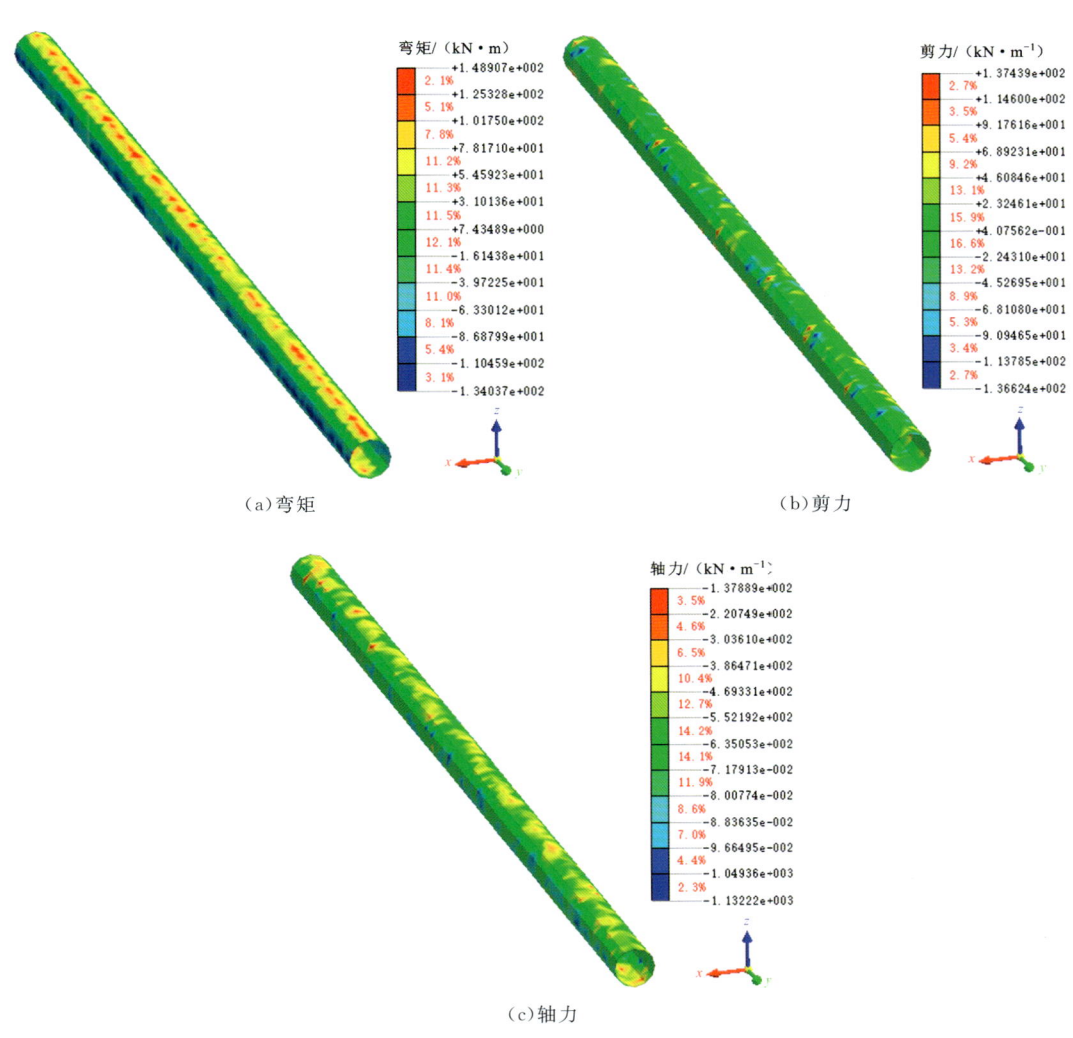

(a)弯矩　　　　　　　　　　　　　　(b)剪力

(c)轴力

图 9-31　才汇巷综合管廊工程工作井两侧基坑开挖完成后深隧结构受力计算结果图

整理以上计算结果,各施工工序下深隧结构内力计算结果如表 9-6、图 9-32～图 9-34 所示。

表 9-6　才汇巷综合管廊工程各施工工序下深隧结构内力计算结果表

序号	施工工序	弯矩/(kN·m)			剪力/(kN·m^{-1})			轴力/(kN·m^{-1})		
		拱顶	拱腰	拱底	拱顶	拱腰	拱底	拱顶	拱腰	拱底
1	未施工	−88.8	63.6	55.0	11.3	1.0	53.0	−797.5	−385.0	−550.3
2	工作井降水 1	−105.0	79.4	65.6	12.1	0.6	60.6	−849.4	−408.1	−561.4
3	工作井开挖 1	−104.2	79.0	64.2	12.0	0.7	58.6	−847.1	−411.2	−563.9
4	工作井开挖 2	−104.5	79.2	64.5	12.1	0.6	58.7	−848.4	−411.1	−565.6

续表 9-6

序号	工序	弯矩/(kN·m)			剪力/(kN·m⁻¹)			轴力/(kN·m⁻¹)		
		拱顶	拱腰	拱底	拱顶	拱腰	拱底	拱顶	拱腰	拱底
5	工作井开挖3	-104.9	79.5	64.8	12.2	0.5	58.9	-849.7	-410.9	-566.8
6	工作井开挖4	-105.4	79.8	65.1	12.3	0.5	59.2	-851.0	-410.9	-567.9
7	工作井结构底板	-105.4	79.8	65.1	12.3	0.5	59.2	-851.1	-411.2	-567.8
8	工作井结构顶板	-105.4	79.8	65.1	12.3	0.5	59.2	-851.1	-411.2	-567.7
9	顶管	-95.7	72.2	59.9	11.7	0.2	53.4	-843.8	-405.1	-624.5
10	工作井两侧降水2	-96.4	72.8	60.5	11.7	0.5	53.9	-838.0	-405.1	-617.3
11	工作井两侧开挖1	-96.8	73.2	60.7	11.7	0.0	54.2	-838.7	-406.1	-616.9
12	工作井两侧开挖2	-97.4	73.6	60.8	11.7	0.1	54.4	-840.3	-407.9	-617.1
13	工作井两侧开挖3	-101.2	76.6	62.8	12.0	-0.2	56.8	-850.0	-403.1	-613.3
14	工作井两侧拆撑	-101.3	76.7	62.9	12.0	-0.2	56.8	-846.8	-398.4	-610.0

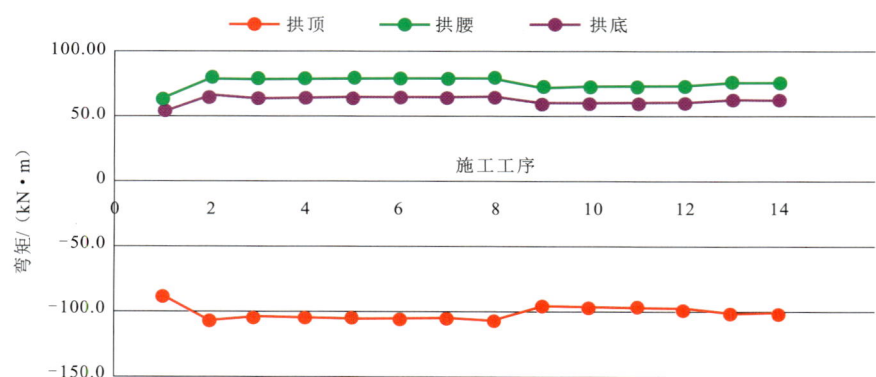

图 9-32　才汇巷综合管廊工程深隧结构弯矩历史变化统计图

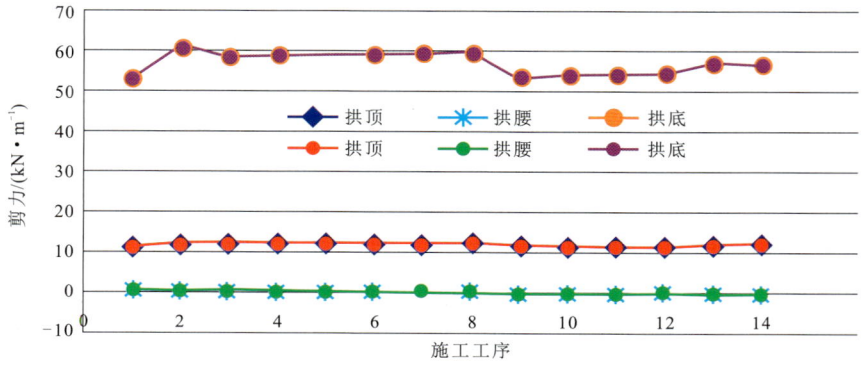

图 9-33　才汇巷综合管廊工程深隧结构剪力历史变化统计图

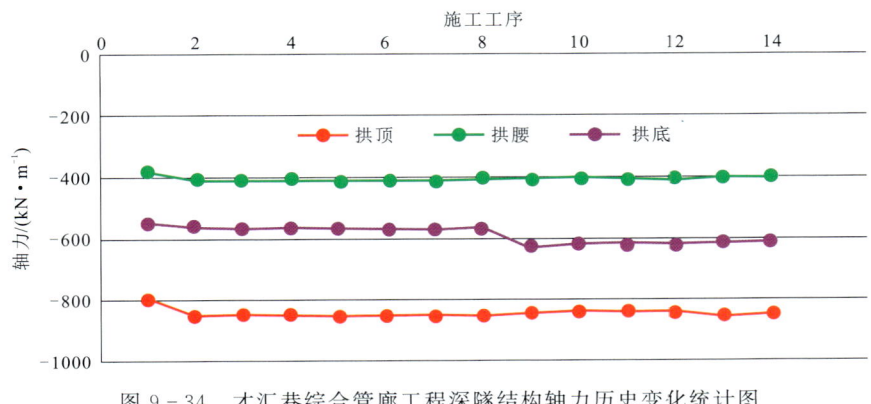

图 9-34 才汇巷综合管廊工程深隧结构轴力历史变化统计图

从以上统计可以看出,基坑降水会导致土体有效应力增加,既有深隧结构的内力有较小幅度增大,但增大后仍满足原设计要求,结构的设计强度及承载能力满足安全使用需求。工作井基坑开挖时,深隧的弯矩、剪力和轴力几乎不变。工作井两侧基坑降水会导致既有深隧的内力有很小幅度的变化,内力变化幅度在1‰以内。因此,降水工况是导致深隧内力发生变化的根本原因,施工时需注意密切观测周边水位。

第五节 安全性评估结论

通过对场地水文地质条件、几何位置关系、拟建基坑工程结构设计特点等影响因素进行综合分析,结合有限元软件 Midas/GTS 的数值计算结果,对拟建工程施工引起的深隧结构变形特性进行了分析与评估,得出以下结论:

(1) 参考《城市轨道交通工程监测技术规范》(GB 50911—2013)的规定,拟建基坑工程已经侵入深隧结构的安全控制区范围,拟定深隧结构变形控制标准为10mm。

(2) 数值分析结果显示,邻近深隧侧基坑围护结构最大水位位移值为13.6mm,支护结构水平位移值满足规范控制要求,设计方案可行。

(3) 拟建基坑围护结构外边线与深隧最小垂直净距为12.3m。根据计算结果,在基坑开挖及顶管顶进的整个施工阶段,基坑及顶管施工引起深隧结构的水平位移、竖向位移的最大值分别为0.1mm、−1.42mm,均在深隧结构变形的控制标准之内。基坑降水会导致土体有效应力增加,既有深隧结构的内力有较小幅度的增大,但增大后仍满足原设计要求,结构的设计强度及承载能力满足安全使用需求。工作井基坑开挖时,隧道的弯矩、剪力和轴力几乎不变;工作井两侧基坑降水会导致既有深隧的内力有很小幅度的变化,内力变化幅度在1‰以内。因此,降水工况是导致深隧内力发生变化的根本原因,施工时需注意密切观测周边水位。

第十章 电力通道下穿京广铁路施工对铁路影响案例研究

第一节 工程概况

江汉电力通道一期工程下穿京广铁路工程,设计全长约 3 609.355m,包含常青一路(常青路—姑嫂树路)电力通道 2 220.98m、新湾四路(三环线—常青一路)电力通道 1 388.375m。其中,常青一路(常青路—姑嫂树路)电力通道采用隧道的形式分两段实施,第一段为常青路至先锋变电站西南侧,第二段为先锋变电站南侧至姑嫂树路(图 10-1)。

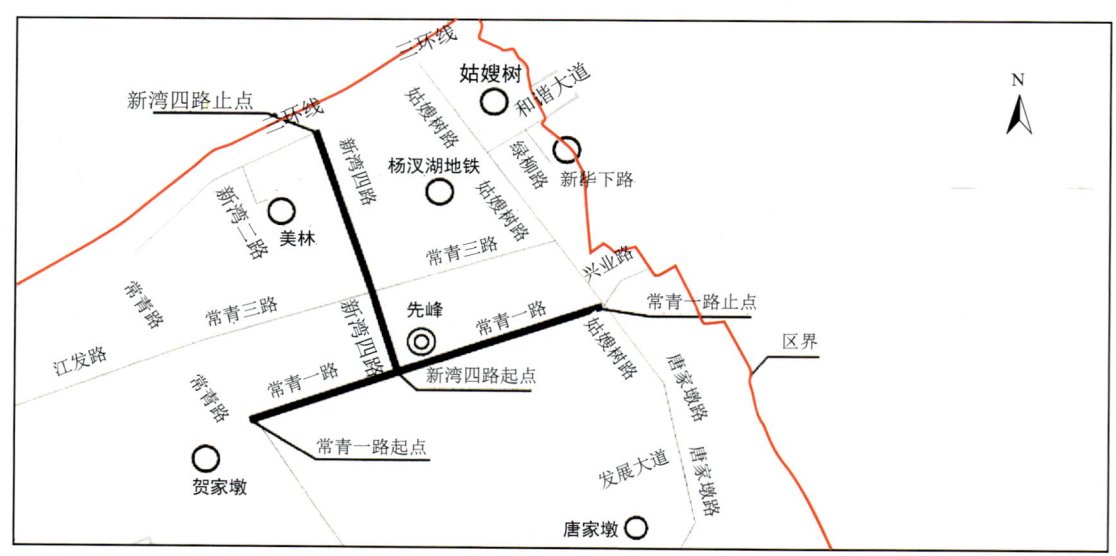

图 10-1 常青一路(常青路—姑嫂树路)电力通道工程位置示意图

一、电力通道建设内容及周边环境概况

1. 电力通道建设内容

常青一路(常青路—姑嫂树路)电力通道利用既有常青一路北侧人行道和非机动车通道

下穿通过,将人行道和非机动车通道改为单舱专用电缆隧道。电力通道沿既有人行道和非机动车通道布置,在京广铁路上、下行货车线西侧设置CQ3工作井,东侧设置CQ4转换井,全长160.49m,与京广铁路下行货车线交叉角度为31°,交叉处京广铁路下行货车线里程为K1192+652.6。电力通道西侧与京广铁路上、下行货车线并行段断面尺寸为2.7m×2.7m(AK0+743.465～AK0+813.515),顶底板及侧壁厚0.3m,长70.05m;下穿京广铁路上、下行货车线直线段电力通道利用既有人行道和非机动车通道进行改造,在既有人行道和非机动车通道底板以上浇筑电力通道。通道断面尺寸为2.7m×2.0m(AK0+813.515～AK0+903.955),顶底板及侧壁厚0.3m,长90.44m,并在左侧预留0.6m污水管护涵迁改空间。电力通道顶板上方设置10cm厚铺装层,并在左侧设置排水沟,主体结构采用C40混凝土,抗渗等级为P8。电力通道线路走向卫星平面见图10-2。

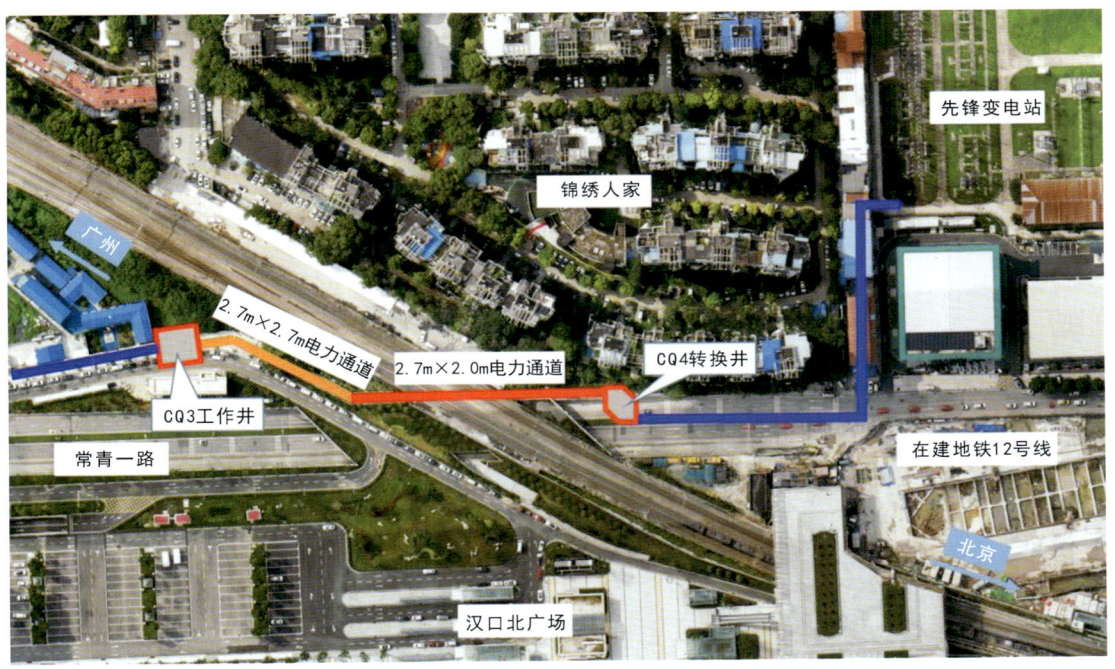

图10-2 常青一路(常青路—姑嫂树路)电力通道线路走向卫星平面图

2. 铁路概况

(1)京广铁路上、下行货车线。京广铁路上、下行货车线为有砟轨道,铁路等级为Ⅰ级,设计速度120km/h,平面最小曲线半径800m,为双线电气化铁路,有缝钢轨重60kg/m。既有京广铁路上、下行货车线如图10-3所示。

(2)铁路"四电"。①通信。通信电缆敷设于框架桥上电缆槽内。②信号。信号光缆敷设于框架桥上电缆槽内。③电力。电力电缆敷设于框架桥上电缆槽内。④电气化。接触网设备敷设于框架桥上。

图 10-3　既有京广铁路上、下行货车线图

3. 常青一路(常青路—姑嫂树路)通道概况

常青一路(常青路—姑嫂树路)位于汉口火车站北侧,全长 2 484.9m,是汉口站北东西向的城市次干道。既有常青一路(常青路—姑嫂树路)通道采用 1～4.2m＋2～8.95m＋1～4.2m 四孔分离式框架桥下穿铁路,箱桥下机动车道净空高度 4.5m,设限高架。

既有通道主体 4 孔分离式箱形框架桥箱桥由西向东分为现浇段和顶进段。箱桥主孔为车行道,净宽为 8.95m;边孔为人行道,净宽为 4.2m。道路横坡车行道横向平均坡度为 1.5%,人行道横向平均坡度为 2%。主孔箱桥边墙厚 0.7m,顶板厚 0.6m,底板厚 0.7m;边孔箱桥边墙厚 0.3m,顶板厚 0.38m,底板厚 0.40m。主孔箱桥结构净高 7.8m,边孔箱桥结构净高 5.8m。西侧引道长 137.21m,最大纵坡 5.034%。东侧引道长 92m,最大纵坡 5.95%。

既有通道箱身、挡墙和 U 型槽地基范围在建设时已采用旋喷桩及粉喷桩加固处理,原设计复合地基承载力不小于 150kPa。北侧人行通道内有一根直径 600mm 的污水管,管内无压。通道四周已有高架桥和通道如图 10-4～图 10-7 所示。

图 10-4　常青一路(常青路—姑嫂树路)通道东侧限高架图

图 10-5　常青一路(常青路—姑嫂树路)通道东侧机动车通道图

图 10-6 常青一路（常青路—姑嫂树路）
通道北侧人行道和非机动车通道图（一）

图 10-7 常青一路（常青路—姑嫂树路）
通道北侧人行道和非机动车通道图（二）

4. 汉口站北广场现状

汉口站北广场由银墩街、和瑞华美达酒店、常青一路、铁路货运外绕线围墙、北站房围合形成，面积约 4.81ha，是集客流进站集散、交通换乘和景观功能于一体的综合型广场，当时正处于建设中，已完成主体平台施工，正在施工附属工程（图 10-8）。

图 10-8 在建汉口北广场图

汉口站北广场地面广场西北侧为公交枢纽，占地面积约 1.4ha；西南侧设置出租车上下客区，占地面积约 0.8ha；东侧临北站房设置人流集散广场，占地面积约 1.2ha。通道及集中绿化等面积约 1.4ha，地面广场绿地率 25%。

北广场地下空间工程主要由地下停车库、地下出站空间组成。地下停车库面积约 1.3 万 m^2，地下出站空间面积约 0.8 万 m^2。地下出站空间与汉口站北站房地下出站通道、轨道交通 12 号线站厅连通，并预留与南广场地下空间连通条件。

二、安全控制标准

本工程京广铁路货车线按照《邻近铁路营业线施工安全监测技术规程》(TB 10314—2021)执行,标准如下。

(1)铁路路基变形控制值:竖向位移±10mm,水平位移±7mm。

(2)铁路框架桥变形控制值:竖向位移＋3\－8mm,横线路水平位移±7mm,顺线路水平位移±7mm。

(3)接触网支柱变形控制值:竖向位移±5mm,倾斜偏差不超过0.5%。

三、岩土工程条件

1. 地形地貌

拟建工程在武汉市江汉区常青一路通道处,场地北侧为锦绣人家小区,南侧为规划汉口站北广场,西侧约150m为轨道交通2号线隧道。地貌单元属长江冲积一级阶地,地势两头高、中间低,交通便利。

2. 地层岩性

根据岩土试验、原位测试和野外调查,按时代成因、沉积特征及工程地质性质,场地地层自上而下可分为:①人工填土(Q^{ml}),②黏土、淤泥质粉质黏土夹粉土(Qh^{al}),③冲积粉土、粉砂夹粉质黏土(Qh^{al}),④冲洪积粉砂、粉土夹粉质黏土、细中砂夹砾卵石(Qh^{al+pl})。场地各岩土层主要结构特征及分布情况见表10-1。

表10-1 常青一路(常青路—姑嫂树路)电力通道工程场地主要地层特征及分布表

地层编号	岩土名称	层厚/m	土层性质			压缩性	岩土特征及均匀性
			颜色	状态	湿度		
①-1	杂填土(Q^{ml})	1.7~6.4	杂	松散	稍湿—饱和	高	主要由砖块、混凝土块、碎石、砖渣等建筑垃圾组成,结构松散,其间充填黏性土、砂土等,硬物质含量25%~80%。堆积年限一般小于10a。表层存在厚度10~50cm的地面铺砖、混凝土路面以及沥青路面。土质不均
①-2	素填土(Q^{ml})	0.5~1.3	灰、褐灰	松散	稍湿—饱和	高	主要由黏性土组成,局部夹少量碎石砖渣等,结构松散,土质不均
②-1	黏土(Qh^{al})	1.2~3.7	褐黄	可塑	饱和	中	含铁锰质氧化物及结核,切面光滑,干强度中等,土质较均匀

续表 10-1

地层编号	岩土名称	层厚/m	土层性质 颜色	土层性质 状态	土层性质 湿度	压缩性	岩土特征及均匀性
②-2	淤泥质粉质黏土夹粉土（Qh^{al}）	9.5~20.1	褐灰、灰褐	流塑—软塑	饱和	高	夹腐殖物和螺壳等，层间不均匀地夹有薄层粉土，土质不均
③	粉土、粉砂夹粉质黏土（Qh^{al}）	1.1~13	褐灰、灰褐	中密、稍密、软塑	饱和	中	主要以粉土为主，夹粉砂和粉质黏土，含量比例约 5∶3∶2，呈互层状、饼状，矿物成分含石英、云母、长石等，土质不均
④-1	粉砂（Qh^{al+pl}）	3.9~8.2	灰、青灰	中密	饱和	低	主要矿物成分为石英、云母、长石等，局部夹薄层粉土，颗粒级配不均
④-1a	粉土夹粉质黏土（Qh^{al+pl}）	1.3~1.9	褐灰、灰褐	中密、可塑	饱和	中	主要由粉土组成，夹粉质黏土，呈透镜体状分布，土质不均
④-2	粉砂（Qh^{al+pl}）	1.7~9	灰、青灰	密实	饱和	低	主要矿物成分为石英、云母、长石等，颗粒级配不均
④-3	细中砂夹砾卵石（Qh^{al+pl}）	2.4~3.1	灰、褐灰	密实	饱和	低	细中砂矿物成分为石英、云母、长石等，砾卵石含量 5%~20%，局部区域富集，成分主要为石英砂岩，粒径 1~8cm

3. 水文地质条件

场地位于现状团结大道上，地表水体不发育，附近地表水体主要为杨春湖，主要接受大气降水及地表汇水补给，通过蒸发、侧渗或外排等方式排泄。

场地地下水根据埋藏条件分为上层滞水和基岩裂隙水两类。上层滞水主要赋存于①人工填土孔隙中，无统一自由水面，下伏②黏土、淤泥质粉质黏土，③粉土、粉砂夹粉质黏土，④粉质黏土为其相对隔水层，主要接受大气降水和邻近场区渗流补给，以垂向径流、渗透、蒸发及向地表水水平补给排泄。地下水量不大，受降雨影响，随季节变化。勘察期间测得上层滞水水位埋深 0.80~1.80m，标高 19.69~21.17m。上层滞水对拟建工程有一定影响，设计时应考虑沉井基础的抗浮稳定性以及基坑截排水措施。

基岩裂隙水主要赋存于砂质泥岩节理裂隙中，富水性受裂隙发育程度、裂隙充填程度及连通性所控制，赋水性变化较大，仅裂隙中含水。勘察期间未测得基岩裂隙水水位，基岩裂隙水对本工程影响有限。

4. 场地稳定性及适宜性评价

根据区域地质构造资料,拟建场地区域地壳相对稳定,新构造运动微弱且无全新的活动迹象,属基本稳定区。勘察期间场地内未发现岩溶、滑坡、泥石流、崩塌、土洞、暗沟、暗滨等不良地质作用和地质灾害发育。根据《城乡规划工程地质勘察规范》(CJJ 57—2012)判定,本工程场地属于稳定性差场地,工程建设适宜性属适宜性差。

第二节 关键控制技术

1. 电力通道基坑支护

电力通道施工方式利用既有人行道和非机动车通道穿越铁路,共分 A、B、C、D 区段。

(1) A 段电力通道施工拆除既有人行坡道 U 型槽,基坑设计深度为 6.29~8.55m,采用直径 1.2m 钻孔灌注桩支护,间距 1.4m,桩长 25~28m,设宽 1.4m、高 1.0m 冠梁兼压顶,并设置一道直径 609mm 钢支撑,水平间距 3.0m。基坑采用直径 0.6m 高压旋喷桩地基加固及基坑被动区加固措施。

(2) B 段基坑深度为 6.10~7.75m,利用既有通道顶板和既有 Z3-1、Z3-2、Z8 桩墙9#挡墙作为支护,并设置一道直径 609mm 的钢支撑,水平间距 3.0m。既有桩墙被动区 4m 范围内采用水泥水玻璃注浆加固,减少钢支撑对既有通道的顶力。

(3) C 段电力通道利用既有人行和非机动车通道进行改造,在人行和非机动车通道底板上浇筑电力通道。

(4) D 段为污水管迁改基坑,深度约为 6.43m,利用既有通道顶板及既有 P1-2 桩墙作为支护,并设置一道直径 609mm 的钢支撑,水平间距 3.0m。D 段基坑应先进行施工,将污水管迁改并回填之后再开挖 B 段基坑。

2. 工作井及转换井施工

CQ3 工作井为矩形,长 10m,宽 8.9m,侧壁厚为 1.0m,底板厚 0.8m,深 12.16m。采用 C40 混凝土,抗渗等级为 P8,沉井法施工。CQ3 工作井采用沉井施工,靠近铁路侧设置一排直径 1.2m、桩长 20m 的隔离桩(钻孔灌注桩)。

CQ4 转换井为不规则六边形井,高 5m,顶板厚 0.5m,壁厚 0.8~1.0m,埋深约 6.2m,采用 C40 混凝土,抗渗等级为 P8,采用现浇法施工。转换井采用明挖施工,拆除既有机动车道悬臂式挡墙共 22m,靠近机动车道侧基坑采用直径 1.2m、桩长 20m 钻孔灌注桩支护,靠近小区侧在既有 Z9 桩墙外侧新设直径 1.2m、桩长 39m 的钻孔灌注桩,并设置两道直径 609mm 的钢支撑,水平间距 3.0m。

3. 止水帷幕

基坑采用封闭止水措施，支护桩外侧采用直径 800mm、间距 600mm 高压旋喷桩止水，并应进入③淤泥质粉质黏土层不小于 1.5m，将淤泥质粉质黏土层作为隔水层。不同围护分区衔接处增设高压旋喷桩。

CQ3 沉井四周设置双排 φ800@600 高压旋喷桩止水帷幕，桩长 15m。CQ4 转换井需在靠近小区侧基坑外侧采用水泥水玻璃注浆加固，新建桩与既有桩间增设 φ800@600 高压旋喷桩止水帷幕；CQ4 转换井垫层下 6m 范围内土体进行注浆加固，防止基坑渗流破坏。

4. 桩侧保护

桩间采用挂钢筋网 φ8@250×250 喷射混凝土进行保护，厚度 80mm。

5. 立柱结构设计

支撑下设置钢筋混凝土灌注桩与钢结构组合立柱，立柱桩下部采用 φ850 灌注桩，采用 C40 混凝土，桩长 6.0m。立柱桩上部采用 440mm×440mm 钢结构立柱，四肢采用 L140×14，缀板采用 —420mm×300mm×10mm。

本工程电力通道线路走向平面布置见图 10-9，基坑平面布置见图 10-10，明挖段典型支护横断面及电力通道断面见图 10-11~图 10-13。

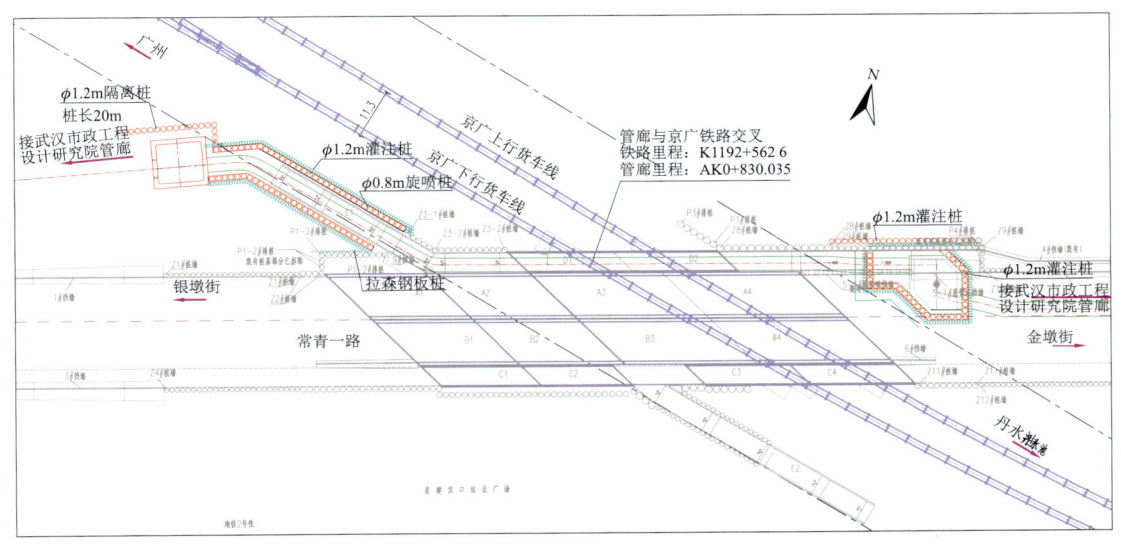

图 10-9　常青路（常青路—姑嫂树路）电力通道线路走向平面布置图

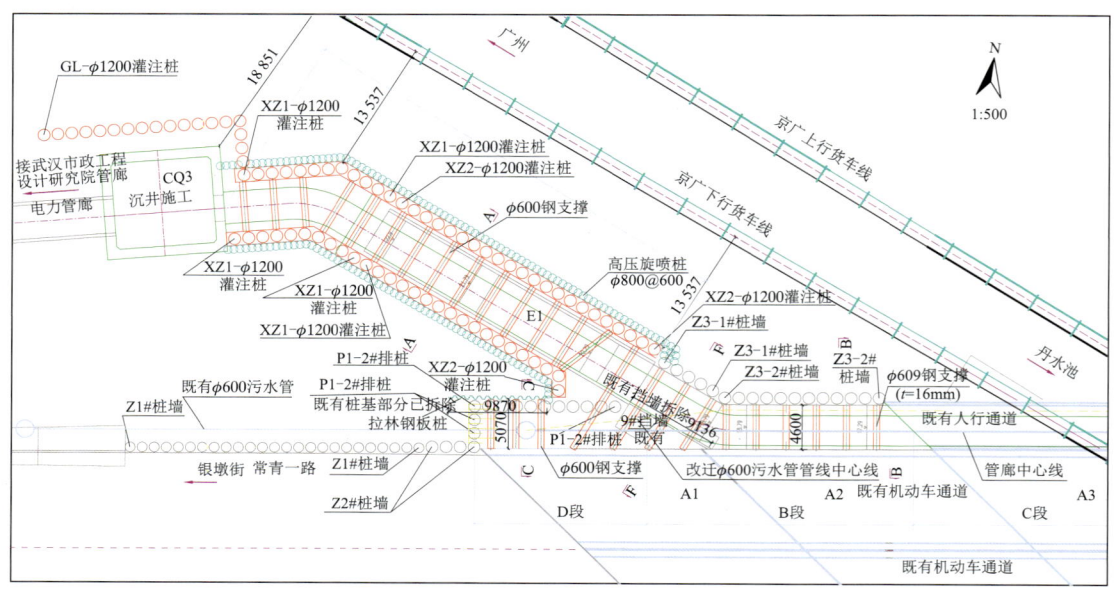

(a) D—B—C 段

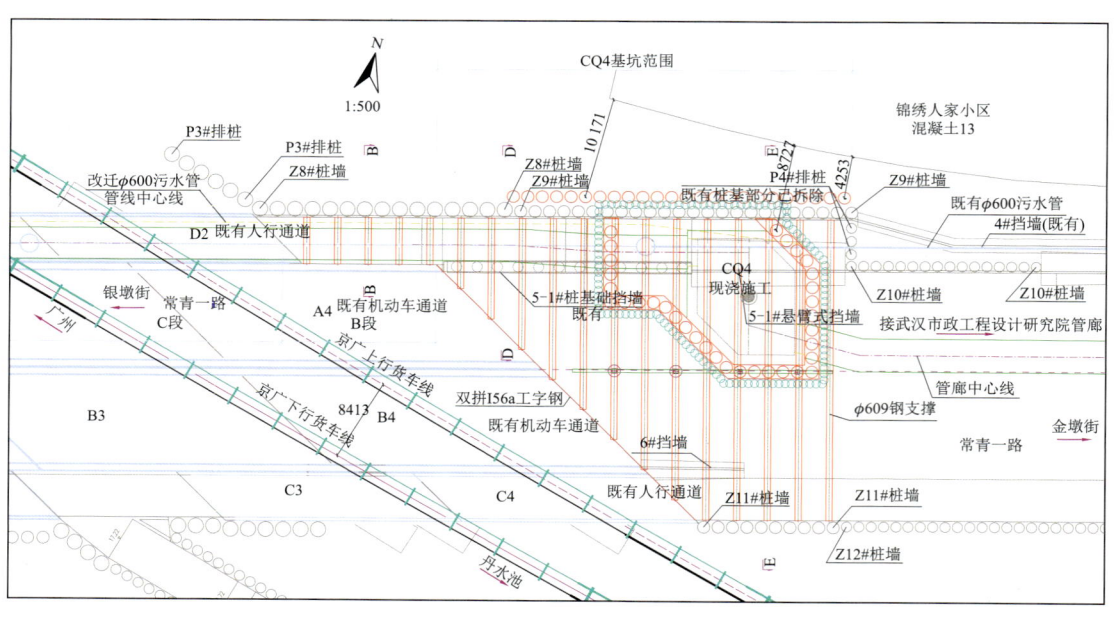

(b) C—B 段

图 10-10 常青路(常青路—姑嫂树路)电力通道基坑平面布置图(第一道钢支撑)

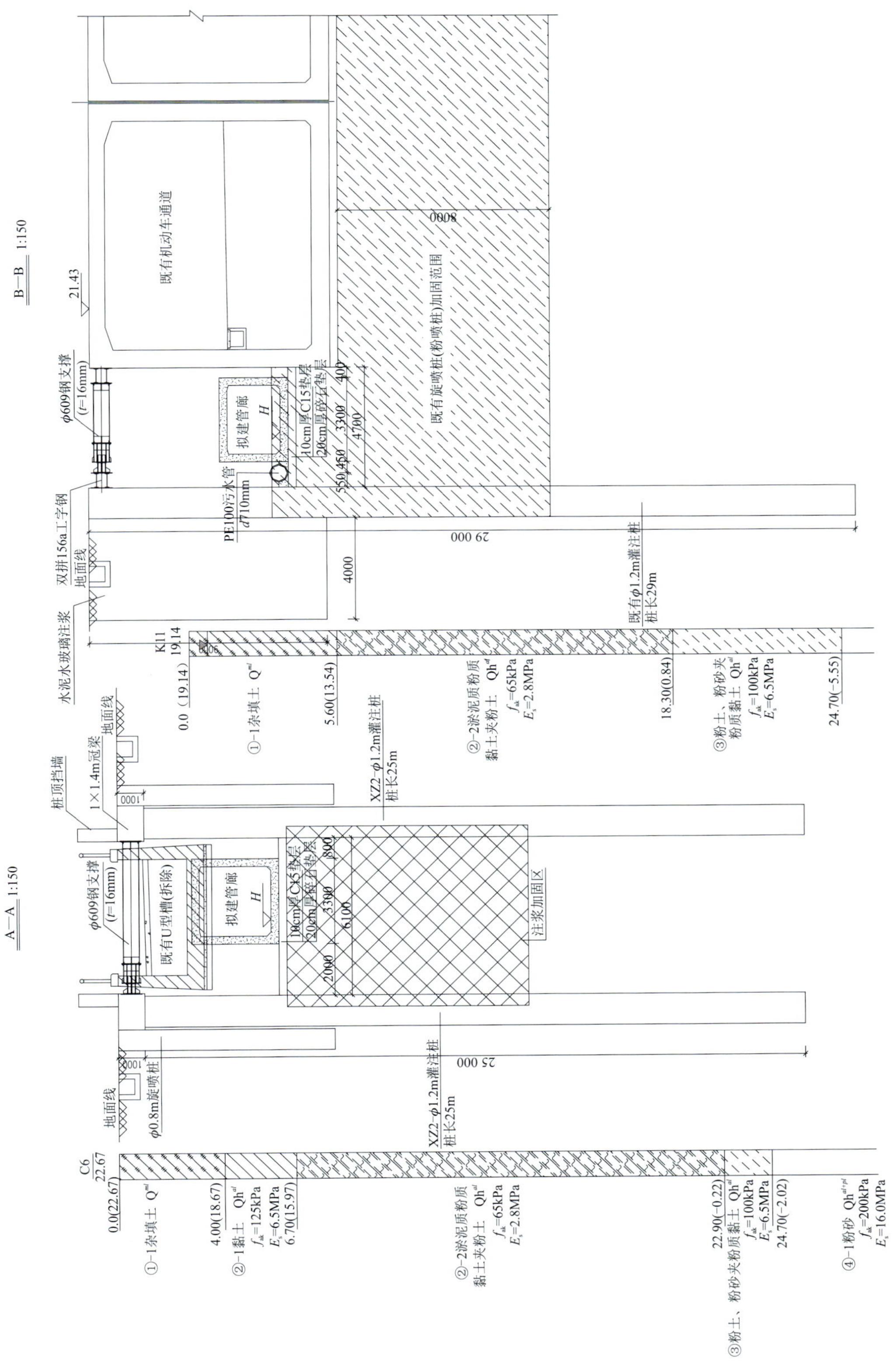

第十章 电力通道下穿京广铁路施工对铁路影响案例研究

图 10-11 常青路（常青路-姑嫂树路）电力通道明挖段典型基坑支护横断面图

（a）断面 A—A 或 B—B

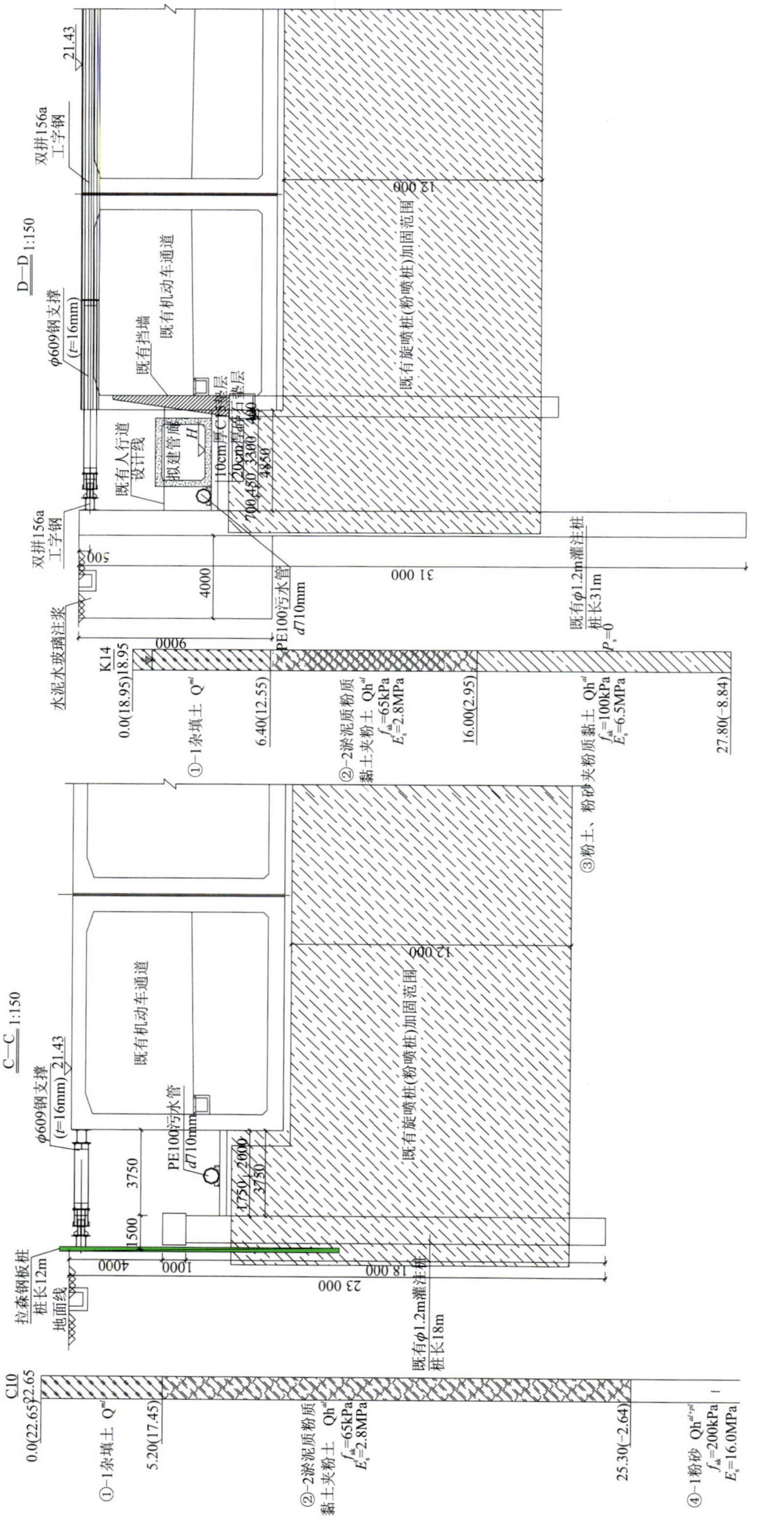

续图 10-11

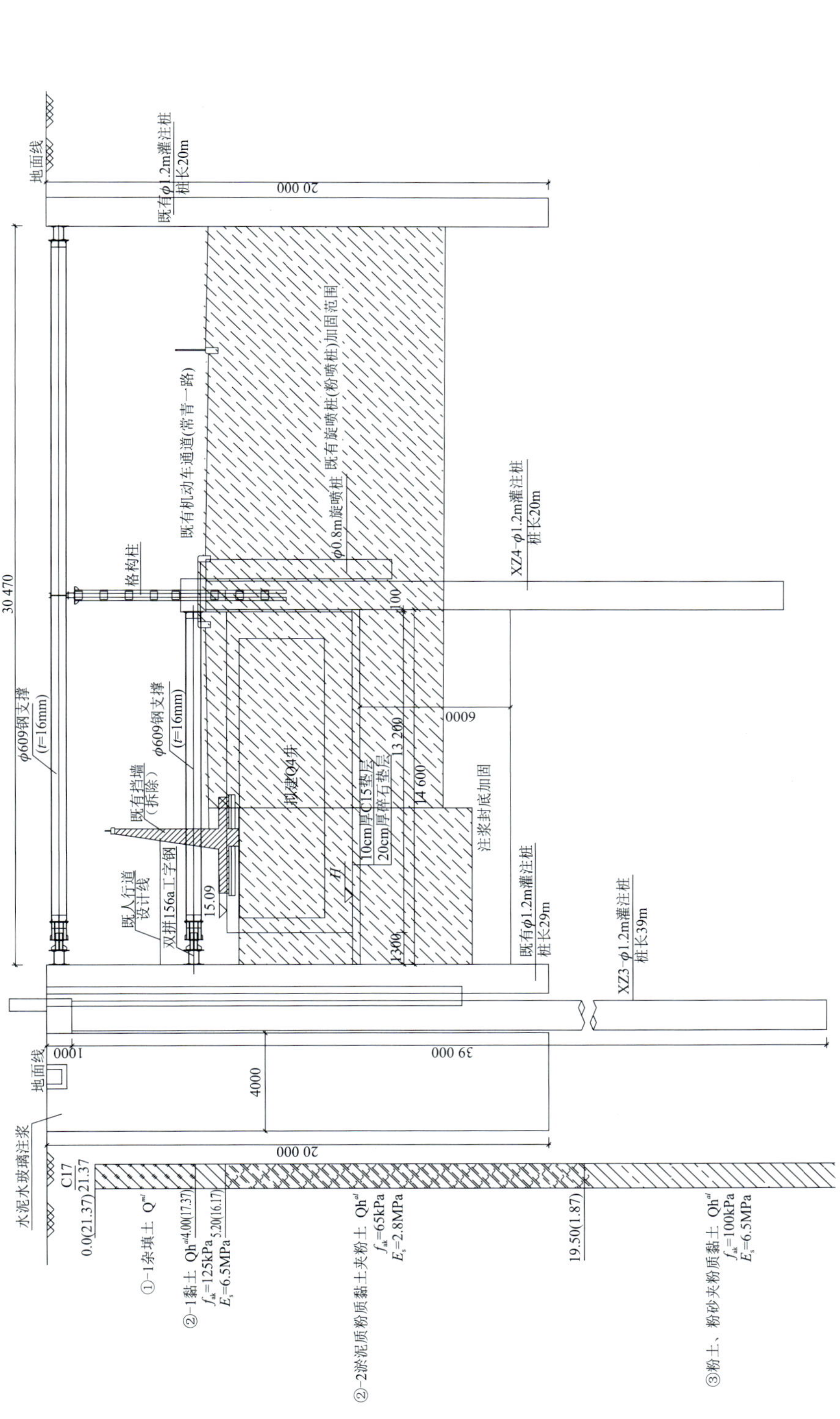

第十章 电力通道下穿京广铁路施工对铁路影响案例研究

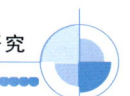

(d) 断面E—E

续图 10-11

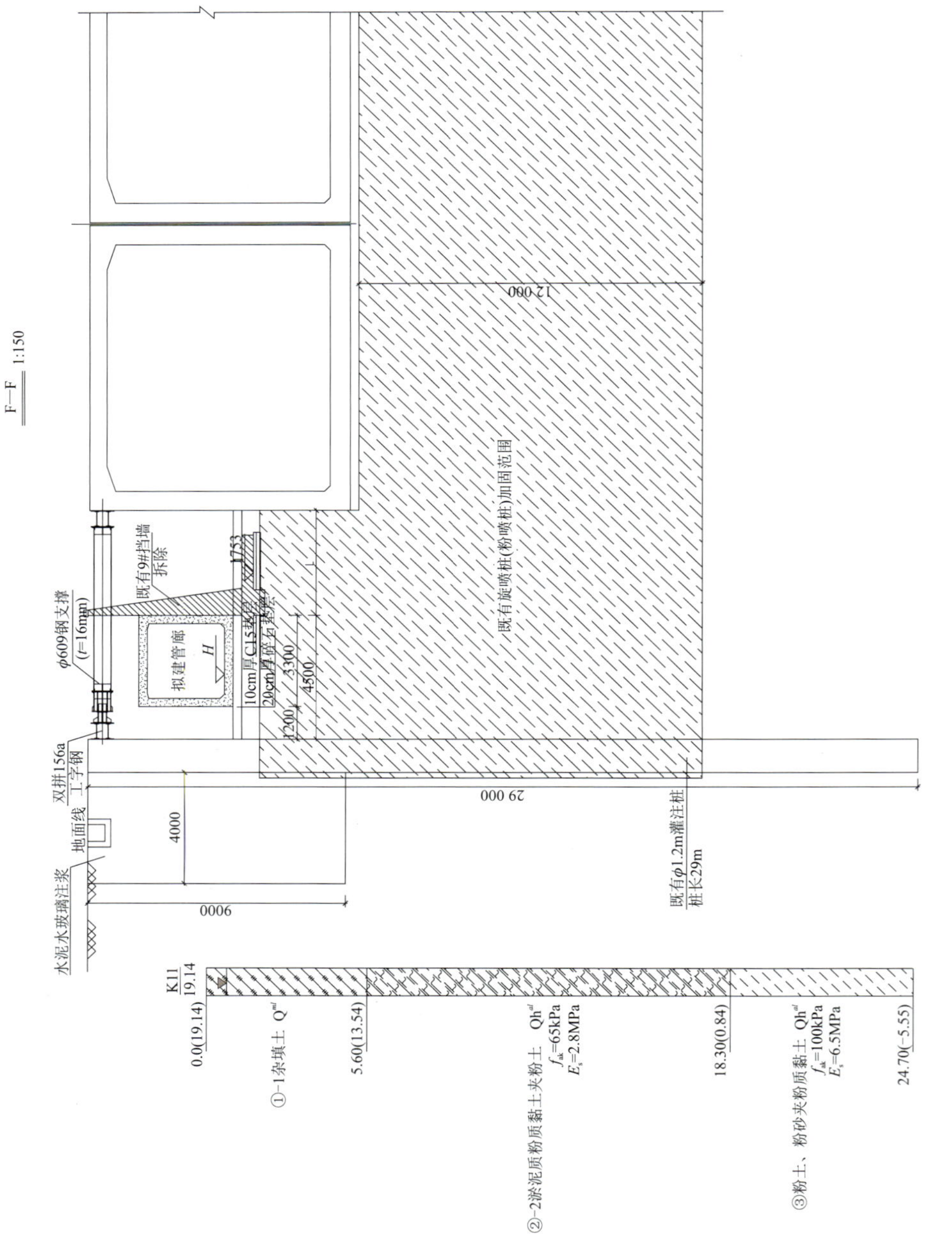

(e) 断面F—F

续图 10-11

第十章　电力通道下穿京广铁路施工对铁路影响案例研究

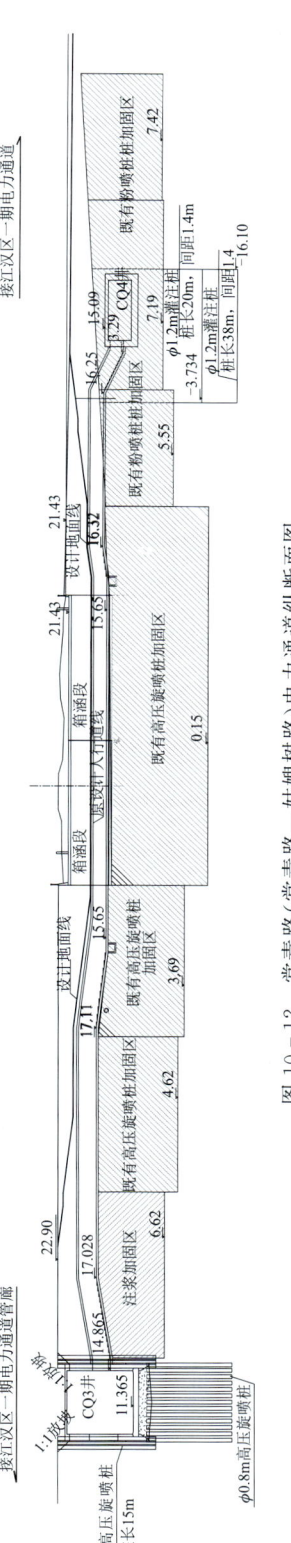

图 10-12　常青路（常青路—姑嫂树路）电力通道纵断面图

图 10-13　常青路（常青路—姑嫂树路）电力通道横断面图

第三节　风险源汇总及等级评定

根据《铁路营业线施工安全管理办法》(国铁运输监〔2021〕31号)文件,本工程施工等级为Ⅲ级。

一、风险等级综合评定方法

根据《铁路建设工程风险管理技术规范》(Q/CR 9006—2014),分别用1~5五个数值表示各种风险因素导致相应事故发生的概率及后果,其中,概率等级1~5分别代表极不可能发生、很少发生、偶然发生、可能发生、频繁发生,后果等级1~5分别代表轻微的、较大的、严重的、很严重的、灾难性的,并定义概率及后果的估值和风险指数,风险分级标准将风险指数分为极高(Ⅰ级)、高度(Ⅱ级)、中度(Ⅲ级)、低度(Ⅳ级)4个等级,具体见表10-2。

表10-2　风险等级标准表

概率等级		后果等级				
		灾难性的	很严重的	严重的	较大的	轻微的
		5	4	3	2	1
频繁发生	5	极高度	极高度	极高度	高度	中度
可能发生	4	极高度	极高度	高度	高度	中度
偶然发生	3	极高度	高度	高度	中度	中度
很少发生	2	高度	高度	中度	中度	低度
极不可能发生	1	中度	中度	中度	低度	低度

按照不同的等级确定风险接受准则,《铁路建设工程风险管理技术规范》(Q/CR 9006—2014)中推荐的风险接受准则如表10-3所示。

表10-3　推荐风险接受准则表

风险等级	接受准则	处理措施
极高	不可接受	必须高度重视并规避,否则必须采取有效措施处理
高度	不期望	应重视并采取有效措施处理,加强风险监测
中度	可接受	宜采取有效措施处理,并进行风险监测
低度	接受	可不采取措施,但需关注,防止风险等级上升

二、风险源汇总及等级评估

施工技术是一个重要的风险源,既包含技术方面的因素,也包含管理方面的因素。施工设备、施工方法及重要技术措施选择不当等均可能导致施工质量问题。以下从施工技术和施工组织等几个方面分别进行风险源普查,提出施工风险应对措施。当前评估项目施工过程中相关的风险源信息见表10-4。

表 10-4 风险源表

序号	风险项	判断依据	
		产生的根源	主要影响
1	建设条件风险	不利地质情况或勘察不确定性对拟建电力通道结构稳定性产生影响;拟建工程场地地下水埋深对拟建电力通道施工阶段影响;拟建工程场地稳定性对电力通道运营阶段产生影响	影响拟建电力通道结构整体安全性和耐久性
2	总体方案设计风险	拟建电力通道设计是否满足规范、规程的技术要求,是否达到施工设计深度	影响既有铁路运营安全
3	对铁路框架桥沉降及铁路四电影响风险	拟建电力通道处铁路框架桥为分离式,应尽量减小铁路框架桥的差异沉降;拟建电力通道施工应避免对既有铁路"四电"造成影响	影响铁路框架桥沉降及铁路"四电"安全
4	施工安全与技术风险	施工组织设计和施工管理是否合理、合规;工程机械作业的影响范围;施工过程中应对铁路框架桥进行防护;制订施工预案,避免雨季施工桥下土体流失或坍塌带来的铁路安全隐患	影响铁路运营安全
5	施工对铁路框架桥基础的安全风险	施工期间基坑开挖过程对铁路框架桥基础的扰动;施工期间大中型工程机械对铁路安全的影响;施工期间及完成后弃土堆放对铁路桥基础安全的影响	影响铁路运营安全

三、风险应对措施

为减少拟建电力通道工程施工给铁路安全带来的不利影响,应结合工程实际情况,明确施工安全责任,制定安全措施,加强施工安全管理,文明施工。

1. 建设条件风险应对措施

核查拟建电力通道工程处地质勘察报告,对区域水文条件、不良地质、场地稳定性重点核查。通过核查拟建工程地质勘察报告得出以下结论:

(1)拟建场地整体地势较平缓,既有铁路以路基形式通过,现状场地为道路,周围有汉口站北广场、社区、厂房等。

(2)拟建工程场地无滑坡、泥石流等动力地质作用的破坏影响,场地稳定。

(3)拟建工程处地形相对平坦,局部略有起伏且开阔,地貌简单,排水条件尚可,地下水对工程建设影响较小;岩土分布较均匀,工程性质一般。场地平整较简单,地基条件和施工条件较好,工程建设不会诱发次生地质灾害。本场地工程建设适宜性为较适宜。

(4)拟建场地抗震设防烈度为 6 度区,可不进行液化判别,可不考虑震陷影响。场地属抗震一般地段,基本稳定。综上所述,拟建工程场地地质风险低,但需加强现场施工地质核查,当发现地质情况与勘察报告不一致时,应及时通知参建各方处理。

2. 总体方案设计风险应对措施

(1)根据《公路与市政工程下穿高速铁路技术规程》(TB 10182—2017)、《城市道路交通工程项目规范》(GB 55011—2021)等文件,仔细核查拟建工程设计文件是否满足上述规范文件的要求。

(2)提出拟建工程设计及施工中需要注意的事项。

(3)对铁路框架桥沉降及铁路"四电"影响风险应对措施:①由电力通道方案数值计算模拟可知,铁路框架桥沉降满足《邻近铁路营业线施工安全监测技术规程》(TB 10314—2021)的相关要求。②铁路"四电"均位于框架桥上,设计文件应补充铁路"四电"防护措施,避免现场挖探既有京广铁路框构桥桩墙时造成铁路"四电"的中断。③本工程电力通道方案施工前,应与铁路设备管理单位相关站段签订安全协议。

(4)施工安全与技术风险应对措施:①施工组织设计和施工管理应按照《铁路安全管理条例》(中华人民共和国国务院令 639 号)、《铁路营业线施工安全管理办法》(国铁运输监〔2021〕31 号)等要求执行。②工程机械作业范围尽量减少进入铁路安全保护区,避免对铁路框架桥周围地基环境的破坏。

(5)施工过程中应对铁路框架桥进行防护:①铁路框架桥施工须严格注意防止设备、材料等对铁路框架桥的损害。②吊装作业的大型机械设备或重型机械设备施工期间做好"四固定",不可靠近铁路,不可在铁路侧地基上行走碾压。③注意车辆进出路径及大型设备的操作规则,避免发生损害铁路梁体的事件。

(6)拟建工程施工应避开雨季。

(7)施工对铁路框架桥基础的安全风险应对措施:①施工期间应避免对铁路框架桥基础土体的扰动。②施工期间及完成后弃土堆放影响铁路桥基础安全,施工弃土应远离铁路。

(8)其他应对措施:①消防工作必须列入现场管理重要议事日程,加强领导,健全组织,严格制度,建立现场防火领导小组,统筹施工现场生活区等消防安全工作。定期与不定期开展防火检查,整治隐患。②现场的生产、生活区均设足够的消防水源和消防设施网点,消防器材配专人管理,组成义务消防队,所有施工人员应熟悉并掌握消防设备的性能和使用方法。③各类房屋、库棚、料场、易燃易爆施工机具等的消防安全距离应符合国家或公安部门的规定,同时储存易燃易爆危险品的场所应距离铁路大于 30m。④施工完成后,施工单位应及时清理施工区一切临时建(构)筑物、施工机具、器材等设施。

四、风险估测表

根据上述风险分析及风险应对措施得出拟建工程风险估测结果表(表 10-5)。

表 10-5 常青路(常青路—姑嫂树路)电力通道工程风险估测结果表

序号	风险项		判断结果		
			风险发生概率级别	风险损失级别	风险等级
1	建设条件风险	不良地质	2	2	低度
		水文条件	2	2	低度
		场地稳定性	2	2	低度
2	总体方案设计风险		1	2	中度
3	对铁路框架桥沉降及铁路四电影响风险		2	3	中度
4	施工安全与技术风险		2	3	中度
5	施工对铁路框架桥基础的安全风险		2	2	中度

综上分析可知,常青一路(常青路—姑嫂树路)电力通道 CQ3~CQ4 下穿京广铁路(交叉处京广铁路下行货车线里程为 K1192+652.6)工程风险等级为中度、低度,属于可接受、接受范围,施工中应对京广铁路路基、框架桥及铁路设施设备加强监测。

第四节 电力通道施工对铁路结构影响的有限元分析

一、模型构建

模型计算范围的控制原则:边界条件不能过大地影响关键部位的计算结果,模型计算范围为长 199m、宽 100m、深 50m(图 10-14)。

二、计算条件和模拟步序

1. 计算参数

模型中各岩土层采用实体单元、弹塑性本构模拟,各岩土层主要物理力学参数取值见表 10-6。

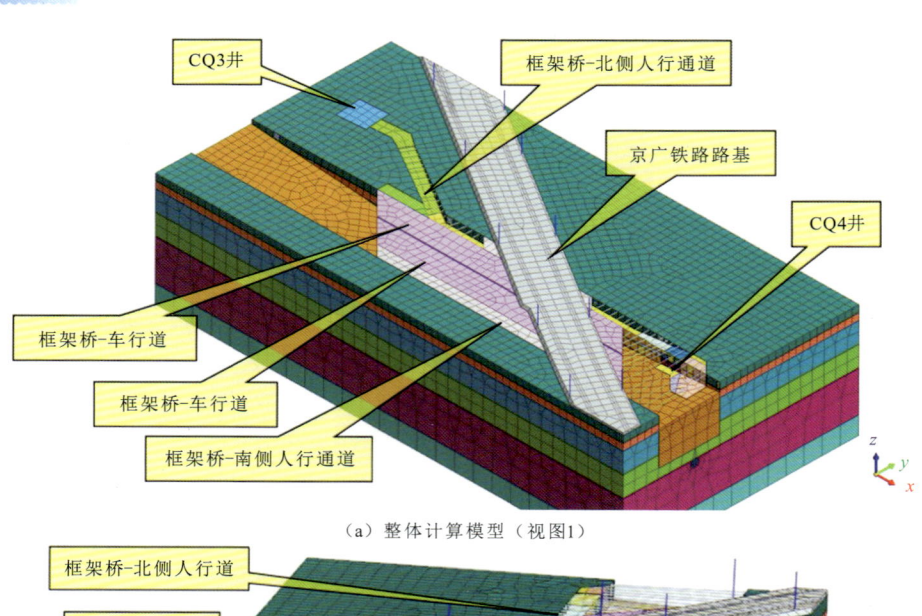

(a) 整体计算模型（视图1）

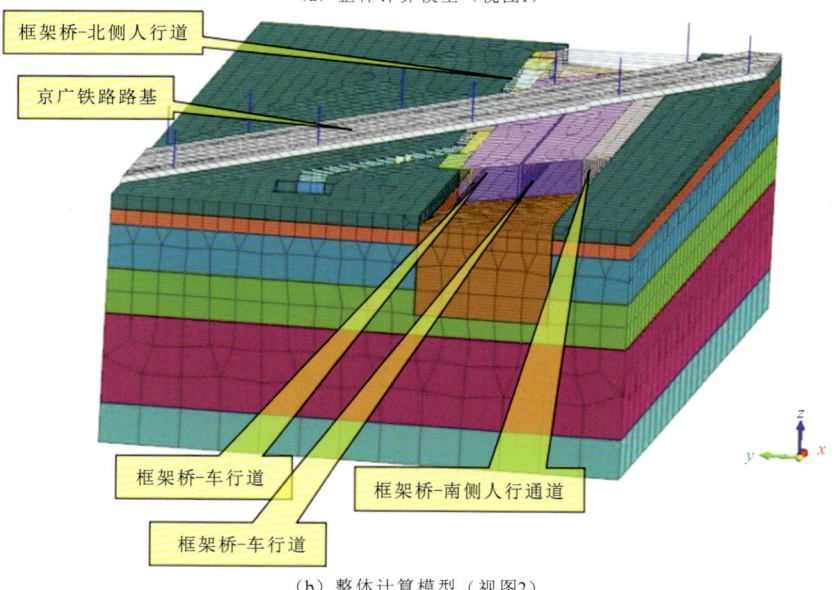

(b) 整体计算模型（视图2）

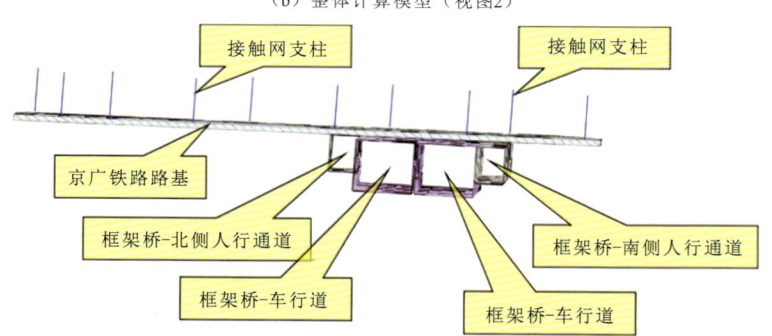

(c) 计算模型框架桥、铁路路基及设备

图 10-14 常青路（常青路—姑嫂树路）电力通道工程网格计算模型图

第十章 电力通道下穿京广铁路施工对铁路影响案例研究

表 10-6 常青路(常青路—姑嫂树路)电力通道工程各岩土层主要物理力学参数取值表

岩土层名称	状态	重度/$(kN \cdot m^{-3})$	抗剪强度(快剪)		压缩模量 E_s/MPa	承载力特征值 f_{ak}/kPa
			黏聚力 c/kPa	内摩擦角 $\varphi/(°)$		
①杂填土	松散—稍密	17.5	10	8	3.0	70
②粉质黏土	可塑	18.8	21	10	6.0	120
③淤泥质粉质黏土	软塑—流塑	17.5	12	6	3.5	70
④粉质黏土、粉土、粉砂互层	软塑—可塑状、中—稍密	18.5	13	15	7.0	100
⑤粉细砂	中密	19.0	—	33	15.5	180
⑥粉质黏土	硬塑	19.2	35	15	12.5	280
⑦强风化泥质砂岩	极软岩	20.6	130	27	46	500

2. 边界条件

三维整体模型的边界条件:模型底部约束 z 方向位移,模型前后两面约束 y 方向位移,模型左右两面约束 x 方向位移。

3. 分析工况

本工程模拟步序如下:①初始应力状态;②场区位移清零,铁路荷载、公路荷载施加后位移清零;③工况一,电力通道围护结构施工;④工况二,电力通道基坑土方开挖;⑤工况三,电力通道结构施工、管线铺设及土方回填。

三、计算结果分析

1. 电力通道施工引起的铁路路基计算结果分析

电力通道施工引起的铁路路基位移模拟结果如图 10-15～图 10-17 所示,对京广铁路路基位移的影响分析结果如表 10-7 所示。

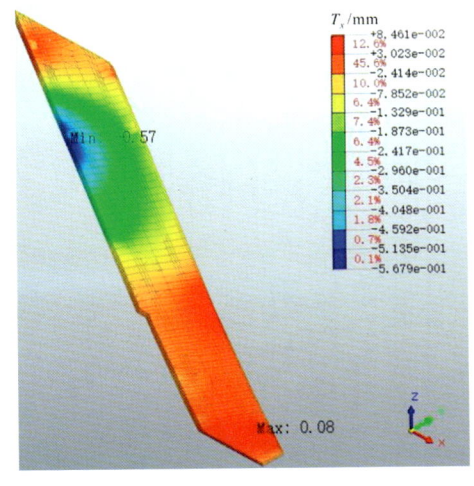
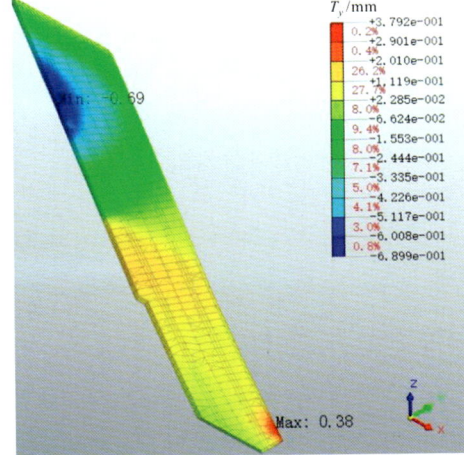

(a) 铁路路基 x 向(顺铁路线路方向)　　　　(b) 铁路路基 y 向(垂直铁路线路方向)

图 10-15 常青路(常青路—姑嫂树路)电力通道围护结构施工引起的铁路路基位移计算结果图(工况一)

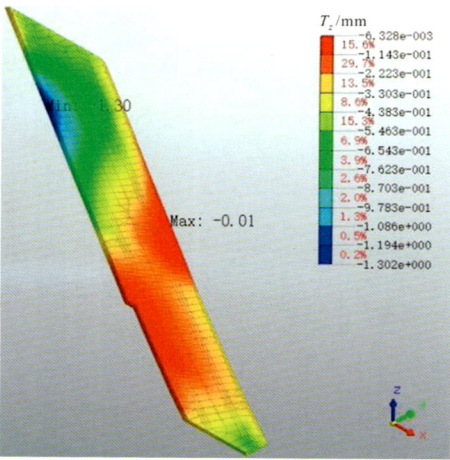

(c)铁路路基 z 向(竖向沉降)

续图 10-15

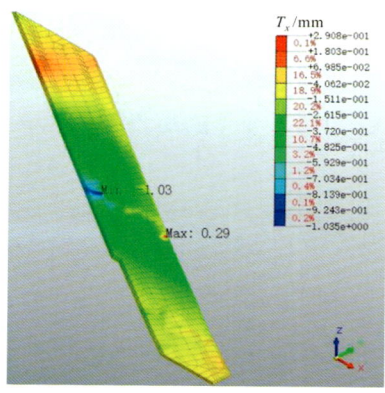

(a)铁路路基 x 向(顺铁路线路方向)

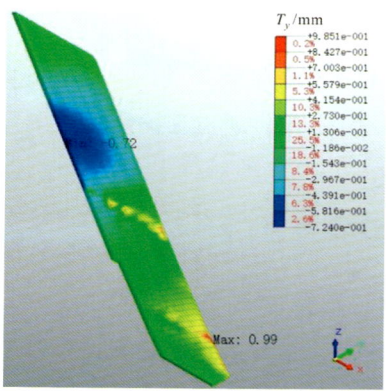

(b)铁路路基 y 向(垂直铁路线路方向)

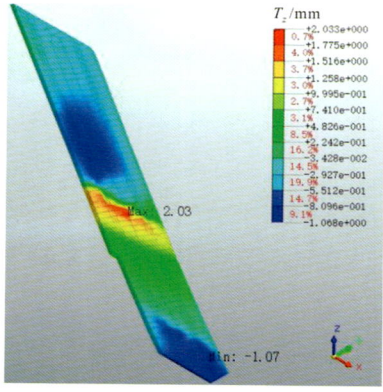

(c)铁路路基 z 向(竖向沉降)

图 10-16　常青路(常青路—姑嫂树路)电力通道基坑土方开挖施工引起的铁路路基位移计算结果图(工况二)

第十章 电力通道下穿京广铁路施工对铁路影响案例研究

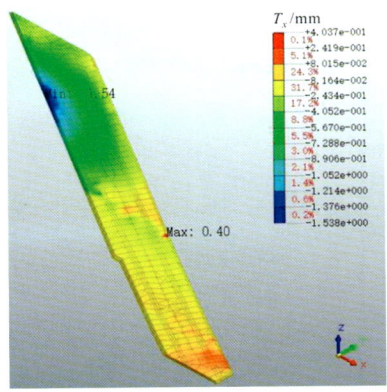

(a)铁路路基 x 向(顺铁路线路方向)

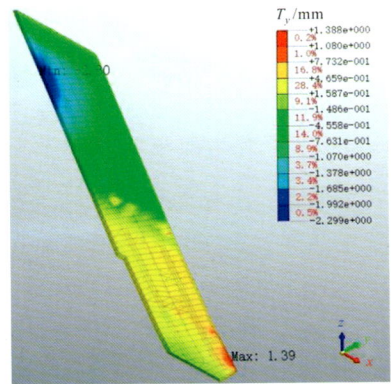

(b)铁路路基 y 向(垂直铁路线路方向)

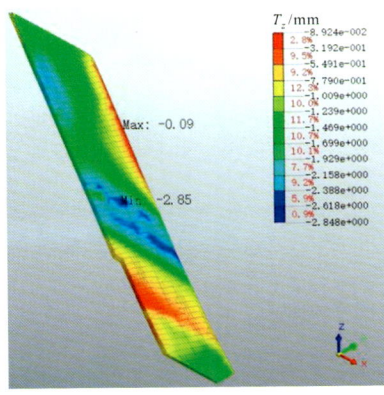

(c)铁路路基 z 向(竖向沉降)

图 10-17　常青路(常青路—姑嫂树路)电力通道结构施工、
管线铺设及土方回填引起的铁路路基位移计算结果图(工况三)

表 10-7　常青路(常青路—姑嫂树路)电力通道施工对京广铁路路基位移影响统计表

序号	步序	施工内容	京广铁路路基位移/mm		
			T_x	T_y	T_z
1	第一步时	电力管道围护结构施工	+0.08 -0.57	+0.38 -0.69	-0.01 -1.30
2	第二步时	电力管道基坑土方开挖	+0.29 -1.03	+0.99 -0.72	+2.03 -1.07
3	第三步时	电力管道结构施工,土方回填	+0.40 -1.54	+1.39 -2.30	-0.09 -2.85
4		位移控制标准	±7	±7	±10

233

由以上计算结果可知,铁路路基横向水平位移最大值为+1.39/−2.30mm(控制值为±7mm),纵向水平位移最大值为+0.4/−1.54mm(控制值为±7mm),竖向位移最大值为+2.03/−2.85mm(控制值为±10mm)。

2. 电力通道施工引起的框架桥位移计算结果分析

电力通道施工引起的框架桥位移计算结果如图10-18~图10-20所示,对京广铁路框架桥位移的影响分析结果如表10-8所示。

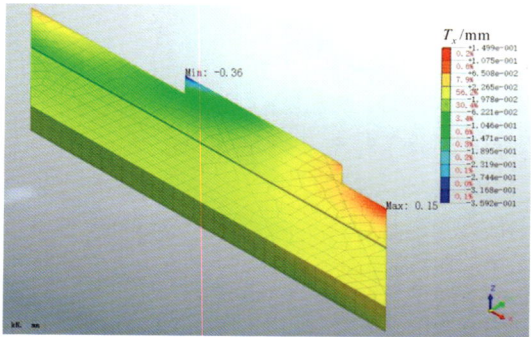

(a)框架桥 x 向(顺铁路线路方向)

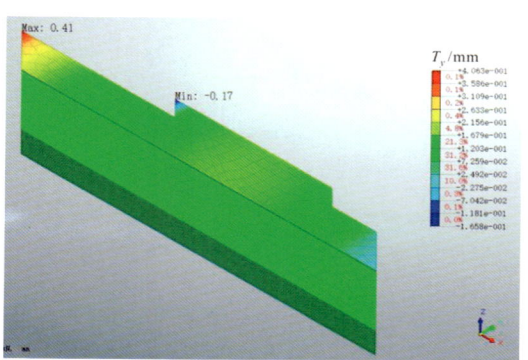

(b)框架桥 y 向(垂直铁路线路方向)

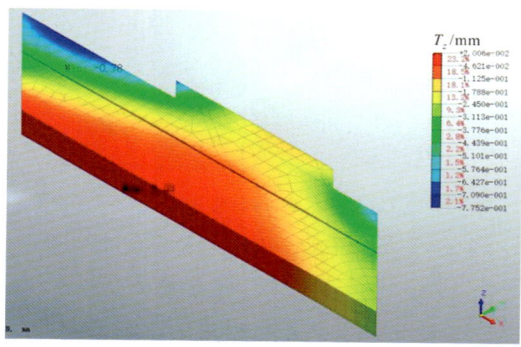

(c)框架桥 z 向(竖向沉降)

图10-18　常青路(常青路—姑嫂树路)电力通道围护结构施工引起的框架桥位移计算结果图(工况一)

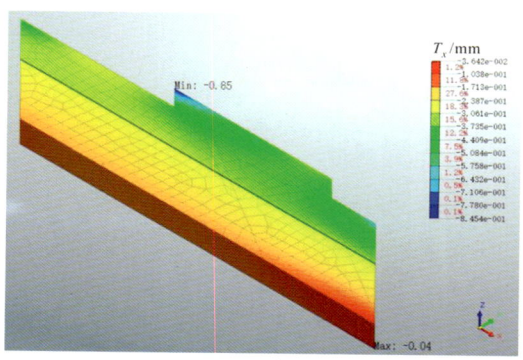

(a)框架桥 x 向(顺铁路线路方向)

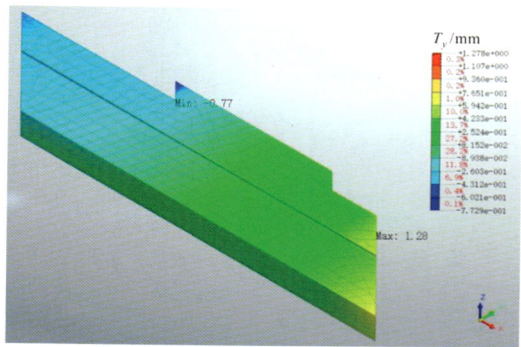

(b)框架桥 y 向(垂直铁路线路方向)

图10-19　常青路(常青路—姑嫂树路)电力通道基坑土方开挖引起的框架桥位移计算结果图(工况二)

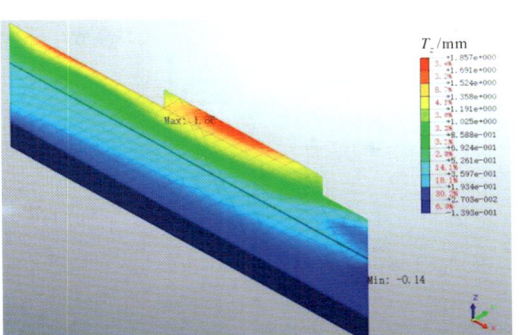

(c)框架桥 z 向(竖向沉降)

续图 10-19

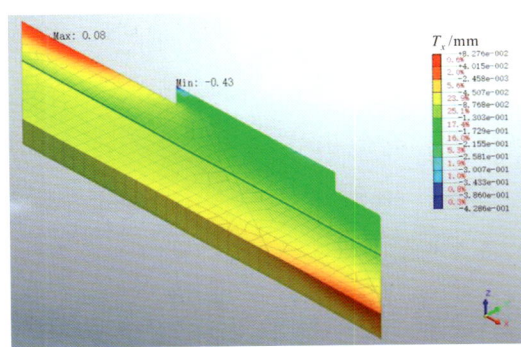

(a)框架桥 x 向(顺铁路线路方向)

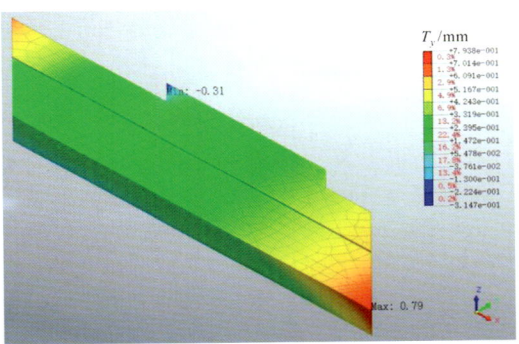

(b)框架桥 y 向(垂直铁路线路方向)

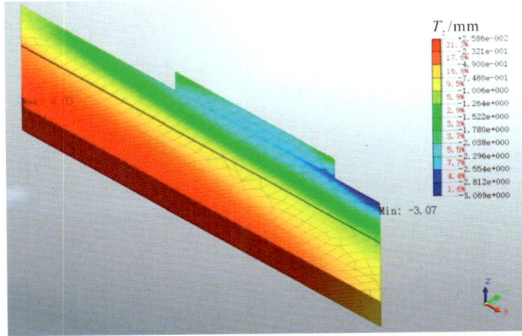

(c)框架桥 z 向(竖向沉降)

图 10-20　常青路(常青路—姑嫂树路)电力通道结构施工、管线铺设及土方回填引起的框架桥位移计算结果图(工况三)

表 10-8　常青路(常青路—姑嫂树路)电力通道施工对京广铁路框架桥位移统计表

序号	步序	施工内容	京广铁路框架桥位移/mm		
			T_x	T_y	T_z
1	第一步时	电力管道围护结构施工	+0.15 -0.36	+0.41 -0.17	+0.02 -0.78
2	第二步时	电力管道基坑土方开挖	-0.04 -0.85	+1.28 -0.77	+1.86 -0.14
3	第三步时	电力管道结构施工,土方回填	+0.08 -0.43	+0.79 -0.31	+0.03 -3.07
4		位移控制标准	±7	±7	+3 -8

由以上计算结果可知,铁路框架桥横向水平位移最大值为+1.28/-0.77mm(控制值为±7mm);纵向水平位移最大值为+0.15/-0.85mm(控制值为±7mm);竖向位移最大值为+1.86/-3.07mm(控制值为+3\-8mm)。

3. 电力通道施工引起的接触网柱位移计算结果分析

电力通道施工引起的接触网柱位移计算结果如图 10-21～图 10-23 所示。

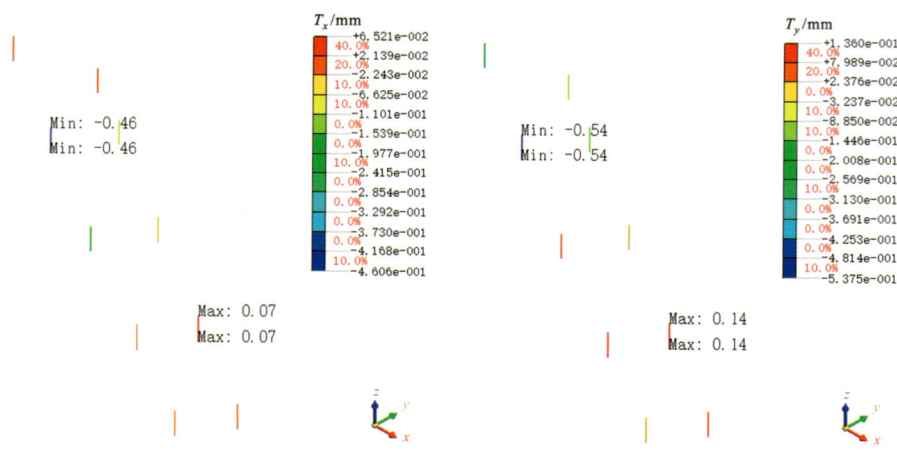

(a)接触网支柱 x 向(顺铁路线路方向)　　(b)接触网支柱 y 向(垂直铁路线路方向)

图 10-21　常青路(常青路—姑嫂树路)电力通道围护结构施工
引起的铁路接触网支柱位移计算结果图(工况一)

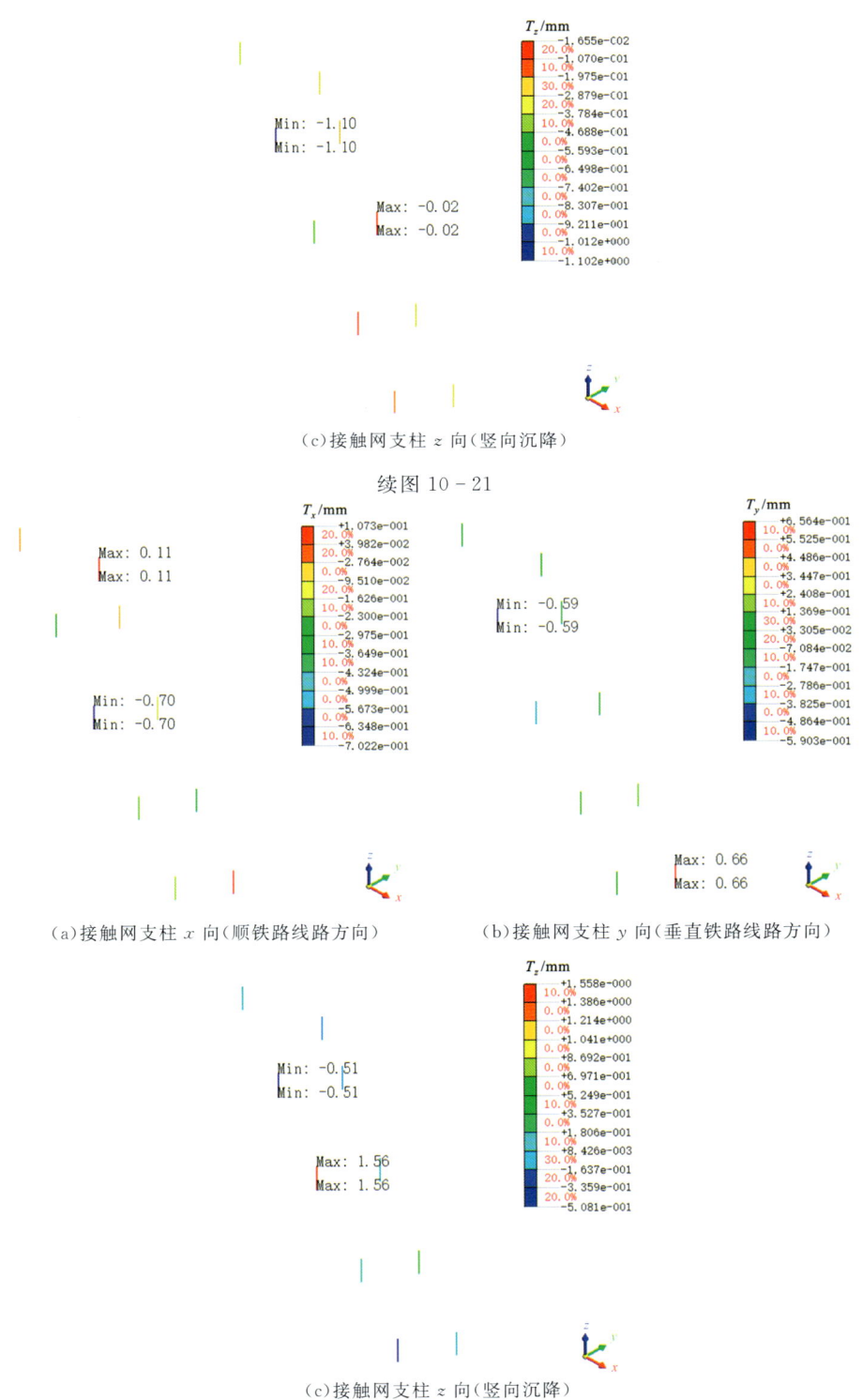

图 10-22 常青路(常青路—姑嫂树路)电力通道基坑土方开挖引起的铁路接触网支柱位移计算结果图(工况二)

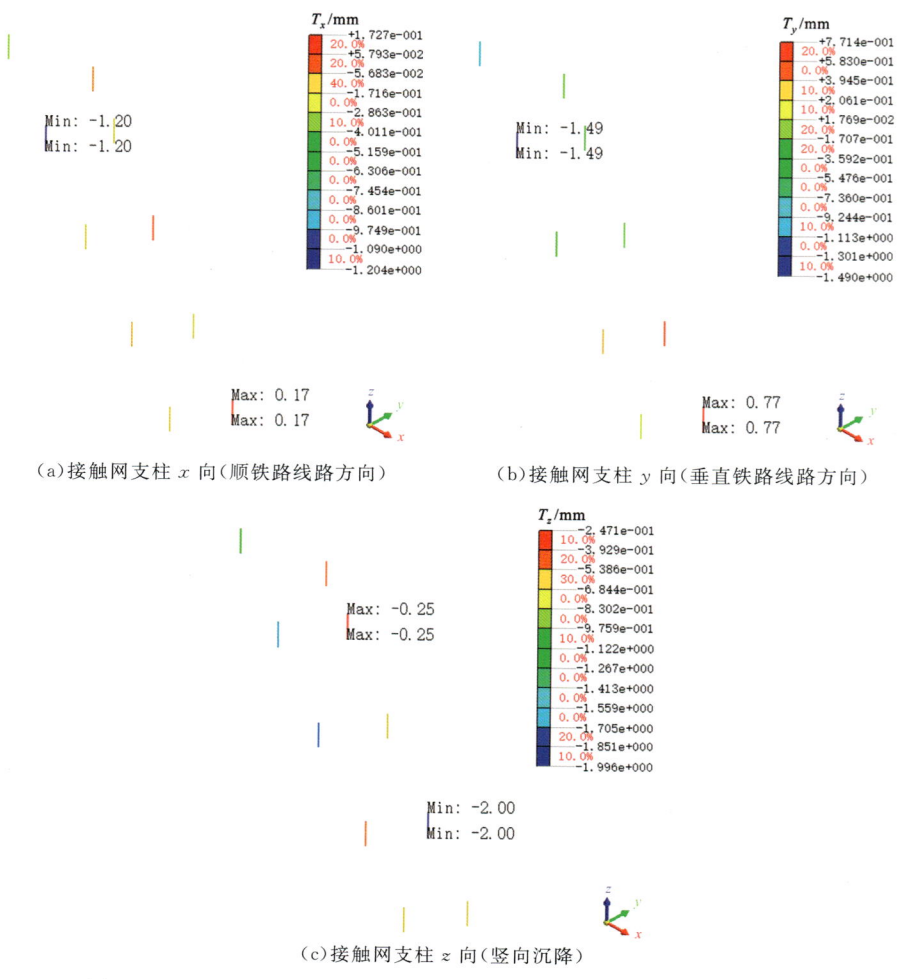

(a) 接触网支柱 x 向(顺铁路线路方向)　　(b) 接触网支柱 y 向(垂直铁路线路方向)

(c) 接触网支柱 z 向(竖向沉降)

图 10-23　常青路(常青路—姑嫂树路)电力通道结构施工、管线铺设及土方回填引起的铁路接触网支柱位移计算结果图(工况三)

电力通道施工及运营对京广铁路接触网柱位移的影响分析结果如下：竖向位移最大值为 $+1.56/-2.0$mm(控制值为 ± 5mm)；倾斜偏差小于 0.1%(控制值为不超过 0.5%)。上述计算结果均满足控制标准要求。

第五节　安全性评估结论与建议

常青一路(常青路—姑嫂树路)电力通道 CQ3～CQ4 下穿京广铁路(交叉处京广铁路下行货车线里程为 K1192+652.6)，根据设计文件及设计措施，通过数值分析(MIDAS-GTS 软件)的手段进行评估，得出了以下结论：

(1) 铁路路基：横向水平位移最大值为 $+1.39/-2.30$mm(控制值为 ± 7mm)；纵向水平

位移最大值为+0.4/−1.54mm(控制值为±7mm);竖向位移最大值为+2.03/−2.85mm(控制值为±10mm)。

(2)铁路框架桥:横向水平位移最大值为+1.28/−0.77mm(控制值为±7mm);纵向水平位移最大值为+0.15/−0.85mm(控制值为±7mm);竖向位移最大值为+1.86/−3.07mm(控制值为+3\−8mm)。

(3)铁路接触网柱:竖向位移最大值为+1.56/−2.0mm(控制值为±5mm);倾斜偏差小于0.1%(控制值为不超过0.5%)。

计算结果均满足控制标准要求。

综上,江汉电力通道一期下穿京广铁路工程的设计符合现行相关规范,设计内容基本可行,综合风险等级可接受,在施工工艺满足设计及规范要求的前提下可保证铁路的运营安全。

第十一章 城市地下工程施工对综合管廊结构影响案例研究

第一节 房建地块邻近综合管廊

一、工程概况

武昌滨江核心区 E_1 地块工程位于武汉市武昌区沿江大道以东、秦园路以北（轨道交通8号线线路以北），长江二桥以南，西侧邻近武九线综合管廊（图11-1），目前武九线综合管廊已建成投入使用。

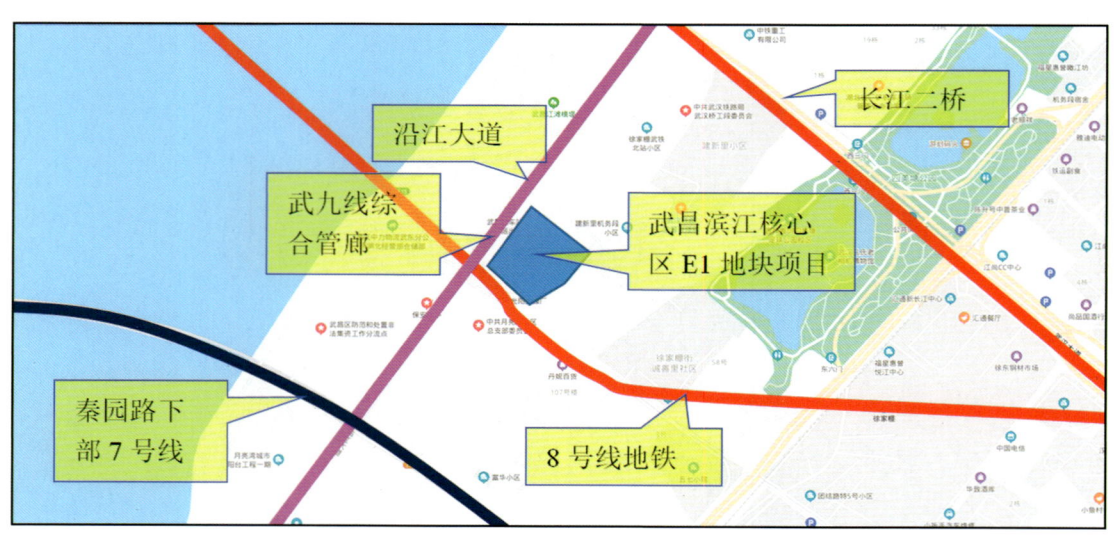

图 11-1 武昌滨江核心区 E_1 地块工程所在位置示意图

（一）地下工程建设内容

本工程由地上一栋高约 100m 公寓、一栋高约 200m 塔楼及彼此连通的 3 层地下室组成,纯地下室结构基础为钻孔灌注桩+承台,公寓及主楼基础形式为桩筏基础。基坑周长约514m,垂直开挖面积约15 200m²。基坑周边场平标高25.00~26.00m,基础垫层底标高确定为10.70(塔楼筏板底)~11.60m。基坑范围相应管廊里程为BK3+300.0~BK3+450.0,该里程范围内管廊上覆土层厚度2.7~4.4m,底板底埋深7.9~9.6m,结构外边线与基坑围护桩外边线最小水平净距为8.3~8.8m。邻近管廊侧基坑开挖深度为13.4~14.4m,采用$\phi1400@1700$钻孔灌注桩+内支撑支护,桩长24.5~25.5m,桩外打设单排700mm厚TRD水泥土连续墙进入⑤a-1强风化砂砾岩层1m止水帷幕,止水帷幕深约50.1m。基坑平面布置及与管廊关系见图11-2。

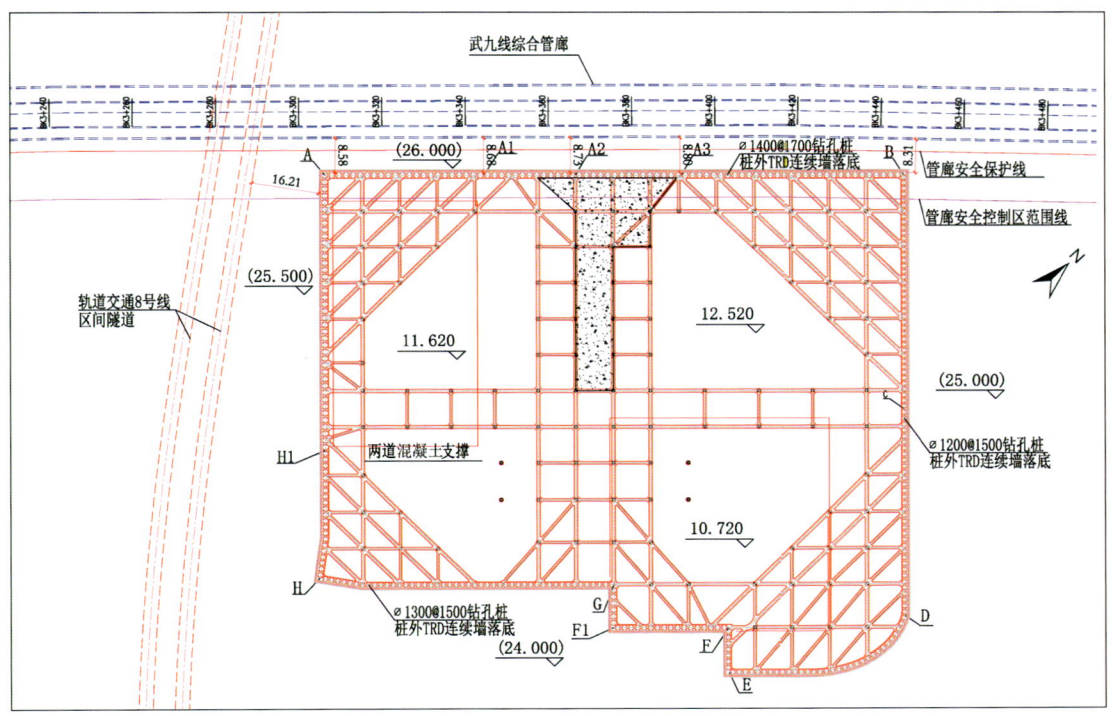

图11-2 武昌滨江核心区E_1地块工程基坑平面布置及与管廊关系图

(二)安全控制标准

由于武昌滨江核心区E1地块基坑与武九线综合管廊结构外边线的最小距离为6.8m,管廊结构变形控制标准为15mm。

二、岩土工程条件

1. 地形地貌

场区位于武昌区徐东大街南侧,轨道交通8号线走廊北侧,东至四美塘公园,西至临江大道,为拆迁后平整场地。勘探孔孔口标高在 24.02～26.82m 之间变化。场地地貌单元属长江冲积一级阶地。

2. 场地稳定性及适宜性评价

根据区域地质构造资料,武汉地区的大地构造均属古老的地质构造,且无全新世活动迹象,建筑场地地质构造稳定性良好。场地属抗震一般地段,建筑场地地震地质稳定性良好。从本次勘察及以往地质资料来看,拟建场区无滑坡、崩塌、泥石流等不良地质作用;上部覆盖层中未见有土洞等不良地质现象分布,且不存在大规模储藏有害气体的地质条件,故属地质灾害危险性小地段,建筑场地自身稳定性良好。

根据《城乡规划工程地质勘察规范》(CJJ 57—2012)对场地稳定性及建设适宜性分区进行判定,场地属稳定性差场地,场地建设适应性属于适宜性差,可采用一定工程措施避免深厚软土对工程建设的影响。

3. 地层岩性

本次勘察钻探揭露深度范围内,场地地层自上而下划分为①杂填土(Q^{ml}),②冲积粉土夹粉质黏土、淤泥质粉质黏土夹粉土(Qh^{al}),③冲积粉砂夹粉质黏土、粉土(Qh^{al}),④冲积砂性土(Qh^{al}),⑤砂砾岩及泥质粉砂岩(K—E)。各岩土层主要工程地质特征及分布如表 11-1 所示。

表 11-1 武昌滨江核心区 E_1 地块工程场地各岩土层工程特征及空间分布表

岩土层名称	层厚/m	颜色	状态	湿度	压缩性	包含物及特征
①杂填土(Q^{ml})	1.5～6	杂	松散	稍湿—饱和	高	土质不均,主要由碎石、砖块、混凝土块等建筑垃圾组成,夹少量粉质黏土,局部为混凝土地坪,厚度为 2.5～5m,堆积年限大于 10 年。场地均有分布
②-1 粉土夹粉质黏土(Qh^{al})	0.5～5.3	褐灰	松散夹软塑—可塑	饱和	高	土质不均,主要由粉土组成,夹少量粉质黏土,局部夹薄层粉砂,场地内均有分布
②-2 淤泥质粉质黏土夹粉土(Qh^{al})	7.5～10.7	褐灰	软塑夹松散	饱和	高	土质不甚均匀,主要由淤泥质粉质黏土组成,夹薄层粉土,场地内均有分布
③粉砂夹粉质黏土、粉土(Qh^{al})	1.5～5.7	褐灰	松散—稍密夹软塑-可塑	饱和	高	土质不均,以粉砂为主,夹少量粉质黏土、粉土,场地内均有分布
④-1 粉细砂(Qh^{al})	6.7～12.6	青灰	中密	饱和	中	土质较均匀,砂粒矿物成分主要为石英、长石,含云母,级配差,场地均有分布
④-2 粉细砂(Qh^{al})	16.5～26.4	青灰	密实	饱和	低	土质较均匀,砂粒矿物成分主要为石英、长石,含云母,级配差,场地均有分布

续表 11-1

岩土层名称	层厚/m	颜色	状态	湿度	压缩性	包含物及特征
④-2a 粉细砂夹粉土(Qh^{al})	5.9	青灰	中密—密实	饱和	中	土质较均匀,主要以中细砂为主,砂粒矿物成分主要为石英、长石,含云母,部分夹有薄层粉土,级配差,场地局部分布
⑤a-1 强风化砂砾岩(K—E)	0.9~15.5	褐—褐灰	强风化	湿	低	砾状结构,块状构造,裂隙极发育,岩块主要由砾石胶结形成;砾石主要为砂岩、灰质岩块等硬质岩石,粒径2~10cm,最大粒径约30cm,砾石含量50%~85%,灰质成分遇稀盐酸起泡剧烈。钙质胶结,基本风化成土状。岩芯主要呈散体状,采取率约为80%,RQD约为5%。属较软岩,岩体极破碎,岩体基本质量等级为Ⅴ级。场地内均有分布
⑤a-2 中风化砂砾岩(破碎)(K—E)	1~18	褐—褐灰	中风化	湿	低	砾状结构,块状构造,裂隙极发育,岩块主要由砾石胶结形成;砾石主要为砂岩、灰质岩块等硬质岩石,粒径2~10cm,最大粒径约30cm,砾石含量50%~70%,灰质成分遇稀盐酸起泡剧烈。钙质胶结,岩芯主要呈块状或短柱状,采取率约为85%,RQD约为10%。属较软岩,岩体极破碎,岩体基本质量等级为Ⅴ级。场地内均有分布
⑤a-3 中风化砂砾岩(K—E)	1.4~19.6	褐—褐灰	中风化	湿	视为不可压缩	砾状结构,块状构造,裂隙发育,岩块主要由砾石胶结形成,胶结性一般;砾石主要为砂岩、灰质岩块等硬质岩石,粒径2~10cm,最大粒径约30cm,砾石含量50%~70%,灰质成分遇稀盐酸起泡剧烈,钙质胶结;岩芯主要呈短柱状,采取率约为85%,RQD约为35%。属较软岩,岩体破碎,岩体基本质量等级为Ⅴ级。场地内局部分布
⑤b-2 中风化泥质粉砂岩(K—E)	1.8~10.2	褐红	中风化	湿	视为不可压缩	粉砂状结构,块状构造,岩芯风化呈短柱状,钻进速率较快,取芯率约80%,RQD约70%。属于极软岩,岩体较破碎,岩体基本质量等级为Ⅴ级。场区局部地段分布

4. 地下水类型

拟建场地位于长江冲积一级阶地,根据埋藏条件、水理性质判定,场地地下水分为潜水、孔隙承压水和基岩裂隙水 3 种类型。

(1)潜水。赋存于地表①杂填土及②-1 粉土夹粉质黏土中,主要接受大气降水及场地内池塘水补给,无统一自由水面,水位及水量随季节性大气降水波动。本次勘察期间测得场地潜水静止水位在地面下 0.9～1.8m 之间,相当于标高 22.76～25.42m。

(2)孔隙承压水。③粉砂夹粉质黏土、粉土层作为上部粉质黏土和下层砂土层的过渡层,含有较多的粉砂,具有较强的饱水性和透水性,与下覆④层孔隙承压水联通,在基坑开挖过程中,作为基坑侧壁不良土体,极易产生不良工程地质问题。④层土体内赋存过渡孔隙承压水,当基坑开挖至该层时易发生涌水、冒砂等坑底突涌破坏现象,应采取有效的疏干、减压、降水、防渗隔漏措施,以保持基坑内作业面的干燥和坑底稳定性。孔隙承压水主要赋存于场地④层中,水量丰富,因与所在地质区域内的地下水及长江等地表水体有着密切的水力联系,其水位及水量随之变化,水位年变化幅度在 3.0～12.0m,相应的水头标高在 15.0～27.0m 区间变化。勘察期间于 K41 孔内观测的稳定承压水位于地面下 9.2m(相当于标高 15.28m)。

(3)基岩裂隙水。主要赋存于底部⑤层砂砾岩及泥质粉砂岩中,勘察期间未测得水位,水量贫乏,对拟建基坑工程影响有限。

三、关键控制技术

拟建基坑平面呈矩形,其中临江大道侧基坑长约 142m,徐家棚街侧基坑长约 105m,邻近北侧及东侧基坑长分别约为 127m、142m。基坑周长约 514m,垂直开挖面积约 15 200m²。按湖北省地方标准《基坑工程技术规程》(DB42/T 159—2012),基坑工程重要性等级为一级。

(1)AA1 段基坑支护。该段基坑开挖深度为 14.4m,基坑侧壁土层依次为①杂填土、②-1 粉质黏土夹粉土、②-2 淤泥质粉质黏土夹粉土,基底基本位于②-2 淤泥质粉质黏土夹粉土中。基坑围护桩外边线与管廊结构外边线最小水平净距约为 8.58m,采用 φ1400@1700 钻孔灌注桩+内支撑支护。钻孔灌注桩长 25.5m,混凝土强度等级为 C40,内支撑采用两道钢筋混凝土桁架支撑,主支撑尺寸为 800mm×1000mm。围护桩外圈打设单排 700mm 厚 TRD 等厚水泥土连续墙止水帷幕,止水帷幕底进入⑤a-1 强风化砂砾岩层不少于 1m(图 11-3)。

(2)A1A2 段基坑支护。该段基坑开挖深度为 13.5m,基坑侧壁土层依次为①杂填土、②-1 粉土夹粉质黏土、②-2 淤泥质粉质黏土夹粉土,基底基本位于②-2 淤泥质粉质黏土夹粉土中。基坑围护桩外边线与管廊结构外边线最小水平净距约为 8.68m,采用 φ1400@1700 钻孔灌注桩+内支撑支护。钻孔灌注桩长 25.0m,混凝土强度等级为 C40,内支撑采用两道钢筋混凝土桁架支撑,主支撑尺寸为 800mm×1000mm。围护桩外圈打设单排 700mm 厚 TRD 等厚水泥土连续墙止水帷幕,止水帷幕底进入⑤a-1 强风化砂砾岩层不少于 1m(图 11-4)。

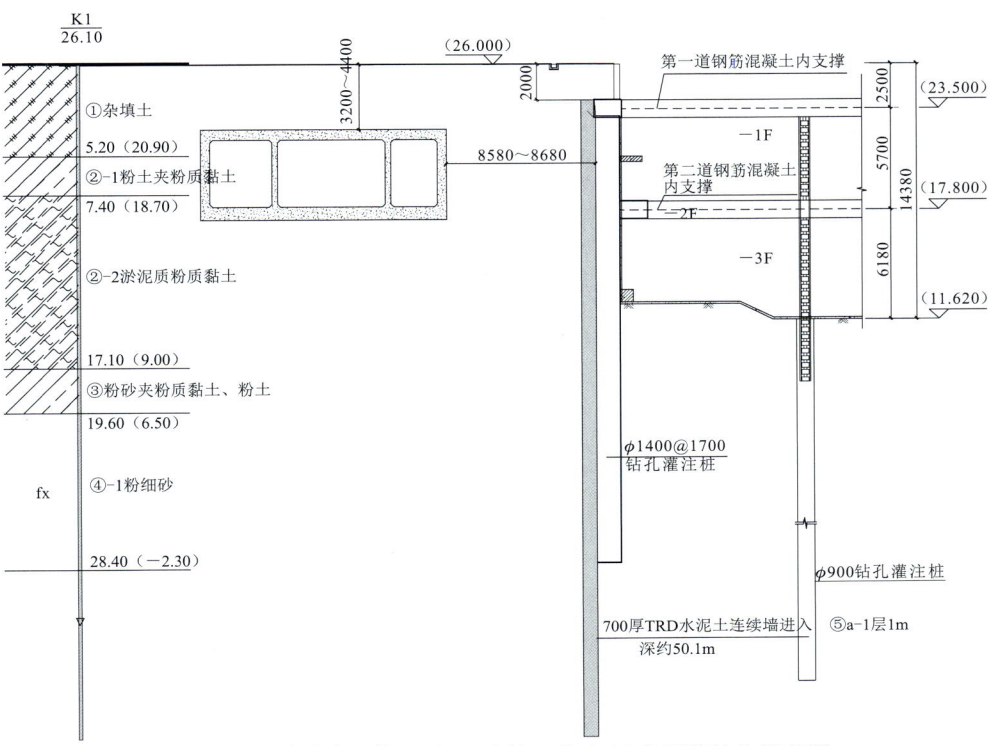

图 11-3　武昌滨江核心区 E_1 地块工程 AA1 段围护结构剖面图

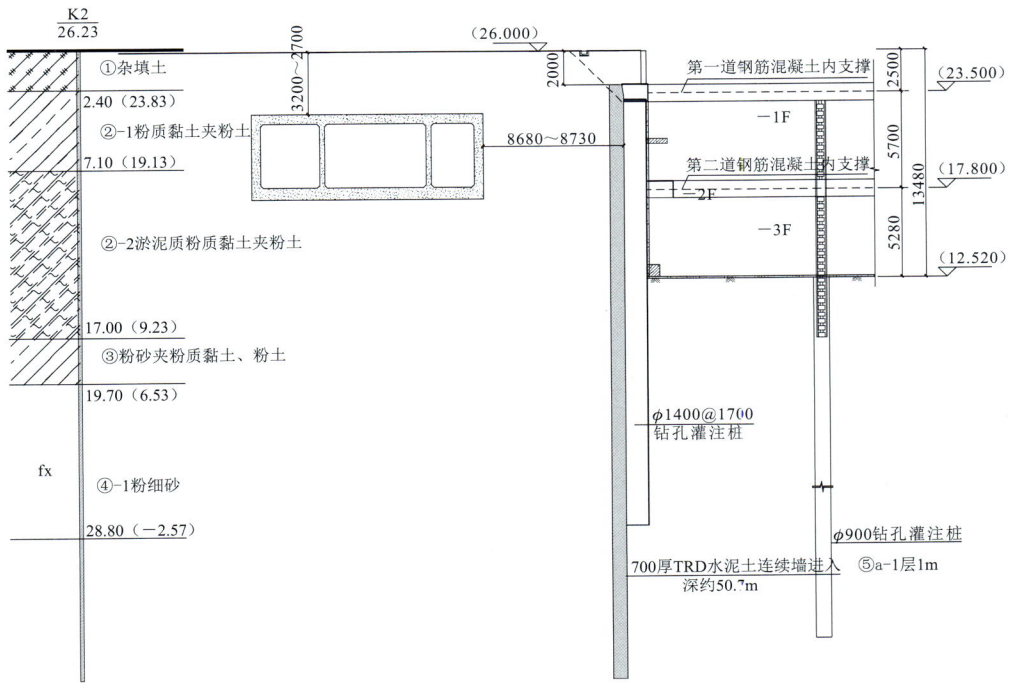

图 11-4　武昌滨江核心区 E_1 地块工程 A1A2 段围护结构剖面图

(3) A2A3段基坑支护。该段基坑开挖深度为13.5m,基坑侧壁土层依次为①杂填土、②-1粉土夹粉质黏土、②-2淤泥质粉质黏土夹粉土,基底基本位于②-2淤泥质粉质黏土夹粉土中。基坑围护桩外边线与管廊结构外边线最小水平净距约为8.73m,采用$\phi1400@1700$钻孔灌注桩+内支撑支护。钻孔灌注桩长24.5m,混凝土强度等级为C40,内支撑采用两道钢筋混凝土桁架支撑,主支撑尺寸为800mm×1000mm。围护桩外圈打设单排700mm厚TRD等厚水泥土连续墙止水帷幕,止水帷幕底进入⑤a-1强风化砂砾岩层不少于1m(图11-5)。

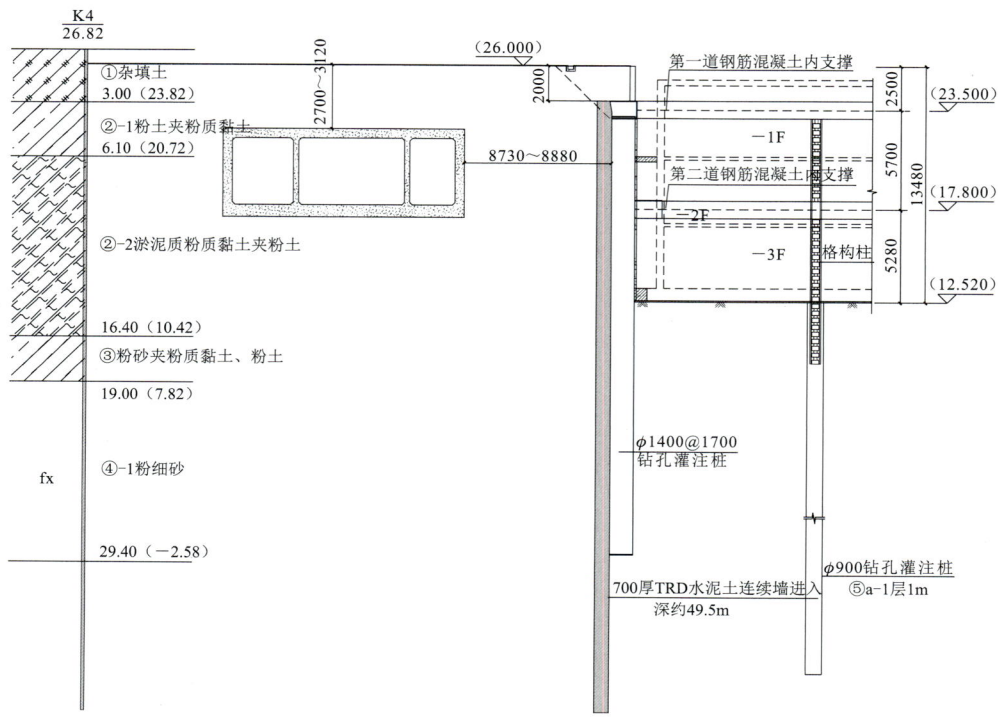

图11-5 武昌滨江核心区E_1地块工程A2A3段围护结构剖面图

(4) A3B段基坑支护。该段基坑开挖深度为13.5m,基坑侧壁土层依次为①杂填土、②-1粉土夹粉质黏土、②-2淤泥质粉质黏土夹粉土,基底基本位于②-2淤泥质粉质黏土夹粉土中。基坑围护桩外边线与管廊结构外边线最小水平净距约为8.31m,采用$\phi1400@1700$钻孔灌注桩+内支撑支护。钻孔灌注桩长25.0m,混凝土强度等级为C40,内支撑采用两道钢筋混凝土桁架支撑,主支撑尺寸为800mm×1000mm。围护桩外圈打设单排700mm厚TRD等厚水泥土连续墙止水帷幕,止水帷幕底进入⑤a-1强风化砂砾岩层不少于1m(图11-6)。

其他区段基坑距离武九线综合管廊较远,施工对武九线综合管廊影响非常小,不再详述。分区段基坑支护形式及计算结果汇总表如表11-2所示。

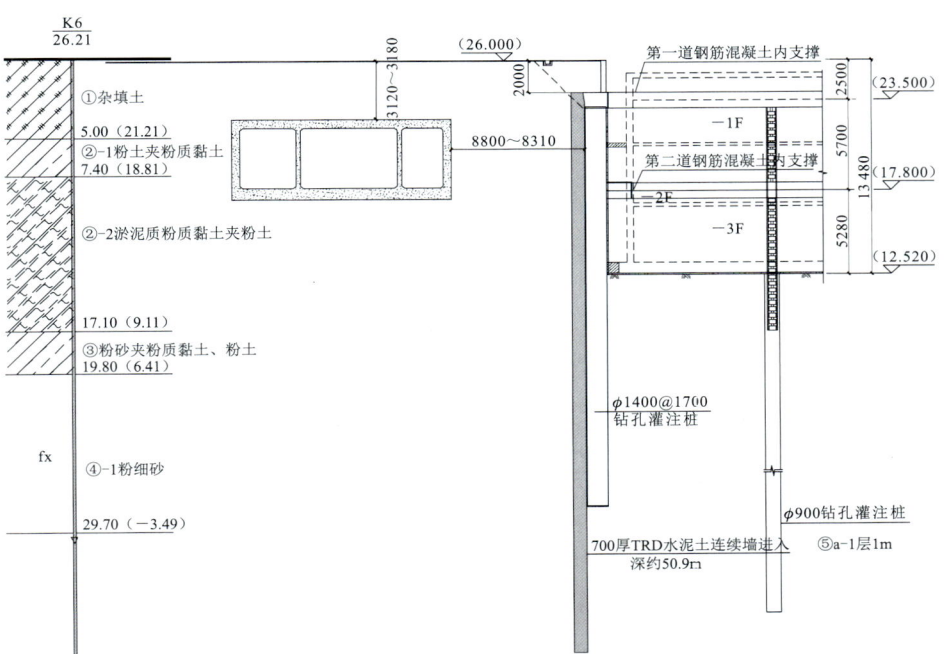

图 11-6　武昌滨江核心区 E_1 地块工程 A3B 段围护结构剖面图

表 11-2　武昌滨江核心区 E_1 地块工程分区段基坑支护形式及计算结果汇总表

区段	开挖深度/m	桩长 L/m	桩径 D/mm	桩间距/mm	混凝土强度等级	计算位移/mm
H1A	13.88	25.5	1400	1700	C40	21.5
AA1	14.38	25.5	1400	1700	C40	24.1
A1A2	13.48	25	1400	1700	C40	23.4
A2A3	13.48	24.5	1400	1700	C40	24.5
A3B	13.48	25	1400	1700	C40	23.4
BC	12.98	24.5	1200	1400	C30	28.3
CD	12.48	24.5	1200	1500	C30	27.6
DEF	11.48	24	1200	1500	C30	24.5
FF1G	13.28	25.5	1300	1600	C30	24.1
GH	11.48	24.5	1200	1500	C30	27.1
HH1	12.98	24.5	1300	1500	C30	24.4

四、房建地块基坑施工对管廊结构影响总体分析

1. 地质水文情况分析

武昌滨江核心区 E1 地块场地地貌单元属长江冲积一级阶地,划分为稳定性差、建设适宜性差、均匀性差场地。

从整个场地地层的埋藏分布特征来看,拟建基坑场地西南侧地层差异较小,拟建建(构)筑物地下室深度较大,基坑支护及开挖范围内影响到的土层为①杂填土、②-1粉土夹粉质黏土、②-2淤泥质粉质黏土夹粉土。地下室底板置于②-2淤泥质粉质黏土夹粉土中。场地地层在水平方向上有一定起伏,层厚有一定变化,总体属不均匀地基。因此,该基坑工程施工要特别注意对其西侧武九线综合管廊结构的影响,应采取合理的支护措施和降止水措施将基坑开挖引起的管廊结构变形控制在允许范围内。

基坑侧壁中上部土层(①、②-1、②-2)在基坑开挖后将形成临空面,可能会产生局部滑移失稳、掉块或垮塌事故,引发坡体坍塌、滑移等不良岩土工程现象,且基坑土层复杂,力学性质、物理性能等存在各向异性,若开挖方式不妥,坑壁处理不及时或处理不当,极有可能发生坑壁土体失稳、坑底隆起以及推挤工程基桩等工程事故。因此,基坑开挖之前,宜首先采取有效支护措施,避免基坑失稳对管廊结构产生不利影响,以致影响管廊正常使用。

本场地浅层地下水主要为上层滞水和承压水。潜水水量有限,但不容忽视,在基坑开挖时将以汇水点的形式渗入基坑,造成积水,软化土体,引发基坑失稳。

拟建场地分布的④-1粉细砂及④-2粉细砂中含有丰富的孔隙承压水,另外,③粉砂夹粉质黏土、粉土作为上部粉质黏土和下层砂土层的过渡层,含有较多的粉砂,具有较强的饱水性和透水性,与下覆④层孔隙承压水联通,不能视为完全有效的隔水层。孔隙承压水的主要危害体现在坑壁砂层中的地下水会对基坑侧壁产生水压力,易汇入基坑,若处理不当,易发生承压水突涌及流土、涌砂、坑底隆起等渗透变形,对支护结构稳定性和基坑周边环境安全产生不利影响。因基坑开挖深度13.4~14.4m,大部分基坑底坐落在②-2淤泥质粉质黏土夹粉土层中,下部为④-1粉细砂层,该层距离坑底较近。基坑开挖后,场地基坑相当于地下水排泄区,若不对砂层中的地下水进行治理,将无法进行施工,故必须对潜水、孔隙承压水进行控制。

基坑支护设计对上层滞水及承压水处理措施如下:

(1)上层滞水处理。坡顶和坡底设置排水沟及集水井,通过排水沟汇集集水井抽排。

(2)承压水处理。周边采用落底式 TRD 水泥土连续墙止水帷幕+坑内中疏干降水等处理措施进行控制。坑内疏干降水过程中会降低坑内侧地下水位,致使坑内外水头差较大,若止水帷幕施工质量差或存在薄弱点将导致基坑在开挖过程中发生涌水、流砂现象。因此,施工中需采取合理措施,确保基坑开挖安全以保证管廊结构安全。

2. 基坑施工过程中降水影响分析及控制措施

邻近管廊基坑采取降水措施时,降水引起的渗流力作用于管廊结构上,直接使其产生内力和变形;降水引起地层有效应力增加,使地层发生固结沉降,引起处在其中的管廊结构沉

降量增大,严重时将影响武九线综合管廊正常使用。本工程距离长江较近,承压水与长江水利有一定联系,基坑降水过程中将导致坑内外水头差变大,若落底式止水帷幕施工效果差,将导致基坑侧壁出现突涌进而引发基坑工程事故。在基坑工程施工期间,降水施工过程中需加强观测管廊范围内地下水位的变化以及管廊及周边土体的位移变化,必要时应停止降水并进行回灌,并研究进一步降水的可行性,以保证管廊结构的安全。

3. 几何、工期关系分析

武九线综合管廊结构现已施工完成,且已投入使用。基坑范围相应管廊里程为左BK3+300.0～EK3+450.0,该里程范围内隧道上覆土层厚度2.70～4.40m。武昌滨江核心区E1地块基坑与管廊结构最小水平净距为8.3m,邻近管廊侧基坑开挖深度为13.4～14.4m。

4. 施工工法分析

基坑施工对管廊结构的影响分为止水帷幕、基坑降水、围护桩施工、基坑开挖、地下室结构施工等几个阶段。止水帷幕施工TRD成槽过程中,对原状土体进行切割或搅拌,使周边土体强度降低,钻孔灌注桩施工时,会释放一定的土压力和孔隙水压力,易造成塌孔,以上均会影响管廊周边土体的应力状态。基坑开挖对开挖面以下土体具有显著的垂直方向卸荷作用,不可避免地引起坑底土体回弹,并且基坑围护结构在土体压力作用下迫使基坑开挖面以下结构向基坑内位移,挤压坑内土体,加大了坑底土体的水平向应力,也使得坑底土体向上隆起,进而影响管廊周边土体的应力状态。卸荷规模是影响管廊结构周围位移场、应力场的一个重要因素。新建基坑开挖到底后,应及时施工主体结构,防止地基土暴露时间过长而引起土体强度值降低。

综上所述,武九线综合管廊基底土层工程性质较差,基坑开挖对管廊会产生一定的影响。基坑开挖施工时,应遵循分区、分块、分层、对称、限时的顺序,按照"分层开挖、严禁超挖"的原则,并及时反馈现场地质情况进行信息化施工。

五、房建地块基坑施工对管廊结构影响的有限元分析

根据本基坑与邻近武九线综合管廊结构的相互关系、基坑工程支护结构设计及施工特点,建立数值计算模型,模拟分析基坑施工对邻近武九线综合管廊结构的影响。

(一)模型的构建

根据拟开挖基坑与管廊结构的空间关系,结合设计方案、施工开挖方案等资料,建立三维整体模型,详见图11-7～图11-9。

模型计算范围的控制原则:边界条件不应过大地影响关键部位的计算结果,根据以往研究经验,基坑数值计算时,模型外扩范围宜不小于3倍基坑深度。模型中包含了管廊结构和拟开挖基坑,模型计算范围长约300m,宽约280m,土层计算深度为80m。

设计方案根据周边环境差异选用不同的支护形式,本次计算中重点考虑基坑开挖对管廊的影响,因此整体模型取南侧的最不利钻孔C08-2数据作为计算参数,参照标准断面图建立三维计算模型,不考虑坑中坑的影响。

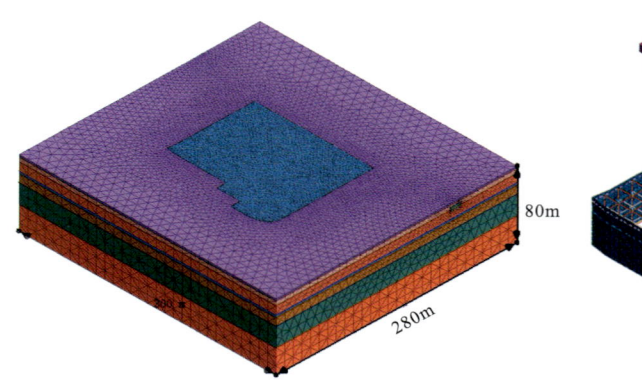

图 11-7　武昌滨江核心区 E_1 地块工程计算模型轴视图

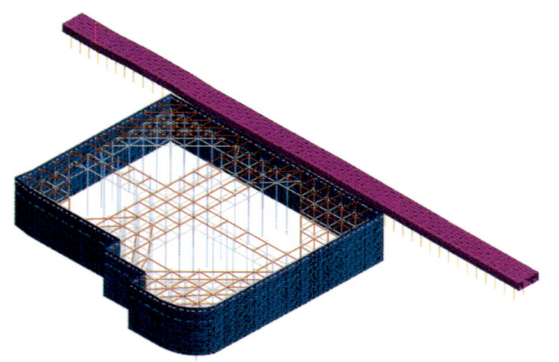

图 11-8　武昌滨江核心区 E_1 地块工程基坑与管廊结构计算模型轴视图

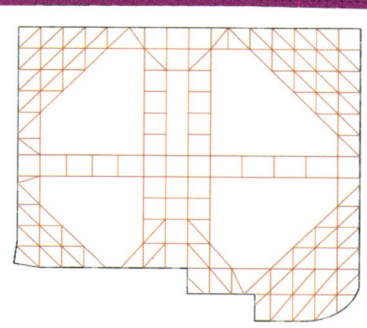

图 11-9　武昌滨江核心区 E_1 地块工程基坑与管廊结构相对位置平面图

（二）计算条件和模拟步序

1. 计算参数

模型中基坑围护结构、管廊结构采用板单元模拟，结构单元的本构模型均为弹性本构模型，各岩土层采用弹塑性本构修正莫尔-库仑模型进行模拟。基坑围护桩采用等刚度替换原则等效为连续板结构，钻孔桩为 φ1400@1700，每延米板厚等效为 1100mm。各岩土层物理力学参数、结构主要物理力学参数分别见表 11-3、表 11-4。

2. 边界条件

三维整体模型的边界条件：模型底部约束 x 方向位移，模型前后两面约束 y 方向位移，模型左右两面约束 x 方向位移。

3. 分析工况

本次主要分析拟建基坑施工对管廊结构的影响以及基坑支护结构的变形，考虑基坑开挖引起的增量位移，故对既有建（构）筑施工引起的位移和初始应力场引起的位移进行清零。模拟共分 10 个施工工序，具体如表 11-5 所示。

表 11-3 武昌滨江核心区 E_1 地块工程各岩土层物理力学参数表

岩土层名称	天然容重/(kN·m^{-3})	c/kPa	φ/(°)	E_{oed}^{ref}/MPa	E_{50}^{ref}/MPa	E_{ur}^{ref}/MPa	指数 m
①杂填土	18.5	6	19	5	5	15	0.5
②-1 粉土夹粉质黏土	18.3	16	11	4.4	4.4	17.6	0.5
②-2 淤泥粉质黏土夹粉土	17.7	12	5	3.63	3.63	14.52	0.5
③粉砂夹粉质黏土、粉土	17.8	10	16	6.5	6.5	39	0.5
④-1 粉细砂	19.2	1	32	17	17	68	0.5
④-2 粉细砂	19.2	1	36	25	25	100	0.5
⑤a-1 强风化砂砾岩	22.5	20	30	450	450	1800	0.5

表 11-4 武昌滨江核心区 E_1 地块工程各结构主要物理力学参数表

结构名称	材料	类型	截面尺寸/mm	容重/(kN·m^{-3})	E/GPa	泊松比
TRD 止水帷幕	弹性	板	700	20	0.05	0.3
排桩	C40	板	1100	25	32.5	0.2
管廊板	C35	板	500/550/700/300	25	31.5	0.2
冠梁	C30	梁	1500×1000	25	30	0.2
腰梁	C30	梁	1300×1000	25	30	0.2
内支撑	C30	梁	800×1000	25	30	0.2
立柱桩	C30	梁	直径 900	25	30	0.2
抗拔桩	C30	梁	直径 800	25	30	0.2

表 11-5 武昌滨江核心区 E_1 地块工程模拟施工工序表

序号	施工工序	描述
0	初始流场	激活所有地层与初始水头
1	初始应力	激活应力边界与荷载
2	管廊施作	施作管廊结构
3	位移清零	位移清零
4	桩柱施作	施作基坑的桩柱,附加荷载
5	降水	基坑降水
6	降水变形	降水后的应力场
7	基坑开挖 1	基坑开挖至第一道支撑底
8	基坑支护 1	架设第一道支撑
9	基坑开挖 2	开挖至第二道支撑底并架设第二道支撑
10	基坑开挖 3	开挖至基底

(三)计算结果分析

1. 整体模型位移计算结果分析

根据《湖北省基坑工程技术规程》(DB42/T 159—2012),本工程基坑重要性等级为一级,地面最大沉降不大于 0.15%H,即不大于 21mm,位移限制不大于 60mm。基坑开挖后,整体模型位移如图 11-10 所示。计算结果表明,基坑开挖完毕后,整体模型最大水平位移为 33.5mm,地表沉降 16.05mm,坑底隆起 56.97mm,总体位移 59.90mm。计算值均位于规范限制范围内,满足安全要求。

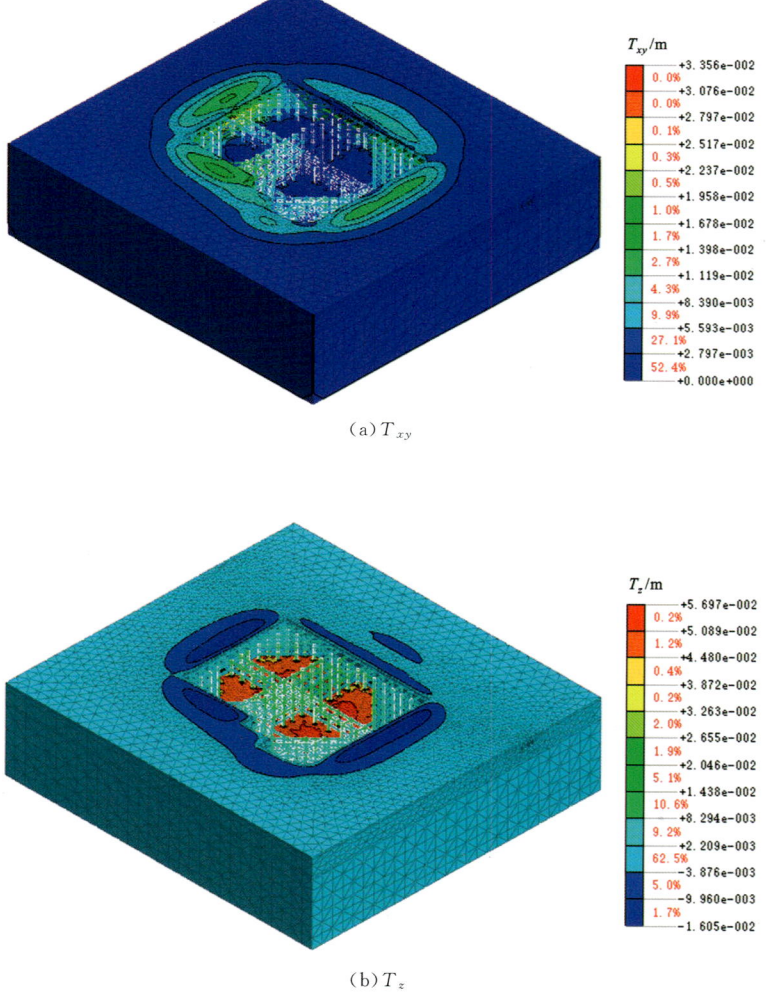

(a) T_{xy}

(b) T_z

图 11-10　武昌滨江核心区 E_1 地块工程施工完成后总位移计算结果图

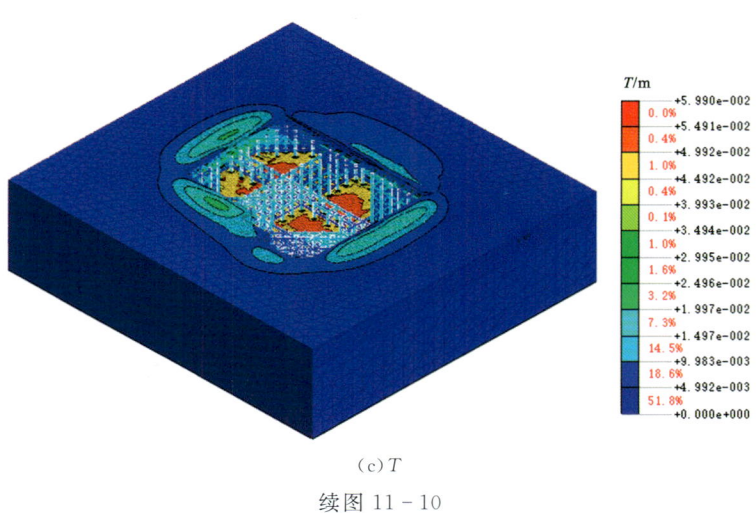

(c) T

续图 11-10

2. 基坑支护结构计算结果分析

本基坑的重要性等级为一级,根据湖北省地方标准《基坑工程技术规程》(DB42/T 159—2012)的相关规定,基坑支护工程水平位移限值(控制值)为 30mm。由图 11-11 可知,邻近管廊侧基坑支护结构水平方向最大位移值为 27.28mm,该值小于水平位移控制值(30mm),满足规范要求。

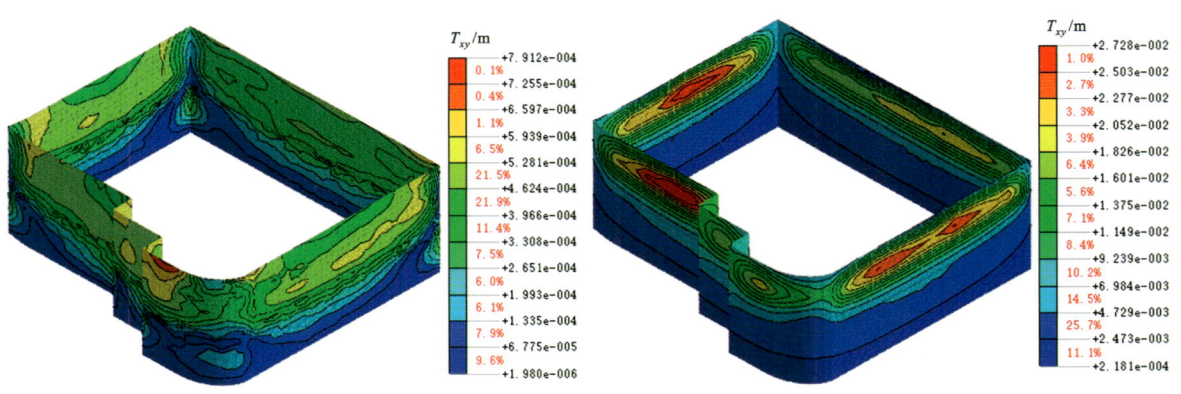

(a) 工况 6 降水变形阶段围护结构水平位移　　(b) 工况 10 基坑开挖 3 阶段围护结构水平位移结果

图 11-11　武昌滨江核心区 E_1 地块工程典型工序下邻近管廊侧基坑围护桩最大水平位移(法向)值计算结果图

3. 管廊结构位移计算结果分析

管廊竖向、水平位移计算结果如图 11-12、图 11-13 所示。

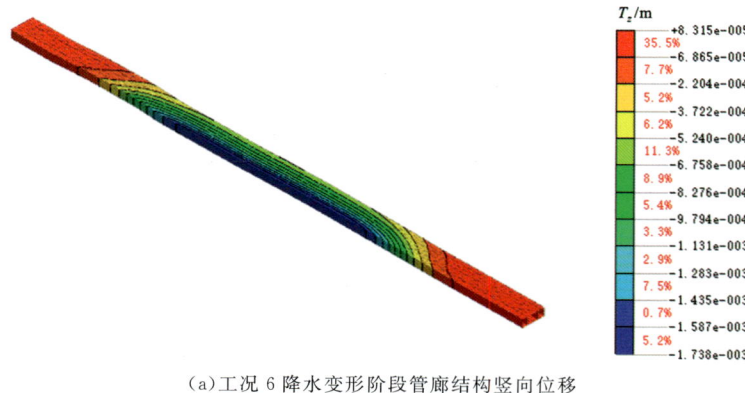

(a)工况 6 降水变形阶段管廊结构竖向位移

(b)工况 10 基坑开挖 3 阶段管廊结构竖向位移结果

图 11-12　武昌滨江核心区 E_1 地块工程管廊竖向位移计算结果图

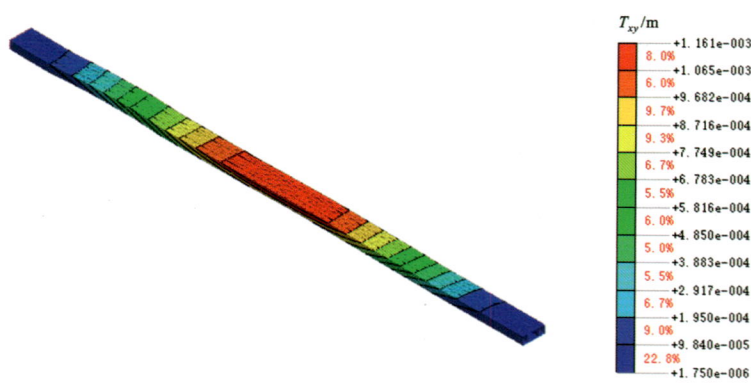

(a)工况 6 降水变形阶段管廊结构水平位移

图 11-13　武昌滨江核心区 E_1 地块工程管廊结构水平位移计算结果图

第十一章 城市地下工程施工对综合管廊结构影响案例研究

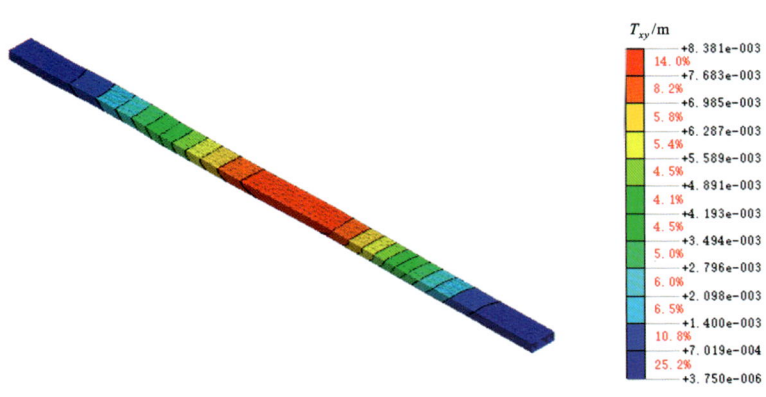

(b)工况10基坑开挖3阶段管廊结构水平位移结果

续图 11-13

整理以上计算结果可知,管廊结构的位移计算结果如表 11-6 和图 11-14 所示。

表 11-6　武昌滨江核心区 E_1 地块工程各施工工序下管廊结构位移计算结果表　　单位:mm

施工工序	水平位移	竖向位移
降水变形	1.161	−1.738
基坑开挖1	1.752	−1.545
基坑支护1	2.230	−1.413
基坑开挖2	4.963	−1.330
基坑开挖3	8.381	−3.190

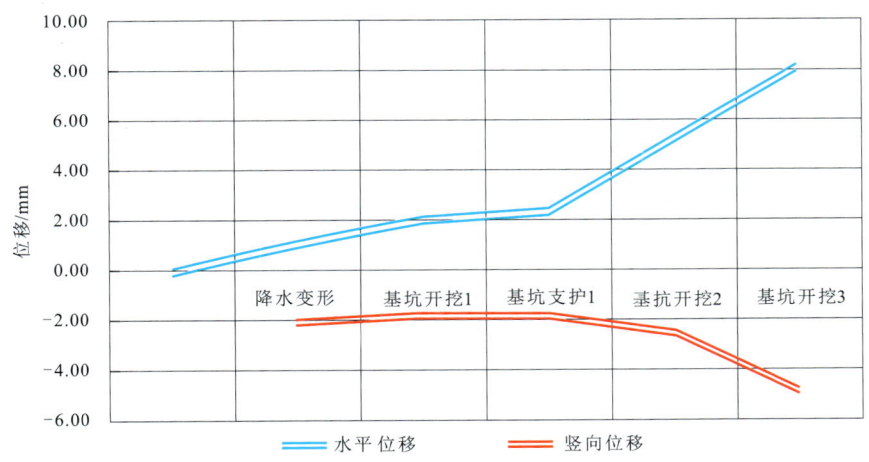

图 11-14　武昌滨江核心区 E_1 地块工程各施工工序下管廊结构位移计算结果图

以上基坑开挖对整体模型的位移结果表明,随着基坑开挖应力释放,土层应力场改变,带动紧邻既有管廊基础产生位移。计算结果显示,施工完成后对管廊结构的影响最大位移出现在靠近管廊中部处,管廊结构最大水平位移为 8.381mm,最大竖向位移为 -3.190mm,根据数值模拟计算结果,基坑开挖对管廊结构各方向变形影响均在管廊结构安全控制标准(15mm)范围内。

基坑开挖至坑底时最大水压力位于基底以下,为 $601.1kN/m^2$,如图 11-15 所示。

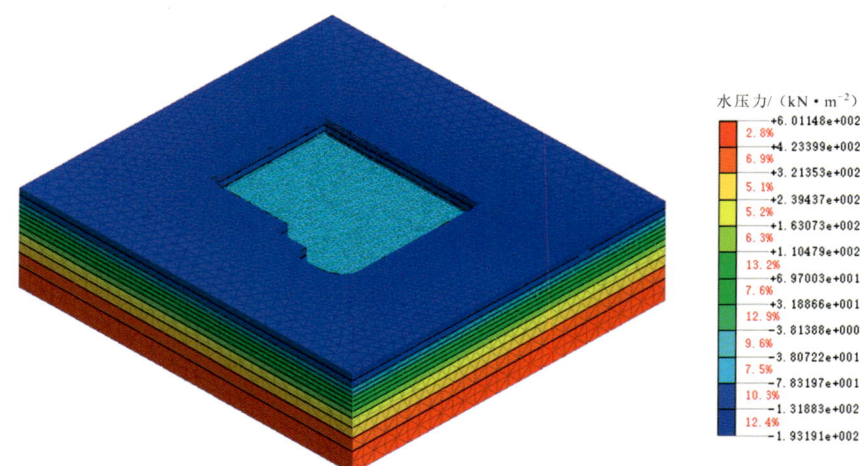

图 11-15　武昌滨江核心区 E_1 地块工程基坑开挖至坑底水压力计算结果图

4. 管廊结构内力结果分析

基坑开挖会对土体造成扰动,使得应力重新分布,导致管廊结构内力发生改变。通过对不同工况下基坑开挖引起的管廊结构受力特征进行分析可知,随着基坑的逐步开挖和支撑结构的实施,综合管廊结构受力逐步增大。基坑施工前,管廊结构轴力、剪力和弯矩最大值分别为 571.8kN/m、143.0kN/m、260.5kN·m;基坑施工完成后,管廊结构轴力、剪力和弯矩最大值分别为 572.3kN/m、143.2kN/m、273.2kN·m(图 11-16)。

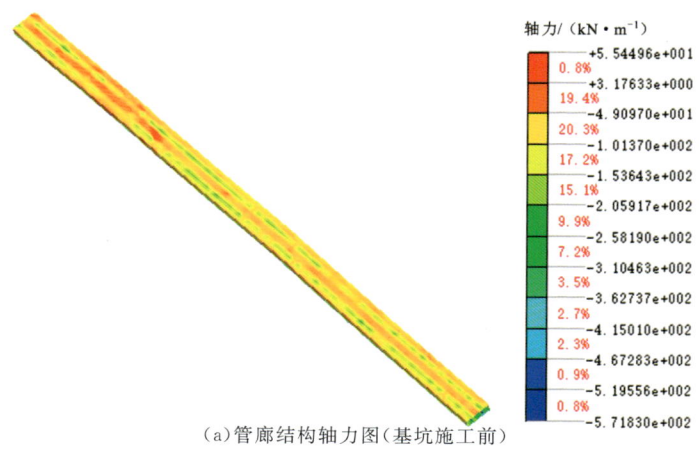

(a)管廊结构轴力图(基坑施工前)

图 11-16　武昌滨江核心区 E_1 地块工程开挖至基坑底工况下综合管廊结构内力计算结果图

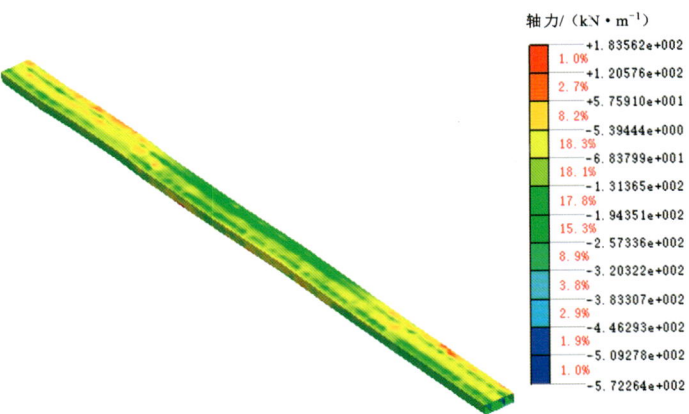

(b)管廊结构轴力图(基坑施工完成后)

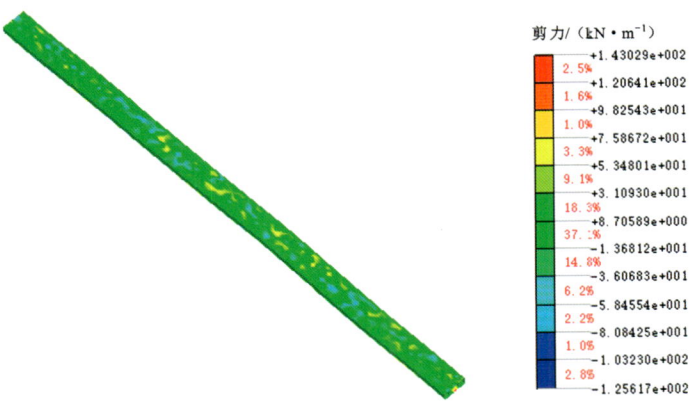

(c)管廊结构剪力图(基坑施工前)

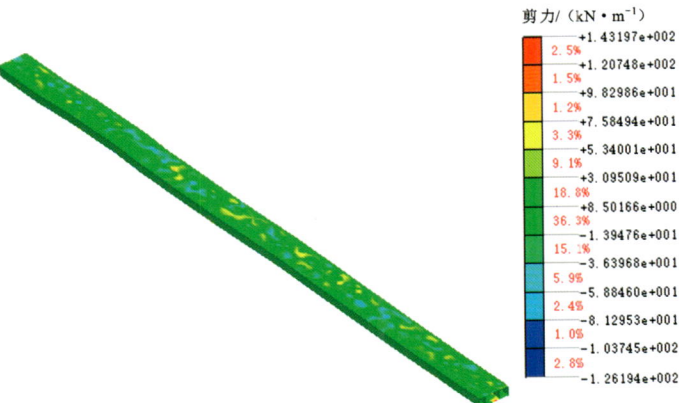

(d)管廊结构剪力图(基坑施工完成后)

续图 11-16

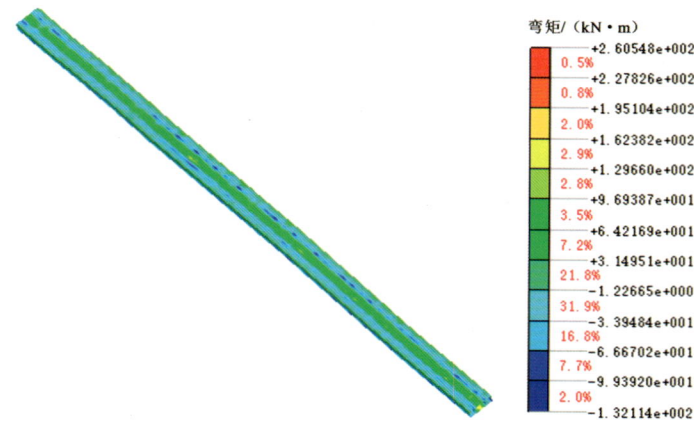

(e)管廊结构弯矩图(基坑施工前)

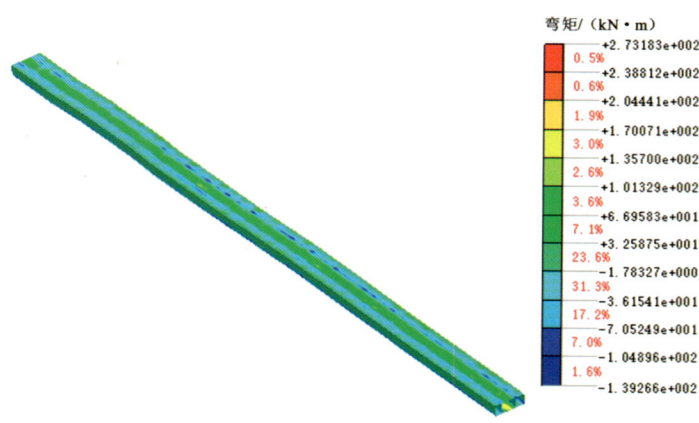

(f)管廊结构弯矩图(基坑施工完成后)

续图 11-16

由此可见,基坑施工前后管廊结构轴力、剪力和弯矩最大值增加比率分别为 0.09%、0.14%、4.88%,管廊结构受力变化较小,管廊结构配筋合理,满足管廊结构安全使用需求。

六、安全性评估结论

通过对场地水文地质条件、几何位置关系、武昌滨江核心区 E1 地块基坑工程结构设计与施工特点等影响因素进行综合分析,结合有限元软件 Midas/GTS 的数值计算结果,对拟建工程施工引起的武九线综合管廊结构变形特性进行了评估,得出以下结论:

(1)根据《城市地下综合管廊运行维护及安全技术标准》(GB 51354—2019)规定,武昌滨江核心区 E1 地块基坑工程已经侵入综合管廊的安全控制区范围,拟定管廊结构变形控制标准为 15mm。

(2) 根据三维数值计算结果，基坑开挖完毕后，整体模型最大水平位移 33.5mm，地表沉降 16.05mm，坑底隆起 56.97mm，总体位移 59.90mm，计算值均位于规范限制范围内，满足安全要求；邻近管廊侧基坑支护结构最大水平位移为 27.28mm，支护结构水平位移值满足基坑控制要求，管廊侧基坑支护设计方案基本可行。

(3) 武昌滨江核心区 E1 地块基坑支护结构外边线与武九线综合管廊最小水平净距为 8.3m。在基坑整个施工阶段引起综合管廊结构的水平位移、竖向位移的最大值分别为 8.381mm、-3.190mm，均在管廊结构变形的控制标准之内。基坑工程施工引起管廊结构的轴力、剪力和弯矩最大值增加比率分别为 0.09%、0.14%、4.88%，满足管廊结构安全使用需求。

第二节　地下空间环路匝道下穿综合管廊

一、工程概况

武昌滨江核心区地下空间环路二期工程拟在滨江商务区修建地下环路，地下环路设置多条接地匝道，分别联系临江大道、徐家棚街、武车二路、武车中路，在纬三路下方设置联络道，形成两个地下小环路，同时为加强环路服务越江交通功能，设置两根联络道联系三阳路公铁越江隧道。因地下环路匝道 1 与匝道 13 下穿已建成武九线综合管廊，且设计标高与既有管廊结构底板冲突，根据前期专题会议研究成果，需拆除两个工程相交范围内的综合管廊，在管廊拆除范围内新建交叉节点，节点上层满足管廊的使用功能，节点下层满足环路匝道的使用功能(图 11-17)。本工程拟实施期间该段武九线综合管廊已建成，但尚未投入使用。

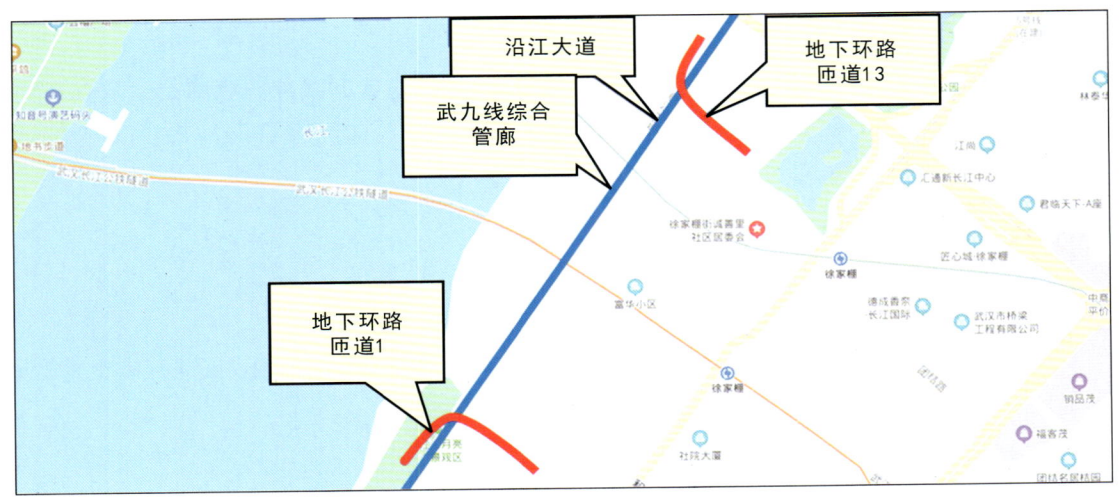

图 11-17　武昌滨江核心区地下空间环路二期工程所在地示意图图

(一)地下工程建设内容

地下环路匝道1与武九线综合管廊合建节点及匝道13与武九线综合管廊合建节点工程拟建场地地貌单元属长江右岸一级阶地。根据相关资料,匝道1与武九线综合管廊交叉节点基坑开挖深度14.9~17.9m,开挖总面积650m^2,采用大直径排桩ϕ1.2m@1.4m＋落底CSM隔水帷幕支护,地下水控制方案为坑内管井降水。基坑内采用5道支撑,其中第一、三道采用混凝土支撑,第二、四、五道采用钢支撑。匝道13与武九线综合管廊交叉节点基坑采用明挖形式开挖,基坑开挖深度16.9~19.2m,开挖总面积620m^2,采用大直径排桩ϕ1.2m@1.4m＋落底CSM隔水帷幕支护,地下水控制方案为坑内管井降水。基坑内采用4道支撑,均为钢筋混凝土支撑。

武昌滨江核心区地下空间环路工程地下环路平面如图11-18所示。

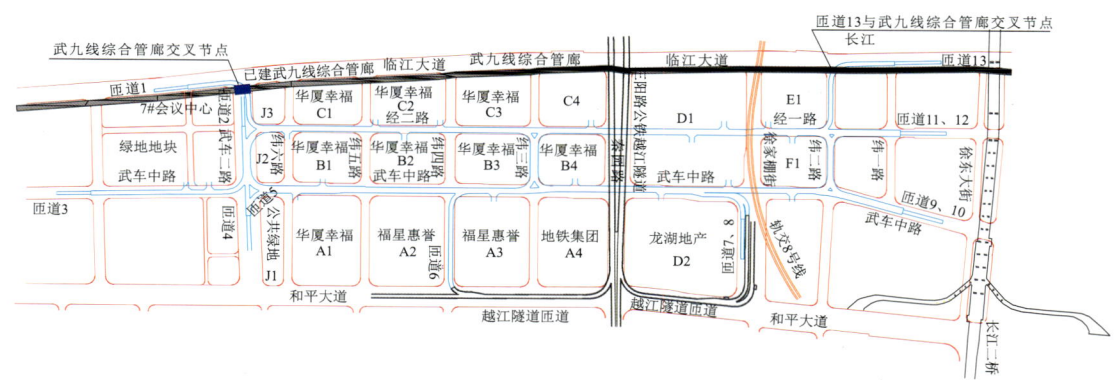

图11-18　武昌滨江核心区地下空间环路二期工程地下环路平面图

(二)安全控制标准

拟建滨江环路结构紧邻武九线综合管廊,其中,匝道1与武九线综合管廊交叉节点基坑开挖深度14.9~17.9m,匝道13与武九线综合管廊交叉节点基坑深16.9~19.2m,管廊结构变形控制标准为15mm。

(三)岩土工程条件

1. 地形地貌

拟建场地所在地貌单元属长江一级阶地。现场场地已基本拆迁完毕,正进行渣土外运,局部地段堆积较厚砖渣和建筑垃圾等。

2. 场地稳定性及适宜性评价

拟建场地土层整体变化不大,地层层面埋深及层厚相对均匀、稳定,分布规律性较强,顶部为杂填土和一般黏性土层,力学性质较一般,下部砂层较厚,连续稳定,总体较为稳定。根据本场地地层分布情况,结合拟建地下空间环路的基础埋深,基础底面位于③淤泥质粉质黏土、④-1粉质黏土夹粉土、④-2粉质黏土、粉土、粉砂互层及⑤-1粉细砂层中。④-1层、④-2层和⑤-1层的承载力较高,可作为拟建地下环路路基的天然地基持力层使用。若利用承载力较低的③层作天然地基持力层,必须对持力层及下卧层进行强度及变形验算,尤其应注意采用不同持力层时产生的差异沉降对路基的影响。若强度和变形验算难以满足设计要求,应对软弱地基进行处理,处理方法可采用高压旋喷或水泥土搅拌桩,处理深度应通过计算满足强度及变形要求确定。

拟建场地为基本稳定场地,地形较为平坦,岩土种类较多,虽然地下水对工程影响较大,但经过深基坑降水,根据行业标准《城乡规划工程地质勘察规范》(CJJ 57—2012)综合判定拟建场地的适宜性分级为较适宜。

3. 地层岩性

根据野外钻探、原位测试及室内试验资料,场地在勘探深度范围内所分布的地层如下:表层分布①杂填土(Q^{ml}),其下地层主要为冲积黏性土、黏性土夹粉土、砂土层(Qh^{al}),下伏基岩主要有砾岩(K—E),细砂岩、泥岩(S)。匝道1附近基岩以泥岩、细砂岩为主,匝道13附近基岩以砾岩为主。场地自上而下分布的主要岩土层为①杂填土,②粉质黏土,③淤泥质粉质黏土,④-1粉质黏土夹粉土,④-2粉质黏土、粉土、粉砂互层,⑤-1粉细砂,⑤-2细砂,⑥-1强风化砾岩,⑥-2中风化砾岩,⑦a-1强风化泥岩,⑦a-2中风化泥岩,⑦b-1强风化细砂岩,⑦b-2中风化细砂岩。各岩土层工程特性及空间分布见表11-7。

表11-7 武昌滨江核心区地下空间环路二期工程各岩土层工程特征及空间分布表

层土层名称	地层年代	分布范围	层厚/m	颜色	状态	压缩性	包含物及其他特征
①杂填土	Q^{ml}	全场地	1.2~7.0	杂	松散	高	主要由建筑垃圾、碎石、砖块夹黏性土组成,上部因近期堆积而结构松散,下部堆积年限较长(小于10年)而呈稍密状,土质不均。硬物质含量约30%
②粉质黏土	Qh^{al}	局部地段	0.7~3.4	褐灰—褐黄	可塑	中	含氧化铁、铁锰质,切面光滑,干强度中等,韧性中等,局部夹有少量薄层粉土,土质较均匀
③淤泥质粉质黏土		全场地	2.7~12.7	褐灰	软—流塑	高	切面光滑,干强度一般,韧性中等,局部地段夹有少量薄层粉土,土质较均匀
④-1粉质黏土夹粉土		全场地	0.5~7.0	褐灰	可塑	中	含氧化铁、铁锰质,干强度中等,韧性一般。粉质黏土呈可塑状态,粉土呈稍密—中密状态,土质不均匀
④-2粉质黏土、粉土、粉砂互层		全场地	0.6~5.5	褐灰	可塑	中	含氧化铁、铁锰质,干强度中等,韧性一般。粉质黏土呈可塑状态,粉土呈中密状态,粉砂呈稍密状态,呈互层状分布,土质不均

续表 11-7

层土层名称	地层年代	分布范围	层厚/m	颜色	状态	压缩性	包含物及其他特征
⑤-1 粉细砂	Qh^{al}	全场地	3.9~12.6	青灰	中密	中	含云母片、长石，砂质较纯
⑤-2 细砂		全场地	15.1~26.8	青灰	中密—密实	中	含云母片、长石、云母等矿物，局部夹有少量薄层粉质黏土、粉土及粗砂砾石等，分布不均，部分地段有一定厚度
⑥-1 强风化砾岩	K—E13	在匝道附近揭露	2.9~5.9	紫红、灰黄	—	低	含有浅灰绿色斑块，多已风化成卵砾石土状，局部夹弱胶结岩块，砾状碎屑结构；粒径大小不均，卵砾石成分以砂岩、灰岩为主
⑥-2 中风化砾岩	K—E13	在匝道附近揭露	最厚6.3m	紫红、灰黄	—	视为不可压缩	砾状碎屑结构，泥钙质孔隙式或基底式胶结，胶结较差，厚层状构造，裂隙不发育，骨架粒径不均，成分主要为砂岩、灰岩等硬质岩，岩质较软，采芯率70%~80%，RQD指标为30%~45%。属极软岩，破碎，岩体质量等级为Ⅴ级。干湿交替后岩芯即崩解
⑦a-1 强风化泥岩	S	在匝道1附近揭露	0.5~1.6	褐红—青灰	—	低	岩性主要为泥岩、泥质粉砂岩，压缩性低，泥质结构，岩芯多风化成土状，手捏易散，局部夹有少量未完全风化的岩块，泥质胶结，采芯率70%~80%，岩芯遇水易崩解
⑦a-2 中风化泥岩	S	在匝道1附近揭露	最厚5.8m	青灰—褐红—浅灰	—	视为不可压缩	岩性主要为泥岩、砂质泥岩、泥质粉砂岩，夹有砂岩呈互层状，呈柱状及块状，裂隙较发育，泥质胶结，采芯率70%~85%，RQD指标为50%~65%，岩芯较破碎，倾角陡，一般为55°~85°。属极软岩，岩体质量等级为Ⅴ级
⑦b-1 强风化细砂岩	S	在匝道1附近揭露	1.9~2.8	青灰—灰	—	低	岩性主要为砂岩、泥质粉砂岩，坚硬，泥—砂质结构，大部分风化成岩土状，手捏易散，采芯率70%~80%。局部夹少量中风化碎块
⑦b-2 中风化细砂岩	S	在匝道1附近揭露	最厚5.4m	青灰—浅灰	—	视为不可压缩	岩性主要为砂岩，夹有泥质砂岩或泥岩，砂质结构，薄—中厚层状构造，呈柱状，裂隙发育近似垂直，砂质胶结，倾角陡，一般为35°~65°，采芯率85%~95%，RQD指标为55%~70%。属较软岩，较完整，岩体质量等级为Ⅳ级

4. 地下水类型

场地地下水类型主要为上层滞水、承压水和基岩裂隙水。

（1）上层滞水。主要赋存于部分地段的①杂填土中，受大气降水与生产、生活排放水等地表水体渗透补给，水位、水量随季节变化，在丰水季节及地表水体渗透补给充分时有一定水量，无统一水位，水量一般可疏干。勘察期间测得稳定水位埋深为0.6~5.6m，对应的标高为19.21~25.47m。上层滞水水量不大，但对拟建物基础施工有一定影响，施工时须做好防排水措施。

（2）承压水。主要赋存于下部互层土和砂土层中，由于拟建场地距长江仅250~450m，与长江水力联系非常紧密,水位变化受长江影响较大。根据地区经验,水位变化幅度为4～8m,水量较大,上覆黏性土层及下伏基岩为相对隔水顶、底板。在勘察期间均匀布置了3组抽水试验,测得场内承压水标高在20.77～20.84m(1985国家高程基准)之间,埋深在4.0～5.0m之间。结合场地水文地质条件和长江水文资料综合分析,在抗浮计算时,施工期间的抗浮设防水位可取现地面标高,使用期间的永久抗浮设防水位建议采用场地承压水最高水位标高25.00m。

(3)基岩裂隙水。主要赋存于深部的基岩裂隙中,总体水量不大,对本工程影响不大。结合邻近场地地质资料发现,本场地所分布的基岩位于第四系砂土层下部,基岩裂隙中的少量裂隙水直接与第四系砂土层的承压水相联通,因此基岩裂隙水与第四系砂性土层承压水有一定联系。

二、地下空间环路匝道施工对管廊结构影响总体分析

1. 地质水文情况分析

地下空间环路二期工程主线基坑埋深8～16m,平均埋深约14m,匝道埋深0～16m,匝道1与管廊交叉节点基坑开挖深度为16.2m,匝道13与管廊交叉节点基坑开挖深度为16.2～18.4m,属深基坑工程。主线基坑外环长约4000m,内环长约3000m,基坑开挖后,构成坑壁主要土层为①杂填土、②粉质黏土、③淤泥质粉质黏土、④-1粉质黏土夹粉土、④-2粉质黏土、粉土、粉砂互层以及⑤-1粉细砂。

基坑地段开挖深度较大,地下水对基坑工程影响较大,基坑边缘邻近用地红线,且周边环境较为紧张,地下管线复杂、建(构)筑物众多,工程地质条件一般—较差,故基坑重要性等级可定为一级。

根据场地内地层组成及开挖深度,基坑开挖将揭穿承压含水层隔水顶板,若事先未采取妥善处理措施,开挖过程中易发生涌水、流砂现象。因此,施工中必须采取降水措施,确保基坑开挖安全,以保证管廊结构安全。

2. 基坑施工过程中降水影响分析及控制措施

邻近管廊基坑采取降水措施时,降水引起的渗流力作用于管廊结构上,直接使其产生内力和变形;降水引起地层有效应力增加使地层发生固结沉降,引起处在其中的管廊结构沉降量增大,严重时将影响武九线综合管廊正常使用。

根据岩土工程勘察报告,场地孔隙承压水主要赋存于底部(⑤-1、⑤-2、⑤-3、⑤-4层)中,水量较丰富,根据湖北省地方标准《基坑工程技术规程》(DB42/T 159—2012)规定,进行抗承压水突涌验算,当承压水头标高高于临界水位时,易产生突涌。设计采用深井降水,降水井布设在基坑内,基坑侧壁采用悬挂式止水帷幕,降水井间距约20m。

在基坑工程施工期间,降水施工过程中需加强观测管廊范围内地下水位的变化以及管廊和周边土体的位移变化,必要时应停止降水并进行回灌,研究进一步降水的可行性,以保证管廊结构的安全。

3. 新建节点及既有管廊衔接问题分析

施工过程中将先行拆除部分管廊结构,开挖基坑新建地下环路与管廊合建结构,这将破坏管廊结构,且切断管廊纵向分布钢筋,影响管廊结构整体性,对管廊结构受力产生影响。新建节点及既有留存管廊均设置抗拔桩,结构断面型式及抗拔桩设置存在一定差异,将导致新建节点及管廊结构产生一定不均匀沉降,若产生沉降差较大,将影响管廊结构受力,且会对管廊防水功能产生较大影响,故需采取可靠措施尽可能减小管廊与新建节点间的不均匀沉降差,使新老防水层衔接,确保管廊结构防水效果,同时,需采用植筋设置施工缝及圈梁型式改善接口处受力,以保证管廊结构的整体性,且施工过程中需确保施工质量,保证植筋效果,避免形成结构薄弱点影响后期管廊正常使用。

4. 几何、工期关系分析

武九线综合管廊结构现已施工完成,匝道1影响范围内管廊已敷设部分管线,尚未正式投入使用,仅作为内部使用,匝道13影响范围内管廊尚未敷设管线。基坑范围管廊隧道上覆土层厚度2.63~3.5m。拟建基坑需凿除部分管廊。

5. 施工工法分析

基坑施工对管廊结构的影响分为止水帷幕、基坑降水、围护桩施工、管廊破除、基坑开挖、环路结构施工等几个阶段。基坑开挖对开挖面以下土体具有显著的垂直方向卸荷作用,不可避免地引起坑底土体回弹,并且基坑围护结构在土体压力作用下迫使基坑开挖面以下结构向基坑内位移,挤压坑内土体,加大了坑底土体的水平应力,也使得坑底土体向上隆起,进而影响管廊周边土体的应力状态。卸荷规模是影响管廊结构周围位移场、应力场的一个重要因素。新建基坑开挖到底后,应及时施工主体结构,防止地基土暴露时间过长而引起土体强度值降低。

综上所述,武九线综合管廊基底土层工程性质较差,基坑开挖对管廊会产生一定的影响。基坑开挖施工时,应遵循分区、分块、分层、对称、限时的顺序,按照"分层开挖、严禁超挖"的原则,并及时反馈现场地质情况,进行信息化施工。

三、关键控制技术

地下环路匝道1与武九线综合管廊交叉节点位于武车二路和临江大道交叉口,基坑开挖面积约650m^2。里程桩号:沿管廊方向BK2+045.200~BK2+079.80,沿匝道方向Z1K0+146.735~Z1K0+164.018(图11-19~图11-21)。

由平剖面图可以看出,匝道1与武九线综合管廊交叉节点基坑开挖深度14.9~17.9m,基坑侧壁土层依次为①杂填土、③淤泥质粉质黏土、④-1粉质黏土夹粉土、⑤-1粉细砂,基底基本坐落于④-1粉质黏土夹粉土及⑤-1粉细砂层中。开挖总面积650m^2,采用大直径排桩ϕ1.2m@1.4m+落底CSM隔水帷幕支护,地下水控制方案为坑内管井降水。基坑内采用5道支撑,其中第一、三道采用混凝土支撑,第二、四、五道采用钢支撑。施工部分围护桩及其外CSM止水帷幕时,需提前破除武九线综合管廊结构。

第十一章　城市地下工程施工对综合管廊结构影响案例研究

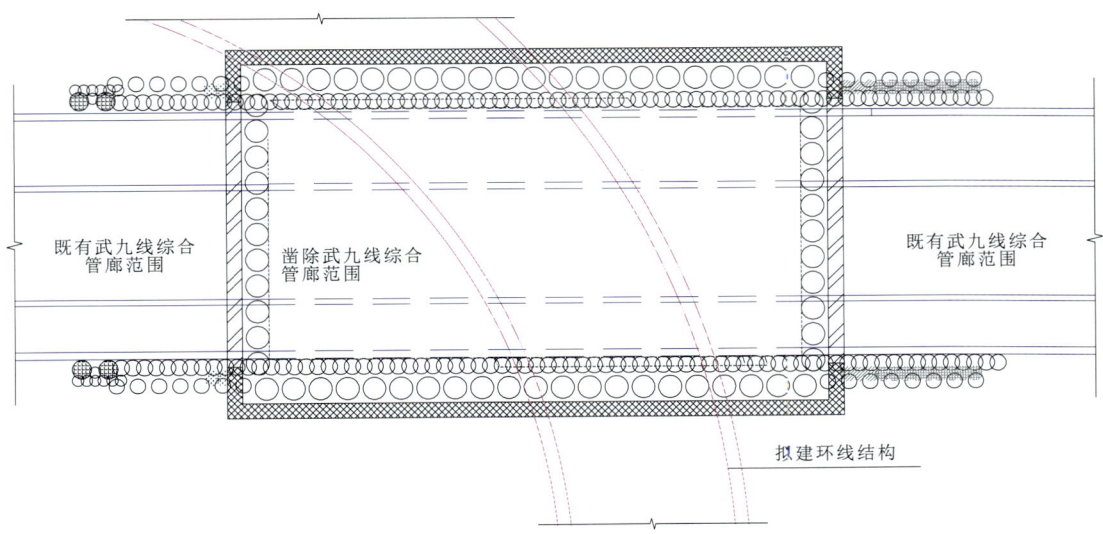

图 11-19　武昌滨江核心区地下空间环路二期工程匝道 1 与武九线综合管廊交叉节点平面图

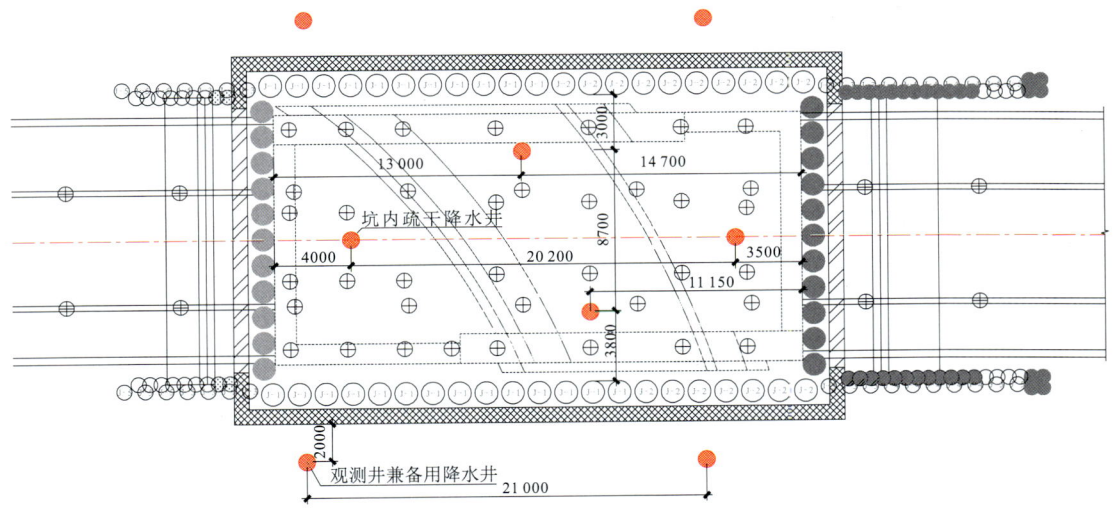

图 11-20　武昌滨江核心区地下空间环路二期工程匝道 1 降水井布设平面图

匝道 1 与武九线综合管廊交叉节点基坑工程主要按照以下 3 个阶段施工，各阶段均需编制专项施工方案并经评审后方可施工。

1. 第一阶段（封堵）

在武九线综合管廊破除范围两端既有管廊内部实施钢筋混凝土临时封堵墙，并在管廊顶板上设置临时挡土墙为后续阶段直立开挖创造条件。施工临时挡土墙时需挖除既有管廊上方

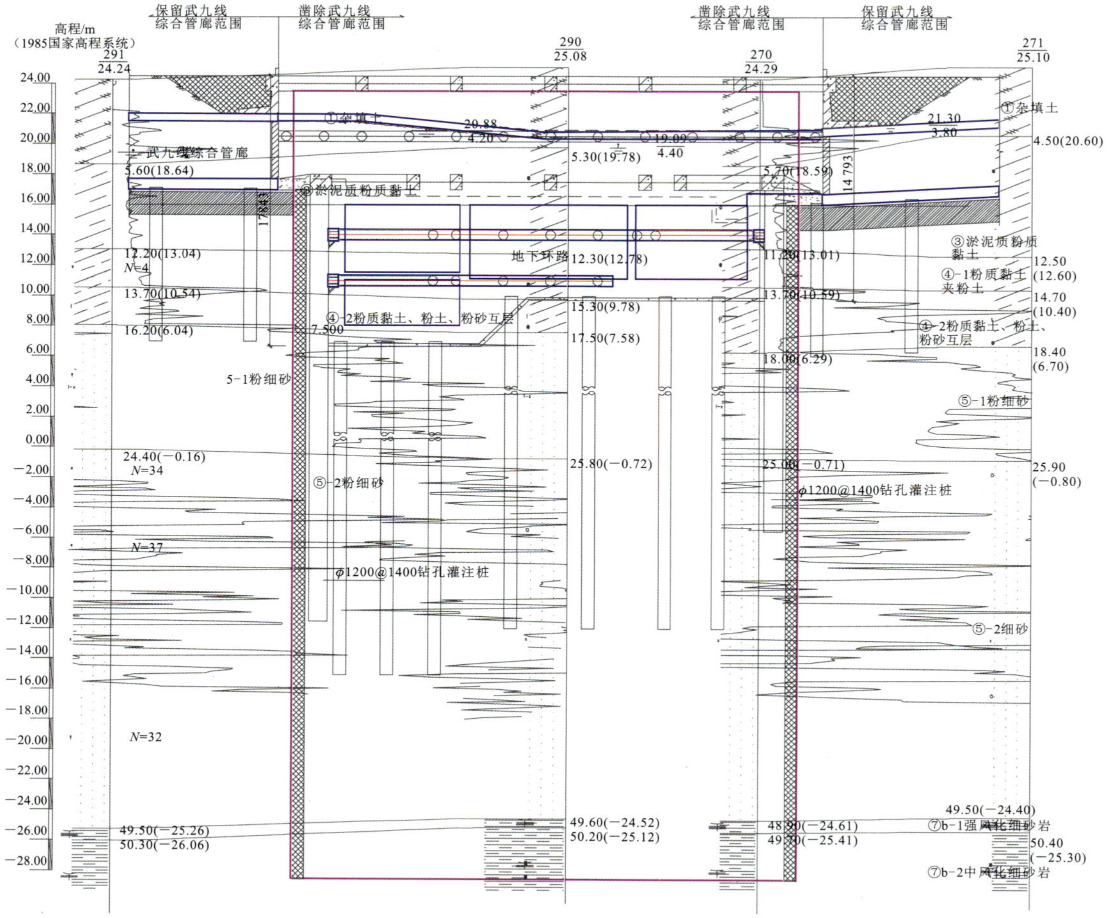

图 11-21 武昌滨江核心区地下空间环路二期工程匝道1与武九线综合管廊交叉节点剖面图

N. 标准贯入锤击数,后同。

2.5~3.5m厚覆土,为控制该浅坑施工对周边环境及交通的影响,沿管廊纵向(南北侧)采用放坡支护,沿管廊纵向(东西侧)采用桩排+止水帷幕支护(图 11-22)。

2. 第二阶段(破除)

在南北侧临时挡土墙及东西侧排桩形成的基坑围护范围内开挖至既有管廊垫层底,随挖随破除管廊混凝土结构,并将破除的废渣、混凝土块、钢筋清运,破除完毕后,基坑覆土回填至场平地面。

本阶段中破除部位最大深度约10m,基坑采用排桩+止水帷幕+2道支撑+辅助降水等措施确保安全(图 11-23)。

3. 第三阶段(重建)

按照节点基坑与主体结构设计图纸要求,沿武九线综合管廊横向施工支护桩及落底隔水

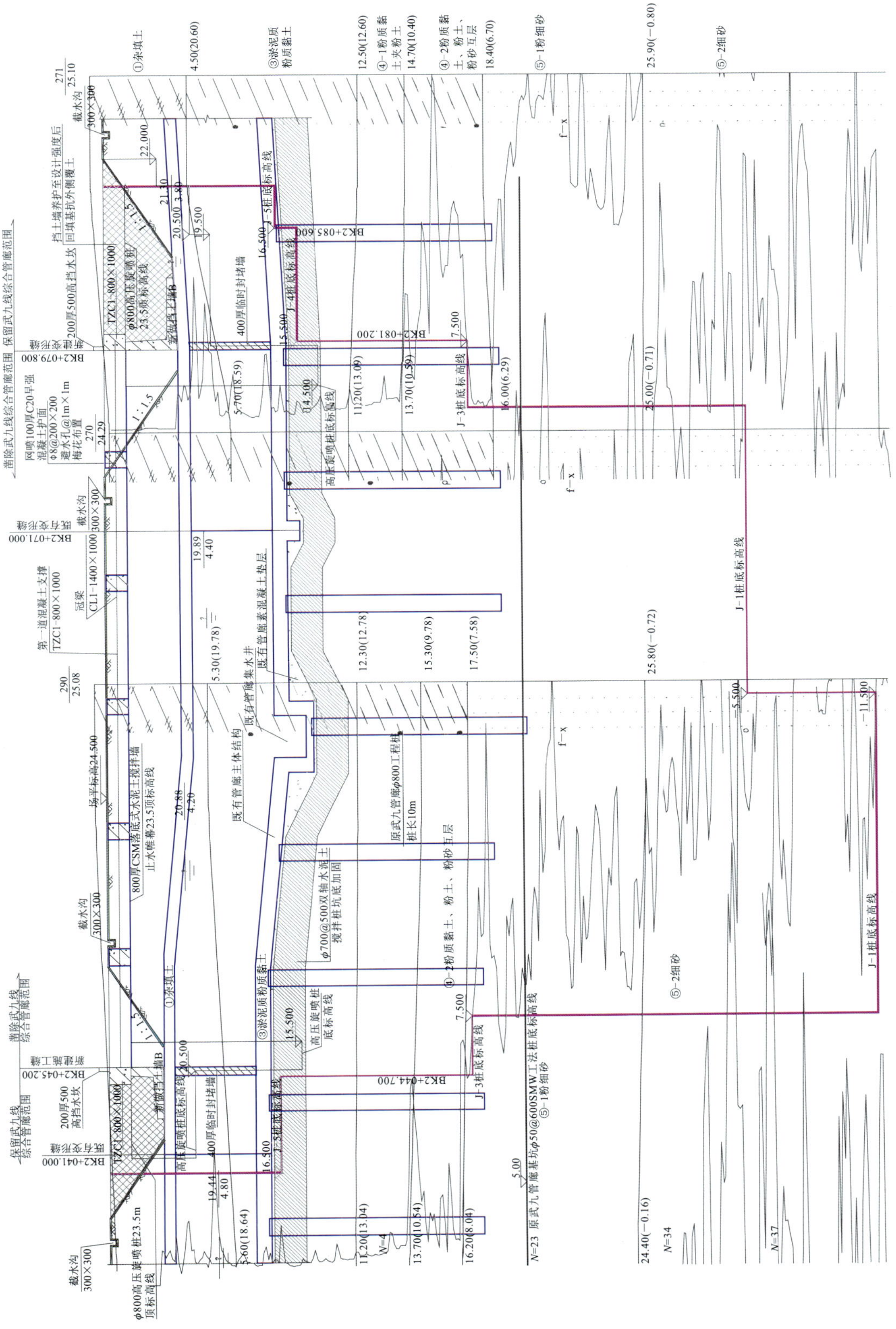

第十一章 城市地下工程施工对综合管廊结构影响案例研究

图 11-22 武昌滨江核心区地下空间环路二期工程匝道 1 与武九线综合管廊交叉节点施工第一阶段纵剖面图

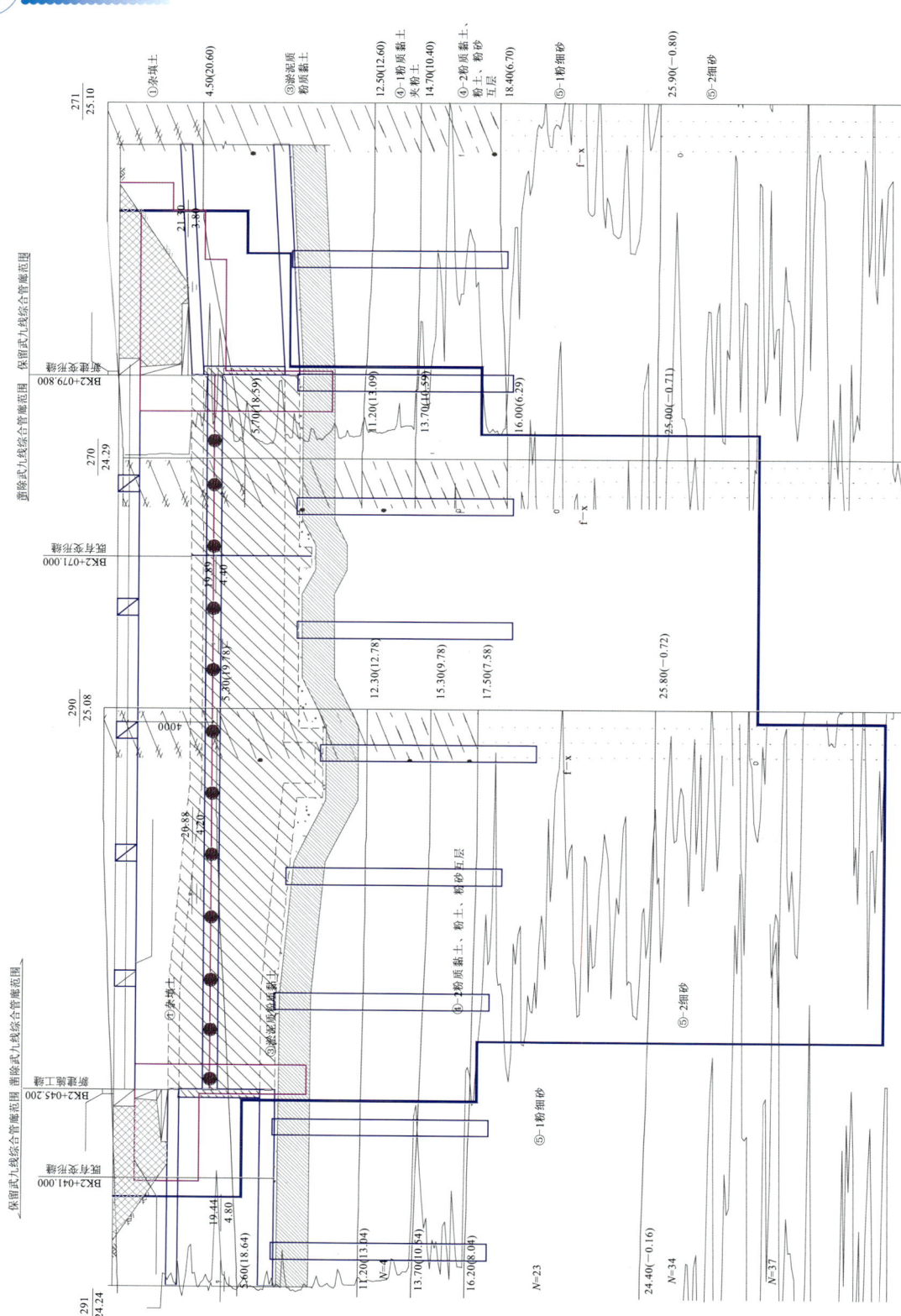

图 11-23 武昌滨江核心区地下空间环路二期工程匝道 1 与武九线综合管廊交叉节点施工第二阶段纵剖面图

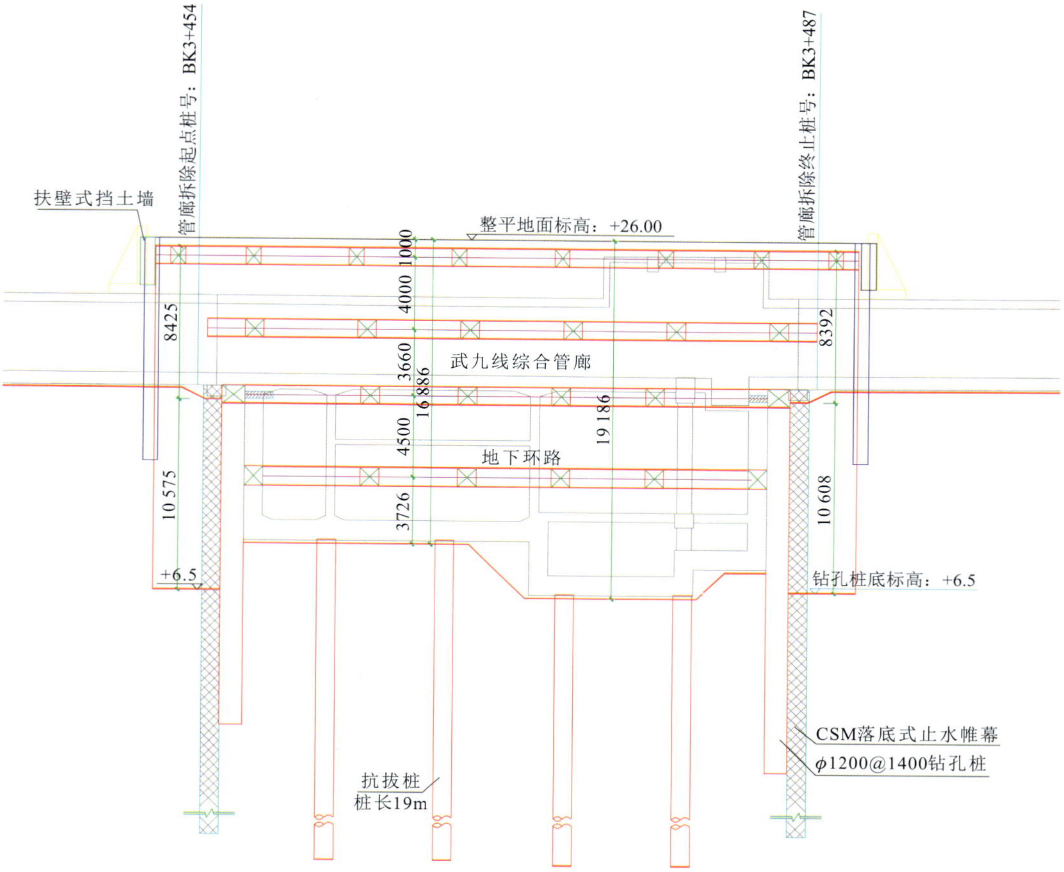

图 11-29 武昌滨江核心区地下空间环路二期工程匝道 13 与武九线综合管廊交叉节点剖面图

匝道 13 与武九线综合管廊交叉节点基坑深 16.9～19.2m，基坑侧壁土层依次为①杂填土，③淤泥质粉质黏土，④-1 粉质黏土夹粉土，④-2 粉质黏土、粉土、粉砂互层，⑤-1 粉细砂，基底基本坐落于④-2 粉质黏土、粉土、粉砂互层及⑤-1 粉细砂层中。采用 ϕ1.2m@1.4m 钻孔灌注桩+内支撑的支护形式，基坑外侧采用 CSM 止水帷幕，止水帷幕入岩不小于 2m。基坑内采用 4 道支撑，均为钢筋混凝土支撑。施工部分围护桩及其外 CSM 止水帷幕时，需提前破除武九线综合管廊结构。

匝道 13 与武九线综合管廊合建节点施工步序如下：

（1）步序一[图 11-30(a)]。管线迁改，平整场地，围挡基坑。施工Ⅰ、Ⅱ、Ⅲ号围护桩及围护桩外 CSM 止水帷幕、旋喷桩。施工扶壁式挡土墙、武九线综合管廊内部临时封堵墙。

（2）步序二[图 11-30(b)]。施工一期凿除范围第一道支撑，开挖一期凿除范围顶土体至武九线综合管廊顶板，施工 300mm 临时挡墙、临时封堵墙。破除一期凿除范围武九线综合管廊结构。采用中粗砂回填一期凿除范围至整平地面。

地下环路匝道13下穿武九线综合管廊交叉节点处地下环路设计里程为Z13K0+237.72~Z13K0+265.371,武九线综合管廊破除范围为BK3+454~BK3+487。其中,一期凿除范围为BK3+454~BK3+456.5、BK3+484.4~BK3+487,二期凿除范围为BK3+456.5~BK3+484.4(图11-27~图11-29)。

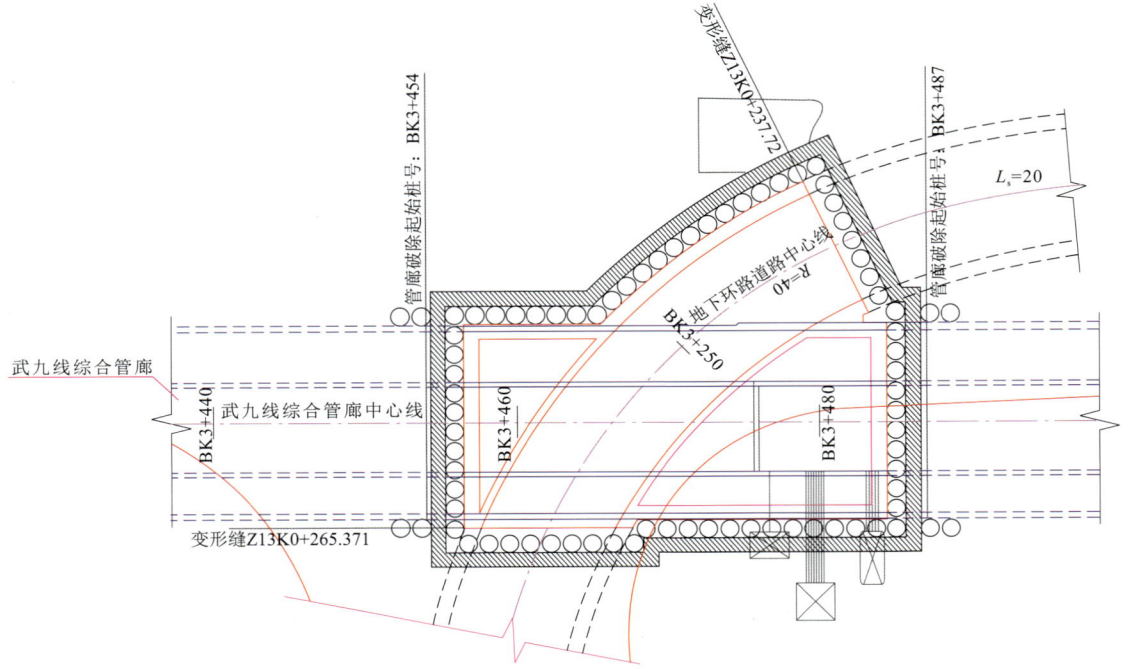

图11-27　武昌滨江核心区地下空间环路二期工程匝道13与武九线综合管廊交叉节点平面图

R. 地下环线道路半径;L_s. 地下环线道路缓和曲线长度

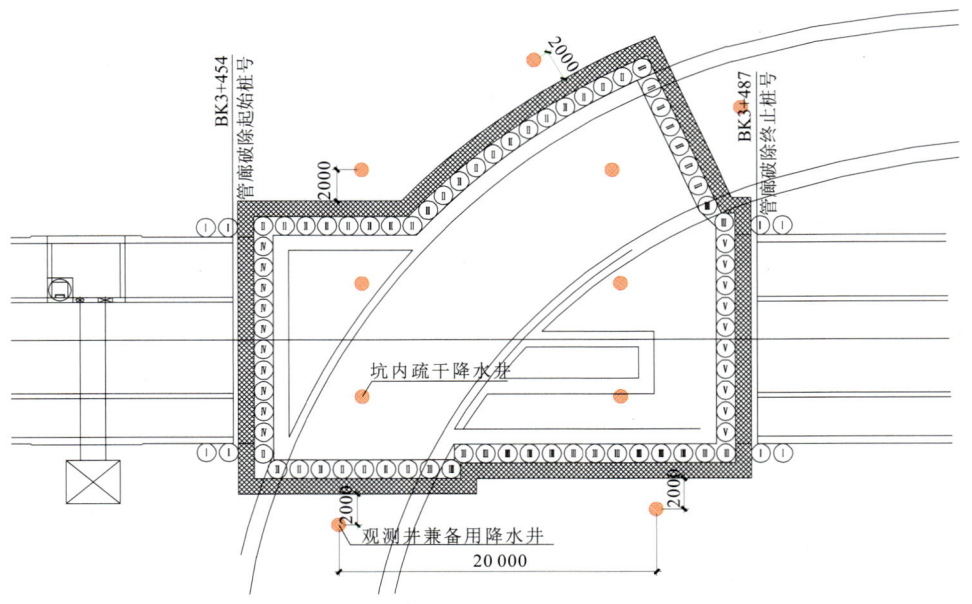

图11-28　武昌滨江核心区地下空间环路二期工程匝道13降水井布置平面图

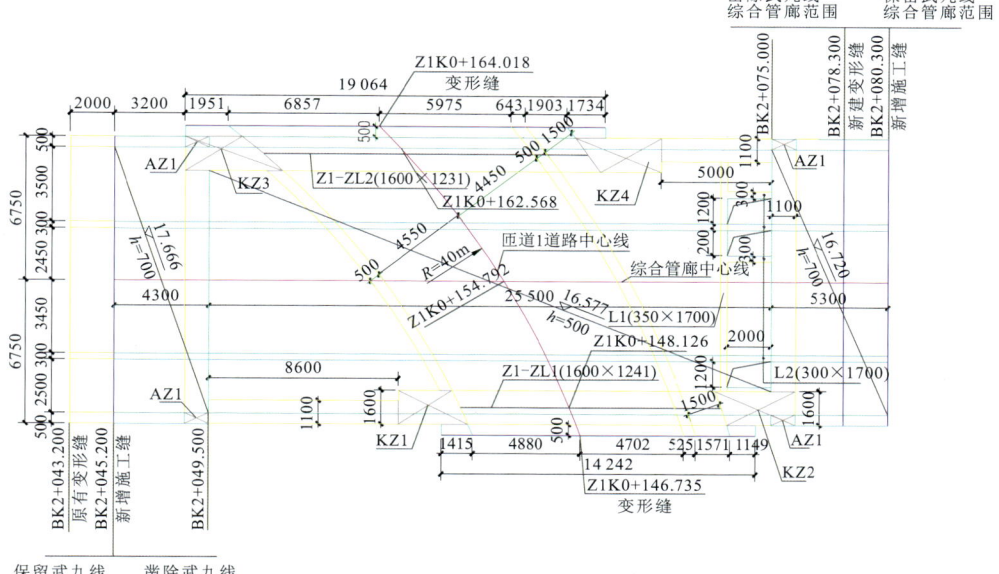

图 11-25　武昌滨江核心区地下空间环路二期工程匝道 1 新建节点结构平面图

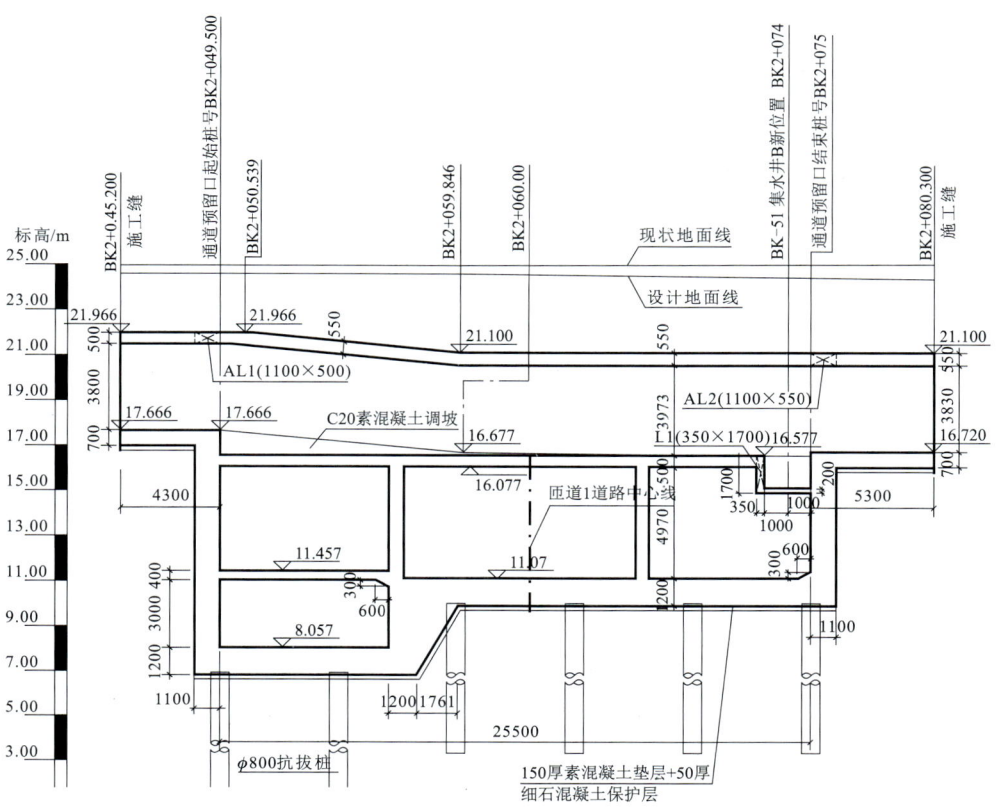

图 11-26　武昌滨江核心区地下空间环路二期工程匝道 1 新建节点结构剖面图

帷幕、坑内降水井、主体结构工程桩,待节点深基坑支护体系封闭后,自上而下依次开挖土方架设支撑,挖至坑底后自下而上依次浇筑主体结构,拆除支撑,直至覆土恢复路面。

本阶段中最大开挖深度14.9～17.9m,采用排桩＋落底帷幕＋4/5道支撑＋坑内降水等措施确保安全(图11-24)。

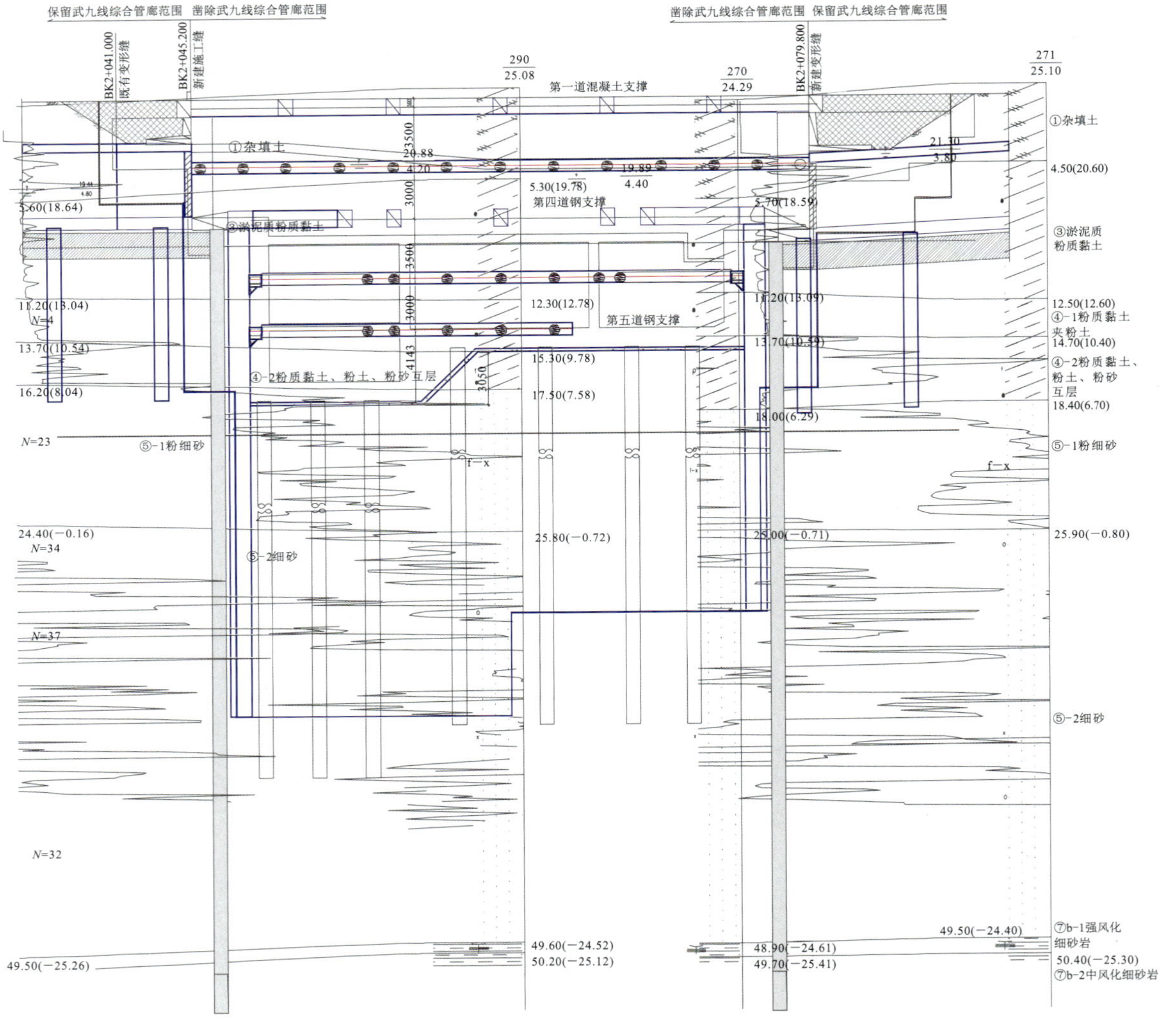

图11-24 武昌滨江核心区地下空间环路二期工程匝道1与武九线综合管廊交叉节点施工第三阶段纵剖面图

地下环路匝道1下穿武九线综合管廊段与留存部分管廊接口处施作施工缝,钢筋材料植筋连接,节点下方设置抗拔桩,节点部分与地下环路其他区段设置变形缝。匝道新建节点结构平剖面如图11-25、图11-26所示。

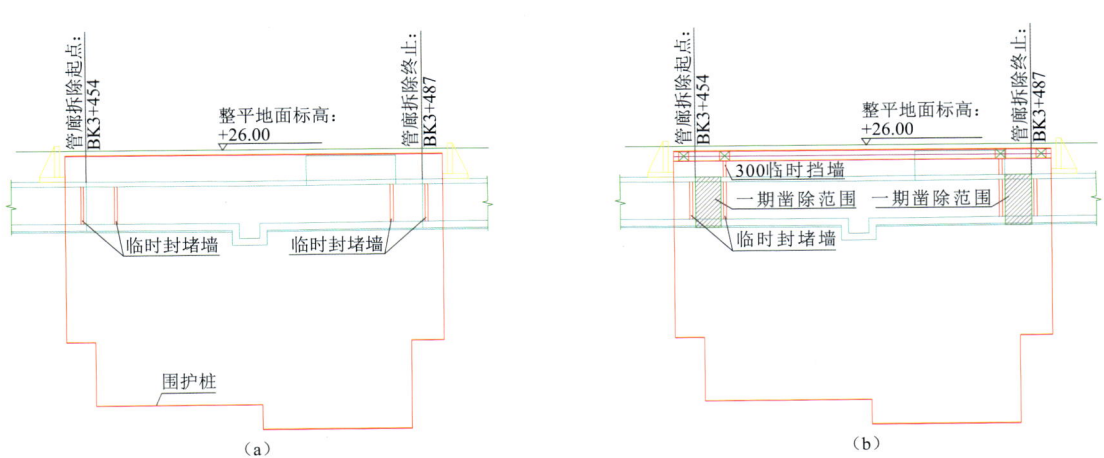

图 11-30 匝道 13 施工步序图（一）

(3) 步序三[图 11-31(a)]。施工Ⅳ、Ⅴ号围护桩及围护桩外 CSM 止水帷幕。施工抗拔桩钢套筒。破除抗拔桩钢套筒范围武九线综合管廊结构、施工抗拔桩。

(4) 步序四[图 11-31(b)]。开挖基坑至第一道支撑中心线下 0.5m。凿除武九线综合管廊与第一道支撑冲突部分，切割钢套筒至第一道支撑底，施工第一道支撑。

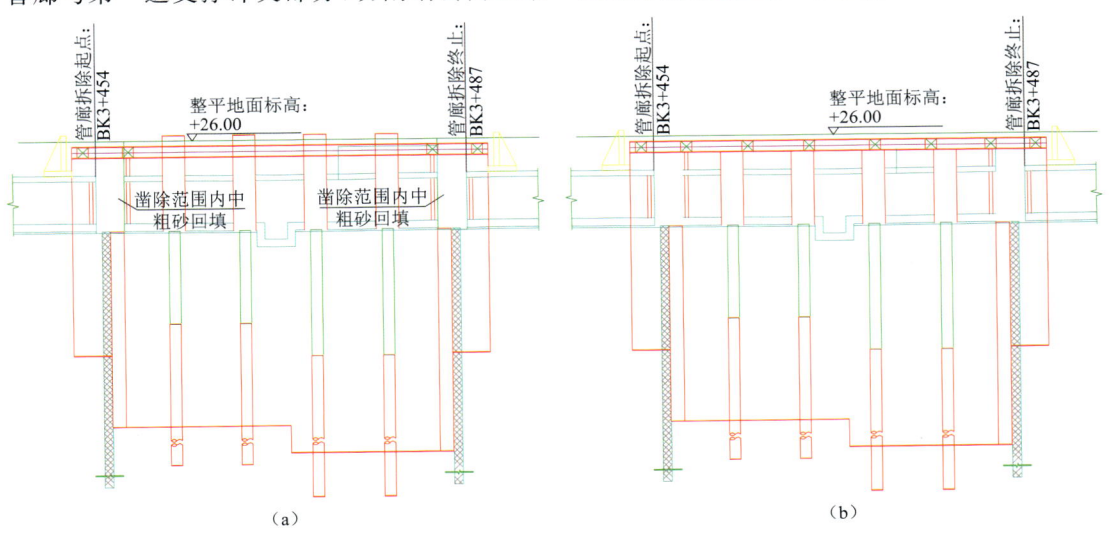

图 11-31 匝道 13 施工步序图（二）

(5) 步序五[图 11-32(a)]。开挖基坑至武九线综合管廊结构顶板，去除钢套筒，拆除 300 临时挡墙。破除二期凿除范围武九线综合管廊结构，至第二道支撑中心线下 0.5m，施工第二道支撑。

(6) 步序六[图 11-32(b)]。破除武九线综合管廊内部结构至第三道支撑中心线下 0.5m，施工第三道支撑。开挖基坑至第四道支撑中心线下 0.5m，施工第四道支撑。

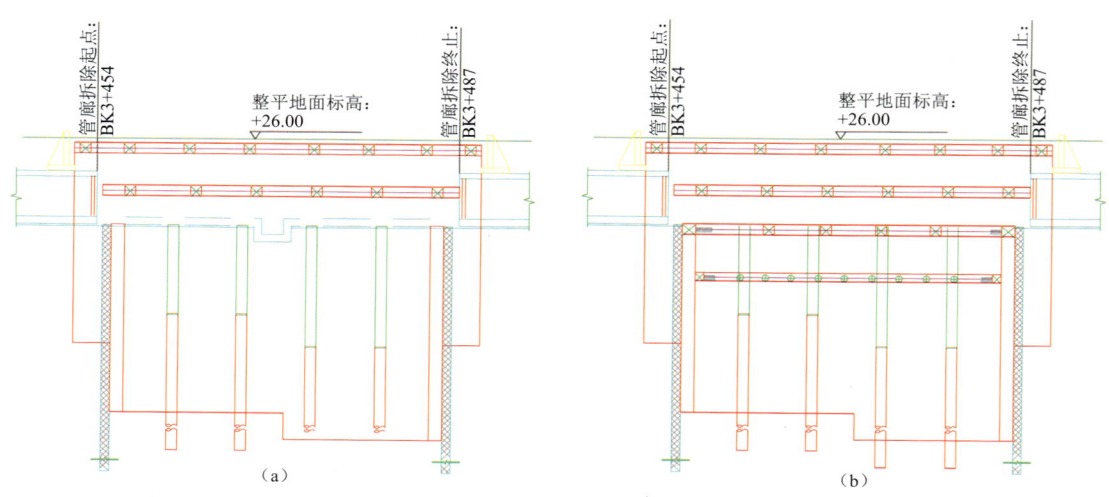

图11-32 匝道13施工步序图(三)

(7)步序七[图11-33(a)]。开挖至基底。施作主体结构垫层、底板、侧墙及防水等,待底板达到设计强度的100%后,拆除第四道支撑。

(8)步序八[图11-33(b)]。施工主体侧墙及防水至第三道支撑底,待侧墙达到设计强度的100%后,拆除第三道支撑。施作主体结构中板、侧墙及防水。

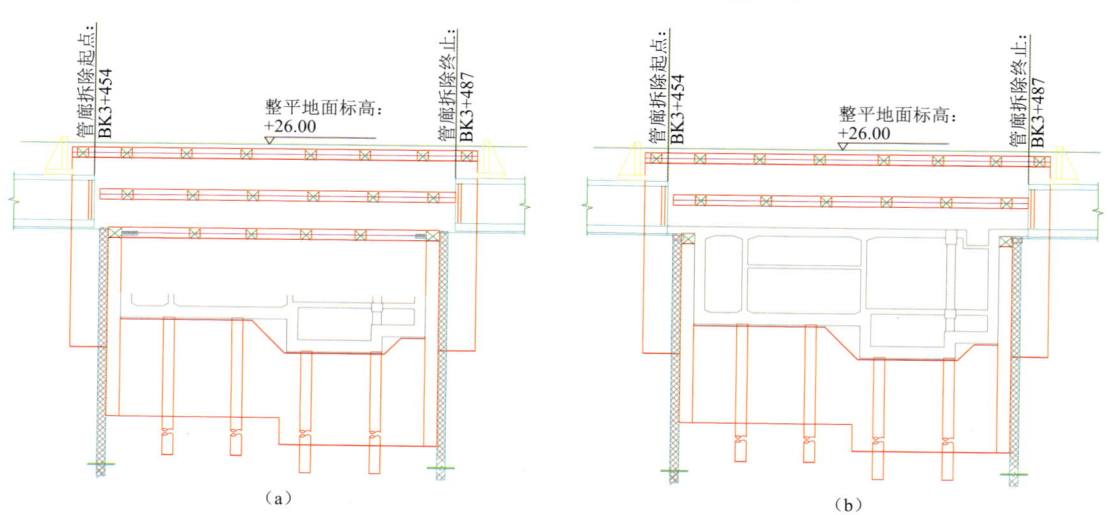

图11-33 匝道13施工步序图(四)

(9)步序九[图11-34(a)]。施工主体侧墙及防水至第二道支撑底,拆除第二道支撑。继续施工主体结构顶板及防水,并拆除管廊内部封堵墙。

(10)步序十[图11-34(b)]。待顶板达到设计强度的100%后,回填顶板覆土至第一道支撑底,拆除第一道支撑。凿除冠梁、扶壁式挡土墙、挡土墙,并继续回填土至回填地面标高。凿除截水沟,施作内部结构。

第十一章 城市地下工程施工对综合管廊结构影响案例研究

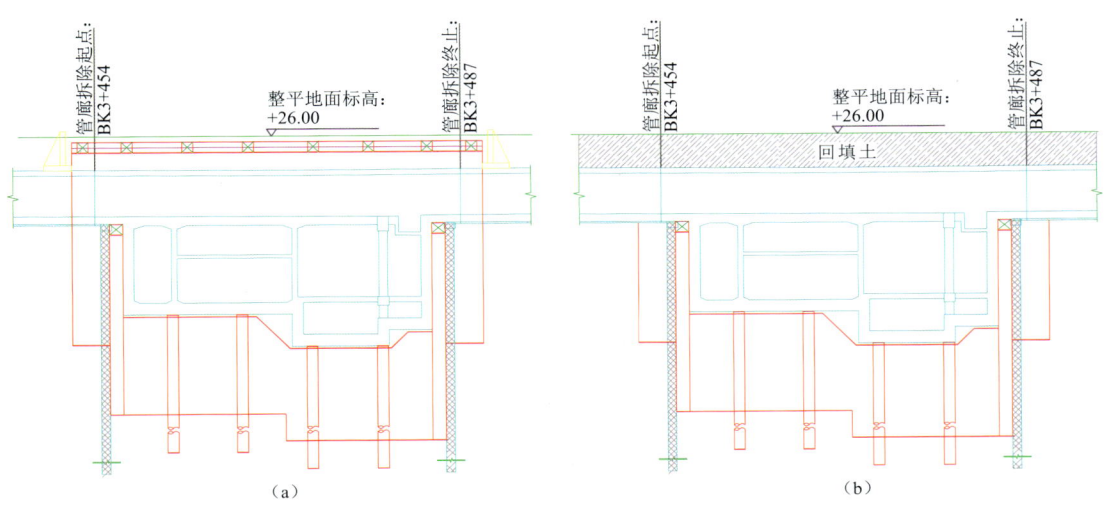

图 11-34 匝道 13 施工步序图（五）

地下环路匝道 13 下穿武九线综合管廊段与留存部分管廊接口处施作施工缝，钢筋材料植筋连接，节点下方设置抗拔桩，节点部分与既有留存管廊、地下环路其他区段间设置变形缝。新建节点结构平剖面如图 11-35、图 11-36 所示。

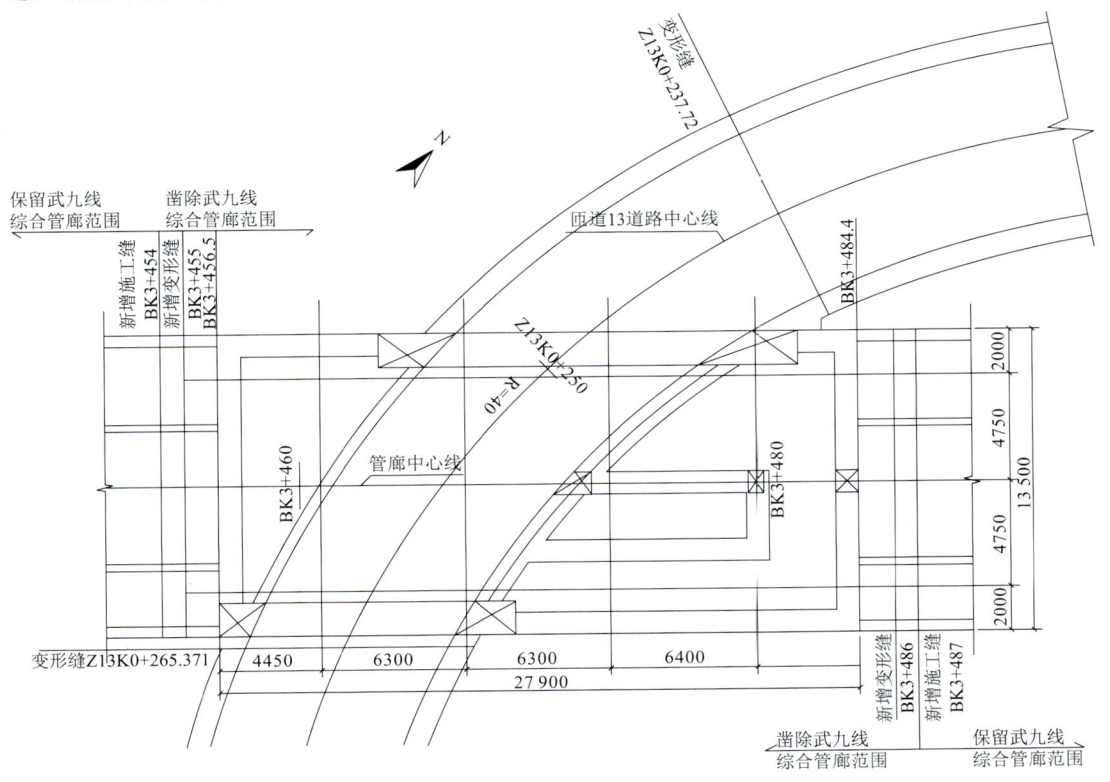

图 11-35 武昌滨江核心区地下空间环路二期工程匝道 13 新建节点结构平面图

275

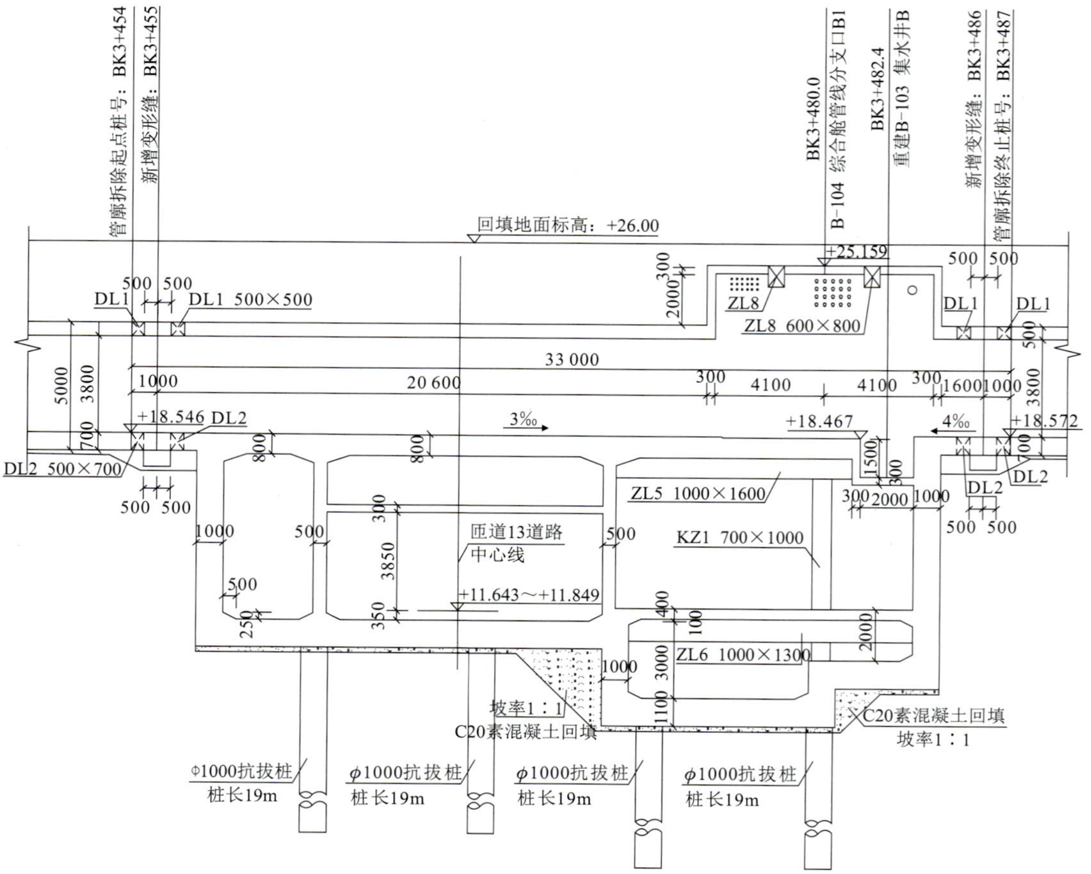

图 11-36　武昌滨江核心区地下空间环路二期工程匝道 13 新建节点结构剖面图

　　下穿武九线综合管廊段与留存部分管廊接口处施作施工缝,钢筋材料植筋连接,节点下方设置抗拔桩,节点部分与既有留存管廊、地下环路其他区段间设置变形缝。

　　既有综合管廊与新建节点间施工缝处采用遇水膨胀橡胶止水条及预埋注浆管止水,接触面涂抹水泥基渗透结晶防水材料,结构外侧贴防水板,新老防水板搭接长度不小于 1m。具体大样如图 11-37 所示。

　　综合管廊新建变形缝处顶板采用中埋钢边橡胶止水带+中密度聚乙烯板+密封胶嵌缝止水,底板采用中埋钢边橡胶止水带+中密度聚乙烯板+密封胶嵌缝+外贴式止水带止水。具体大样如图 11-38 所示。

四、地下空间环路匝道施工对管廊结构影响的有限元分析

　　根据基坑与邻近武九线综合管廊结构的相互关系、基坑工程支护结构设计及施工特点,建立有限元数值计算模型,模拟分析基坑施工对邻近武九线综合管廊结构的影响。

第十一章　城市地下工程施工对综合管廊结构影响案例研究

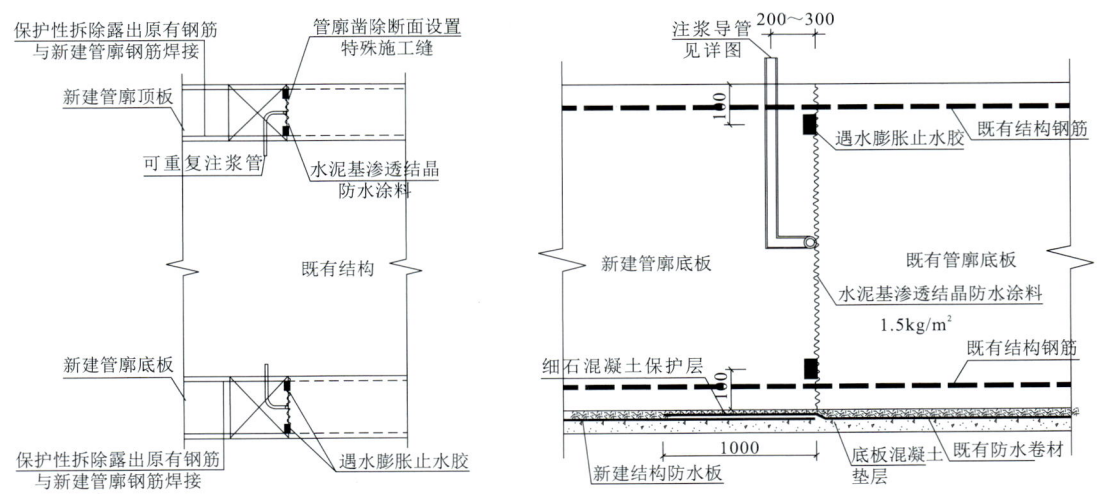

图 11-37　武昌滨江核心区地下空间环路二期工程既有留存管廊与新建节点施工缝防水大样图

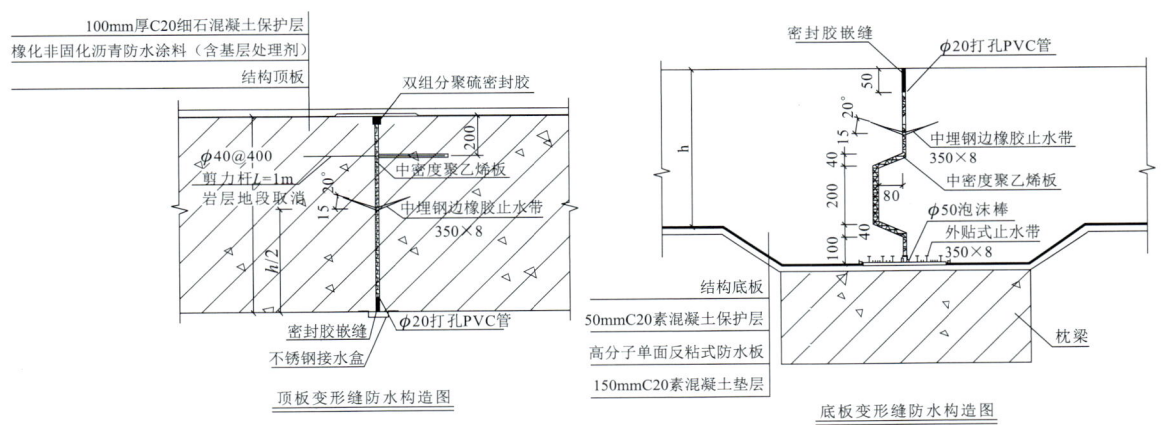

图 11-38　武昌滨江核心区地下空间环路二期工程新建变形缝防水大样图

（一）模型的构建

根据拟挖基坑与紧邻武九线综合管廊的空间关系，结合基坑设计方案、施工开挖方案等资料，建立整体模型，详见图 11-39～图 11-44。

模型计算范围的控制原则：边界条件不应过大地影响关键部位的计算结果，根据以往研究经验，基坑数值计算时，模型外扩范围宜不小于 3 倍基坑深度。模型中包含了既有管廊和拟开挖基坑，环路匝道 1 与武九线综合管廊合建的模型尺寸为 150m×80m×60m，环路匝道 13 与武九线综合管廊合建的模型尺寸为 150m×100m×60m。

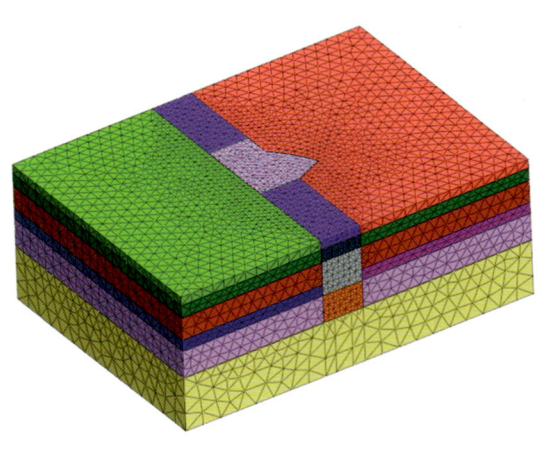

图 11-39 武昌滨江核心区地下空间环路二期工程匝道 13 与武九线综合管廊合建整体计算模型图

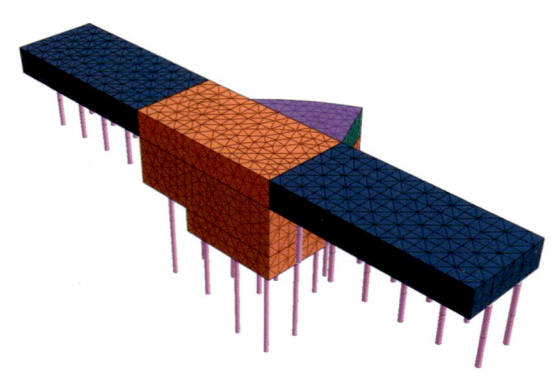

图 11-40 武昌滨江核心区地下空间环路二期工程匝道 13 结构与综合管廊相互关系模型图

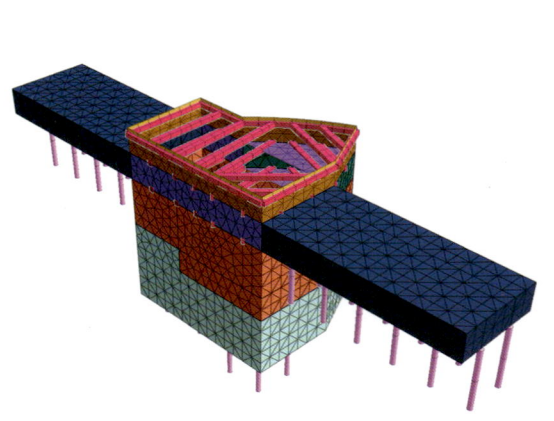

图 11-41 武昌滨江核心区地下空间环路二期工程匝道 13 开挖基坑与既有综合管廊关系模型图

图 11-42 武昌滨江核心区地下空间环路二期工程匝道 1 与武九线综合管廊合建整体计算模型图

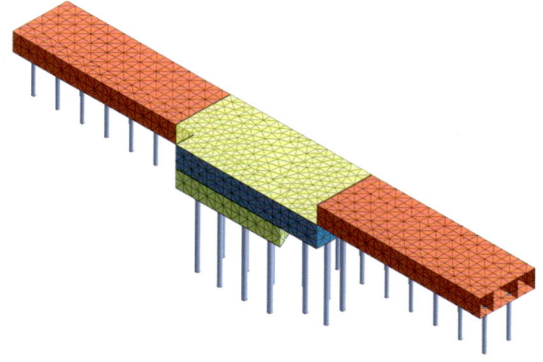

图 11-43 武昌滨江核心区地下空间环路二期工程拟建匝道 1 结构与综合管廊相互关系模型图

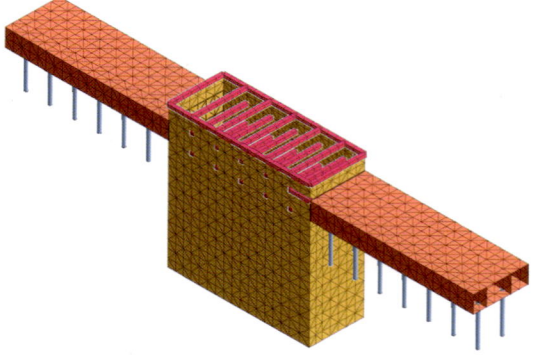

图 11-44 武昌滨江核心区地下空间环路二期工程拟建匝道 1 基坑与综合管廊相互关系模型图

关于地下水,上层滞水处理方式为坡顶和坡底设置排水沟及集水井,通过排水沟汇集集水井抽排。承压水处理方式为周边采用悬挂式三轴搅拌桩止水帷幕+坑内中深井降水等处理措施进行控制。①填土层渗透系数 1m/d,②黏土层渗透系数为 0.003m/d,④粉质黏土、砂土互层土渗透系数为 1m/d,⑤-1、⑤-2、⑤-3 砂层渗透系数为 16.5m/d。降水分析假定止水帷幕止水效果良好,采用渗流耦合模拟基坑降水。

(二)计算条件和模拟步序

1. 计算参数

模型中,钻孔灌注桩桩身混凝土等级为 C35,冠梁混凝土等级为 C35,回填用 C20 混凝土,排桩、搅拌桩、喷混采用梁单元进行模拟,结构单元采用弹性本构模型、各岩土层土体采用修正莫尔-库仑模型进行模拟。根据等刚度替换原则,得到 $\phi 1200@1400$ 钻孔灌注桩模拟的地下连续墙厚度 0.95m,$\phi 800@1100$ 钻孔灌注桩模拟的地下连续墙厚度 0.6m。各岩土层主要物理力学参数、结构物理力学参数分别见表 11-8、表 11-9。

表 11-8　武昌滨江核心区地下空间环路二期工程各岩土层主要物理力学参数表

岩土层名称	天然容重/(kN·m^{-3})	c/kPa	φ/(°)	E_{oed}^{ref}/kPa	E_{50}^{ref}/kPa	E_{ur}^{ref}/kPa
①-1 杂填土	17.8	8	18	5000	5000	15 000
③淤泥质粉质黏土	17.3	12	5	4000	4000	12 000
④-1 粉质黏土夹粉土	18.4	19	11	5000	5000	15 000
④-2 粉质黏土粉土粉砂互层	18.5	11	20	6000	6000	18 000
⑤-1 粉细砂	19	0	33	19 000	19 000	57 000
⑤-2 粉细砂	19.3	0	32	24 000	24 000	72 000
⑦b-1 强风化细砂岩	23	0	45	46 000	46 000	132 000
⑦b-2 中风化细砂岩	24	0	50	100 000	100 000	300 000
基底加固	24	60	0	80 000	80 000	—

表 11-9　武昌滨江核心区地下空间环路二期工程各结构物理力学参数表

结构名称	类型	尺寸 d/m	容重/(kN·m^{-3})	E/GPa	泊松比
灌注桩	梁	1.0	25	32.5	0.2
喷混	梁	0.1	20	20	0.2
既有管廊	顶板	0.5	25	34.5	0.2
	底板	0.6	25	34.5	0.2
	侧墙	0.4	25	34.5	0.2
环路结构	顶板	厚 0.5m	25	31.5	0.2
	中板	厚 0.8m	25	31.5	0.2
	底板	厚 1.1m	25	31.5	0.2
	侧墙	厚 1.1m	25	31.5	0.2

本计算模型将围护桩通过等刚度原则替换为地下连续墙,以模拟其在基坑开挖过程中的作用,该方法是基坑计算中一种常见的等效替换方法。

拟建基坑围护结构工法桩等效为地下连续墙进行模拟,其每延米桩截面抗弯刚度可以根据以下公式计算得到:

$$E_{墙} \cdot \frac{1}{12}(D+t)h^3 = E_{桩} \cdot \frac{1}{64}\pi D^4$$

式中:$E_{墙}$ 为等效地下连续墙的弹性模量;$E_{桩}$ 为边桩钻孔灌注桩的弹性模量;D 为钻孔灌注桩的直径;t 为钻孔灌注桩的净距;h 为等效地下连续墙的厚度。

2. 边界条件

三维整体模型的边界条件:模型底部约束 z 方向位移,模型前后两面约束 y 方向位移,模型左右两面约束 x 方向位移。

3. 分析工况

本次主要分析拟开挖基坑施工对管廊结构的影响以及基坑支护结构的变形,考虑基坑开挖引起的增量位移,故对既有管廊结构施工引起的位移和初始应力场引起的位移进行清零。考虑基坑承压水与长江水力联系紧密,基坑在枯水期施工,运营阶段水位较高,按长江水头高度为 27.6m 考虑,基坑场平标高为 25m,管廊底板附加 26kPa 均布荷载模拟水浮力作用。模拟根据不同断面分成如下施工工序,具体如表 11-10 所示。

表 11-10　武昌滨江核心区地下空间环路二期工程模拟施工工序表

序号	施工工序	描述
0	初始应力	还原初始地应力
1	管廊施作	还原管廊施作后地应力
2	位移清零	位移清零
3	施工挡土墙、武九线综合管廊内部临时封堵	激活挡土墙,封堵管廊
4	施工止水帷幕+围护结构+坑内降水	施工止水帷幕,激活围护结构,渗流耦合降水
5	开挖至第一道支撑底+第一道支撑施工	激活第一道支撑
6	开挖武九线综合管廊顶板上方土体	钝化开挖部分土体
7	开挖第二层基坑+施工第二道支撑	破除管廊结构、钝化开挖部分土体
8	开挖剩余土体+施工第三、四道支撑	钝化开挖部分土体
9	施作泵房及底板结构+拆除第三、四道支撑	激活结构单元+钝化第三、四道支撑
10	施作主体中板+拆除第二道支撑	激活结构单元+钝化第二道支撑
11	施作主体顶板+拆除第一道支撑	激活结构单元+钝化第一道支撑
12	覆土回填+地下水回升	回填覆土+渗流耦合分析
13	运营期高水位	激活底板附加水浮力

(三)计算结果分析

1. 匝道 1 与武九线综合管廊合建节点计算结果分析

1)整体位移计算结果分析

本工程基坑开挖为临时性基坑工程,根据《湖北省基坑工程技术规程》(DB42/T 159—2012),本工程基坑重要性等级为一级,地面最大沉降不大于 $0.15\%H$,即不大于 22.5mm,位移限制不大于 30mm。基坑开挖后,整体模型的水平、竖向和总体位移如图 11-45 所示。计算结果表明,匝道 1 基坑开挖完毕后,整体模型最大水平位移 20.17mm,地表沉降 4.93mm,坑底隆起 5.52mm,总体位移 21.19mm。计算值均位于规范限制范围内,满足安全要求。

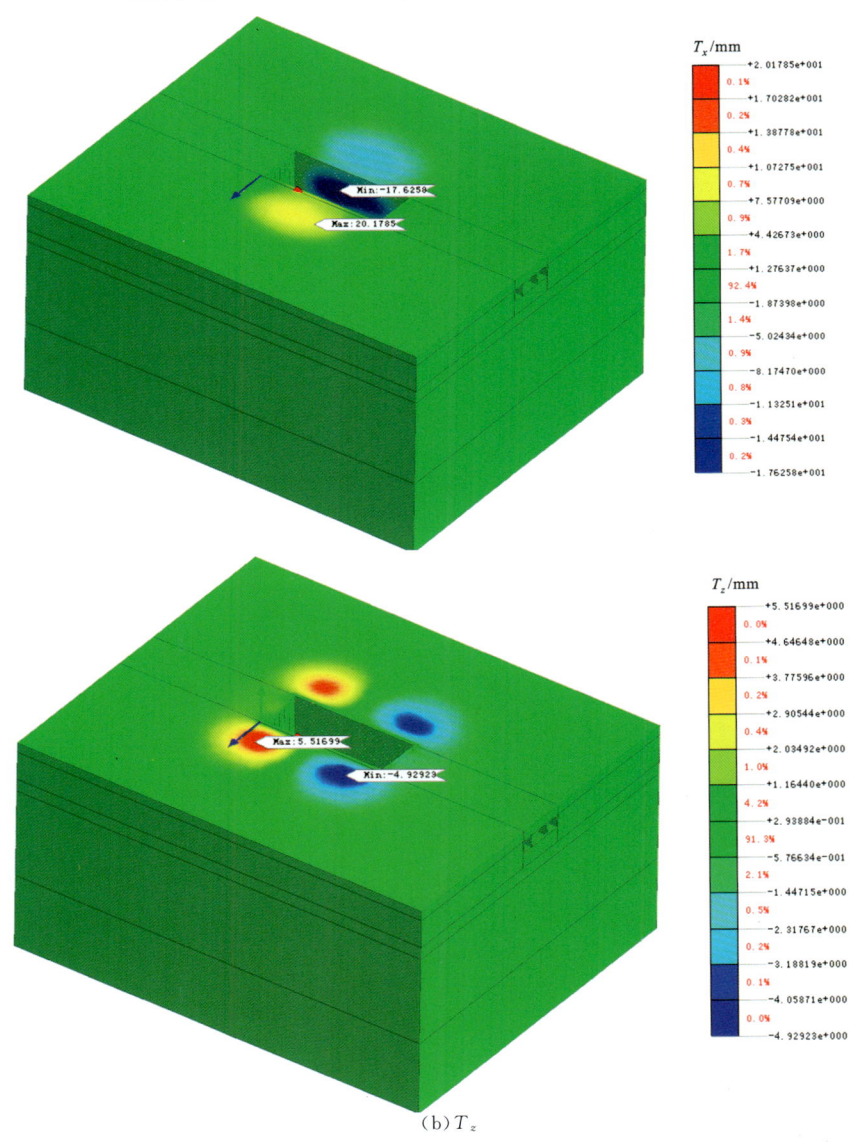

(b)T_z

图 11-45 武昌滨江核心区地下空间环路二期工程匝道 1 开挖后匝道 1 与武九线综合管廊合建节点位移计算结果图

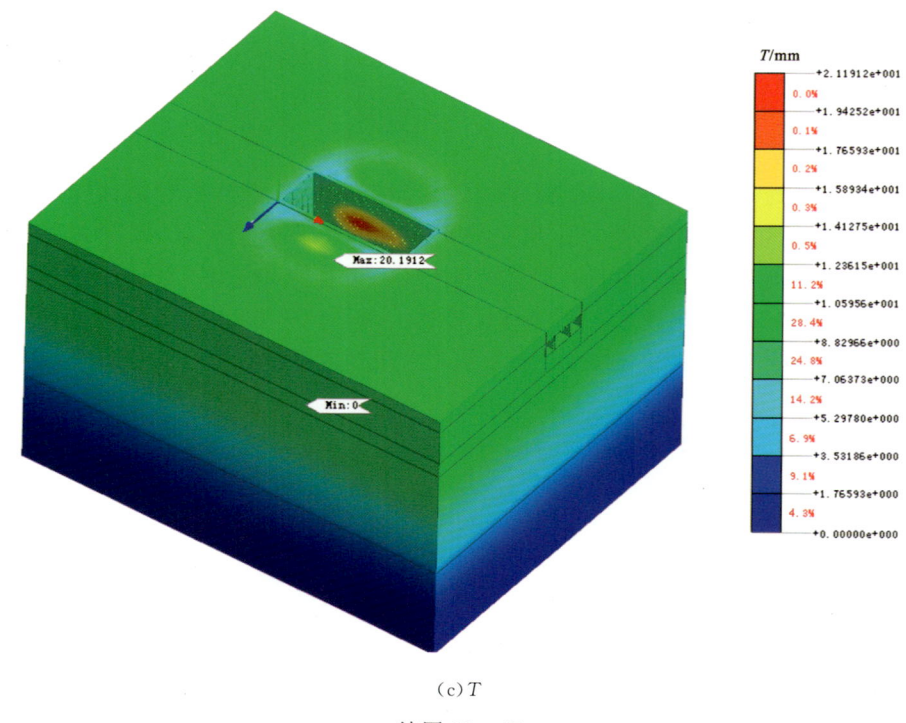

(c) T

续图 11-45

2)基坑支护结构计算结果分析

本基坑的重要性等级为一级,根据湖北省地方标准《基坑工程技术规程》(DB42/T 159—2012)的相关规定,基坑支护工程邻近管廊侧水平位移限值(控制值)为 30mm。由计算结果可知,邻近管廊侧基坑支护结构水平方向最大位移值为 20.2mm(图 11-46、图 11-47),该值小于水平位移控制值(30mm),满足规范要求。

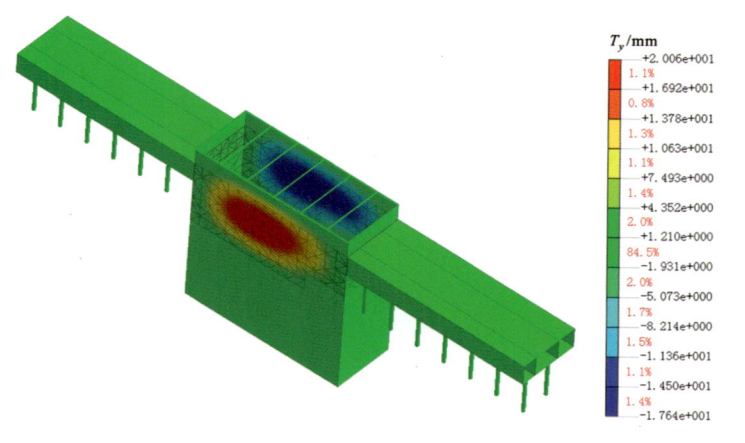

图 11-46 武昌滨江核心区地下空间环路二期工程开挖至泵房底邻近管廊侧基坑支护水平位移计算结果图

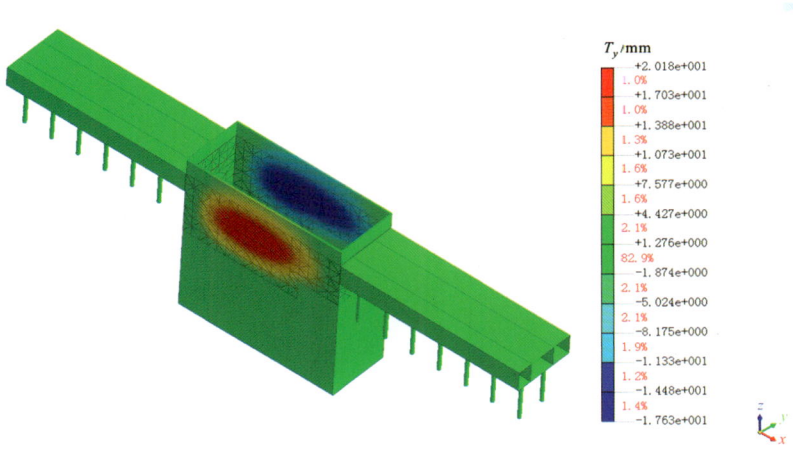

图 11-47　武昌滨江核心区地下空间环路二期工程停止降水水位回升后邻近管廊侧基坑支护水平位移计算结果图

3）管廊及新建结构位移结果分析

开挖至泵房底及停止降水水位回升后管廊及新建结构竖向、水平向位移结果分析如图 11-48～图 11-51 所示，各施工工序下结果统计见表 11-11、图 11-52。

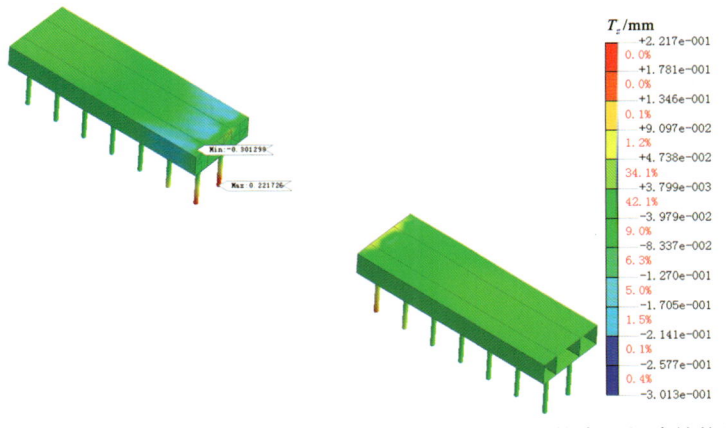

图 11-48　武昌滨江核心区地下空间环路二期工程开挖至泵房底管廊及新建结构竖向位移计算结果图

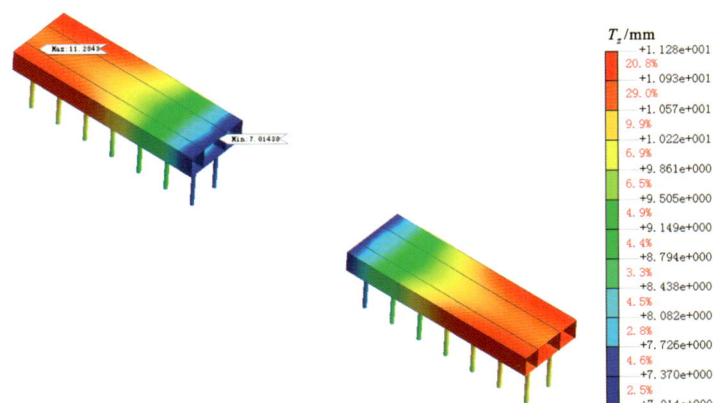

图 11-49　武昌滨江核心区地下空间环路二期工程停止降水水位回升后管廊及新建结构竖向位移计算结果图

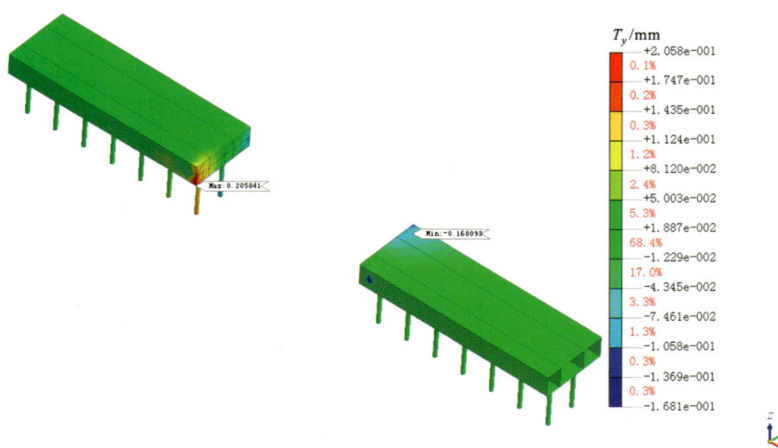

图 11-50　武昌滨江核心区地下空间环路二期工程开挖至泵房底管廊及新建结构水平向位移计算结果图

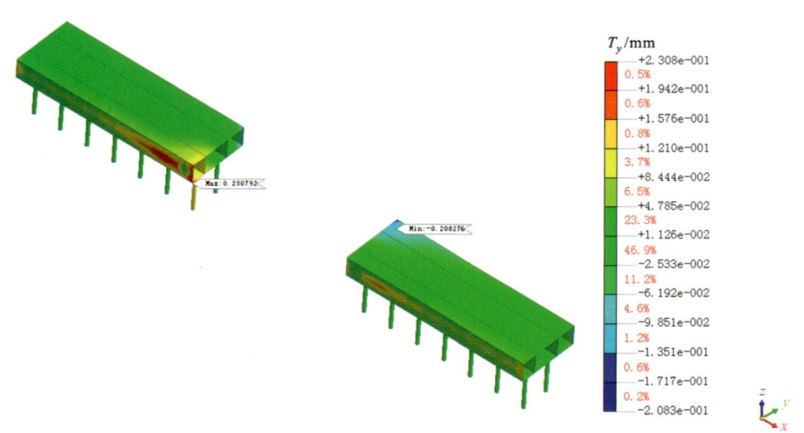

图 11-51　武昌滨江核心区地下空间环路二期工程停止降水水位回升后管廊及新建结构水平向位移计算结果图

表 11-11　武昌滨江核心区地下空间环路二期工程各施工工序下管廊位移计算结果统计表　　单位：mm

施工工序	竖向位移	水平位移
开挖管廊上部土体	0.43	0.34
开挖至管廊底	0.21	0.06
开挖至基坑底	0.51	0.14
开挖泵房	0.22	0.20
回填至地面	−1.03	0.21
运营阶段（最高水位）	7.01	0.23

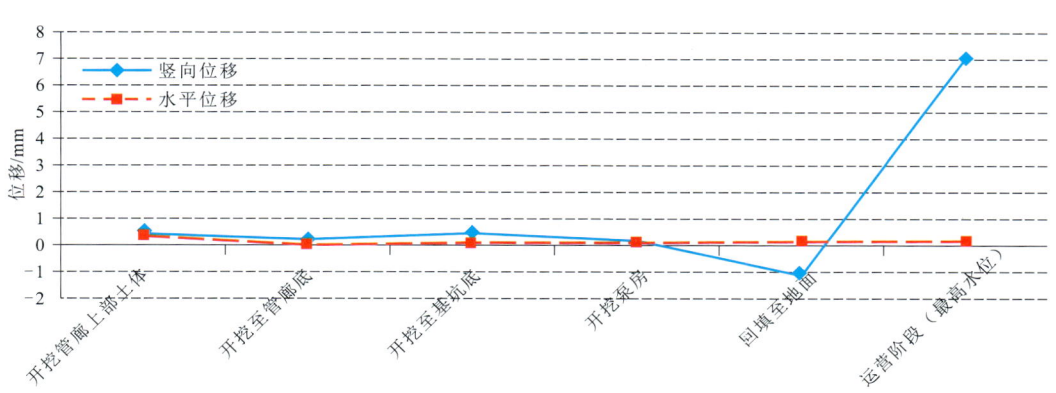

图 11-52　武昌滨江核心区地下空间环路二期工程武九线综合管廊位移计算结果统计结果图

以上基坑开挖对整体模型的位移结果表明，随着基坑开挖、应力释放，土层应力场改变，带动紧邻既有地下结构位移。计算结果显示，基坑开挖到设计标高时对管廊结构的影响最大，最大位移出现在靠近基坑处，管廊最大水平位移值为 0.34mm，运营阶段，长江水位上升至最高时管廊产生最大竖向位移为 7.01mm。

根据数值模拟计算结果，基坑开挖对管廊结构各方向变形影响均在管廊结构安全控制标准（20mm）的范围内。

4）管廊结构、新建结构不均匀沉降计算结果分析

根据有限元计算结果，开挖管廊上部土体卸载，需拆除部分管廊，由于卸载产生上浮，最大不均匀沉降差值为 8.9mm，施工完结构后回填管廊上部土体不均匀沉降差值为 2.36mm，运营阶段由于长江水位上升，留存部分管廊产生 7.2mm 上浮，产生不均匀沉降差值为 2.7mm（图 11-53、图 11-54）。

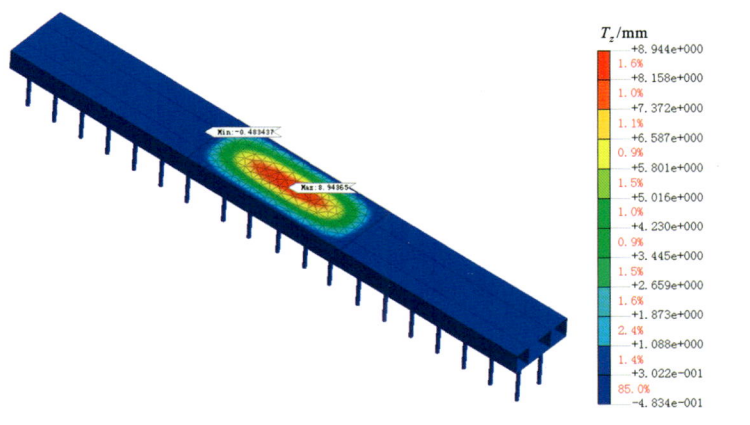

图 11-53　武昌滨江核心区地下空间环路二期工程开挖管廊上部土体管廊结构位移计算结果图

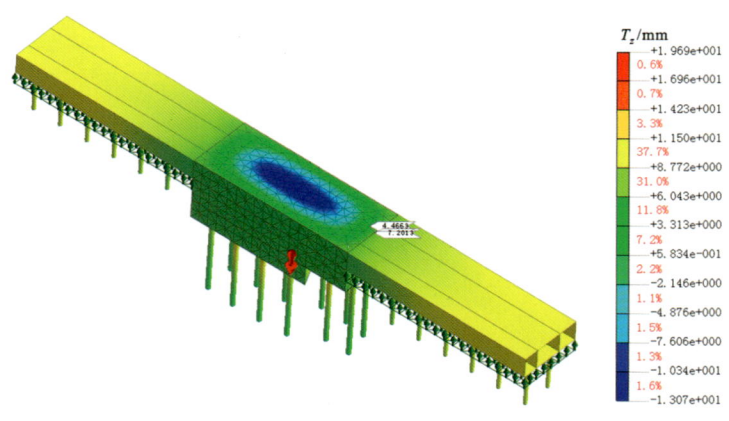

图 11-54　武昌滨江核心区地下空间环路二期工程运营阶段管廊结构及新建结构位移计算结果图

5) 管廊结构内力计算结果分析

施工阶段既有管廊结构内力计算结果如图 11-55 所示。

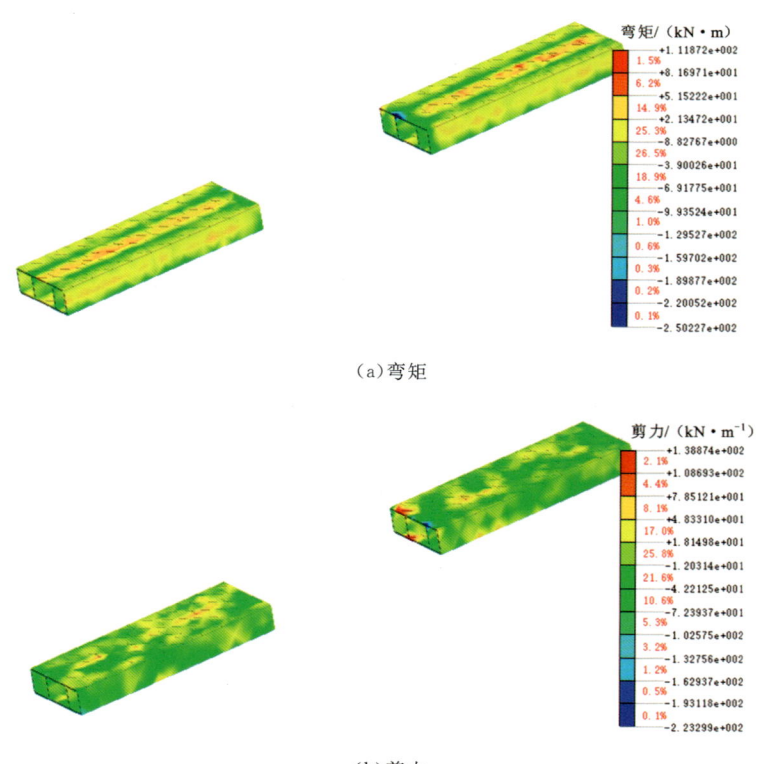

(a) 弯矩

(b) 剪力

图 11-55　武昌滨江核心区地下空间环路二期工程施工阶段既有管廊结构受力计算结果图

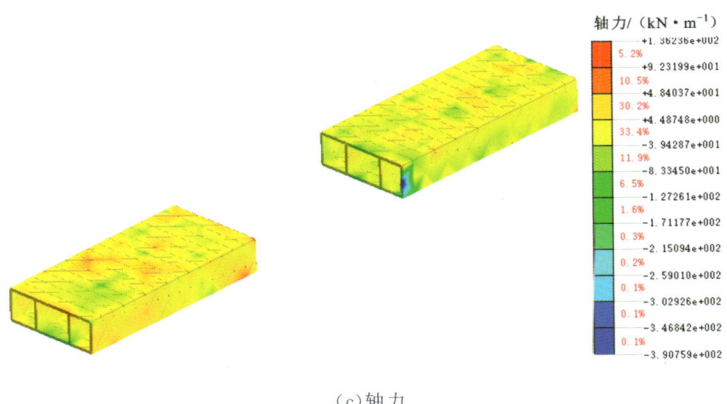

(c)轴力

续图 11-55

根据有限元计算结果,初始阶段及拟建工程施工阶段引起的管廊结构最大弯矩为 250kN·m,最大剪力为 233kN,小于管廊(配筋 E22@200mm)可承受的理论弯矩和剪力,表明管廊配筋满足受力要求。

2. 匝道 13 与武九线综合管廊合建节点计算结果分析

1)整体位移计算结果分析

根据《湖北省基坑工程技术规程》(DB42/T 159—2012),本工程基坑重要性等级为一级,地面最大沉降不大于 $0.15\%H$,即不大于 25.5mm,位移限制不大于 30mm。基坑开挖后,整体模型的水平、竖向和总体位移如图 11-56～图 11-58 所示。计算结果表明,匝道 13 基坑开挖完毕后,整体模型最大水平位移 21.43mm,地表沉降 11.17mm,坑底隆起 14.04mm,总体位移 21.51mm。计算值均位于规范限制范围内,满足安全要求。

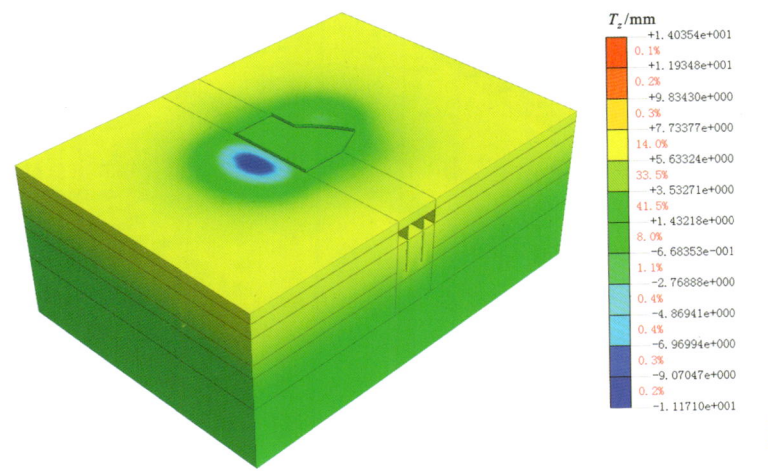

图 11-56 武昌滨江核心区地下空间环路二期工程匝道 13 与武九线管廊合建节点整体竖向位移计算结果图

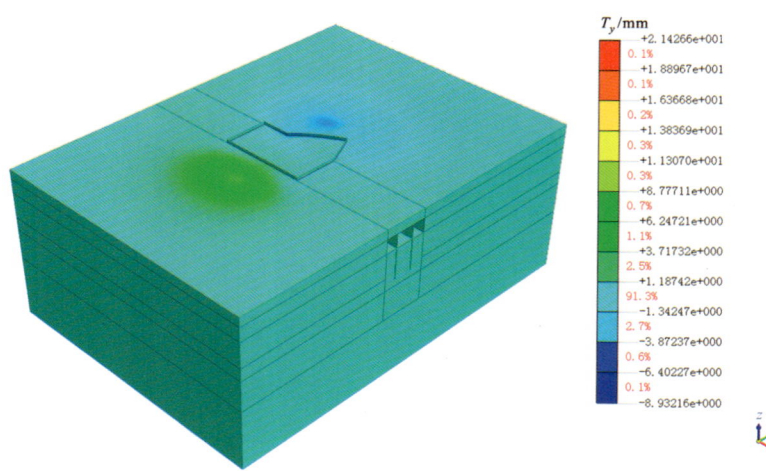

图 11-57　武昌滨江核心区地下空间环路二期工程匝道 13 与武九线管廊合建节点整体横向位移计算结果图

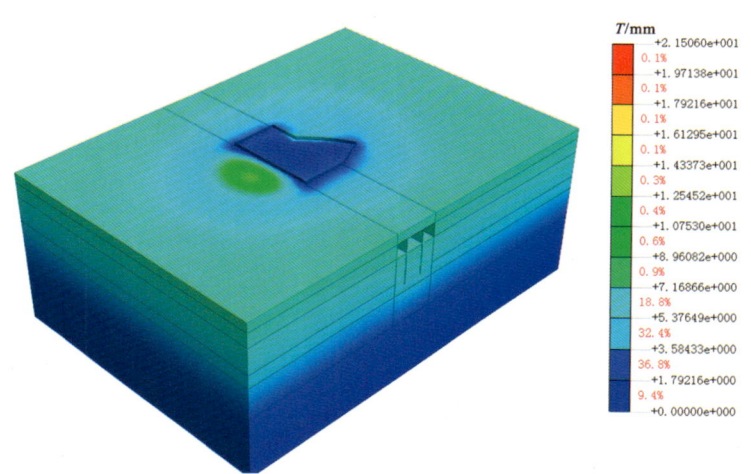

图 11-58　武昌滨江核心区地下空间环路二期工程匝道 13 与武九线管廊合建节点总位移计算结果图

2)基坑支护结构计算结果分析

本基坑的重要性等级为一级,根据湖北省地方标准《基坑工程技术规程》(DB42/T 159—2012)的相关规定,基坑支护工程邻近管廊侧水平位移限值(控制值)为 30mm。由计算结果可知,邻近管廊侧基坑支护结构水平方向最大位移值为 21.5mm(图 11-59、图 11-60),该值小于水平位移控制值(30mm),满足规范要求。

第十一章 城市地下工程施工对综合管廊结构影响案例研究

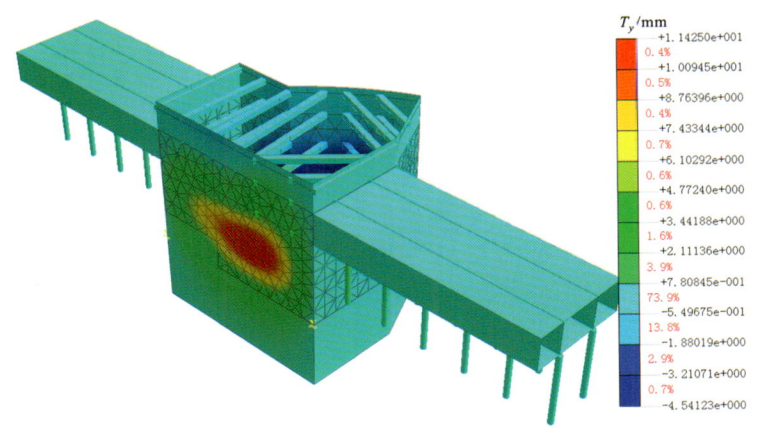

图 11-59 武昌滨江核心区地下空间环路二期工程开挖至泵房底邻近管廊侧基坑支护水平位移计算结果图

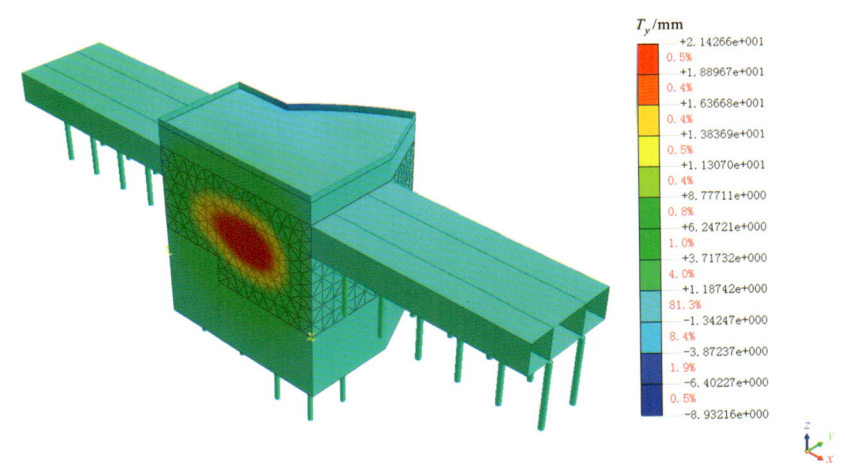

图 11-60 武昌滨江核心区地下空间环路二期工程停止降水水位回升后邻近管廊侧基坑支护水平位移计算结果图

3）管廊及新建结构位移结果分析

开挖至泵房底及停止降水水位回升后管廊及新建结构竖向、水平向位移分析结果见图 11-61～图 11-64。

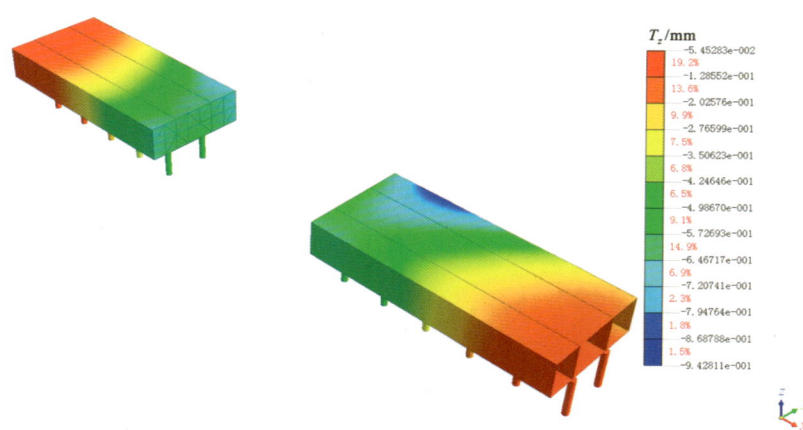

图 11-61 武昌滨江核心区地下空间环路二期工程开挖至泵房底管廊及新建结构竖向位移计算结果图

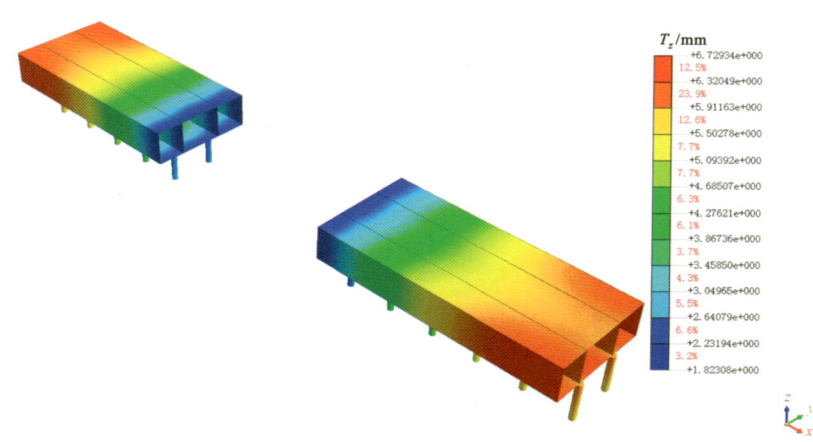

图 11-62 武昌滨江核心区地下空间环路二期工程停止降水水位回升后管廊及新建结构竖向位移计算结果图

图 11-63 武昌滨江核心区地下空间环路二期工程开挖至泵房底管廊及新建结构水平向位移计算结果图

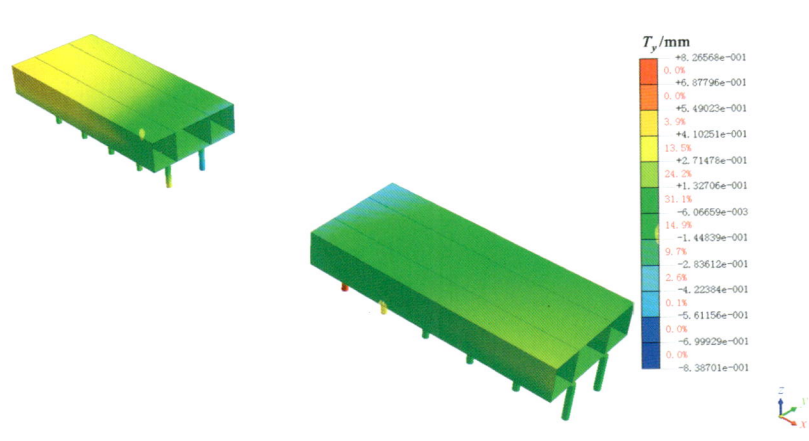

图 11-64　武昌滨江核心区地下空间环路二期工程停止降水水位回升后管廊及新建结构水平向位移计算结果图

各施工工序下管廊位移计算结果统计见表 11-12、图 11-65。

表 11-12　武昌滨江核心区地下空间环路二期工程各施工工序下管廊位移计算结果统计表　单位：mm

施工工序	竖向位移	水平位移
开挖管廊上部土体	0.98	0.25
开挖至管廊底	0.66	0.1
开挖至基坑底	0.74	0.43
开挖泵房	0.94	0.66
回填至地面	1.36	0.69
运营阶段（最高水位）	6.73	0.84

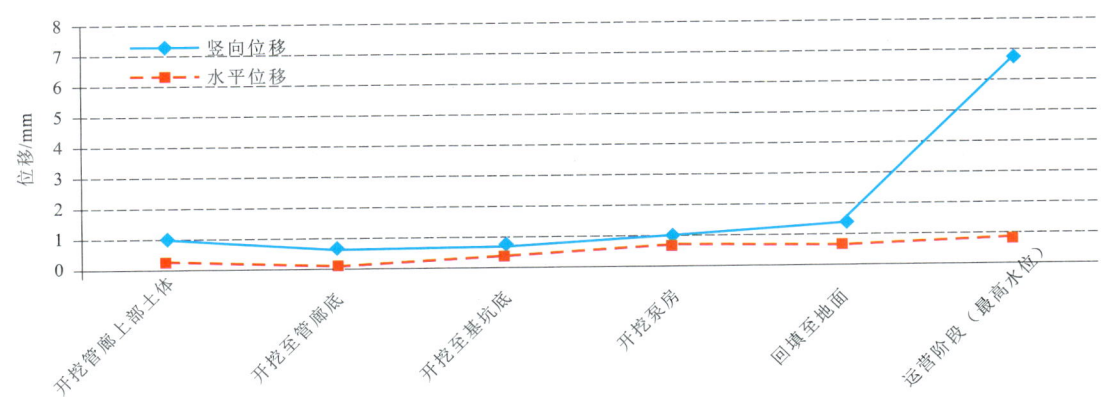

图 11-65　武昌滨江核心区地下空间环路二期工程各施工工序下管廊位移计算结果统计图

以上基坑开挖对整体模型的位移结果表明,随着基坑开挖、应力释放,土层应力场改变,带动紧邻既有地下结构位移。计算结果显示,基坑开挖到设计标高时对管廊结构的影响最大,最大位移出现在靠近基坑处,管廊最大水平位移值为 0.84mm,运营阶段,长江水位上升至最高时管廊产生最大竖向位移为 6.73mm。

根据数值模拟计算结果,基坑开挖对管廊结构各方向变形影响均在管廊结构安全控制标准(20mm)的范围内。

4)管廊及新建结构不均匀沉降计算结果分析

根据有限元计算结果,开挖管廊上部土体卸载,需拆除部分管廊,由于卸载产生上浮,最大不均匀沉降差值为 0.98mm,施工完结构后回填管廊上部土体不均匀沉降差值为 1.0mm,运营阶段由于长江水位上升,留存部分管廊产生 3.3mm 上浮,产生不均匀沉降差值为 1.6mm(图 11-66、图 11-67)。

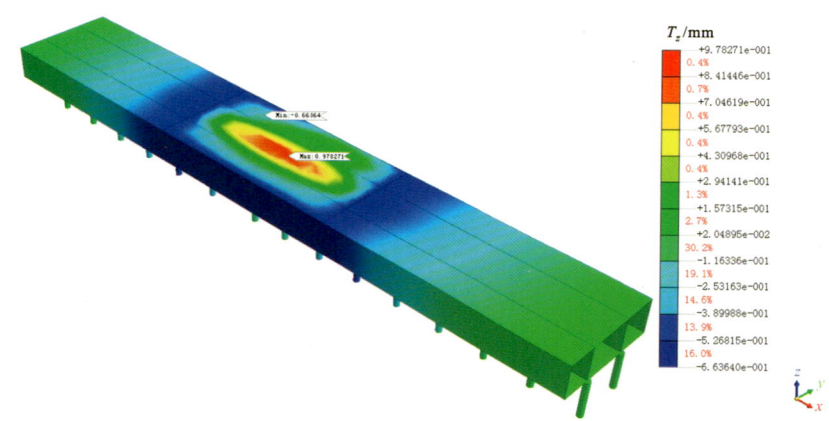

图 11-66　武昌滨江核心区地下空间环路二期工程开挖管廊上部土体管廊结构位移计算结果图

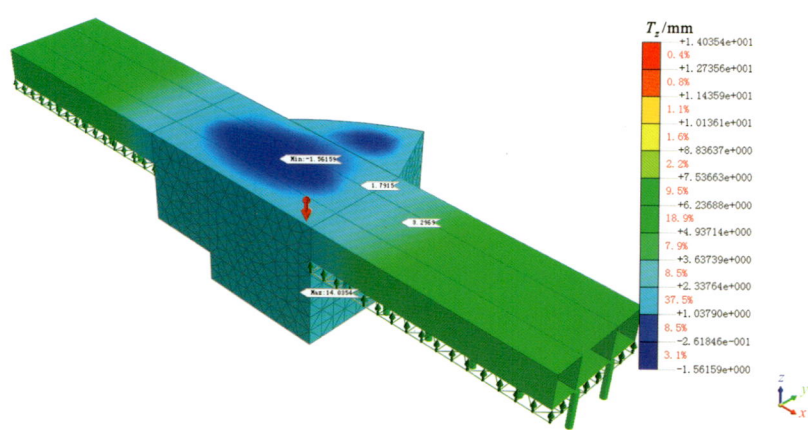

图 11-67　武昌滨江核心区地下空间环路二期工程运营阶段管廊结构及新建结构位移计算结果图

5）管廊结构内力计算结果分析

不同施工工序下管廊结构最不利内力计算结果如图 11-68 所示。

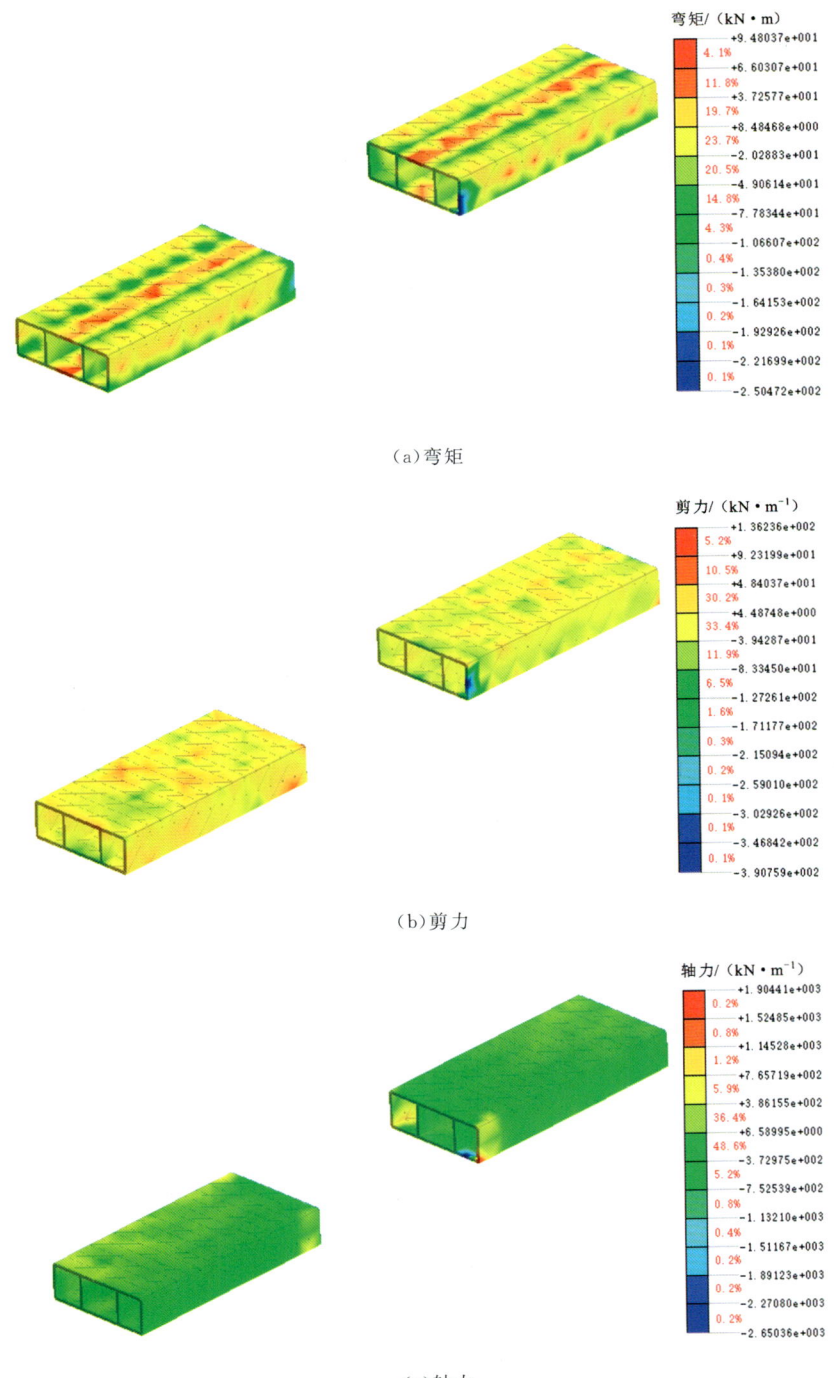

(a) 弯矩

(b) 剪力

(c) 轴力

图 11-68　武昌滨江核心区地下空间环路二期工程不同施工工序下管廊弯矩计算结果图

根据有限元计算结果,初始阶段及拟建工程施工阶段引起的管廊结构最大弯矩为250kN·m,最大剪力391kN,小于管廊(配筋 E22@200mm)可承受的理论弯矩和剪力,表明管廊配筋满足受力要求。

五、安全性评估结论

通过对场地水文地质条件、几何位置关系、拟建地下环路匝道与武九线综合管廊交叉节点基坑工程结构设计特点、施工特点等影响因素进行综合分析,结合有限元软件 Midas/GTS 的数值计算结果,对拟建工程施工引起的武九线综合管廊结构变形特性进行了分析与评估,得出以下结论:

(1)根据《城市地下综合管廊运行维护及安全技术标准》(GB 51354—2019)规定,拟建滨江地下环路匝道1与匝道13与武九线综合管廊结交叉节点基坑工程已经侵入综合管廊的安全控制区范围,拟定管廊结构变形控制标准为20mm。

(2)数值计算结果显示,匝道1、匝道13与武九线综合管廊结构交叉节点基坑工程施工引起的管廊侧基坑支护结构最大水平位移分别为20.2mm、21.5mm,而天汉软件计算结果显示基坑最大位移为22.2mm,邻近管廊侧基坑围护结构最大变形值满足湖北省地方标准《基坑工程技术规程》(DB42/T 159—2012)的控制要求,管廊侧基坑支护设计方案基本可行。

(3)拟建基坑工程采用降水设计施工,根据计算结果,降水导致武九线综合管廊位移值最大为1.36mm(邻近匝道13处),满足管廊变形控制标准,考虑承压水与长江水力联系,基坑应在枯水期施工,以减弱降水施工对武九线综合管廊的影响。

(4)根据有限元计算结果,开挖管廊上部土体卸载,需拆除部分管廊,由于卸载产生上浮,开挖管廊上部土体卸载,需拆除部分管廊,由于卸载产生上浮,匝道1、匝道13与邻近管廊侧的最大不均匀沉降差值分别为8.9mm、0.98mm,施工完结构后回填管廊上部土体不均匀沉降差值分别为2.36mm、1.0mm,运营阶段由于长江水位上升,留存部分管廊分别产生上浮7.2mm、3.3mm,产生不均匀沉降差值2.7mm、1.6mm。管廊不均匀沉降满足要求。

(5)由于地下环路后期运行过程中需通行车辆,考虑新建节点地下环路结构与管廊结构共板,且新建节点与其他区段管廊间均设置变形缝,根据以往工程经验,行车震动对管廊影响基本可控。

(6)拟建工程基坑围护结构外边线与武九线综合管廊最小水平净距较小,根据计算结果,在基坑整个施工阶段,拟建滨江地下环路匝道1与匝道13及武九线综合管廊结交叉节点基坑工程施工引起综合管廊结构的最大水平位移分别为0.34mm、0.84mm,最大竖向位移分别为1.03mm、1.36mm,均在管廊结构变形的控制标准之内。初始阶段及拟建工程施工阶段引起的管廊结构最大弯矩250kN·m,最大剪力391kN,小于管廊(配筋 E22@200mm)可承受的理论弯矩和剪力,表明管廊配筋满足受力要求。

第十二章　施工风险管控措施分析与对策

地下工程地质条件复杂、不确定因素众多、施工难度大,且存在较多不可抗力和人为风险因素,给地下工程建设本身以及邻近的既有建筑安全带来极大威胁。结合工程实践经验,通过对风险因素及工程可能产生的破坏程度进行分析,本书将风险因素归纳为地下水、近接复杂程度、近接距离、近接空间位置关系、外部基坑施工、外部隧道施工、外部基础施工、外部其他工程施工、近接设计针对性、坑底管涌或流沙、管线建筑、建(构)筑物基础等级、地质条件13个因素,不同风险因素的针对性措施如下。

一、地下水施工风险管控措施分析及对策

当地下工程坑底位于地下水位以下时,可采取以下措施:①地下工程的主要防水措施必须采用防水混凝土整体浇筑的方法,依靠地下工程的自身防护结构达到防排水的目的。②防水涂料应具有一定的防水效果,且有较为显著的隔潮性能,可以在地下结构的表面涂一层防水涂料以达到防水的目的。③在采用防水混凝土的同时,于结构外表面采用卷材防水、砂浆防水层、涂膜防水等多种方法组成两道或多道防线。④为了避免防水混凝土在腐蚀性环境中被腐蚀,可以在防护结构上涂抹聚氨醋涂膜防水材料、水乳型再生胶沥青防水涂料、焦油聚氨醋防水材料等防水材料。

当地下工程位于地下水位以上时,地下水对工程影响不大,一般防护结构采取整体浇筑的方法就可以满足防水要求,对于那些对防水要求极高的位于地下水位以上的地下工程,也可以在防护结构上涂抹防水材料,构成第二道防水防线。

二、既有建(构)筑物近接施工风险管控措施分析及对策

针对既有建(构)筑物与地下工程近接所采取的对策主要集中于施工前的设计阶段,风险评估流程如图12-1所示。

三、外部基坑工程近接施工风险管控措施分析及对策

针对外部基坑工程与地下工程近接,工程设计、安全评估、施工应考虑下列因素:
(1)基坑侧壁位移及坑底隆起。
(2)基坑土方开挖卸载和临时堆土等地面超载。

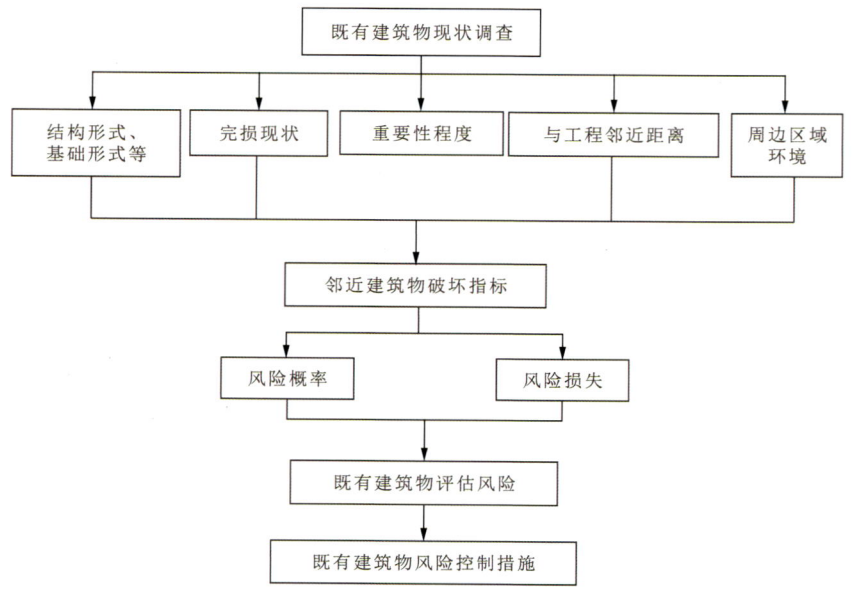

图 12-1　地下工程施工对近接既有建(构)筑物风险评估流程图

(3) 土体加固。

(4) 降排水。

(5) 永久结构的附加荷载。

(6) 支护结构选型、结构体系、施工及拆换撑。

(7) 其他不利影响。

当外部基坑工程邻近既有轨道交通结构时,可采取以下控制措施:

(1) 既有轨道交通结构控制保护区内的基坑工程宜采用刚度大且止水效果好的围护结构体系。

(2) 在基坑开挖之前,要搜集轨道交通结构常规监测数据,并对轨道交通结构的最新健康状态开展调查和分析,以便掌握其现状情况,进一步明确结构位移控制值,为明确控制保护措施和邻近基坑开挖施工提供重要依据。

(3) 既有轨道交通结构控制保护区内的基坑工程土方开挖应严格遵循分层、分段、分块开挖及先撑后挖、限时支撑、严禁超挖的原则,并及时反馈现场地质情况,进行信息化施工。当挖至基坑底设计高程时,应立即施作垫层、防水层及地下室结构,避免因基坑长时间暴露增加轨道交通结构安全风险,必要时在基坑内预留反压土,减小基坑土方开挖卸载对轨道交通结构的不利影响。

(4) 土方开挖时严格遵循自上而下分层分段进行,严格控制开挖与支撑之间的时间、空间间隔,严禁超挖;软弱地层支撑应采用钢筋混凝土支撑等加强措施;应先撑后挖,采用换撑方案时应先撑后拆;支撑不到位时严禁开挖土体;换撑、拆撑验收应严格,严禁支撑架设滞后、违规换撑、拆撑。

（5）当地层岩性以软土为主时，对于平面尺寸较大的基坑，应通过分坑措施控制单体基坑的平面尺寸，规定单体基坑的施工时间及次序。

（6）邻近既有轨道交通侧地块基坑，宜选择振动影响较小的设备，减小设备运行时对轨道交通结构振动的影响。

（7）邻近轨道交通结构侧的主体结构基础混凝土宜延伸至围护墙边，支撑拆除宜采用静力切割措施，围护结构与地下室外墙之间的空隙宜采用素混凝土回填密实。

（8）外部基坑枯水期施工，应及时抽排基坑内明水，根据地下水实际情况尽量不降水，确保基坑施工无水作业，以减弱基坑施工对轨道交通结构影响。如基坑不可避免地在丰水期施工，应控制降水量，做到按需降水。

（9）轨道交通结构周边进行围护墙、截水帷幕和地基加固等施工，应根据环境影响最小的原则，通过试成桩或试成墙确定施工设备、施工工艺及施工参数，合理选择各种桩型的施工次序，并严格控制施工速度，减小地层扰动，降低施工对既有轨道交通结构的影响。

（10）当基坑离既有轨道交通结构较近时，可采用支撑轴力自动伺服控制系统主动控制基坑围护结构变形，也可设置隔离桩，隔离桩端应进入硬土层。

（11）软土地层中，可对基坑内被动区、隧道与围护结构之间土体进行加固。当采用搅拌桩满堂加固基坑内被动区时，可适当提高空桩范围水泥掺量，对开挖范围土体进行加固。

（12）应加强外部基坑工程围护结构施工质量检测，采用声波透射法、钻芯法、低应变法等方法对围护桩、连续墙等围护结构进行完整性检测，宜采用声呐、超声波、光纤维、电位差等方法对围护结构（含止水帷幕）进行渗漏水检测。

（13）在既有轨道交通上方进行基坑工程作业时，应充分利用时空效应，采用留土反压、分块开挖，开挖时应分层、限时，开挖到底后应及时封闭底板。同时可采用地层加固限制轨道交通隧道结构上浮，加固宜采用"门式"布置。

（14）宜限制或采取有效措施控制重型机械设备、土方运输车辆行进对既有轨道交通结构的影响。基坑工程的出入口及施工道路宜远离轨道交通结构布置。

四、外部隧道工程近接施工风险管控措施分析及对策

外部隧道工程包括盾构法隧道、矿山法隧道、顶管法隧道及市政通道、开挖面积大于或等于 $3m^2$ 的管线隧道、综合管廊等。

外部隧道工程设计与施工应综合考虑施工过程土体应力状态变化、地层土体损失、工后变形等不利因素对轨道交通结构的影响，并综合考虑工程地质与水文地质条件、穿越净距、场地环境等因素选用合理的工法，优先选用施工扰动较小的盾构法、顶管法等开挖技术。

外部隧道工程穿越既有轨道交通结构时，可采取以下控制措施：

（1）对外部隧道和既有隧道结构之间的地层进行加固处理时，根据地质和施工条件，可选用旋喷桩、搅拌桩、地面袖阀管注浆、全方位高压喷射（MJS）、管幕、大管棚等加固措施，也可通过既有隧道结构衬砌内预留的注浆孔加固，加固范围宜覆盖外部穿越时在地层中引起

的松动区。

（2）对于已建成但未投入运营的既有轨道交通结构，可采取环型预加内支撑、增设纵向拉紧联系条等加强措施。

外部隧道工程采用盾构法施工时，可采用以下控制措施：

（1）盾构穿越前宜设 50～100m 长度的试验段，根据监测数据确定合理的盾构掘进参数、同步注浆配比及注浆参数，并全面检查盾构设备，重点检查刀盘刀具、盾尾密封、铰接密封、渣土改良、同步注浆系统等；在盾构机设备方面，可以选用双液浆注浆系统和保压系统等。

（2）盾构工作井宜设置于既有隧道结构控制保护区之外，当位于控制保护区之内时，应采取可靠的进出洞加固措施。

（3）盾构穿越过程应严格控制掘进参数，并根据既有隧道结构变形监测数据合理调整；加强渣土改良，防止刀盘结泥饼、螺旋机排土不畅或发生喷涌；控制掘进出土量，防止超挖；加强控制盾构姿态，宜连续匀速推进，最大限度减小纠偏幅度；加强盾尾同步注浆和管片壁后孔洞的探测，并及时进行二次注浆。

外部隧道工程采用矿山法施工时，可采用以下控制措施：

（1）对于软土、黄土等软弱地层或富水地层，宜对开挖面及周边地层进行超前加固，并可采用管幕、大管棚等超前支护。

（2）应合理布置矿山法隧道开挖方式，严格控制步幅；分断面开挖时，宜设置临时仰拱，应及时封闭初支。

（3）采用爆破施工时，应满足爆破作业的相关规定，并应合理选用爆破工艺和施工参数，控制爆破振动对隧道的影响。

外部隧道工程采用顶管法施工时，可采用以下控制措施：

（1）应合理布置顶管工作井的位置，使其尽量远离既有轨道交通结构，且宜在不设置中继间的情况下顶管一次穿越通过。

（2）顶管施工应严格控制顶管土仓压力、顶进速度等各项施工参数，顶进过程应保证管节接头密封有效。

（3）应通过顶管掘进机尾部的压浆孔与管节压浆孔进行跟踪注浆，使管节外形成完整的泥浆环套；压浆时应先压后顶，顶进结束宜用水泥浆套进行固化。

（4）应针对不同施工情况，合理地选择顶管的材质。

（5）顶管顶进过程应勤测、勤纠，以保证顶进质量。

五、外部基础工程近接施工风险管控措施分析及对策

外部基础作业应对既有隧道结构的影响进行评估与实施控制，包括浅基础和桩基础工程。

浅基础设计与施工应综合考虑下列因素对轨道交通结构安全的不利影响：

（1）基底压力、基础侧向压力等引起的轨道交通结构受力状态变化。

(2)施工及长期使用期间的地基变形引起的轨道交通结构附加应力及变形。

桩基础设计与施工应综合考虑下列因素对轨道交通结构安全的不利影响：

(1)桩基的成孔质量，成桩施工中不同桩型及沉桩工艺的振动效应、挤土效应引起的轨道交通结构附加应力及变形。

(2)承台侧面及底部土体压力、桩顶水平力、桩侧摩阻力和桩端阻力等引起的轨道交通结构受力状态变化。

(3)桩基础施工及长期使用期间上部结构通过桩基传递至土层引起的轨道交通结构附加应力及变形。

当外部基础工程邻近既有轨道交通结构时，可采取以下控制措施：

(1)浅基础对既有轨道交通结构影响比较大时，可采用轻质材料换填和箱形基础等方案。

(2)既有轨道交通结构控制保护区内浅基础施工时，不宜大面积降低周边地下水位。

(3)桩基布置和工法应选用对既有隧道结构影响小的方案，桩基应选择中、低压缩层作为桩端持力层，并应符合下列规定：①当外部作业影响等级为特级时，桩端超过既有隧道结构底部距离应根据计算确定，且不宜小于1倍的既有隧道结构外径或跨度；②当外部作业影响较大时，桩端超过既有隧道结构底部距离应根据计算确定，且不宜小于0.5倍的既有隧道结构外径或跨度；③当基础布置采用桩筏方案上跨既有隧道结构时，应采用力系独立、各自承载方案，筏板与地基间宜设置柔性垫层，通过桩基将上部荷载传递到深层持力层。

(4)当既有隧道结构全断面或大部分围岩分级为Ⅴ级或Ⅵ级时，在与既有隧道结构接近程度为非常接近的区域内施工灌注桩应选用减小桩径、钢套管护臂、增加泥浆相对密度、地基预加固、跳桩施工等措施减少成桩施工影响。

(5)既有轨道交通结构控制保护区内桩基施工不宜采用挤土桩和部分挤土桩，确需采用挤土桩的，宜根据具体情况采取下列措施减少挤土效应对既有轨道交通结构的影响，并应符合下列规定：①合理安排沉桩顺序，宜离既有轨道交通结构由近到远顺序施工；②控制沉桩速率，沉桩过程中加强对既有隧道结构变形的监测，并根据监测情况及时调整施工方案；③在桩基和隧道间设置隔离沟或压力释放孔；④采用预钻引孔措施减少挤土效应。

(6)既有轨道交通结构控制保护区内桩基施工不宜采用锤击沉桩工法，确需采用锤击沉桩工法的，应同时考虑挤土效应和施工振动对既有轨道交通结构的影响，可采取以下措施减少桩基施工振动对既有轨道交通结构的影响，并应符合下列规定：①对打桩设备应设置减振、隔振措施，在打桩区域和既有轨道交通结构间设置隔振沟、减振构造桩等措施；②对入岩较深的大直径桩可采用小直径潜孔锤预钻工艺减少施工振动。

(7)既有轨道交通结构控制保护区内采用人工挖孔桩施工的，应专项论证地下水位变化对既有轨道交通结构的影响。

六、外部其他工程近接施工风险管控措施分析及对策

加(卸)载、爆破、地下水降水等外部作业应对既有轨道交通结构的影响进行评估与实施

控制。既有轨道交通结构控制保护区内的加(卸)载作业主要包括堆土、取土、规划道路实施、既有道路改造、重型机械设备停放或材料堆放、地下管线施工、河床疏浚。

加载作业对既有轨道交通结构的影响控制措施可按上述浅基础工程对既有轨道交通结构影响控制措施实行,卸载作业对既有隧道结构的影响评估可按上述基坑开挖对既有轨道交通结构影响控制措施实行。

爆破作业对既有轨道交通结构的影响,可采取以下控制措施:

(1)爆破作业实施前应制定技术方案、安全措施、安全应急预案和安全监控方案。爆破作业方案应通过爆破测试和专家论证后确定。

(2)爆破作业前应进行试爆作业和爆破振动监测,并应根据试爆效果及监测信息优化爆破作业。

(3)爆破作业在轨道交通结构上产生的振动速度不应超过 2.5cm/s,有特殊要求或安装有精密设备时,振动速度应从严控制;爆破作业应选择在轨道交通非运营期间进行。

(4)在控制保护区内爆破作业时,不应进行洞室爆破、深孔爆破等药量较大的爆破作业。

(5)对采取优化爆破措施后,爆破有害效应仍不能满足既有轨道交通结构的安全允许振速时,可采用静态破碎法或其他减振作业方法。

(6)当采用爆破作业拆除建(构)筑物时,应采取有效措施控制重物倒塌或坠落对轨道交通结构产生的冲击和振动影响。

地下水作业对既有轨道交通结构的影响,可采取以下控制措施:

(1)当外部基坑地层存在承压水时,应验算基坑坑底稳定性,防止突涌,必要时可采用钻孔降水减压、水平封底隔渗等措施。

(2)降水对城市轨道交通结构会产生重大影响的外部项目宜采用封闭截水设计,并在作业前进行抽水试验,也可通过水下声呐等检测技术确认截水系统的隔水效果和质量。

(3)岩溶、土洞较发育地区的地下水作业,应避免降水诱发地层塌陷对既有轨道交通结构的正常使用及安全状态造成不利影响,必要时可在地下水作业前对岩溶、土洞进行填充、注浆等处理。

(4)城市轨道交通结构周边为深厚砂层、软土等特殊性地层时,宜采用合适的排水、降水、截水或回灌等地下水控制技术,控制既有结构周边地层的水位变化幅度。

(5)强透水性地层中,若因客观条件难以形成封闭止水系统,可采取下列措施减少降水对轨道交通结构的影响:①悬挂式竖向隔水帷幕和水平封底隔渗相结合;②按照"近浅远深"的原则布置降水系统;③增大止水帷幕深度,设置坑外地下水回灌井;④分区分坑按需降水。

七、坑底管涌或流沙风险管控措施分析及对策

地下工程施工预防管涌以及流沙,可采取以下控制措施:

(1)根据地质勘查资料设计地下工程的防排水方案,通常采取人工降水以及抗渗维护等措施,也可以选择其他的措施辅助排水和防水,最终要保证地下工程的下表面比防排水后地下水位高程高出 0.5m 以上。

(2) 施工前应探明地下承压水水头以及透水层的厚度和标高,并对地层抗浮能力进行验算。

(3) 施工之前,应对该地区以往发生过的地下工程事故进行总结,得出其发生原因和制订预防事故发生的措施策略,寻求最优解决方案。

预防管涌流沙,可采取以下控制措施:

(1) 井点降水法。当基坑底部出现流沙现象时,应立即停止开挖并回填,用沙土将流沙掩埋,或者立即往基坑中注入水使得动水压力得到平衡;然后在地下工程周围施工二级或三级井点降水,一直降水直到地下水位线低于地下工程 0.5m 以上后,才能继续开始施工。当地下工程深基坑的底部非常近接承压水层或地下工程施工不能满足抗浮验算时,可以采用井点管穿过不透水层,从而使承压水头得到降低,避免因为承压水头过大而造成基坑管涌。

(2) 土体抗渗流截水法。地下工程所处地层含水层渗透性强且厚度很大时,一般在施工时采取竖向截水或水平混凝土封底处理,还可以结合坑底井点降水等方法辅助防水。

地下工程底部管涌时,可采取以下应急措施:

(1) 集水井强排法。当地下工程坑底在不透水层以上时,可采用集水井强排法。如果发现管涌点过多,应在基坑底部做细石或绿豆砂垫层;可采用直径 600mm 或 800mm 的塑料管或铁皮管,然后在管壁打上集水小孔做成临时集水井,在管外埋设绿豆砂以形成反滤层;当排水井在排水一段时间后地下水位低于地下工程的坑底标高时,应当立即实施混凝土浇筑,在完成混凝土的浇筑以后应当对集水井采取密封措施,用水管将水从集水井引出然后用水泵不间断抽水以保证在施工期间地下水位保持在基坑底部标高以下;当封底混凝土达到施工所要求的强度之后才能继续开始施工。

(2) 注浆法。当因局部超挖导致发生管涌时,若管涌处的承压水水头较低或不存在承压水时,可以采用注浆法。当在施工时遇到管涌突发时,应立即回填土方将管涌点埋没,使得承压水头高度低于回填高度,然后采用注浆法进行土体加固处理,为了提高注浆效果,可以适当加入早强剂或者水玻璃于注浆液中。

地下工程施工期间出现流沙时,可采取以下应急措施:当地下工程在施工期间出现流沙时,应立即停止施工以及土方的开挖,回填土至坑中或在坑中注入水,使得地下水标高低于基坑中的水面或基坑底部,然后立即施工二级或三级井点降水,降水持续一段时间后地下工程周边的地下水位会降低,从而达到对流沙的治理目的。

八、地下管线近接施工风险管控措施分析及对策

地下工程近接施工地下管线,可采取以下控制措施:

(1) 支撑法。沿管线设置若干道支撑点支撑管线,预防由于地下工程施工可能造成的土体较大沉降而导致管线悬空。

(2) 隔离法。将各种桩打入地下管线周围的土体当中形成隔离体,以此约束管线周围土体变形,达到保护既有管线的目的。

(3) 应力释放法。采用开挖应力释放沟、水泥搅拌桩等方法保护周围地下设施和管线,

降低周围土体变形。

九、基础薄弱既有建（构）筑物近接施工风险管控措施分析及对策

地下工程近接建（构）筑物基础薄弱，可采取以下控制措施：

(1)既有建（构）筑物的跟踪注浆。当既有建（构）筑物发生倾斜且倾斜超过预警值时，可以对发生倾斜的既有建筑基础实行注浆加固处理。既有建（构）筑物的基础形式为条形基础或独立基础时适合用跟踪注浆加固。根据现场对建（构）筑物倾斜值的监测、既有建筑所处地层的情况以及既有建（构）筑物基础的特征，选取适当的注浆流量以及压力进行注浆，在安全的前提下对既有建筑实行加固处理以减小既有建筑的不均匀沉降。

(2)隔断法[邻近既有建（构）筑物隔离]。为了避免或减少地下工程施工时既有建（构）筑物受沉降变形与土体位移影响，通过在施工面与既有建（构）筑物之间建造一道隔断墙体以保护既有建筑的方法称为隔断法。在暗挖的地下工程中运用隔断法时，既有建筑只有在暗挖工程施工范围之外才实施这种方法。除了建造墙体之外，还可以采取注浆加固、打设树根桩、旋喷桩或者深层搅拌桩等构成连续墙体作为隔断墙，如图12-2、图12-3所示。

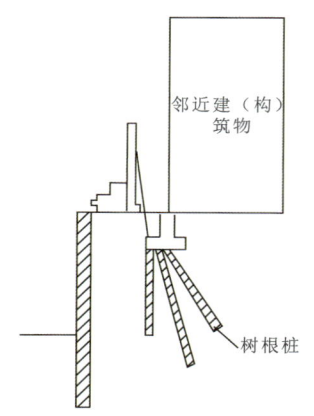

图12-2 条形基础隔断示意图

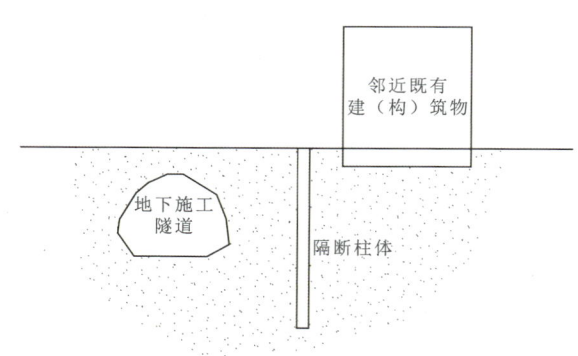

图12-3 建（构）筑物隔断示意图

(3)既有建（构）筑物基础托换。当施工对周围既有建（构）筑物影响较大时，可以采取基础托换技术。通过在既有建（构）筑物的基础上进行人工挖孔桩或转空灌注桩等措施，置换加强既有建筑的薄弱基础，将既有建（构）筑物荷载传至地下工程开挖所能影响到的土层之外或更深、更稳定地层中去，实现对既有建筑的保护目的。

十、地下工程地质条件恶劣施工风险管控措施分析及对策

当地下工程地质条件恶劣时，常用的改善地层条件的方法有冻结加固法、高压劈裂注浆法。

(1)冻结加固法。利用人工对地层制冷冻结的技术，在地下工程周围的土体实行降温处

理，使得地下工程周围土体形成一个冻结的冻土帷幕，在冻土层的保护下实行地下工程的土方开挖施工以及基坑支护的建造，待支护施工完毕后逐步有序进行冻土的解冻，最终恢复到原始状态。该方法是一种较为安全稳妥的地层处理技术，已在实际工程中得到广泛的应用。

(2)高压劈裂注浆法。一般用于渗透性较差的软流塑淤泥质或粉质黏土地层。该方法利用极高的压力将浆液压入地层渗入周围土体的缝隙之中，土体发生劈裂而重新分布，使得水泥浆液充满土体的缝隙而形成致密的结构。但由于该方法造价较高，应用受到一定限制。

主要参考文献

陈仁朋,孟凡衍,李忠超,等,2016.邻近深基坑地铁隧道过大位移及保护措施[J].浙江大学学报(工学版),50(5):856-863.

陈万鹏,2006.基坑开挖引起地表沉降的预测方法研究[D].南京:南京工业大学.

丁勇春,2009.软土地区深基坑施工引起的变形及控制研究[D].上海:上海交通大学.

丁智,张霄,2019.桩基施工对邻近既有地铁隧道影响的数值分析[J].中南大学学报(自然科学版),50(2):390-399.

方淑君,张利勇,刘神斌,等,2021.新建桥运营状态下对邻近高铁桥基础水平变形的影响分析[J].铁道科学与工程学报,18(9):2234-2243.

冯龙飞,2014.基坑开挖对侧方地铁盾构隧道的变形影响及控制措施研究[D].广州:华南理工大学.

关宝树,2003.隧道工程施工要点集[M].北京:人民交通出版社.

韩传超,韩艳霞,2015.边坡稳定性分析方法研究及发展趋势[J].能源环境保护,29(1):4-6.

何国清,1991.矿山开采沉陷学[M].徐州:中国矿业大学出版社.

胡琦,祁晓翔,许四法,等,2015.软弱土地基深基坑坑底加固对邻近地铁隧道的保护作用分析[J].科技通报,31(7):59-62.

华正阳,2014.深基坑开挖对近距离建筑的安全影响研究[D].长沙:中南大学.

黄海明,2023.城市地下岩土工程的常见问题及措施分析[J].居舍(23):133-136.

姜兆华,2013.基坑开挖时邻近既有隧道的力学响应规律研究[D].重庆:重庆大学.

孔恒,王梦恕,谭忠盛,等,2004.城市地铁隧道工作面开挖的地层变位规律[J].现代隧道技术,41(增):52-56.

李光,2015.地下工程近接既有建筑施工风险分析及对策研究[D].哈尔滨:哈尔滨工业大学.

李俊松,2012.基于影响分区的大型基坑近接建筑物施工安全风险管理研究[D].成都:西南交通大学.

李明,李化明,2023.基于流固耦合的深基坑周边地表沉降界线分析[J].水利与建筑工程学报,21(4):80-88.

李元勋,朱彦鹏,叶帅华,等,2018.超载作用下地表沉降偏态分布模式研究[J].岩土工程学报,40(S1):171-176+56.

李志伟,郑刚,2013.基坑开挖对邻近不同刚度建筑物影响的三维有限元分析[J].岩土力学,34(6):1807-1814.

刘宝深,张家生,1995.近地表开挖引起的地表沉降的随机介质方法[J].岩石力学与工程学报,14(4):289-296.

刘国彬,王卫东,2009.基坑工程手册[M].北京:中国建筑工业出版社.

刘建航,侯学渊,1997.基坑工程手册[M].北京:中国建筑工业出版社.

刘维正,王锋,罗桂军,等,2023.地铁高架桥列车振动荷载对邻近构筑物受力变形的影响[J].工程科学与技术,55(6):97-108.

刘招伟,王梦恕,董新平,2003.地铁隧道盾构法施工引起的地表沉降分析[J].岩石力学与工程学报,22(8):1297-1301.

芦友明,2013.深基坑开挖对邻近建筑物基础的影响研究[D].南昌:南昌航空大学.

毛新颖,陈保国,蒋承轩,等,2018.盾构下穿近接公路隧道影响规律研究[J].公路,63(4):258-263.

潘静杰,汪训兴,李明广,等,2021.立体车库的基坑变形与周围土体位移分析[J].浙江理工大学学报(自然科学版),45(6):817-826.

乔世范,殷建华,刘宝琛,2008.圆形断面隧道开挖引起的地表及岩土体的位移和变形计算研究[J],27(增2):3611-3617.

阮祎萌,2020.城市地下空间工程基坑支护设计与分析[J].建筑结构,50(S1):989-994.

施成华,彭丽敏,2006.基坑开挖及降水引起的地表沉降预测[J].土木工程学报,39(5):117-121.

太俊,胡科,程宗亮,等,2023.软土基坑被动区加固对邻近地铁隧道的变形控制效果分析[J].水利与建筑工程学报,21(6):43-50.

童建军,2014.成都地区卵石地层深基坑设计关键技术研究[D].成都:西南交通大学.

汪晓亮,刘波,洪顺生,2016.地铁车站基坑开挖顺序对建筑物沉降影响[J].佳木斯大学学报(自然科学版),34(4):512-516.

王伯龙,2018.小净距浅埋输水隧洞下穿铁路枢纽施工关键技术[J].人民长江,49(12):66-71.

王娟,王兴科,2021.软土地区基坑侧位移变形预警及预测[J].长江科学院院报,38(8):91-96+103.

王龙,朱长根,徐柯锋,等,2021.上覆新填土软土深基坑开挖变形控制数值模拟[J].岩土工程学报,43(S2):84-87.

王卫东,李青,徐中华,2022.软土地层邻近隧道深基坑变形控制设计分析与实践[J].隧道建设(中英文),42(2):163-175.

王雄,潘伟强,李明广,等,2020.上跨基坑开挖对既有隧道变形的影响及其控制研究[J].四川建筑科学研究,46(S1):18-23.

王雪妮,韩国锋,2018.地铁车站深基坑的变形预测及稳定性研究[J].长江科学院院报,35(10):77-81+87.

翁效林,孙腾,冯莹,2016.桩基础承载过程对近距离地铁隧道影响机制分析[J].哈尔滨工业大学学报,48(3):138-142.

吴瑞拓,顾晓强,高广运,等,2021.基于HSS模型的上海地铁深基坑开挖变形分析[J].建筑科学与工程学报,38(06):64-70.

向天兵,杨小龙,闫尚龙,等,2022.城区浅埋隧洞近接施工影响控制研究与实践[J].长江科学院院报,39(12):134-140.

徐中华,王卫东,王建华,2009.逆作法深基坑对周边保护建筑影响的实测分析[J].土木工程学报,42(10):88-96.

姚爱军,腾延京,衡朝阳,等,2018.地铁隧道施工邻域灾变评估理论与实践[M].北京:科学出版社.

姚宣德,王梦恕,2006.地铁浅埋暗挖法施工引起的地表沉降控制标准的统计分析[J].岩石力学与工程学报,(10):2030-2035.

易顺,潘家军,王艳丽,等,2004.基坑地表沉降的偏态分布函数应用研究[J].长江科学院院报,41(8):135-141+179.

游正军,李彦锦,余群舟,等,2023.某城市地铁近接工程服役结构风险分析与控制[J].施工技术(中英文),52(13):65-71.

袁竹,2009.小龙坎隧道受下穿区间隧道近接施工影响研究[J].铁道标准设计,8(5):79-83.

张陈蓉,俞剑,黄茂松,2012.基坑开挖对邻近地下管线影响的变性控制标准[J].岩土力学,33(7):2027-2034.

张金山,徐世光,刘金宇,等,2024.基于Peck线性修正公式的地面沉降数值模拟预测[J].工业安全与环保,50(1):18-23.

张明飞,2018.地下水位变动诱发地铁隧道变形机理及其与地铁隧道相互影响研究[D].南京:东南大学.

张亚奎,2003.深基坑开挖对近邻建筑物变形影响的研究[D].北京:北京工业大学.

张震,叶建忠,贾敏才,2017.上海软土地区小宽深比基坑变形实测研究[J].岩石力学与工程学报,36(S1):3627-3635.

张治国,赵其华,鲁明浩,2015.邻近深基坑开挖的历史保护建筑物沉降实测分析[J].土木工程学报,48(S2):137-142.

周斌,2009.近接盾构隧道力学行为与近接分区研究[D].成都:西南交通大学.

周勇,朱乔红,朱彦鹏,等,2020."一桩两用"新型支护结构在某深基坑支护中的应用分析[J].岩石力学与工程学报,39(S1):3168-3177.

朱才辉,李宁,2016.隧道施工诱发地表沉降估算方法及其规律分析[J].岩土力学,37(S2):533-542.

BURD H J,HOULSBY G T,AUGARDE C E,et al,2000. Modelling tunneling-induced settlement of masonry buildings[J]. Geotechnical Engineering,143(1):17-29.

CHEN Z J,2019. Strueture mechanics of clay[J]. Scientia Sinica,8(3):93-97.

CLOUGH G W,DUNCAN J M,1971. Finite element analyses of retaining wall behavior[J]. Journal of the Soil Mechanics and Foundations Division,97(12):1657-1673.

HSIEH P G,OU C Y,1998. Shape of ground surface settlement profiles caused by excavation[J]. Canadian Geotechnical Journal,35(6):1004-1017.

JOE M,BRADFORD,2016. Fundamentals of soil behavior[J]. Soil Science Society of America Journal,40(4):196-201.

LIN P,LIU H,ZHOU W,2015. Experimental study on failure behaviour of deep tunnels under high in-situ stresses[J]. Tunnelling and Underground Space Technology(46):28-45.

LONG M,2001. Database for retaining wall and ground movements due to deep excavations[J]. Journal of Geotechnical and Geoenvironmental Engineering,127(3):203-224.

MANA A I,CLOUGH G W,1981. Prediction of movements for braced cuts in clay[J]. Journal of the Geotechnical Engineering Division,107(6):759-777.

MOORMANN C,2004. Analysis of wall and ground movements due to deep excavations in soft soil based on anew worldwide database[J]. Soils and Foundations,44(1):87-98.

O'ROURKE T D,1981. Ground movements caused by braced excavations[J]. Journal of Geotechnical and Geoenvironmental Engineering,107(9):1159-1178.

OU C Y,HSIEH P G,CHIOU D C,1993. Characteristics of ground surface settlement during excavation[J]. Canadian Geotechnical Journal,30(5):758-767.

SON M,CORDING E J,2005. Estimation of building damage due to excavation-induced ground movements[J]. Journal of Geotechnical and Geoenvironmental Engineering,131(2):162-177.

WONG I H,POH T Y,CHUAH H L,1997. Performance of excavations for depressed expressway in Singapore[J]. Journal of Geotechnical and Geoenvironmental Engineering,123(7):617-625.